"十二五"职业教育国家规划教材
经全国职业教育教材审定委员会审定

职业教育规划教材·财经商贸系列

市 场 营 销

（第二版）

主　编　王纪忠
副主编　祁洪祥　刘　宁　陈　松
参　编　施元忠　张仲华　朱　彧　杨国林
　　　　粟卫民　胡三建　王春龙
主　审　丛培鑫

内 容 简 介

本书是"十一五"国家级规划教材和"十二五"职业教育国家规划教材,以培养高等职业院校学生营销技能为主线,在体例编排上设置了知识目标、技能目标、学习任务、学习引导、思考题、学习指导、典型案例和工作页等项目;内容编排上力求介绍本学科的新理论、新知识、新思想和新实践,以指导读者掌握市场营销理论和知识,学会市场营销必要的营销技能。本书除绪论部分外共有13个项目:市场营销调研、市场分析、市场战略分析、市场选择、产品策略、价格策略、分销策略、促销策略、营销新发展、营销道德、国际营销、营销控制和营销综合实训。

本书适合作为高等职业院校市场营销类、工商管理类和经济贸易类专业类教材,也可供市场营销专业人员参考。

图书在版编目(CIP)数据

市场营销/王纪忠主编. —2版. —北京:北京大学出版社,2016.6
(全国职业教育规划教材·财经商贸系列)
ISBN 978-7-301-26711-0

Ⅰ. ①市… Ⅱ. ①王… Ⅲ. ①市场营销学—高等职业教育—教材 Ⅳ. ①F713.50

中国版本图书馆 CIP 数据核字(2015)第 309779 号

书　名	市场营销(第二版)
著作责任者	王纪忠　主编
策划编辑	温丹丹
责任编辑	温丹丹
标准书号	ISBN 978-7-301-26711-0
出版发行	北京大学出版社
地　址	北京市海淀区成府路205号　100871
网　址	http://www.pup.cn
电子信箱	zyjy@pup.cn
新浪微博	@北京大学出版社
电　话	邮购部 62752015　发行部 62750672　编辑部 62765126
印刷者	河北滦县鑫华书刊印刷厂
经销者	新华书店
	787毫米×1092毫米　16开本　20.25印张　443千字
	2006年2月第1版第1次印刷
	2016年6月第2版　2020年12月第3次印刷　总第10次印刷
定　价	39.00元

未经许可,不得以任何方式复制或抄袭本书之部分或全部内容。
版权所有,侵权必究
举报电话:010-62752024　电子信箱:fd@pup.pku.edu.cn
图书如有印装质量问题,请与出版部联系,电话:010-62756370

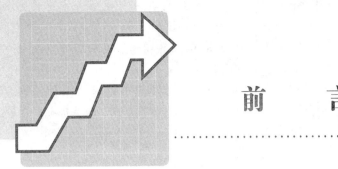

前　言

　　市场营销学是一门跨专业的、实践性很强的学科。随着营销实践的发展，营销理论也在不断充实、完善、发展和创新，并且已经成为指导企业在瞬息万变和竞争激烈的市场环境中求生存、谋发展的利器。市场营销学是市场营销类、工商管理类和经济贸易类专业学生的必修课程，也是高等职业院校学生拓展知识面、提高专业技能和个人综合素质的有效工具。

　　在本书修订过程中，我们坚持创新原则，在编写体例上保留了原有的知识目标和技能目标、思考题和典型案例等项目，增加了学习任务、学习引导、工作页等项目，原版各章节也作了适当调整以项目形式呈现给读者，以达到任务驱动、项目引导的学习目的。在教材内容编排上，本书更多地贴近市场营销环境现状来编辑相关案例，适当增加基本营销理论、反补贴与反补贴应诉战略、营销道德和价值营销等内容，同时增加了一个"综合营销实训"项目，使学生学到的知识与技能和企业营销实践距离更近、对接更准、上手更快。

　　本书吸收行业企业管理人员参与讨论教材体系和内容，编写教材相关教学内容，参考相关行业企业的工作标准、全国营销技能大赛和营销师职业资格考试内容与要求，工作任务与工作页编排以学生独立或团队活动为主线，培养学生的职业技能与职业素养，教学内容和工作任务、工作页内容与行业企业营销实践紧密联系，促使学生的学习活动、实践活动以对接产业为切入点，强化职业教育办学特色。本书结构紧凑、内容丰富，可读性和实用性强，理论与实践相结合，强调运用营销理论对实际问题进行分析，能够适应教师精讲、学生多练的能力培养目标的教学需要。

　　本书除绪论部分外，共有13个项目：市场营销调研、市场分析、市场战略分析、市场选择、产品策略、定价策略、分销策略、促销策略、营销新发展、营销道德、国际营销、营销控制和营销综合实训。

　　本书由海南经贸职业技术学院王纪忠教授担任主编，南京交通职业技术学院祁洪祥教授、黑龙江职业学院刘宁副教授和海南经贸职业技术学院陈松副教授任副主编，黑龙江农业经济职业学院张仲华和杨国林老师、沈阳农业大学高职学院施元忠老师、海南经贸职业技术学院朱彧老师、牡丹江德世盟生物科技有限公司粟卫民总经理、海南青薇商贸有限公司胡三建总经理、海口鼎方实业有限公司王春龙总经理参加了编写，黑龙江农业经济职业学院丛培鑫任主审。具体编写分工为：王纪忠编写绪论和项目13，祁洪祥编写项目1，陈松编写项目2，施元忠编写项目3，朱彧编写项目4、12，张仲华编写项目5、6,刘宁编写项目7、8,杨国林和粟卫民编写项目9,杨国林和胡三建编写项目10,杨国林和王春龙编写项目11。

  在本书的编写过程中,我们参考和引用了部分书籍、报刊和网站的大量资料,在此一并表示感谢。由于时间仓促,加之编写水平有限,书中难免有不妥之处,敬请广大读者批评指正。如有反馈或指教,请发邮件至 www410@qq.com.

编　者

2016年4月

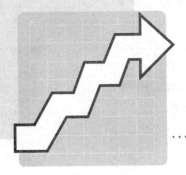

目 录

绪 论 树立现代市场营销观念 ………………………………………………… 1
  0.1 认识市场和理解市场营销 ………………………………………………… 2
    0.1.1 市场 …………………………………………………………………… 2
    0.1.2 市场营销 ……………………………………………………………… 4
  0.2 市场营销基本理论 ………………………………………………………… 4
    0.2.1 市场营销 12Ps 理论 …………………………………………………… 5
    0.2.2 市场营销 4Ps 理论 …………………………………………………… 5
    0.2.3 市场营销 11Ps 理论 …………………………………………………… 5
    0.2.4 市场营销 4Cs 理论 …………………………………………………… 6
    0.2.5 市场营销 4Rs 理论 …………………………………………………… 7
    0.2.6 市场营销 4Is 理论 …………………………………………………… 7
    0.2.7 市场营销 4S 理论 …………………………………………………… 8
    0.2.8 市场营销 4Vs 理论 …………………………………………………… 8
  0.3 解析市场营销的发展 ……………………………………………………… 9
    0.3.1 市场营销观念 ………………………………………………………… 9
    0.3.2 市场营销管理任务 …………………………………………………… 12
  0.4 基础训练 ………………………………………………………………… 15
    0.4.1 营销理论内涵分析 …………………………………………………… 15
    0.4.2 营销实践活动 ………………………………………………………… 15
    0.4.3 营销理论学习 ………………………………………………………… 15
    0.4.4 要求与考核 …………………………………………………………… 16
    0.4.5 学习总结 ……………………………………………………………… 16

项目 1 市场营销调研 ……………………………………………………………… 17
  1.1 学习引导 ………………………………………………………………… 18
    1.1.1 市场营销调研的内容 ………………………………………………… 18
    1.1.2 市场营销调研的程序 ………………………………………………… 20

1.1.3　市场营销调研的方法 ………………………………………………… 21
　　　1.1.4　市场营销调查表的设计 ………………………………………………… 22
　　　1.1.5　市场需求预测的内容与方法 …………………………………………… 26
　　　1.1.6　市场营销调研报告的撰写 ……………………………………………… 33
　1.2　工作页 ……………………………………………………………………………… 38
　　　1.2.1　确定市场营销调研主题和内容 ………………………………………… 38
　　　1.2.2　确定市场营销调研方法 ………………………………………………… 39
　　　1.2.3　市场营销调查工具 ……………………………………………………… 39
　　　1.2.4　拟订市场营销调研计划 ………………………………………………… 39
　　　1.2.5　撰写市场营销调研报告 ………………………………………………… 39
　　　1.2.6　要求与考核 ……………………………………………………………… 40
　　　1.2.7　本项目学习总结 ………………………………………………………… 40

项目2　市场分析 ………………………………………………………………………… 41
　2.1　学习引导 …………………………………………………………………………… 42
　　　2.1.1　微观市场营销环境分析 ………………………………………………… 42
　　　2.1.2　宏观市场营销环境分析 ………………………………………………… 44
　　　2.1.3　市场营销环境诊断 ……………………………………………………… 50
　　　2.1.4　市场需求分析 …………………………………………………………… 52
　2.2　工作页 ……………………………………………………………………………… 63
　　　2.2.1　营销环境要素分析 ……………………………………………………… 63
　　　2.2.2　需求分析 ………………………………………………………………… 64
　　　2.2.3　市场需求比较分析 ……………………………………………………… 64
　　　2.2.4　要求与考核 ……………………………………………………………… 64
　　　2.2.5　本项目学习总结 ………………………………………………………… 65

项目3　市场战略分析 …………………………………………………………………… 66
　3.1　学习引导 …………………………………………………………………………… 67
　　　3.1.1　竞争者分析 ……………………………………………………………… 67
　　　3.1.2　市场竞争战略 …………………………………………………………… 69
　　　3.1.3　市场发展战略 …………………………………………………………… 74
　　　3.1.4　反倾销战略 ……………………………………………………………… 76
　　　3.1.5　反补贴战略 ……………………………………………………………… 83
　3.2　工作页 ……………………………………………………………………………… 90
　　　3.2.1　竞争者分析 ……………………………………………………………… 90
　　　3.2.2　竞争战略分析 …………………………………………………………… 91
　　　3.2.3　反倾销案例分析 ………………………………………………………… 91
　　　3.2.4　反补贴案例分析 ………………………………………………………… 91
　　　3.2.5　要求与考核 ……………………………………………………………… 92

3.2.6　本项目学习总结 …………………………………………… 92

项目4　市场选择 ……………………………………………………… 93
　4.1　学习引导 ……………………………………………………… 94
　　　4.1.1　市场细分 …………………………………………………… 94
　　　4.1.2　目标市场策略 ……………………………………………… 97
　　　4.1.3　市场定位 ………………………………………………… 101
　4.2　工作页 ……………………………………………………… 105
　　　4.2.1　选择目标市场 …………………………………………… 105
　　　4.2.2　确定营销策略 …………………………………………… 107
　　　4.2.3　设计市场定位 …………………………………………… 107
　　　4.2.4　要求与考核 ……………………………………………… 107
　　　4.2.5　本项目学习总结 ………………………………………… 108

项目5　营销策略制定
　　　　——产品策略 …………………………………………………… 109
　5.1　学习引导 ……………………………………………………… 110
　　　5.1.1　产品组合策略 …………………………………………… 110
　　　5.1.2　品牌与包装策略 ………………………………………… 115
　　　5.1.3　产品生命周期策略 ……………………………………… 119
　　　5.1.4　新产品开发策略 ………………………………………… 123
　5.2　工作页 ……………………………………………………… 130
　　　5.2.1　产品整体概念分析 ……………………………………… 130
　　　5.2.2　产品品牌策略分析 ……………………………………… 130
　　　5.2.3　产品包装策略分析 ……………………………………… 131
　　　5.2.4　产品组合策略分析 ……………………………………… 131
　　　5.2.5　产品市场生命周期策略分析 …………………………… 131
　　　5.2.6　新产品开发策略分析 …………………………………… 131
　　　5.2.7　要求与考核 ……………………………………………… 132
　　　5.2.8　本项目学习总结 ………………………………………… 133

项目6　营销策略制定
　　　　——定价策略 …………………………………………………… 134
　6.1　学习引导 ……………………………………………………… 135
　　　6.1.1　定价依据 ………………………………………………… 135
　　　6.1.2　定价方法 ………………………………………………… 140
　　　6.1.3　定价策略 ………………………………………………… 144
　　　6.1.4　价格调整策略 …………………………………………… 148
　6.2　工作页 ……………………………………………………… 153
　　　6.2.1　产品定价目标分析 ……………………………………… 153

6.2.2　产品定价的影响因素分析……………………………………………153
　　6.2.3　产品定价方法分析……………………………………………………153
　　6.2.4　产品定价决策分析……………………………………………………153
　　6.2.5　产品定价策略分析……………………………………………………154
　　6.2.6　产品价格变动分析……………………………………………………155
　　6.2.7　要求与考核………………………………………………………………156
　　6.2.8　本项目学习总结…………………………………………………………156

项目7　营销策略制定
　　　　　——分销策略………………………………………………………………157
7.1　学习引导……………………………………………………………………………158
　　7.1.1　分销渠道的模式与类型………………………………………………158
　　7.1.2　中间商的选择……………………………………………………………162
　　7.1.3　分销渠道管理……………………………………………………………167
7.2　工作页…………………………………………………………………………………177
　　7.2.1　分销渠道设计……………………………………………………………177
　　7.2.2　分销渠道管理……………………………………………………………177
　　7.2.3　客户关系管理……………………………………………………………177
　　7.2.4　要求与考核………………………………………………………………178
　　7.2.5　本项目学习总结…………………………………………………………178

项目8　营销策略制定
　　　　　——促销策略………………………………………………………………179
8.1　学习引导……………………………………………………………………………180
　　8.1.1　促销组合策略……………………………………………………………180
　　8.1.2　人员推销策略……………………………………………………………183
　　8.1.3　广告策略…………………………………………………………………186
　　8.1.4　营业推广策略……………………………………………………………190
　　8.1.5　公共关系策略……………………………………………………………193
8.2　工作页…………………………………………………………………………………199
　　8.2.1　企业促销调研……………………………………………………………199
　　8.2.2　人员推销活动分析………………………………………………………199
　　8.2.3　广告策略分析……………………………………………………………199
　　8.2.4　营业推广活动分析………………………………………………………200
　　8.2.5　公共关系策略分析………………………………………………………200
　　8.2.6　要求与考核………………………………………………………………200
　　8.2.7　本项目学习总结…………………………………………………………201

项目9　营销新发展 ········· 202
9.1　学习引导 ········· 203
9.1.1　网络营销 ········· 203
9.1.2　绿色营销 ········· 206
9.1.3　品牌营销 ········· 208
9.1.4　关系营销 ········· 211
9.1.5　服务营销 ········· 214
9.1.6　文化营销 ········· 219
9.1.7　价值营销 ········· 221
9.1.8　整合营销 ········· 223
9.1.9　新媒体营销 ········· 226
9.2　工作页 ········· 232
9.2.1　营销新发展不同理论分析 ········· 232
9.2.2　"不要给我衣服"小诗分析 ········· 232
9.2.3　网络营销及创新分析 ········· 232
9.2.4　绿色营销分析 ········· 233
9.2.5　品牌营销分析 ········· 233
9.2.6　服务营销和关系营销分析 ········· 233
9.2.7　文化营销和整合营销分析 ········· 233
9.2.8　要求与考核 ········· 233
9.2.9　本项目学习总结 ········· 234

项目10　营销道德 ········· 235
10.1　学习引导 ········· 236
10.1.1　认识企业的社会责任 ········· 236
10.1.2　企业伦理 ········· 237
10.1.3　市场营销道德 ········· 239
10.1.4　企业营销道德决策 ········· 245
10.2　工作页 ········· 252
10.2.1　企业社会责任分析 ········· 252
10.2.2　企业社会责任案例分析 ········· 252
10.2.3　企业走访调查分析 ········· 252
10.2.4　要求与考核 ········· 253
10.2.5　本项目学习总结 ········· 253

项目11　国际营销 ········· 254
11.1　学习引导 ········· 255
11.1.1　国际市场与国际市场营销概述 ········· 255
11.1.2　国际市场营销环境 ········· 256

- 11.1.3 国际市场营销策略 ·········· 263
- 11.1.4 国际市场进入战略 ·········· 268
- 11.1.5 反倾销与反补贴应诉战略 ·········· 273
- 11.2 工作页 ·········· 278
  - 11.2.1 跨国营销企业分析 ·········· 278
  - 11.2.2 国际营销环境分析 ·········· 279
  - 11.2.3 反倾销应诉分析 ·········· 279
  - 11.2.4 反补贴应诉分析 ·········· 279
  - 11.2.5 要求与考核 ·········· 280
  - 11.2.6 本项目学习总结 ·········· 280

项目 12 营销控制 ·········· 281
- 12.1 学习引导 ·········· 282
  - 12.1.1 市场营销组织 ·········· 282
  - 12.1.2 市场营销战略与计划 ·········· 286
  - 12.1.3 市场营销控制 ·········· 290
- 12.2 工作页 ·········· 298
  - 12.2.1 营销组织分析 ·········· 298
  - 12.2.2 营销计划制订 ·········· 299
  - 12.2.3 营销控制分析 ·········· 299
  - 12.2.4 要求与考核 ·········· 303
  - 12.2.5 本项目学习总结 ·········· 303

项目 13 营销综合实训 ·········· 304
- 13.1 综合素质训练 ·········· 305
  - 13.1.1 任务1:心理素质训练 ·········· 305
  - 13.1.2 任务2:潜能开发训练 ·········· 305
  - 13.1.3 任务3:信任背摔 ·········· 307
  - 13.1.4 任务4:撕纸 ·········· 308
- 13.2 市场营销综合训练 ·········· 308
  - 13.2.1 任务1:营销素质分析 ·········· 308
  - 13.2.2 任务2:项目开发或业务扩展营销策划 ·········· 309
  - 13.2.3 任务3:汽车营销训练 ·········· 310
  - 13.2.4 任务4:特产营销训练 ·········· 312
- 13.3 总结与建议 ·········· 313
  - 13.3.1 本项目学习总结 ·········· 313
  - 13.3.2 课程学习总结 ·········· 313

参考文献 ·········· 314

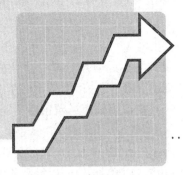

绪 论

树立现代市场营销观念

知识目标

　　了解市场营销学的形成与发展过程、企业营销指导思想的演变过程、市场营销学在我国的发展及应用情况;理解市场、市场营销和不同市场营销理论的基本内涵;掌握企业市场营销管理活动的基本任务。

技能目标

　　学会确定企业市场营销管理任务,运用不同市场营销理论、不同市场形态下的市场营销观念分析和指导企业营销实践。

学习任务

　　1. 学习并理解营销基本理论知识,树立现代营销观念。
　　2. 能够运用相关营销理论知识分析消费者需求、顾客价值、企业经营理念等营销实践活动和现象。
　　3. 主动查阅、搜集有关的营销理论、营销实践案例,加强营销理论知识学习,增加营销感性认识。

市场营销学是一门研究市场营销活动及其规律的应用科学。企业的市场营销活动是在一定经营思想和观念指导下进行的,能够准确把握市场营销的基本内涵和核心概念,正确认识市场营销管理的实质和任务,对企业搞好市场营销活动,实现市场营销目标和提高经济效益具有重要意义。

市场营销学产生于美国,由英语 Marketing 一词翻译而来,20 世纪初逐渐从经济学中分离出来,形成一门独立的应用学科。市场营销学是一门以经济科学、心理科学、行为科学和现代管理理论为基础,研究以满足消费者需求为中心的企业市场营销活动及其规律的综合性应用科学。市场营销学是随着商品经济的迅速发展和市场问题日益尖锐化而逐渐形成和发展起来的,主要经历了 19 世纪末到 20 世纪初的形成时期、从 20 世纪 30 年代到第二次世界大战结束的应用时期、20 世纪 50 年代到 70 年代的发展时期、20 世纪 70 年代之后的成熟时期等 4 个阶段。

建立在制造业基础之上的旧经济,以标准化、规模化、模式化、讲求效率和层次化为基本特点,而建立在信息技术基础之上的新经济,则以追求差异化、个性化、网络化和速度化为基本特征。新经济发展为市场营销学充实了新的营销理论,主要有开发电子商务和电子交易,建立和使用数据库进行客户管理,注重客户利益、客户终身价值、客户价值管理以及客户收益率,将推广资金从概括性的广告中转移到更加直接的推广活动中,用新的方式建立品牌,向电子化和无纸化方向发展,与雇员、顾客、供应商及分销商结成战略伙伴关系等。

0.1 认识市场和理解市场营销

了解市场和市场营销的基本内涵是企业开展市场营销活动的基础。企业通过市场进行商品、劳务、资金、技术、信息的交换,市场不仅是企业生产经营活动的起点和终点,也是企业与顾客和竞争者建立各种关系的平台和媒介。

0.1.1 市场

市场是随着社会分工和商品生产的出现而形成、发展起来的,它是一种以商品交换为内容的经济联系形式。认识市场、适应市场,从而引导和驾驭市场,是企业市场营销活动的核心和关键。

1. 市场的含义

在商品生产和商品交换一开始出现时,就产生了市场。市场是一个复杂的、多层次的和发展的概念,具有地理特征、社会经济特征、人文特征和消费者的心理特征。从市场的本义看,市场是商品交换的场所。这种局限于地理空间概念上的市场概念已无法表达现代市场的全部意义。从市场的性质看,市场是一切商品交换活动和交换关系的总和。即使是在信息技术条件下人们交易的方式有所改变,市场的这个基本特征也不会改变。

从市场营销学的角度看,市场是一种商品和劳务的所有现实的和潜在的消费者需求的总和。这是从企业的立场上,将所有消费者及其需求作为市场,消费者是买方形成了市场,企业是卖方构成了行业,即需求就是市场。可见,市场由人口、购买力和购买欲望三个基本要素构成。没有消费者就谈不上购买力和购买欲望,而消费者没有购买力和购买欲望,也就不能形成现实的市场。只有这三个要素结合在一起,才能促成买卖行为。因此,从某种意义上讲,可以用一个公式来表述市场:市场=人口+购买力+购买意向。当某个市场同时具备这三个要素时,就把这个市场叫作现实市场。对于一个国家或地区来说,如果人口多但收入低或者收入很高但人口很少,则市场需求量也会很有限。虽然有了人口和购买力,但商品不能满足消费者的需要,同样也不会引起消费者的购买欲望。

2. 市场的分类

为了方便研究市场,需要对市场进行分类。从不同的角度进行分析,市场就有不同类型。按地区范围划分,市场可分为农村市场和城市市场、国内市场和国外市场、区域共同市场和国际市场等;按竞争程度划分,市场可分为完全竞争市场、完全垄断市场与不完全竞争市场;按营销主动权的归属划分,市场可分为买方市场和卖方市场;按产品的形态划分,市场可分为有形产品市场和无形产品市场;按产品用途划分,市场可分为消费者市场和生产者市场;按购买者(根据性别、年龄、职业、民族等不同的市场细分因素)划分,市场可分为婴儿用品市场、儿童用品市场、青少年用品市场、成人用品市场、老年用品市场、民族用品市场、劳保用品市场及社会集团购买力市场等。

(1) 现实市场、潜在市场和未来市场。根据市场出现的先后顺序,可将市场划分为现实市场、潜在市场和未来市场。

现实市场由对企业经营的某种商品有需要、有支付能力且有购买欲望的顾客构成。企业要通过提供更多的服务项目和品种繁多的商品稳定现有顾客,巩固现实市场。

潜在市场是指有可能转化为现实市场的市场。在构成市场的三要素中,后两个要素(支付能力和购买欲望)中的任何一个不具备都意味着市场是潜在市场。潜在市场有三种情况:一是对某种商品有购买动机但没有足够支付能力的人或组织;二是对某种商品有支付能力但尚未形成购买动机的人或组织;三是对某种商品具有潜在需要的人或组织。企业要明确市场的类型,制定有针对性的促销措施,力促潜在市场向现实市场转化。

未来市场是指暂时尚未形成或处于萌芽状态,但在一定条件下必将形成并发展成为现实市场的市场。企业在重视现实市场的同时,要重视开发潜在市场,并积极预见和开创未来市场。

(2) 消费者市场和组织市场。根据顾客的性质,可将市场划分为消费者市场和组织市场。

消费者市场是指为了个人消费需要而购买或租赁商品或劳务的个人或家庭。

组织市场是指购买者由各类组织所组成的市场,其主体是组织,也包括个人。按是否以营利为目的,组织市场又可分为生产者市场、转卖者市场和政府市场。

① 生产者市场亦称产业市场，是指为生产、出租和提供服务，取得利润，而购买商品和劳务的个人和组织。换言之，这个市场上的购买者的目的是获得盈利，而不是为了个人消费。

② 转卖者市场也称为中间商市场，是指为转卖取得利润而购买商品和劳务的个人和组织。转卖者在市场上购买货物，主要是用于转卖，此外他们也购买一些货物和劳务用于维持自身经营的需要。从转卖者市场的具体构成来看，它包括多种类型的批发商和各式各样的零售商。

③ 政府市场是指政府各级机关、各类社会团体及其他各种非营利性机构组成的市场。其购买目的是为了保证这些非营利机构的正常运转。

0.1.2 市场营销

市场营销源于英语 Marketing，是一个十分重要的概念。市场营销学者从发展的观点和不同角度对市场营销下了许多不同的定义，比较经典的是美国市场营销协会1985年下的定义：市场营销是对思想、货物和劳务的构想、定价、分销和促销的计划和执行过程，以创造达到个人和组织的目标的交换。这一概念的主要特点如下。

（1）产品的内涵丰富了、外延扩大了，产品不仅包括货物和劳务，还包括思想。

（2）市场营销的范围扩大了，市场营销活动不仅包括营利性的经营活动，还包括非营利组织的活动。

（3）更强调了交换过程。

（4）重视市场营销计划的制订和实施。

为了更准确地理解市场营销，需要从以下4个方面入手。

（1）市场营销有宏观与微观之分。宏观市场营销是一种社会经济活动过程，其目的在于求得社会生产与社会需求之间的平衡，满足社会需要，实现社会目标；而微观市场营销是一种企业经济活动过程，其目的在于满足目标顾客的需要，实现企业的目标。上面的市场营销的定义即指微观市场营销。

（2）微观市场营销不同于推销和销售。菲利普·科特勒指出，推销不是市场营销的最重要部分。推销只是市场营销冰山的一角。推销是企业市场营销人员的职能之一，但不是最重要的职能。

（3）市场营销的含义不是固定不变的。即市场营销的含义是从企业的市场营销实践活动中概括出来的，随着企业市场营销实践活动的发展而发展。

（4）市场营销的核心概念是"交换"。企业的一切市场营销活动都与市场、商品交换有关系，都是为了实现潜在交换，与顾客达成交易，市场营销是一种买卖双方互利的交换。

0.2 市场营销基本理论

公司营销人员必须具有较深厚的市场营销理论功底，为从事营销工作和个人长远发展奠定基础。经过多年的营销实践和研究,市场营销理论不断得以完善,逐渐成为指导企业进行市场营销实践的有力理论支持。

0.2.1 市场营销 12Ps 理论

20 世纪 50 年代,市场营销组合这个概念第一次出现。尼尔·鲍顿提出了旨在指导企业营销实践的"12 因素营销组合"策略,即产品计划、定价、厂牌、供销路线、人员销售、广告、促销、包装、陈列、扶持、实体分配和市场调研。这一组合策略第一次在理论上对市场营销的研究范围进行了较好的界定,提出了被现代营销渠道策略理论作为基础的供销路线、人员销售、陈列、扶持、实体分配等策略。尼尔·鲍顿第一次总结了市场营销活动中与渠道有关的各项活动内容,并进行了初步的分析;指出了在市场营销活动中,在渠道方面应该如何做好有关供销路线、人员销售、陈列、扶持、实体分配等活动,对需要注意的问题进行了分析。可以说,尼尔·鲍顿界定了营销渠道策略理论的研究范围,并强调了供销路线、人员销售、陈列、扶持、实体分配等须与其他 7 个要素相配合。

0.2.2 市场营销 4Ps 理论

20 世纪 60 年代,杰罗姆·麦卡锡在尼尔·鲍顿研究的基础上,进行了归纳和整理,将营销实践的 12 因素概括为 4Ps 组合策略:产品(Product)、价格(Price)、渠道(Place)、促销(Promotion),即 4Ps 营销理论。

(1) 产品。注重开发的功能,要求产品有独特的卖点,把产品的功能诉求放在第一位。

(2) 价格。根据不同的市场定位,制定不同的价格策略,产品的定价依据是企业的品牌战略,注重品牌的含金量。

(3) 渠道。企业并不直接面对消费者,而是注重经销商的培育和销售网络的建立,企业与消费者的联系是通过分销商来进行的。

(4) 促销。企业注重销售行为的改变来刺激消费者,以短期的行为,如让利、买一送一、营销现场气氛等促成消费的增长,吸引其他品牌的消费者或导致提前消费来促进销售的增长。

企业根据目标市场的需求,选择自己的产品和服务,指定合适的销售价格,选择分销渠道和促销策略。但是这些可控制因素的选择不是一成不变的,随着企业内外部环境的改变,企业的市场营销组合变数一部分或全部地改变以适应新的环境,这样才能使企业的市场营销活动充满活力。

市场营销组合中每个变量是由许多子因素组合而成的。企业进行整体市场营销活动必须针对目标市场的需要,协调内部各种资源,适应外部环境变化,从多种营销组合中选择最佳组合。即在确定市场营销组合时,不但要求 4 个 P 之间的最佳搭配,还要注意安排好每个 P 内部的因素搭配,使所有这些因素达到灵活运用和有效组合。

0.2.3 市场营销 11Ps 理论

随着世界经济一体化的不断发展,各国尤其西方发达国家的贸易保护主义重新抬头,贸易壁垒增高,贸易摩擦时有发生,企业要想成功地进入某一特定的市场并从事营销活动,单靠传统的市场营销组合 4Ps 策略已很难奏效,必须同时施用经济的、政治的、心理的以及公共关系等手段,以取得一个国家或地区各方面的支持和合作而进入市场。因此,美国学者菲利浦·科特勒在 1986 年提出了大市场营销组合 6Ps 策略,即在传统的 4Ps 之外,再加上两个 P,即政治权力和公共关系,并提出了市场营销的 11Ps 组合理论,丰富和发展了传统的市场营销组合理论,如图 0-1 所示。菲利蒲·科特勒给"大市场营销"下的定义是:为了成功地进入特定市场并在那里从事业务经营,在策略上要协调地运用经济的、心理的、政治的和公共关系的手段以取得外国或当地若干参与者的合作和支持。

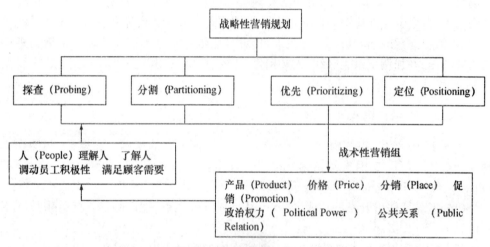

图 0-1　市场营销组合的 11Ps

0.2.4　市场营销 4Cs 理论

随着计算机和网络技术的迅速发展及其广泛应用,消费者的个性化消费时代也随之来临。传统的 4Ps 理论已经不能满足企业对品牌形象、服务质量和顾客关系等重要营销战略的更高追求。进入 20 世纪 80 年代,美国北卡罗来纳大学的劳特朋教授针对 4Ps 理论的缺陷提出了 4Cs 营销理论,形成了以 4Cs 为基础的营销组合模式。所谓 4C 是指顾客(Customer)、成本(Cost)、便利(Convenience)和沟通(Communication)。其基本内涵是企业要忘掉自己的产品和服务,以消费者的需要和欲求为中心;撇开产品和服务的价格,考虑顾客为满足其需求愿意支付的成本;淡化渠道意识,考虑如何给顾客方便的购物条件和环境;以沟通代替促销,考虑如何同顾客进行动态的双向沟通。

4Cs 理论注重以顾客的需求为导向,是对 4Ps 理论的继承和发展。但是 4Cs 理论也存在如下局限性。

(1) 注重顾客导向而忽视了市场经济所要求的竞争导向。

(2) 以顾客为中心,忽略了企业自身的优势和营销特色的培育。

(3) 以顾客的需求为导向,忽略了其需求的合理性。顾客总是希望质量好,价格低,购买商品时总是遵循"少比多好"的原则,这样只看到满足顾客需求的一面,企业必然付出更大的成本,营销活动就不可能达到双赢的目标。

(4) 4Cs虽然是4Ps和发展,但被动适应顾客需求的色彩较浓,忽略了顾客的需要本身具有可引导性和可创造性,不利于正确引导消费,也不能在企业与顾客之间建立起良性的互动关系、双赢关系和关联关系。

(5) 4Cs仍然没有体现既赢得客户,又长期地拥有客户的关系营销思想,没有解决满足顾客需求的具体操作性问题,如提供集成解决方案、对顾客的需求变化做出快速反应等。

0.2.5 市场营销4Rs理论

基于4Cs理论存在的问题,美国唐·E.舒尔茨教授提出了一个全新的4Rs营销四要素理论。

(1) 关联(Relevancy)。在市场竞争中,顾客具有动态性,企业要提高顾客的忠诚度,赢得长期而稳定的市场,必须通过某些有效的方式在业务、需求等方面与顾客建立关联,形成一种互助、互求、互需的关系,减少顾客流失的可能性,使企业和顾客组成一个利益共同体,建立、保持和发展与顾客之间的长期关系是企业的核心经营理念。企业应该与顾客建立平等和互惠互利的伙伴关系,了解和关心顾客,全方位降低顾客的总成本,提高顾客的让渡总价值,最大限度地满足顾客的价值需求。

(2) 反应(Respond)。对企业来说,最重要的不是如何对经营活动进行计划和实施控制,而是如何站在顾客的角度倾听顾客的希望、渴望和需求,并及时答复和迅速做出反应,满足顾客的需求。企业应建立快速反应的机制,最大限度地减少抱怨,提高服务水平和顾客的满意度,稳定顾客群,是一种企业与顾客双赢的做法。

(3) 关系(Relation)。在当今的市场竞争中,抢占市场的关键是与顾客建立长期而稳固的关系。从交易营销转向关系营销,不仅强调赢得顾客,而且强调长期地拥有顾客;从着眼于短期利益转向重视长期利益,企业与顾客之间由一次交易转变为彼此友好合作的长期利益关系;从单一销售转向建立友好合作关系,顾客由被动适应企业销售行为转变为主动参与到生产和销售过程中来;从以产品性能为核心转向以产品或服务给顾客带来的利益为核心;从不重视顾客服务转向高度承诺,由利益冲突转变为和谐发展;企业经营从管理营销组合转变为管理顾客关系。新的环境和新的经营理念要求企业与顾客双方为了共同的利益和目标要相互适应、相互顺从、互助互利、和谐发展,共同开发产品,开拓市场,分担风险,真正实现"双赢"的目标。

(4) 回报(Return)。回报是营销的源泉,企业与顾客之间是一个利益共同体。企业只有适当地回报顾客,维护顾客的长远利益和整体利益,提高顾客的让渡价值,最大可能地满足顾客的价值需求,才能获得自身发展的动力,与顾客建立长期稳定的合作伙伴关系。

0.2.6 市场营销4Is理论

网络整合营销4Is理论由唐·E.舒尔茨20世纪90年代提出。所谓整合营销就是根据企业的目标设计战略,并支配企业各种资源以达到战略目标,也称网络整合营销 4I 原则,即趣味原则(Interesting)、利益原则(Interests)、互动原则(Interaction)、个性原则(Individuality)。

在网络媒体时代,信息是集市式传播,信息多向、互动式流动。人们对产品和服务的需求也是多样化、多元化的,在信息大爆炸的当代,如何兼顾顾客利益、公司利益和社会利益,提供符合顾客个性化需求的产品和服务,与顾客进行有效、友好和信息交流和互动,最大限度地吸引顾客的注意力,是市场营销 4Is 理论研究的重点。

0.2.7 市场营销 4S 理论

4S 即满意(Satisfaction)、服务(Service)、速度(Speed)、诚意(Sincerity)。4S 理论强调从消费者需求出发,打破企业传统的市场占有率推销模式,建立起一种全新的"消费者占有"的行销导向。它要求企业对产品、服务、品牌不断进行定期定量以及综合性消费者满意指数和消费者满意级度的测评与改进,以服务品质最优化,使消费者满意度最大化。

(1) 满意。指顾客满意强调企业以顾客需求为导向,以顾客满意为中心,企业要站在顾客立场上考虑和解决问题,要把顾客的需要和满意度放在一切考虑因素之首。

(2) 服务。服务包括以下几个内容。

① E——精通业务工作,为顾客提供更多的商品信息,经常与顾客联络,关注顾客需求,为顾客提供更多便利。

② R——对顾客态度亲切友善,用体贴入微的服务来感动顾客。

③ V——将每位顾客都视为特殊和重要的人物来对待。

④ I——企业要以最好的服务、热情温馨的语言、优质的产品、适中的价格来吸引顾客多次光临。

⑤ C——要为顾客营造一个温馨的服务环境。

⑥ E——营销人员用眼神表达对顾客的关心,用眼睛去观察、用头脑去分析,做到对顾客体贴入微式的关怀和服务。

(3) 速度。即不让顾客久等,要迅速地接待顾客、办理业务。

(4) 诚意。即真诚对待顾客,不瞒、不欺、不恶。

0.2.8 市场营销 4Vs 理论

21 世纪以来,高科技产业迅速崛起,高技术产品与服务不断涌现,互联网、移动通信工具、发达交通工具和先进的信息技术促使企业营销活动发生较大变化,企业提供产品和服务的观念、方式也从 4Ps、4Cs、4Rs 等发展到以培育企业核心竞争力为目的 4Vs 营销组合理论,即差异化(Variation)、功能化(Versatility)、附加价值(Value)和共鸣(Vibration),以获取更大的利润。

首先,市场营销 4Vs 理论强调企业要实施差异化营销,一方面使自己与竞争对手区别开来,树立自己的独特形象;另一方面也使消费者相互区别,满足消费者个性化的需求。其次,市场营销 4Vs 理论根据消费者的不同需求,提供不同功能的系列化产品和服务,使其可以根据自己的习惯与承受能力选择其具有相应功能的产品和服务。再次,市场营销4Vs理论更加重视产品或服务中的无形要素,通过品牌、文化等满足消费者的情感需求,即更强调产品的高附加价值。最后,市场营销4Vs理论强调将企业的创新能力与消费者所重视的价值联系起来,通过为消费者提供价值创新使其获得最大程度的满足,使其成为企业的忠诚顾客,从而使企业与消费者之间产生共鸣。

总之,市场营销学者和企业营销实践者提出了许多相关的营销理论,我们要兼收并蓄,牢记4Ps是市场营销理论的基础,市场营销组合理论从4Ps到11Ps到4Cs再到4Rs、4Is等,不断递进、完善和发展,相互不能取代,在营销实践中要有机结合起来才能取得更好的效果。

0.3 解析市场营销的发展

0.3.1 市场营销观念

市场营销观念是企业经营活动的指导思想,是企业如何看待顾客和社会利益,如何处理企业、顾客和社会三者之间利益关系的关键。市场营销观念的演变经历了由"以生产者为中心"到"以顾客为中心",从"以产定销"到"以销定产",从"国内营销"到"全球营销"的过程。

1. 传统市场营销观念

市场营销观念是企业的经营指导思想或营销管理哲学,是企业在经营活动中所遵循的一种经营观念,一种管理导向。在西方国家工商企业的营销活动中,先后出现了五种市场营销观念,即生产观念、产品观念、推销观念、市场营销观念和社会市场营销观念,其中,前三种称为传统的市场营销观念。

(1) 生产观念。又称生产导向,是19世纪末20世纪初形成的一种最古老的经营思想。这种观念是在卖方市场条件下产生的,因而,企业经营哲学不是从消费者需求出发的,而是从企业生产出发的。其主要表现是企业生产什么,就卖什么。生产观念认为,消费者喜欢那些可以买得到和买得起的产品,企业经营管理的主要任务是改善生产技术、改进劳动组织、提高劳动生产率、降低成本、增加销售量。例如,美国皮尔斯堡面粉公司,从1869年至20世纪20年代,一直运用生产观念指导企业的经营,当时公司提出的口号是"本公司旨在制造面粉"。

(2) 产品观念。又称产品导向,它是从生产观念派生出来的一种古老的经营思想。产品观念认为,消费者喜欢购买高质量、多功能和具有某种特色的产品,企业应致力于提高产品质量并不断改进。因此,企业的任务是致力于制造优良产品并经常加以改进。这些企业认为只要产品好就会顾客盈门,因而经常迷恋自己的产品,而看不到市场需求的变化。这种观点必然导致"一孔之见"的市场营销近视症,甚而导致经营的失败。例如,美国著名的爱尔琴国民钟表公司创立于1864年,在美国享有盛名,销售量一直上升,支配着美国的钟表市场。但在1958年以后,计时非常准确、名牌及耐用的手表消费观念已经发生改变,消费者只需要一个能知道时间、外表吸引人且价格低廉的手表,分销渠道由珠宝商店向大众化商店拓展。当竞争者为适应市场需求变化而投入相应产品时,该公司仍陶醉于自己的高质量手表,从而导致其经营的失败。

(3) 推销观念。又称推销导向,是指通过销售努力来促使消费者或用户大量购买的一种指导思想,是生产观念、产品观念的发展和延伸。这一经营哲学产生于20世纪20年代末至50年代初。当时,社会生产力有了巨大发展,市场趋势由卖方市场向买方市场过渡,尤其在1929—1933年经济危机期间,大量产品销售不出去,因而迫使企业重视采用广告术与推销术去推销产品。推销观念表现为企业卖什么,顾客就买什么。认为产品销售不出去的症结不是产品没有市场,而是销售不够努力。推销观念仍在一定程度上存在于当今的企业营销活动中,如对于顾客不愿购买的产品,往往采用强行的推销手段。这种观念虽然比前两种观念有所发展,但其实质仍然是以生产为中心。

2. 现代市场营销观念

市场营销由当初的以产品为出发点、以销售为手段、以增加销售获取利润为目标的传统经营哲学,到以顾客为出发点、以市场营销组合为手段、以满足消费者需求来获取利润的市场营销观念的转变,被认为是现代市场营销学的"一次革命"。这一"革命"要求企业把以市场为生产过程的终点,转变为以市场为生产过程的起点,导致销售职能的扩大和强化,促使企业的组织结构发生了相应的巨大变化,销售部门不仅从企业的其他职能部门中独立出来,而且成为企业市场营销活动的核心部门。

(1) 市场营销观念。又称市场营销导向或顾客导向。这种观念认为,要达到企业目标,关键在于确定目标市场的需求与欲望,并比竞争者更有效能和效率地满足消费者的需求。可见,市场营销观念是以满足顾客需求为出发点的,即"顾客需要什么,企业就生产什么"。这种观念产生于20世纪50年代以后。当时社会生产力迅速发展,市场趋势表现为供过于求的买方市场,同时消费者个人收入迅速提高,能够对产品进行选择,企业之间为实现产品价值的竞争加剧,许多企业开始认识到,必须转变经营观念,才能求得生存和发展。

市场营销观念的出现,使企业的经营哲学发生了根本性变化,也使市场营销学发生了一次革命。市场营销观念同推销观念相比具有重大的差别。市场营销观念以市场为出发点,而推销观念则以企业为出发点;市场营销观念以顾客需求为中心,推销观念则以产品为中心;市场营销观念以协调市场营销策略为手段,推销观念则以推销术和促销术为手段;市场营销观念是通过满足消费者需求来创造利润的,推销观念则通过扩大消费者需求来创造利润。可见,市场营销观念的4个支柱是市场中心、顾客导向、协调的市场营销策略和利润;推销观念的4个支柱是企业、产品导向、推销和赢利。

在现代市场营销观念指导下,企业致力于顾客满意,提高顾客价值。所谓顾客满意是指企业提供的产品和服务能够给顾客的期望和欲望带来的满足。所谓顾客价值是指顾客从给定产品和服务中得到的全部利益。顾客价值的最大化是顾客满意的前提,顾客满意是企业创造顾客忠诚的基础。

顾客让渡价值是指顾客总价值与顾客总成本之间的差额。顾客总价值是指顾客购买某一产品与服务所期望获得的一组利益,包括产品价值、服务价值、人员价值和形象价值等。顾客总成本是指顾客为购买某一产品所耗费的时间、精神、体力以及所支付的货币资金等,即顾客总成本包括时间成本、精神成本、体力成本和货币成本等。企业在市场利益竞争的驱动下,势必关注市场竞争态势,紧盯着竞争对手,一方面从产品研究开发、降低产销成本、完善营销服务体系、培育员工企业文化、树立企业及品牌形象等方面不断努力,使赋予顾客的总价值最大化;另一方面尽力让顾客方便迅捷地认同企业,认可产品与服务,情愿以较高价格实施购买行为,使需求实现成本最优化,从而使其获得较满意的让渡价值。

(2) 社会市场营销观念。又称社会市场营销导向,产生于20世纪70年代西方资本主义国家出现能源短缺、通货膨胀、失业增加、环境污染严重、消费者保护运动盛行的新形势下。这种观念认为,企业的任务是确定目标市场需求、欲望和利益,并且在保持和增进消费者及社会福利的情况下,比竞争者更有效率地使目标顾客满意。这不仅要求企业满足目标顾客的需求与欲望,而且要考虑消费者及社会的长远利益,即将企业自身利益、消费者利益与社会公众利益有机地结合起来,如图0-2所示。

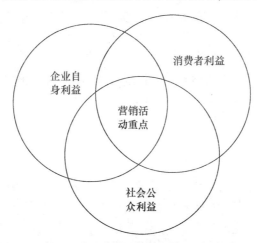

图0-2 社会市场营销观念示意图

由于市场营销的发展,一方面给社会及消费者带来巨大的利益,另一方面造成了环境污染,破坏了社会生态平衡,出现了假冒伪劣产品及欺骗性广告等,从而引起消费者不满,并掀起了保护消费者权益运动及保护生态平衡运动,迫使企业营销活动必须考虑消费者及社会长远利益。必须指出,由于诸多因素的制约,当今市场上的企业并不是都树立了市场营销观念和社会市场营销观念,事实上,还有许多企业仍然以产品观念及推销观念为导向开展营销活动。

(3) 个性化市场营销观念。随着社会的发展和进步,消费者将具有良好的教育背景和日益个性化的价值观念,其生活水平不断提高,消费心理日趋成熟。人们不再盲目追潮流、赶时髦,而是开始追求时尚和品味,根据自己的身份、气质、个人爱好、经济承受能力和实际需要选择合适的产品,追求消费的个性化。消费者在消费结构、时空、品质等诸多方面的差异会衍生出特殊的、合适的目标市场,企业必须在产品的性能、用途、定位、送货、付款、功能和售后服务等方面,满足消费者的特殊需求。例如,我国海尔集团提出"您来设计,我来实现"的口号,由消费者向海尔提出自己对家电产品的需求模式,包括性能、款式、色彩、大小等。

(4) 全球市场营销观念。全球营销与传统的多国营销不同,企业在全球性的营销活动中通过标准化产品创造和引导消费需求,可以进一步取得竞争优势。以全球营销观念为导向的企业通常称为全球公司,其营销活动是全球性的,市场范围是整体世界市场。把具有相似需求的潜在购买者群体归入一个全球细分市场,只要成本低、文化上可行,就可将产品标准化,制订标准化的市场营销计划,通过统一布局与协调,从而获得全球性竞争优势。实施全球营销策略的企业追求规模效益,开发具有可靠质量的标准化产品,以适中的价格销往全球市场,即采用相同的市场营销组合,以近乎相同的方式满足市场需求和欲望。但这并不意味着在全球任何一个国家市场上的营销策略没有一点区别,企业的全球营销计划包括标准化的产品和因地而异的广告;或采用标准化的广告主题,但根据不同国家和地区的不同文化背景做一些形式上的调整;也可能采用标准化的品牌和形象,调整产品满足特定国家顾客的需求等。全球营销集中表现在有全球相似的消费需求的产品、本国生产具有优势的奢侈品、技术标准化产品、研究开发成本高的技术密集型产品等几种市场。

0.3.2 市场营销管理任务

企业的市场营销活动通常受到不可控因素和可控因素的影响,市场营销人员必须处理至少两个层次的不可控制的不确定性。市场需求状况不同,市场营销的具体要求和任务也有所不同,根据目标市场需求水平、时间和不同性质,市场营销的任务可具体归纳为8项。

1. 刺激性营销

刺激性营销是在市场需求不稳定或缺乏需求的情况下实施的一种营销活动。通常是刚投放市场的新产品,由于消费者对它的性能、质量、价值不了解或受传统消费习惯的影响,购买意识弱,造成市场需求不稳定或需求过低。这时,市场营销的任务是刺激市场营销,即分析市场不喜欢这种产品的原因,通过产品重新设计、重新定位、重新包装、降低价格和积极促销等市场营销方案,来改变市场的信念和态度,强化消费者的购买意识。

2. 发展性营销

发展性营销是在具有潜在需求的情况下施行的。潜在需求是指消费者对市场上的商品和服务有消费需求而无购买力,或虽有购买力但并不急于购买的需求状况,即目标市场对现有产品毫无兴趣或漠不关心的一种需求状况。通常,市场对一般认为无价值的废旧物品、有价值但在特定市场上无价值的产品、新产品或消费者不熟悉的物品等无需求。在这种情况下,市场营销的任务是发展市场营销,即通过大力促销及其他市场营销措施,将产品所能提供的利益与人们的需要和兴趣联系起来。

3. 改善性营销

改善性营销是针对目标市场上的潜伏需求而实施的一种营销活动。潜伏需求是指相当一部分消费者对某物有强烈的需求,而现有产品或服务又无法使之满足的一种需求状况。在潜伏需求情况下,市场营销的任务是开发市场营销,即开展市场营销研究和潜在市场范围的测量,开发有效产品和服务来满足这些需求,将潜伏需求变为现实需求。

4. 恢复性营销

当目标市场上消费者的需求发生变化、科学技术进步等原因使产品进入饱和状态,甚至需求呈下降趋势时,市场营销的任务是重振市场营销,即分析需求衰退的原因,进而开拓新的目标市场,改进产品的特色和外观,采用新的促销措施刺激需求,使产品开始新的生命周期,来扭转需求下降的趋势。

5. 协调性营销

某些产品或服务的市场需求与供给,可能在不同的时间和空间上下波动很大。这时,市场营销的任务是协调市场营销,即通过灵活定价,大力促销及其他刺激手段来改变需求的时间模式,使产品或服务的市场供给与需求在时间上协调一致。

6. 维持性营销

当某种产品或服务的目前需求水平和时间等于预期的需求水平和时间时,称为充分需求。在充分需求状况下,市场营销的任务是维持市场营销,即努力保持产品质量,经常测量消费者满意程度,通过降低成本来保持合理价格,并激励代理商或经销商大力推销产品,千方百计地维持目前的需求水平。

7. 抑制性营销

抑制性营销是企业针对过量需求而实施的一种营销活动。过量需求是指某种产品或服务的市场需求超过了企业所能供给或所愿供给的水平的一种需求状况。在过量需求情况下,市场营销的任务是降低市场营销,即通过提高价格、合理分销产品、减少服务和促销等措施,暂时或永久地降低市场需求水平,或设法降低盈利较少的市场需求水平。

8. 抵制性营销

抵制性营销是针对有害需求而实施的。有害需求是指市场对某些有害产品或服务的需求,如毒品、赌品、对人体有害的食品、药品和化妆品等。对于有害需求,市场营销的任务是反市场营销或称抵制市场营销,即劝说喜欢有害产品或服务的消费者放弃这种爱好和需求,大力宣传有害产品或服务的严重危害性,大幅度提高价格,以及停止生产供应等。

思考题

1. 什么是市场营销?如何理解市场营销的内涵?
2. 企业应如何确定其市场营销任务?
3. 什么是市场?如何理解市场的内涵?
4. 企业应如何在营销实践中运用市场营销组合理论?
5. 比较分析传统市场营销观念与现代市场营销观念的联系与区别,及其应用条件。
6. 请阐述消费者、顾客与客户各自内涵并指出它们对企业营销的指导意义。

学习指导

1. 营销理论是开展营销工作,从事营销实践活动的基础。营销理论是企业营销实践活动经验的总结,是不断发展和进步的,营销工作中应当用好图书馆、电子阅览室、Internet 等学习资源。

2. 学好营销,理论是基础,实践则是检验营销理论水平与应用能力的试金石。在掌握相应的营销理论的基础上,时时处处做一个有心人,将所学的营销理论知识与在生活中所见、所闻紧密联系一起,尝试以营销者的视角进行分析、研究与探讨,多吸取他人的经验与教训。

3. 多观摩他人的营销实践工作和营销活动,是吸取他人经验的有效途径;亲自参与营销实践活动,是最直接、最有效的消化和学习营销理论知识,提高营销素质与营销技能的捷径,尽管会有很多付出,但是收获也必定不菲。

典型案例

永远年轻的芭比娃娃

2005年6月7日是芭比娃娃46岁生日,可是她依然被称作娃娃,她的身材依然窈窕,皮肤依然紧绷,眼睛依然神采飞扬。几十年来,她是世界上唯一越活越年轻美丽的女性,她是千百万女孩的朋友和偶像,是她们心中的梦想。

风靡美国、日本的超HOT个性娃娃——"Blythe大眼娃",是由美国时尚界颇负盛名的时装摄影师——Gina Garan 所设计,早期的 Blythe 只是在某些杂志内跑跑龙套,一直到和美国知名玩具商——Hasbro 合作制造可更换服饰的造型人偶后一夕成名。不但生产了一系列 Blythe 造型娃娃、造型T-SHIRT,甚至被日本SONY公司"请"去担任最新MD商品的广告代言人,真是原创个性娃娃界的当红明星!

现在世界上出售芭比娃娃的国家达140多个,平均每秒钟就可售出2个芭比娃娃。40多年来,为了给芭比和她的朋友们做服装就用了近1亿米的布料,每年制作的新式服装多达120种。有人统计,如果把从1959年至今卖出的芭比家族的娃娃排起来可以绕地球7周。芭比娃娃拥有35种宠物,10亿双鞋子,有众多的姐妹及朋友,围绕她已经形成了一个女孩子梦想中的玫瑰帝国,而这个帝国每年为她的拥有者带来20亿美元的收入。

40多年来,芭比娃娃仍然长盛不衰,其奥秘正在于她多变的风格和跟随时代步伐的精神。从巴黎的时尚,到肯尼迪夫人的典型,再到年轻的运动气息,马特尔公司一直在捕捉细微的时尚变化,芭比娃娃在40多年间被设计超过500次以上。

20世纪50年代的芭比娃娃穿着当时最流行的黑白条纹游泳衣,戴着太阳镜,穿着高跟鞋,一幅热带沙滩女郎的形象。60年代,芭比娃娃成了派头十足的女明星:身穿华贵的晚礼服,戴钻石项链,出入各种派对聚会。70年代嬉皮士风行,芭比娃娃也趋于野性和随意,牛仔T恤和短发成为其主打形象。80年代,随着女性自我价值的觉醒,女权运动轰轰烈烈的开展,芭比娃娃则变成了职业女性,其着装开始具有民族特色,芭比娃娃成了全世界女孩的梦想。1997年,为了纪念香港回归,马特尔公司推出了中国芭比娃娃。90年代的芭比娃娃是个运动健将,她是体操选手,参加过美国许多体育比赛,同时喜欢骑自行车和滑雪。而20世纪末的芭比娃娃也走上了互联网,孩子们从此可以在电脑上与她们心中的芭比娃娃进行交流。

如今,在中国的"六一"礼品市场上,芭比娃娃也与公主裙、卡通手表、毛绒玩具等成为女孩子们的最爱。

半个世纪的变迁,芭比始终引领潮流,她是每个女孩梦想中的公主,是她们实现梦想的寄托。芭比已成为一种形象、一种精神、一种文化。

(资料来源:冯银虎,符亚男.市场营销教程[M].北京:机械工业出版社,2011)

➡ 分析讨论题

1. 芭比娃娃的形象为什么要跟随时代的变化而变化?
2. 你如何理解和评价马特尔公司不断创新的营销观念?
3. 你认为马特尔公司是如何使芭比成为世界性品牌的?
4. 从马特尔公司对芭比品牌的运作管理中,你获得了什么启示?

0.4 基础训练

0.4.1 营销理论内涵分析

(1) 以大学生群体、90后年轻人群体等为例分析市场、市场营销的内涵。

(2) 举例分析说明本部分营销理论内涵及其在实践中的运用,阐述如何运用,效用如何?是否存在不足之处,如何解决?

(3) 以自己熟知的某一产品或企业(包括摊位、店铺等)的营销实践工作为例,分析其运用了哪一种营销指导思想?效果如何?是否存在问题?应如何解决?

0.4.2 营销实践活动

(1) 邀请当地某一企业的营销主管进行有关市场营销观念的运用、市场营销组合策略的制定和市场营销管理基本任务的讲座。

(2) 组织学生进行一次市场调研活动,了解不同企业或行业的市场营销观念和市场营销组合策略的运用情况。

(3) 进行案例分析讨论,重点分析企业在不同市场状态下的市场营销观念和市场营销组合的运用及效果。

0.4.3 营销理论学习

(1) 除本部分涉及的营销理论,你还知道哪些营销理论?描述其基本内容,分析其在营销实践中的应用状况。

(2) 对比分析商人、生意人和企业家的相同与不同之处。

(3) 对比分析营销、销售与推销的区别与联系。

(4)分析营销模式、销售模式、经营模式、盈利模式、管理模式等内涵,及其在营销实践中的应用。

(5)收集分析中外、古今富商巨贾有哪些?择其一二描述其公司名称、业务范围、经营模式、营销策略、主要业绩等,并收集其传奇经营故事,说明从中获得哪些启发。

(6)对比分析许可证贸易与特许经营有何异同?并举例说明。

0.4.4 要求与考核

(1)本部分内容,主要以学生个体活动和学习为主,个别内容也可以以小组的形式开展活动。

(2)个人活动需要提交手写作业,小组活动则需要提交小组作业(如 Word 文件和 PPT 文稿)。

(3)无论个人作业还是小组活动,都应有相应的考核记录,作为本课程学习期间的总体成绩的一部分。

0.4.5 学习总结

总结项目 / 个人总结	总结内容
本项目内容主要知识点	
本项目内容主要技能点	
你已熟知的知识点	
你已掌握的专业技能	
你认为还有哪些知识需要强化,如何做到	
你认为还有哪些技能需要强化,如何做到	
本项目学习心得	

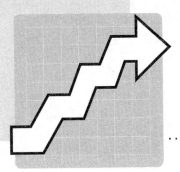

项目 1

市场营销调研

知识目标

了解市场营销信息系统、市场营销调研和市场需求的基本内容,明确建立适合企业发展的市场营销信息系统的方法;理解市场需求的基本内涵;掌握市场营销调研和市场需求预测的基本方法。

技能目标

学会建立适用的市场营销信息系统,制订市场营销调研计划,开展市场调研活动,进行市场需求预测,撰写市场调研报告。

学习任务

1. 确定市场调研主题,制订市场调研计划或方案。
2. 根据市场调研计划或方案、市场调研的实际需要准备必要的调研工具。
3. 整理、统计和分析调研资料和数据,进行必要的预测分析。
4. 撰写一份市场调研报告。

1.1 学习引导

市场营销的目的是通过比竞争者更好地满足市场,赢得竞争优势,取得合理的利润收入。要做到这一点,企业就必须认真研究市场,了解市场需求及竞争者的最新动态,开展市场营销调研,广泛收集市场营销信息,据此制定市场营销战略决策。

企业开展市场营销活动,必须加强市场营销信息管理,建立高效的信息管理系统,并切实做好日常信息管理工作。市场营销信息系统就是由人、机器和程序组成的相互作用的复合体,它为营销决策者收集、分析、评估和分配需要、及时和准确的信息,一般由四个子系统构成,即企业内部报告、营销情报收集、营销专题调研和营销决策支持系统,如图1-1所示。

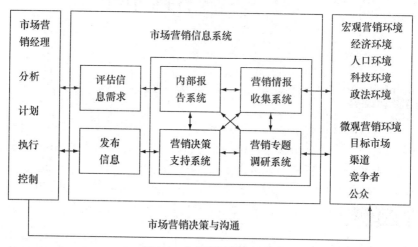

图1-1　市场营销信息系统

市场营销调研是市场预测的前提和基础,通过市场营销调研企业可以有目的地、系统地收集市场营销信息,分析和研究市场营销环境,为企业决策者制定和实施有效的市场营销战略提供依据。

1.1.1　市场营销调研的内容

任何决策都是以占有一定的信息为基础的。但是市场信息常常处于一种杂乱、无序、分散的状态,必须经过有目的的收集、加工和整理,才能成为有序的和可利用的信息。所谓市场营销调研,就是运用科学的方法,系统地有计划有组织地搜集、记录、整理和分析有关市场的信息资料,并客观地测定及评价,从而了解市场发展变化的现状和趋势,为市场预测及各项经营决策提供科学依据的过程。

营销调研可按不同特征分为多种类型:按地域范围可分为国内营销调研和国际营销调研;按内容范围可分为专题性调研和综合性调研;按时间可分为突击性、一次性调研和经常性、连续性调研;按方式可分为企业自行调研和委托他人、调研机构调研,还可分为直接、实地调研和间接、案头调研；按功能可分为仅作初步、非正式、大概了解的探测性调研，了解、说明事物"是什么""怎么样"等表征的描述性调研，深入了解、说明事物存在或变化的内因"为什么"的因果性调研，以及进一步推测、判断事物未来状态或趋向的预测性调研。

1. 市场营销环境调研

市场营销环境是影响企业行为和市场营销活动的各种重要因素，对宏观环境变化及其趋势进行分析是寻求市场机会的重要途径。其调研的主要内容包括政治法律环境、社会文化环境、经济环境、技术环境、人口环境等，了解国家的法律法规和政策及经济、技术、人口等环境因素的发展动向及其对企业营销活动的影响；了解消费者的教育水平、文化层次结构、购买动机及行为；了解竞争企业的市场地位和营销策略。

2. 消费者需求调研

消费者需求调研的内容主要包括市场容量、消费者的数量及其结构、家庭收入、潜在需求量及其投向、消费构成变化、社会需求层次变化、消费者购买行为及不同消费者对商品的品种、质量、花色等的不同需要。为了准确把握消费者的需求情况，通常需要对人口构成、家庭、职业与教育、收入、购买心理、购买行为等方面进行调研分析。企业要特别重视对消费者购买力调研、购买动机调研和潜在需求调研，以有效地寻找和利用市场机会。

3. 市场结构状况调研

市场结构状况调研主要包括同行业竞争对手调研和同行业竞争产品调研。同行业竞争对手调研的主要内容是竞争对手数量、竞争对手市场占有率、竞争对手市场竞争策略和手段、竞争对手的竞争能力、竞争对手的市场营销组合策略和潜在竞争对手出现的可能性等；同行业竞争产品调研则主要包括竞争对手的产品设计能力、工艺能力、产品数量、质量、品种、规格、款式、花色、商标、成本、价格和营销服务能力与现状等及竞争对手发展新产品的能力和动向。企业做市场调研时，首先要了解该行业现在处于何种竞争状态，并进一步分析市场上现有的竞争对手，结合市场需求和市场机会分析，更好地把握市场的竞争状况，做出正确的决策。

4. 市场营销可控因素调研

市场营销可控因素调研主要内容包括产品调研、价格调研、分销渠道调研、促销调研和售后服务调研。其中，产品调研主要围绕企业产品的基本内容进行调研，包括企业生产能力调研、产品性能和用途调研、产品质量调研、产品市场生命周期调研以及产品组合调研等。价格调研就是研究市场产品价格变动情况，便于对消费者购买数量和不同产品的价格需求进行弹性分析，主要包括对制约产品价格的有关因素、竞争者品牌及替代产品的价格水平、市场供求趋势及对产品价格的影响、新产品的定价策略、处在不同产品市场生命周期的价格状况、消费者对企业价格策略的反应等。分销渠道调研直接影响企业产品和服务能否从生产环节及时输送到消费者手中，主要包括分销渠道现状调研、中间商的销售、经营能力和资信能力调研、用户、消费者对各种类型中间商的印象和评价调研、商品的储存、运输和保管情况调研，以及整个分销渠道策略实施过程中的控制与调整状况调研等。促销活动调研的主要内容有目前的促销方式能否为消费者接受和信任、广告的选择是否有针对性、广告费用和效果的测定、广告时间的选择、各种公关活动和宣传措施对销售量的影响、各种营业推广措施对产品销量的影响等。售后服务调研的主要内容则包括对消费者需要获得哪些方面的服务、服务网点的分布、服务的质量等方面的调研。

1.1.2 市场营销调研的程序

为了确保市场调研工作有计划、高效率地进行，必须合理安排调研的程序。通常情况下，市场调研的过程可以划分为调研计划准备阶段、调研组织与实施阶段，以及调研结果的处理阶段。

1. 调研计划准备阶段

为了保证市场调研工作的质量，必须周到地做好一切准备工作。

（1）明确问题与目标。企业需要明确进行调研的项目和目的，确定要解决的问题。

（2）确定资料的收集范围和方法。围绕调研项目确定调研的范围（如地域范围、调研对象的范围等），并确定调研过程中要使用的调研方法。调研方法主要有收集第一手资料的专题讨论法、观察法、问询调研法和实验法，搜集第二手资料的文案调研法等。

（3）调查表的设计和抽样方案的制订。调查表应该简单明了、主体突出，抽样方式和样本量的控制要以便于统计分析为前提。

（4）制订调研计划。为了更好地开展调研活动，控制调研项目和过程，必须事先设计好各个环节的工作内容，如时间安排、经费运用、人力统筹等。

2. 调研组织与实施阶段

调研组织与实施阶段是整个市场调研过程中最关键的阶段，其主要工作是组织调研人员按照既定的方案，系统地搜集信息资料和数据。

（1）调研人员的选聘和培训。首先，必须认真挑选优秀的调研人员，这是做好整个工作的前提。其次，对所招聘的人员进行培训，使他们了解调研过程，理解调研项目的意义和目的，掌握调研的相关知识、技术。最后，要培养调研人员的耐心、责任意识和敬业精神。

（2）实地调查。即将调研人员派到既定市场上，按规定的时间、地点和方法收集资料。

3. 调研结果的处理阶段

调研结果的处理阶段即对所搜集到的资料进行整理、分析，获得结论，反馈给决策层。

（1）资料的整理与分析。对所收集到的资料进行"去粗取精、去伪存真、由表及里"的整理，使之条理化、清晰化，便于归档、查找、使用。

（2）撰写调研报告。这是市场调研最终成果的反映，需要对决策者关心的问题提出结论性的建议。市场调研报告一般由引言、摘要、正文、附件四个部分组成，基本内容有调研目的、调研对象的基本情况、调研问题的客观事实材料、调研分析的说明以及调研的结论和建议等。

1.1.3 市场营销调研的方法

在营销调研的设计和执行阶段,要根据调研的目的和具体的研究目标,选择合适的调研对象,采用适当的调研方法和技术,获取完整可靠的信息。市场营销调研方法主要有文案调研法、问询调研法、观察法和实验法。

1. 文案调研法

文案调研法也称为间接调研法,是指调研者通过研究分析各种历史的和现实的资料,从中搜集与市场调研项目相关的信息资料,主要有书面问卷法、资料查阅法和统计综合法。通过间接调研法所获取的资料称为二手资料。文案调研的资料来源主要有国家统计部门定期发布的统计公报和各类统计年鉴,各级各类经济信息部门、行业协会提供的信息公报等,国内外有关报纸、杂志、电视等大众传媒提供的各种形式的信息,国内外各种博览会、洽谈会、展销会等发放的文件资料,工商企业的各项财务年报、销售记录、企业剪报、影像资料等。

2. 问询调研法

问询调研法是调研人员利用询问的方式向被调研者了解市场信息资料的一种直接调研方法。具体的形式有面谈调研、电话调研、邮寄调研、互联网调研和座谈会调研。

(1) 面谈调研,即调研人员与被调研对象面对面地询问有关问题,从而取得第一手资料的调研方法。面谈调研方法的优点是回收率高、信息真实性强、资料搜集全面,但所需经费较高,对调研人员的素质要求较高。

(2) 电话调研,即由调研人员根据事先确定的原则抽取样本,用电话向被调研者提出问题获取资料的方法。这种调研方法使用起来速度快、省时、经济,但由于是不见面的方式,通话时间又不宜过长,因此所获取的信息不够深入。

(3) 邮寄调研,即调研人员预先设计、印制好调查问卷,然后邮寄给被调研者,被调研对象按照要求填好后再邮回的调研方法。这种方法调研范围广泛、成本较低,但是回收率低、回收时间长,且调研人员难以控制调研过程。

(4) 互联网调研,即把问卷的设计、样本的抽取及调查数据的处理等整个调研过程各环节都通过电脑程序和互联网来完成的一种调研方法。这种调研方法的优点是便利、快捷,能大大缩短调研时间,并可即时修正操作上的错误,调研成本较低。但是互联网调研的范围受到网络覆盖率和上网用户数量的限制,容易受到电脑病毒的干扰和破坏,从而影响调研结果。

(5) 座谈会调研,也称集体访谈法。即邀请参加座谈(调研)的人员就调研主题进行研究讨论、发表意见来获取资料的方法。这种方法的优点是调研成本较低,通过与会人员集中讨论可较快地确定调研结果。不足之处在于,调研意见容易集中在专家、领导等少数人身上,由于座谈会选择的人员较少,其代表性较低,会影响调研结果。

3. 观察法

观察法是由调研人员通过观察被调研对象的行为并对其进行记录来搜集市场信息资料的调研方法。观察法有三种基本形式:一是直接观察法,即派调研人员到现场直接察看以收集市场营销信息的方法;二是亲自经历法,即调研人员亲自参与某项活动,收集有关资料的方法;三是痕迹观察法,即不直接观察被调研对象的行为,而是观察被调研对象留下的实际痕迹来获得有关信息资料的方法;四是行为记录法,即不直接向被调研者提出问题,而是通过录音机、录像机、照相机及其他一些监听、监视设备进行记录,以收集有关市场营销信息的方法。观察法的优点是,调研过程是被调研者在不知情的情况下进行,被调研者处于自然状态,搜集到的资料较为客观、可靠。观察法的缺点是,观察不够具体、深入,只能说明事实的发生,而不能说明发生的原因和动机。

4. 实验法

实验法是在特定的实验场所、特定的时间、特定的状态下,对调研对象进行试验来获取营销信息资料的调研方法。实验法是研究因果关系的一种重要方法,具有独特的使用价值。试销是一种重要的实验方法,如一项新产品或服务在推向市场之前,先在局部市场推广或测试,从影响调研对象的若干因素中选出几个因素作为实验因素,在其他因素不变的条件下,了解实验因素变化对被调研者的影响。对实验结果进行整理分析后,再研究决定是否需要进行大规模市场推广。在一些展销会、试销会、订货会等场合,经常使用这种方法。

1.1.4　市场营销调查表的设计

市场营销调查表通常由三部分内容构成,即被调研者项目、调研项目、调研者项目。被调研者项目主要有被调研者姓名、性别、年龄、文化程度、职业、家庭地址、联系电话及在家庭购买中扮演的角色等;调研项目就是将所要调研了解的内容,具体化为一些供被调研对象回答的问题和备选答案;调研者项目主要包括调研人员的姓名、工作单位和调研日期等。

1. 市场营销调查表的类型

市场调查表主要有单一表、一览表和调查问卷三种形式。单一表和一览表从结构上可分为表头、表体和表脚三个部分,其中,表头包括客套语、对填表者的激励方式,表体主要指调研项目内容,表脚包括填表说明和必要的注释等。

(1) 单一表是指一张调查表只由一个被调研者填写或回答(如表1-1所示)。由于在调查表中只填写一个被调研者的情况,因此可以容纳较多的调查项目。

(2) 一览表是指在一张调查表中包含若干个被调研者及其意见或基本情况(如表1-2所示)。在一览表中,可容纳的被调研者较多,但调研项目较少,适用于集中性的调研。这种调研节省时间、人力和财力,易于组织实施,便于统计汇总,但较难了解更具体、详细的市场信息。

表1-1 某公司对家用汽车拥有量及顾客购买意向调查表

被调查者项目	您是：□帅哥　□美女
	您的姓名：　　　　联系电话：　　　　住址： 邮政编码：　　　　微信号：　　　　QQ号：　　　　电子邮箱：
	您的年龄段：□18～25　□26～30　□31～35　□36～40　□41～50　□51～60 □61～70
	您的月收入(元)：□3000以下　□3001～4000　□4001～5000　□5001～6500 □6501～8000　□8001～10 000　□10 001～15 000　□15 001～20 000 □20 001～30 000　□30 001～40 000　□40 000以上
调研项目	您现在是否有汽车：□有　□无
	您是：□再添置一辆车　□要更换原来的车
	您原来的家用汽车是哪个系列的： □德国　□日本　□法国　□意大利　□韩国　□美国　□国产　□其他_____
	您新置的家用汽车将是哪个系列的： □德国　□日本　□法国　□意大利　□韩国　□美国　□国产　□其他_____
	您购买汽车能够接受的价位是： □10万元以下　□10万元到15万元　□15万元到20万元　□20万元到50万元 □50万元到100万元　□100万元以上
	您购车预想的时间是： □1年以内　□2年以内　□3年以内　□4年以内　□5年以内　□暂未打算
	您购车看重哪几个方面(可多选)： □性价比　□经济耗油　□外观颜色　□安全性能　□品牌知名度　□售后服务 □内部空间大小　□内饰　□其他_____
	您希望自己汽车的排量是： □1.0L以下　□1.0～1.1L　□1.3L　□1.4～1.5L　□1.6L　□其他_____
	……

填表说明：
(1) 在适合答案的□中打勾"√"。
(2) 选择"其他"选项时，请在_____处填写相应的意见。
调查员：_____
调查时间：____年____月____日

表1-2 某品牌酱油市场价格一览表

序号	品名	包装规格	价格					分销情况			
			成本价格	出厂价格	批发价格	正常零售价格	促销价格	批发市场	大卖场	百货店	超市	小店
1	豆酿酱油											
2	黄豆酱油											
3	酿红酱油											
4	原汁红酱油											
5	特酿酱油											

续表

序号	品名	包装规格	价格					分销情况				
			成本价格	出厂价格	批发价格	正常零售价格	促销价格	批发市场	大卖场	百货店	超市	小店
6	宴会酱油											
7	黄豆酱油											
8	上等佐餐酱油											
9	……											

填表说明:
(1)"价格"栏请填单价,单位为"元"。
(2)"分销情况"栏请以数字表示该产品在各渠道的上货情况,如在上海地区,某酱油规格入2个批发市场、6家超市、6个小店。

调查员:_____
调查时间:_____年_____月_____日

(3)调查问卷是采用访问调研法时记录被调研人意见的问卷。若将单一表的线框删去,并将其文字化,便构成简单的问卷。同单一表相比,问卷能容纳更多的调查项目,且能搜集更系统、更详细的市场信息资料。一份完整的问卷,一般由说明信、调查内容和结束语三部分构成。

① 说明信(开头部分)是调研者向被调研者写的一封短信,主要是向被调研者说明调研的意图,包括填表须知、问候语等,一般放在问卷的开头。大多数说明信采取开门见山的方式,言简意赅、重点突出,消除被调研对象的疑虑,使之产生兴趣。有些问卷说明信还交代交表地点和其他事项等,有的则加上一些宣传内容,使说明信更具说服力。

② 调研内容(正文部分)是调查问卷中的核心部分,主要包括指导语、各类问题及其回答方式和问题编码等。指导语即答卷说明,用来指导被调研者回答问题。不同类型的问卷,对指导语的要求不尽相同,有的指导语简短地附在说明信的后面,有的单列出来,有的则分散在某些较复杂的问题前或后,如本题可多选等。问题及回答方式是问卷调研最主要的组成部分,涉及问题设计的质量和被访者答卷的可信程度,直接关系到整个调研活动的成败。问题编码是将问卷中的调研项目以及备选答案给予统一设计的代码。

③ 结束语一般放在问卷的最后,以简短的语言对被调研者的合作表示感谢,或者可以征询被访者对问卷设计本身的意见和建议。

2. 市场营销调研项目的设计

调研项目是调查表的核心内容,它决定着调查表的质量、回收率、有效率和答案的准确性,在一定程度上决定着调研活动的成败。调研项目设计的关键是怎样命题以及如何确定命题的答案。

(1) 开放式问题,又称自由回答式问题。即调查表上没有拟定可选择的答案,所提问题由被调研者自由回答,不受任何限制。开放式问题的优点是被调研者能充分发表自己的意见,可以形成有利于调研的气氛,很可能会收集到一些调研者事先估计不到的答案、资料或建设性的意见。开放式问题的缺点是得到的资料分析整理比较困难,自由回答的答案与被调研者的教育程度密切相关,容易形成阶层性的调研偏差。

(2) 封闭式问题。是指对调查表中所提问题都设计了各种可能的答案,被调研者只要从中选定一个或几个答案即可。封闭式问题主要有是非式问题、多项选择式问题和顺位式问题3种类型。

① 是非式问题,又称二项选择式或对比式问题。这类问题的答案设计只可能有两个,选择时非此即彼。适用于诸如是或否、有或无等互相排斥的二选一式的问题。容易发问,容易回答,便于统计整理调研结果。但是这种方法,被调研者没有机会说明原因,不能表达意见的深度和广度。

② 多项选择式问题,就是对一个问题事先列出若干个答案,由被调研者从中选择一个或几个答案。

[例1] 你现在的家用汽车是什么牌子?
□大众 □现代 □福特 □雪佛兰 □别克 □起亚 □丰田 □本田 □其他_____

[例2] 您经常使用某品牌洗衣粉的主要原因是:
□去垢力强 □泡沫少 □购买方便 □价格适中 □品牌知名度高 □其他_____

这种问题的优点是问题明确,便于资料的分类整理,但事先设计好的答案可能不包括被调研者的意见,选择的答案不一定反映其真正的意见。

③ 顺位式问题,又称序列式问题。是在多项选择的基础上,要求被调研者对所选问题的答案,按照自己认为的重要程度和喜好程度顺位排列回答。

[例3] 当贵公司在决定购买某种分析仪器时,哪些因素是决定选择该种仪器供应商的最重要的因素?请对下列最重要的五种因素排序,按重要程度依次标上1,2,3,4,5。
□价格和融资条件 □供应商的广告和促销 □所购买仪器的成本效应 □约定交货日期的可靠程度 □这种仪器的技术性能要求 □销售人员的信誉 □保养仪器的难易程度 □与供应商以前的共事经历 □供应商提供的技术服务 □供应商的信誉 □显示产品可靠性的独立研究 □其他(请具体化)_____

(3) 度量性问题。在市场调研中,往往涉及被调研者的态度、意见、感觉和满意度等有关心理活动方面的问题,并用数量方法来加以判断和测定,实施的工具就是态度测量表。态度测量表的类型很多,下面主要介绍评比量表、数值分配量表和等值差距应答者量表。

① 评比量表,是由设计者事先把所测问题按不同态度列出一系列顺位排列的答案,并按顺序给出一定分值,由被调研者自由选择回答。如以消费者喜不喜欢使用某种药物牙膏进行测量,如图1-2所示。

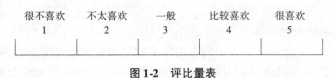

图1-2 评比量表

评比量表可划分为若干阶段,企业可根据调研需要进行确定,一般以3个或7个阶段比较适宜。表的两端是反映极端态度的极端答案,中间则是反映中立态度的答案。为了便于回答问题和便于统计整理,在设计程度评定问题时,通常采取评分的办法,并注意对称性,如上例中从很不喜欢到很喜欢用1~5的数字分值来表示。上例分值也可采用-2,-1,0,1,2这5个数字分值来表示。

② 数值分配量表,是由被调研者在固定数值范围内,对所测问题依次分配一定数值做出不同评价的一种态度测量表。如对四位不同服务人员的满意程度进行调查时,由顾客将总分值100(或10)分在A、B、C、D四个服务员之间进行分配,如某顾客的评分是:A服务员30分、B服务员20分、C服务员15分、D服务员35分,表明该顾客对四位服务员的满意程度有差异。汇总所有被调查者的评分,就可以判断出顾客对服务人员的满意程度。

③ 等值差距应答者量表,又称沙斯通量表,是由应答者(被调研者)根据设计者所提供的询问问题或语句自行选定他所同意的表述,并以数值(但被调研者不知其数值)表示的一种等值差距量表。制作等值差距应答者量表的方法和步骤如下。

① 由调研者提出若干个表述,通常有几十条到一二百条,以说明对一个问题的一系列态度,有的完全肯定,有的完全否定。

② 调研者将这些表述语句划分为若干组别,一般将中立的态度语句列入中间一组,不利态度(负态度)和有利态度(正态度)语句分别列在左右两侧。

③ 调研者将这些表述提供给由20~50人左右组成的评判人员小组,由每个评判人员根据自己的看法,各自将不同的表述语句分别列入不同的组别中。

④ 调研者根据评定人员所确定的每个语句在各组的次数,分别计算各条语句的平均数和标准差。

⑤ 在各组分别选出标准差最小的两条语句,构成正式调研时用的等值差距应答者量表,提供给正式调研时的被调研者。

等值差距应答者量表的优点是:被调研者不知道每条语句的实际量值,能根据自己的认识和判断回答问题,选择构成等值差距应答者量表的语句也是根据各评定人员的标准差确定的,有一定的科学性;其缺点是:等值差距应答者量表的确定费时、费力,评定人员的选择应具有一定的代表性,无法反映被调研者态度在程度上的区别。

1.1.5 市场需求预测的内容与方法

预测,是根据历史和现在的已知情况,估计和推测某一目前还不明确的事物未来可能出现的趋势。企业不仅要对市场进行各种定性分析,还要从量的角度将定性分析准确地转换成以产品、区域、顾客等分类来表示的特定需求的定量估计,即进行需求测量与预测。这是企业营销管理不可缺少的重要环节,对于企业准确把握市场前景,不断寻求发展机会,具有很重要的意义。

1. 市场需求预测的内容

市场需求预测按范围可分为国内市场需求预测和国际市场需求预测;按内容可分为总市场潜量预测和区域市场潜量预测;按方法可分为定性预测和定量预测。从最终结果来看,市场预测就是预测市场需求量;从企业的角度看,则是预测市场销售量。但不论是市场需求量还是销售量,都是具体的一定地区、一定时间的需求或销售量。

(1)市场预测和市场潜量。某个产品的市场需求是指一定的顾客在一定的地理区域、一定的时间、一定的市场营销环境和一定的市场营销方案下购买的总量。市场需求对产品价格、产品改进、促销和分销等一般都表现出某种程度的弹性,我们可以用营销支出水平、营销组合、营销资源配置和营销效率等市场营销力量来描述企业所有刺激市场需求的活动。市场需求是受以上各因素影响的市场需求函数或市场反应函数,反映当前市场营销力量与当前需求的关系。在一定的市场营销环境下,企业确定资源配置、发展目标和行业市场营销的费用水平必须是有计划的,与计划的市场营销费用相对应的市场需求就是市场预测,即市场预测表示在一定的环境条件下和市场营销费用下估计的市场需求。

市场预测是估计的市场需求,但不是最大的市场需求。最大的市场需求是指对应于最大的市场营销费用的市场需求。如果进一步扩大市场营销力量,也不会产生更大的需求。市场潜量是指在一定的市场营销环境条件下,当行业市场营销费用逐渐增高时,市场需求达到的极限值。

(2)企业需求。企业需求就是在市场总需求中企业所占的需求份额。其公式为:

$$Q_i = S_i Q \qquad (1\text{-}1)$$

式中,Q_i——企业 i 的需求;

S_i——企业 i 的市场占有率,即企业在特定时间内,在特定市场上某种产品销售额占总销售额的比例;

Q——市场总需求。

企业需求也是一个函数,称为企业需求函数或销售反应函数。可见,企业需求不仅受市场需求决定因素的影响,也受任何影响企业市场占有率因素的影响。

(3)企业预测与企业潜量。企业需求表示不同水平的企业市场营销力量刺激产生的企业的估计销售额,即市场营销力量的高低决定销售额的大小。与计划水平的市场营销力量相对应的一定水平的销售额,称为企业销售预测。因此,企业销售预测就是根据企业确定的市场营销计划和假定的市场营销环境确定的企业销售额的估计水平。

企业潜量是当企业的市场营销力量相对于竞争者不断增加时,企业需求所达到的极限。企业需求的绝对极限是市场潜量,如果企业的市场占有率为100%,企业潜量就等于市场潜量。

(4)估计当前市场需求。就是要测量总的市场潜量、区域市场潜量、实际销售额和市场占有率。

① 总市场潜量。就是指在一定时期内,一定水平的行业市场营销力量下,在一定的市场营销环境条件下,一个行业中所有企业可能达到的最大销售量。其公式为:

$$Q = nqp \qquad (1\text{-}2)$$

式中,Q——总市场潜量;

n——既定条件下,特定产品的购买者数量;

q——平均每个购买者的购买数量；
p——产品价格。

计算总市场潜量的另一种方法是连锁比率法。当估计一个量的各个组成部分比直接估计该量更容易时，可以采用这种方法。如某啤酒公司为一种新啤酒估计市场潜量：

新啤酒需求量 = 人口 × 人均个人可随意支配的收入 ×
个人可随意支配的收入中用于购买食物的比例 ×
食物花费中用于饮料的平均百分比 ×
饮料花费中用于酒类的平均百分比 ×
酒类花费中用于啤酒的平均百分比

企业应用连锁比率法时，要从一般有关要素移向一般产品大类，再移向特定产品，层层往下推算。计算出总市场潜量后，还应把它同现有市场规模进行比较。现有市场规模是指目前实际购买的数量或金额。企业可以通过争取竞争者的顾客或争取尚未开发的市场潜量来扩大市场规模。

② 区域市场潜量。企业在计算总的市场潜量后，还要选择计划进入的最佳区域，并合理地分配其市场营销费用，评估其在各个区域的市场营销效果。为此，企业有必要估计各个不同区域的市场潜量，基本方法主要是市场累加法和购买力指数法，前者适用于产业市场上的购买者，后者则适用于消费者市场上的购买者。

市场累加法是先确认某产品在每一个市场的可能购买者，再将每一个市场的估计购买潜量加总合计来估计市场潜量；购买力指数法是借助与区域购买力有关的各种指数来估计市场潜量，其中，与区域购买力有关的各种指数是指区域购买力占全国总购买力的百分比、该区域个人可支配收入占全国的百分比、该区域零售额占全国的百分比、居住在该区域的人口占全国的百分比等。一般情况下，可利用相对购买力指数公式计算某地区区域市场潜量：

$$B_i = 0.5Y_i + 0.2R_i + 0.3P_i \tag{1-3}$$

式中，B_i——i 区域购买力占全国总购买力的百分比；
Y_i——i 区域个人可支配收入占全国的百分比；
R_i——i 区域零售额占全国的百分比；
P_i——居住在 i 区域的人口占全国的百分比。

式(1-3)可用于反映许多消费品的市场潜量，但不包括高档奢侈品，其加权数可利用回归分析法加以调整。

区域市场潜量的估计反映相对的市场机会而非企业机会，企业可根据式(1-3)中未考虑的其他因素来修正所估计的市场潜量，这些因素包括品牌占用率、竞争者类型与数目、销售力量的大小、物流系统、区域性促销成本和当地市场的特点等。

同时，企业要切实了解本行业的实际销售额，识别竞争者并估计它们的销售额，将企业的销售状况与整个行业的总销售状况相比较，评价企业的发展状况。如果企业的销售额年增长率为 7%，而整个行业的增长率为 10%，这就意味着企业的市场占有率在下降，企业在行业中的地位已被削弱。

2. 市场需求预测的步骤

市场需求预测过程包括归纳和演绎(推断)两个阶段。归纳阶段是从确定预测目标入手,收集并分析有关资料,再用恰当的形式描述预测对象的基本规律。演绎(推断)阶段则是利用所归纳的基本演变规律,根据对未来条件的了解和分析,推测出预测对象在未来某一时期的可能水平及其必要的评价。一个完整的市场需求预测过程包括以下6个步骤。

(1)确定预测目标。预测目标即预测的内容和目的。只有预测目标明确,预测工作才能做到有的放矢。预测目标的确定应根据经营管理的需要,服从决策的要求。预测目标包括预测的项目、地域范围要求、各种指标及其准确性要求等。

(2)收集整理资料。进行市场预测,必须占有充分的资料。预测所需的资料一般可以分为关于预测对象本身的历史资料和现实资料;第一手资料和第二手资料。收集资料时要注意广泛性、适用性,如果资料搜集不全面、不系统,则会严重影响预测质量。根据预测目标的要求,由专业人员对所收集的资料进行认真的核实与审查、归类、分析整理,并编号保存。

(3)选择预测方法。进行市场需求预测的各种方法都有各自的范围和局限性,企业应根据自身的环境条件及资料的内容和特点选择合适的预测方法。单纯使用一种方法进行预测是不可靠的,企业常以定性和定量的方法同时进行预测,或以多种预测方法互相比较印证其预测结果,使预测的准确度更高。

(4)建立预测模型。在分析整理所收集资料的基础上,寻找各种经济变量之间的函数关系,提出理论假设,建立预测模型。选择适用的预测模型,运用统计和数学方法,或借助于计算机做出相应的预测。

(5)分析评价。通过对预测模型预测结果的分析,推断市场未来的发展趋势,查找预测结果与实际情况出现不符的原因,对预测的可靠性做出评价。

(6)修正预测结果。如果发现预测模型预测的结果不符合市场的客观实际,应根据其他预测方法提供的结果进行修正。如果误差较大,就要分析产生的原因,通过改进预测模型和预测方法,提高预测结果的准确性。对预测结果进行检验、评定后,应写出预测报告,并及时传递给决策者。

3. 市场需求预测的方法

市场需求预测的方法有很多,每种方法都有自己的优点和缺点,企业要根据预测目标的要求,灵活选择适用的预测方法。

(1)定性预测方法。定性预测方法又称为经验判断预测法或主观、直观判断预测法,是主要依靠和运用预测者的经验、知识及综合判断能力,以定性分析技术为主的预测方法。定性预测方式的特点是简便、通用、灵活、经济,有利于调动人的积极性;但缺乏严格论证,受主观因素的影响较大,容易形成片面的预测结果。定性预测方式的适用于对影响因素极为复杂多变、综合抽象程度高、涉及社会心理因素多、难以量化,具有新颖性、长期性、战略性的事物的预测;在缺乏定量数据资料,缺乏数学、统计知识和计算手段的情况下进行的预测;在时间紧,且对预测精度要求不高时进行的预测。

① 顾客意见法。也称市场调研法,是直接了解顾客需求、购买意向和对未来的看

法,并加以汇总整理得出结论的方法。此法比较实际、准确、可靠,但相当费时、费力。

② 企业人员意见法。包括个人判断法和集体判断法;经理人员意见法、业务人员意见法和各类人员意见综合法。对每个人提出的预测数据进行综合时,可采用算术平均法,也可给予一定的权重进行加权计算。对不同情况的预测数据进行综合时,可采用三点估计法和主观概率法。

三点估计法的计算公式是:

$$y = \frac{a + 4b + c}{6} \tag{1-4}$$

式中,y——三点估计值;
a——乐观估计值;
b——中等估计值;
c——悲观估计值。

主观概率法的计算公式是:

$$y = \sum x_i p_i = x_1 p_1 + x_2 p_2 + \cdots + x_n p_n$$
$$\sum p_i = p_1 + p_2 + \cdots + p_n = 1 \tag{1-5}$$

式中,y——期望值;
x_i——某种情况下的估计值;
p_i——某种情况发生的主观概率。

③ 专家会议法。包括个人判断法和集体判断法,后者又包括专家会议法和德尔菲法。

专家会议法是邀请企业外有关各方面的专家进行面对面的交流,互相启发补充,集思广益,求得预测结果的方法。其局限性是与会人数和开会时间都有限;易受个别权威人物或多数人的意见影响,违心地提出意见或赞同他人意见;由于个别专家自尊心强,有时即使认识到自己的错误,也往往碍于面子不愿当众承认,修正自己的意见。

德尔菲法是为了克服专家会议法的缺点,由美国兰德公司在 20 世纪 40 年代末提出的一种以希腊的阿波罗神殿所在地命名、寓意"神谕灵验"的方法,是最常用、最有效的一种定性预测方法。德尔菲法具有匿名性、反馈性和统计性的特点。

◆ 匿名性。向被选定的适当数量的有广泛代表性和权威性的专家分别邮寄调查表及有关背景资料,"背靠背"地个别征询意见。各专家在预测过程中不发生横向联系,互不知情。每个专家都能无所顾忌、大胆思考、自由发表意见,并有机会改变、发展自己的意见。

◆ 反馈性。组织二至四轮的意见征询,让专家们从每一次反馈回的征询表中,了解集体的意见及持不同意见者的理由,通过比较分析,或修正自己的意见,做出新的判断,或坚持自己的意见,做进一步论证。在这样多次有控制的信息反馈过程中,使专家们的意见逐步收敛、集中,最终达到大致统一和成熟。

◆ 统计性。首先,对每一次征询结果进行汇总、量化归纳、统计处理,如以中位数(即将数据顺序排列后处于中点位置的数据)表示专家们的意见的集中程度(即最有代表性的意见)。其次,以上、下四分点(即数列中点前后各 1/4 处位置)的数据或极差(即最大值与最小值之间的差距)反映专家们意见的分散程度等。最后,用中位数法和平均法得出较准确、可靠的定量化结果。

(2) 定量预测方法。定量预测方法又称为数学模型预测法或客观统计分析预测法,是以定量分析技术为主的预测方法。定量预测方法的特点是较精确、可靠、稳定、科学,但较复杂、机械,往往费时、费力,成本较高,适用范围有限。一般适用于对变化较有规则、可量化的和具有短期性、战术性的事物的预测,以及在数据资料充足,并具有必要的数学、统计知识和计算手段的情况下进行精度要求较高的预测。运用定量预测方法仍须结合定性分析法,对计算结果进行调整和修正。定量预测方法包括时间序列分析法、因果分析法、概率预测法等。

① 时间序列分析法。也称为趋势外推法或历史引申法,是应用预测的连贯性原理,假定预测的事物会沿着它从过去到现在的发展变化轨迹继续延伸到未来一定时间,直接从关于该变量的按时间顺序排列的历史统计数据,即时间序列中寻找变化的规律性,来推算该变量在未来一定时间可能达到的数量水平的方法。此法比较简单易行,是常用的基本方法,但因忽略了对预测变量随时间变化的实际影响因素与原因的分析,理论上不严密,一般适用于对变化连续、稳定、非跳跃性、非突变性的事物的预测和较短期的预测,或对某些复杂事物的粗略预测。

运用这种方法的要求是历史数据不少于 5 个,以 10 个以上为好;数据的统计范围、口径及计算方法一致;数据的时间间隔一致,长短适宜,尽量避开不正常发展的时间;根据数据变化的不同特点,如持续升或降的长期趋势变动、季节变动、周期循环变动、不规则和偶然的随机变动等,选用适当的具体预测方法。

◆ 算术平均法。当各期数据成稳定的水平型波动时,可计算全部数据的简单算术平均值 $\bar{x}$ 作为下一期的预测值:

$$\bar{x} = \frac{\sum x_i}{n} = \frac{x_1 + x_2 + \cdots + x_n}{n} \tag{1-6}$$

◆ 加权平均法。对重要性不同的各期数据给予不同权数 f,一般原则是"近大远小",然后求得全部数据的加权算术平均值 X 作为下一期的预测值:

$$X = \frac{\sum x_i f_i}{\sum f_i} = \frac{x_1 f_1 + x_2 f_2 + \cdots + x_n f_n}{f_1 + f_2 + \cdots + f_n} \tag{1-7}$$

◆ 移动平均法。当数据有变动趋势时,远期数据对于预测的影响不大,可以忽略不计,只要选定近期若干期数(如三期或五期)为观察期逐期移动,将其中最远一期的数据舍去,而补充最新一期的数据,进行其平均数的计算。选择的观察期越短,预测结果越灵敏,也越反映变动趋势。

◆ 几何平均法。根据各期的环比(与上一期相比)发展速度来计算平均发展速度,从而做出预测。计算公式为:

$$X = \sqrt[n]{\prod x_i} = \sqrt[n]{x_1 \cdot x_2 \cdots x_n} \tag{1-8}$$

式中，X——平均发展速度（几何平均值）；

x——各期的环比发展速度。

◆ 指数平滑法。这是一种特殊的加权移动平均法，其权数是一个按指数递减的等比数列。在持续进行统计和短期预测的情况下，采用此法相当简便，只需要有本期预测值和本期实际值，再运用一个经验常数即"平滑系数"（修正系数）$\alpha(0 \leqslant \alpha \leqslant 1)$，就可以进行预测，计算公式是：

$$\text{下一期预测值} = \text{本期预测值} + \alpha \times (\text{本期实际值} - \text{本期预测值})$$
$$= \alpha \times \text{本期实际值} + (1 - \alpha) \times \text{本期预测值} \tag{1-9}$$

由式(1-9)可见，此法实际是分别以 α 和 $(1-\alpha)$ 为权数，对本期的实际值和预测值进行加权平均，或用 α 对本期预测的误差（即实际值与预测值之差）进行调整和修正。当 $\alpha = 0$ 时，下一期预测值等于本期预测值；当 $\alpha = 1$ 时，下一期预测值等于本期实际值；通常，$0 < \alpha < 1$，下一期预测值必定介于本期的两个值之间；α 越接近于 1，对本期预测误差的调整幅度越大；α 越接近于 0，对本期预测误差的调整幅度越小。因此一般说来，预测误差较大和时间值波动较大时，α 应大些；而预测误差较小和实际值波动较小时，α 应小些。至于 α 的具体取值，则需通过反复试算比较，选出能使预测误差最小的值作为平滑系数。

以上是指数平滑法中一次指数平滑法的基本原理，它适用于变化趋势不明显的情况。还有二次、三次指数平滑法，分别适用于呈线性变化和呈二次曲线变化的情况，这里不作介绍。

◆ 趋势线法。当数据有明显变动趋势时，先作散布图观察，判断其大体是呈直线趋势，还是呈曲线趋势，然后拟定趋势线（直线或曲线）方程进行预测，能比其他方法取得更精确的结果。其中，最简单、最常用的是直线趋势法，拟定直线方程：

$$y = a + bt \tag{1-10}$$

式中，y——预测的变量；

t——时序数；

a 和 b——待定参数。

当 $\sum t_i = 0$ 时，

$$a = \frac{\sum y_i}{n} = \bar{y}, \quad b = \frac{\sum t_i y_i}{\sum t_i^2} \tag{1-11}$$

为使 $\sum t_i = 0$，若数据的期数 n 为奇数，就定中间一期的时序数为 0，两旁各期的时序数分别取 $\pm 1, \pm 2, \pm 3, \ldots$，彼此间隔为 1；若 n 为偶数，就定中间两期的时序数分别为 ± 1，两旁各期的时序数分别取 $\pm 3, \pm 5, \pm 7, \ldots$，彼此间隔为 2。

求出 a 和 b，得出方程后，就可将预测期的时序数代入方程，求得相应的预测值。

◆ 季节指数法。当数据呈季节性波动即随自然或社会、经济的某种季节性因素变动而发生有规律的周期性波动，可明显区分旺季和淡季、高峰期和低峰期时，需计算并运用一种能反映预测变量受季节变动影响程度的"季节指数"来进行预测。如果不同季节（如节气、季度、月份等）的数据存在波动，而不同年份的数据变化不大或无明显趋势的话,可采用一种简单的按季平均法,直接对各年同季的数值进行平均,来求得季节指数,否则就要用其他方法。

② 因果分析法。也称为相关分析法,是应用预测的关联性原理,通过分析某事物同具体的自然或社会经济因素之间较稳定的因果关系,找出其变化的内在规律,据此对该事物作"解释性"而非单纯"描述性"预测的方法。此法比时间序列分析法严密、可靠,可用于对变化较大的事物的预测和较长期的预测。

市场需求预测可用的具体的因果分析法很多,有的相当简单,如领先指标法、比例系数法、基数选加法即因素变动分析法等;有的相当复杂,如投入产出法、经济计量模型法等。这里只介绍回归分析法。

"回归"用于表明一种变量的变化会导致另一变量的变化,即有着"前因后果"的变量之间相关关系的预测。回归分析是在相关分析基础上,确定自变量和因变量,建立回归方程,用以反映它们的数量关系及预测因变量的数值。回归方程可分为线性回归和非线性回归;一元回归和多元回归。其中最基本、最常用的是一元线性回归方程 $y = a + bx$,它和式(1-10)所说的直线方程 $y = a + bt$ 的区别在于:x 并不是简单的时序数,而是一个有量变的自然或社会经济变量,$\sum x_i \neq 0$,参数 a 和回归系数 b 须用式(1-12)和式(1-13)先后求得:

$$a = \bar{y} - b\bar{x} = \frac{\sum y_i - b \sum x_i}{n} \tag{1-12}$$

$$b = \frac{n \sum x_i y_i - \sum x_i \sum y_i}{n \sum x_i^2 - \left(\sum x_i\right)^2} = \frac{\sum (x_i - \bar{x})(y_i - \bar{y})}{\sum (x_i - \bar{x})^2} = \frac{\sum x_i y_i - n\bar{x} \cdot \bar{y}}{\sum x_i^2 - n\bar{x}^2} \tag{1-13}$$

得出回归方程后,须进行显著性检验以避免"失拟"。如果变量之间线性相关程度足够高,回归系数显然不接近于零。利用方程能较准确地解释统计数据的变化情况就表明该方程回归效果显著,可有效地用于预测,使预测较准确可靠。

③ 概率预测法。也称为马尔柯夫链预测法,是根据某些事物未来发展状态只与其现状、近期状态有关,而与其过去的任何状态无关,这种"无后效应"的特点,通过计算该事物在连续不断地从一种状态转变到另一种状态的随机过程中的"转移概率",来预测其未来状态的方法。此法无须大量的历史统计资料,只须近期资料即可进行预测,且结果相当可靠,是预测市场占有率和市场需求的重要方法。

1.1.6 市场营销调研报告的撰写

市场营销调研最终要形成一份书面报告,即市场营销调研报告。调研报告是营销调研工作的最终结果,也是公司管理者制定市场营销决策的重要依据。因此,报告的内容和质量将影响公司据此决策行动的有效程度。

1. 市场营销调研报告的分类

市场营销调研报告可以从不同角度进行分类。

(1) 按其所涉及内容多少,可以分为一般(综合)性市场营销调研报告和专题性市场调究报告,前者主要供专业人员深入研究之用,后者则主要供企业管理人员做经营决策或公众参考之用。

（2）按调研对象不同，可分为市场供求调研报告、产品调研报告、消费者情况调研报告、销售情况调研报告、市场竞争调研报告等，或产品市场营销调研报告、房地产市场营销调研报告、金融市场营销调研报告、投资市场营销调研报告等。

（3）按表述手法不同，可分为陈述型市场营销调研报告和分析型市场营销调研报告。

（4）按调研范围不同，可分为全国性市场营销调研报告、区域性市场营销调研报告、国际性市场营销调研报告。

（5）按调研频率不同，可分为经常性市场营销调研报告、定期性市场营销调研报告、临时性市场营销调研报告。

（6）按服务对象不同，可分为市场需求者调研报告（消费者调研报告）、市场供应者调研报告（生产者调研报告）等。

2. 市场营销调研报告的撰写

市场营销调研报告一般由标题、引言、主体部分、结尾、附件等部分组成。

（1）标题。即市场营销调研报告的题目，一般由以下两种构成形式。

① 公文式标题，即由调研对象和内容、文种名称组成，例如，××产品滞销的调研报告、十二五期间我国电视机市场需求趋势预测报告等。实际中，也可以将市场营销调研报告简化为"调查"，例如，关于××公司服装销售情况的调查；

② 文章式标题，即不要求作者、事由和文种齐全，而是用概括的语言形式直接交代调研的内容或主题，如我国城镇居民潜在购买力动向、××空调市场透视、2015年应届毕业生需求情况预测等。实际中，采用双题（正副题）的结构形式，更为引人注目，富有吸引力。例如，竞争在今天，希望在明天——全国洗衣机用户问卷调查分析报告，市场在哪里——华南地区××电动车用户调查等。

（2）引言。又称导语、导言、前言，是市场营销调研报告的开头部分。一般说明市场调研的目的和意义，介绍市场调研工作基本概况，包括市场调研的时间、地点、内容和对象以及采用的调查方法、方式等，使人对报告有一个总体印象，即说明式引言；也可概括市场调查报告的基本观点或结论，以便使读者对全文内容、意义等获得初步了解，即结论式引言；也可以将要调研或预测的中心问题提出来，并对该类问题的重要性以及问题的性质加以议论，以加深读者对该类问题的理解和重视，即议论式引言。这部分内容要写得简明扼要，精炼概括。一般还要有一过渡句承上启下，引出主体部分。

（3）主体部分。这一部分市场营销调研报告的主要内容，直接决定调研报告的质量高低和作用大小。

主体部分要客观、全面阐述市场调查所获得的材料、数据，用它们来说明有关问题，得出有关结论；对有些问题、现象要做深入分析、评论等。总之，主体部分要善于运用材料，来表现调查的主题。主体部分一般有以下三方面内容。

① 基本情况。这部分可按时间顺序进行表述，也可按问题的性质归纳成几个类别加以表述。要求如实反映被调研对象的运行情况，资料完整、数据准确，尽可能结合图表进行叙述。

②分析或预测。即通过分析研究所收集的资料,预测市场发展的趋势。市场营销调研报告虽然不以预测为重点,但很多报告的资料分析,都暗含对市场前景的判断。预测报告通常在资料分析之后,要说明采用什么方法预测,并给出公式和结论。

③建议或措施。这是市场营销调研报告的落脚点。根据分析或预测得出的结论,思考相应对策,既要有针对性,又要有可行性。

(4) 结尾。这是全文的结束部分。如写有前言,一般要有结尾,以照应开头,或重申观点或加深认识。如果前述已经很详尽,也可省略。

(5) 附件。也称附录,通常包括调研提纲、调研问卷、观察记录、数据统计和资料整理、样本分布或名单、计算公式或模型、调研或分析图表、参考文献等。

如果市场营销调研报告篇幅较长,其完整结构一般包括封面、目录、摘要、关键词、前言、调研结果、数据与资料分析、结论与建议、附录等内容。

3. 市场营销调研报告的撰写要求

做好市场调查研究工作是形成调研报告的基础,根据事先确定的调研目的,开展深入细致的市场调查,掌握充分的材料和数据,并运用科学的方法,进行分析研究判断。

(1) 市场营销调研报告力求客观真实、实事求是。即引用材料、数据必须真实可靠。

(2) 市场营销调研报告要做到调查资料和观点相统一。即报告中的观点、结论要以大量调查资料为根据,并善于用资料说明观点,用观点概括资料。

(3) 市场营销调研报告要突出市场调研的目的。即市场调研的目的要明确,是为解决某一问题,或者为说明某一问题而开展的市场调研活动。

(4) 市场营销调研报告的撰写语言要简明、准确、易懂。即撰写的调研报告要根据读者需要、读者专业程度组织语言,力求简单、准确、通俗易懂。

市场营销调研报告写作的一般程序是:确定标题—拟定写作提纲—取舍选择调查资料—撰写调查报告初稿—修改定稿。

思考题

1. 市场营销信息系统包含几个子系统?各发挥什么作用?
2. 市场营销调研有哪几种方法?各方法的优缺点是什么?
3. 如何建立企业的市场营销信息系统?
4. 企业应如何开展市场营销调研活动?
5. 市场需求定性和定量的预测方法有哪些?如何加以应用?
6. 市场营销调研报告主要包括哪些要素?其写作要求是什么?

学习指导

1. 熟悉市场调研的多种方法和市场调研的程序,掌握如何在市场调研初期确定调研主题,及市场调研的方法与技巧,能够制订市场调研计划或方案,设计市场调查问卷(表),学会对市场调查资料和数据进行处理和分析,并对市场或业务发展趋势进行预测，撰写市场营销调研报告。

2. 小组活动：班级分组以 2~4 人为宜，并明确工作分工，保证人人有事做，人人尽职责。每个小组要提交 Word 和 PPT 文稿，并派代表演示和汇报小组调研成果，教师要综合评价每一次的小组活动效果。

3. 一次或几次小组活动结束后，可根据表 1-3 的标准，开展组内成员相互评价活动，以个人得分为权重评估每个人的小组成绩。

表 1-3　小组成员参与活动情况的评价标准

序号	评价标准	分值	备注
1	按照要求(组长、教师)参与小组活动，不迟到、不早退、不旷课	5	有一项扣 1 分
2	主动参与小组活动，为团队承担工作任务，担当一定角色，不置身事外，不与他人闲聊、玩手机、打游戏等	10	有一项不良记录扣 2 分
3	能够为小组活动提供建设性、参考性意见，得到多数人同意，并最终被小组采纳	20	无重要意见，建议扣 5~10 分，不参与者扣 10~15 分
4	能够理解并演绎、完善他人意见和建议，积极主动地为小组成员服务、收集相关资料	15	有一项不良记录扣 3~5 分
5	能够主动承担小组重要任务，如撰写报告、成果汇报、社会调查等，为小组活动做出贡献	20	有未做或做不到者扣 5~10 分
6	认真倾听和尊重他人意见、建议，协调不同见解，服从工作需要和安排，主动补充他人意见	15	有一项不良记录扣 3~5 分
7	不与组内成员、组间成员及社会人员等发生冲突，注意个人和组织形象，能体现较强的职业道德、职业意识、职业素养和团队协作意识	15	有一项不良记录扣 3 分

说明：根据组内每位同学的工作表现，每项可扣至 0 分，表现突出者可得满分，即 100 分。

典型案例

加拿大 Jell-O 的市场调查

Jell-O 是美国通用食品公司产品的品牌。它的广告在媒体上频频露面，向人们不停地重复介绍着樱桃、木莓、橘子、柠檬以及酸橙口味的饼干。通过大力宣传，Jell-O 迅速成为北美大陆上一个家喻户晓的品牌，为公司赚取了大笔的利润。非常讨人喜欢的新口味，如葡萄、黑木莓、红樱桃及苹果味道的 Jell-O 不断地从美国传入加拿大，加拿大的分公司也不断开发出新口味的产品。新推出的桃子、香蕉-橙子、草莓以及热带植物口味的产品获得了巨大的成功，进一步提高了 Jell-O 的品牌知名度。这时，该公司决定采取一种新的、双倍量的包装，让 3 种销量最好的红颜色品种——草莓、木莓和樱桃口味采用新包装，但实际的可销售量只是预期的 85%。为什么会出现这样的结果呢？显然产品的质量是不成问题的，肯定是别的什么原因。究竟是什么影响了双倍量包装的销路呢？

在Jell-O发展史上,这个品牌一直都是靠自身的质量和广告促销活动打开市场的,没有进行过市场调查研究。现在公司遇到了问题,第一次需要顾客的参与来调查这个包装方案是否合适。

(1)调查方案的设计和实施。调查方案的设计是由三名市场营销专家来完成的。他们组成市场调查设计与管理小组(以下简称"调查组"),设计决定了调查方法、样本选择等事项。

(2)决定选用的基本调查方法。在选择调查方法时,一个非常重要的问题就是能从每个顾客那里得到多少信息。经过初步了解,调查组发现需要和每位调查对象接触45分钟,因而决定采用访谈法收集信息。

(3)样本选取。调查组决定在加拿大选取800名女士作为样本。选取女士是因为她们是Jell-O的购买决策者,选择800名女士这样一个样本量,也能够把样本误差限制在足够小的范围内。另外,Jell-O还决定选取400个小孩子作为样本,因为他们是这种食品的最主要消费者。为孩子们设计的调查问卷自然要比给大人们设计的问卷短得多。

(4)调查问卷的设计和完善。通过在加拿大安大略省和魁北克省的各3个小组共计6个专门小组来设计和完善调查问卷,确定的两个基本要求是:一要确保调查问卷能够包括所有信息,但重点是关于顾客对这种产品的认识和印象;二要确保问卷的措辞在不同的地区不会被误解,即调查对象对它的含义的理解一致。因为在加拿大魁北克省的顾客有法语背景,而在加拿大安大略省的人们往往说英语。语言和文化背景的差异可能会对同一术语产生误会。

(5)调查问卷的测试。在说英语的加拿大安大略省进行了25次面对面采访,在魁北克省的蒙特利尔采访次数也为25次。因为问卷调查要求采用私人采访的形式,为防止调查人员主观误导被采访者,要雇用一批适合的员工作为采访人员。

(6)把这项调查付诸实践,需要10 000美元。这在当时的加拿大是一笔庞大的费用,还没有一个加拿大的公司会为这样一个调查花费甚至1美元。由于这次调查对通用食品公司很重要,总裁毫不犹豫地批准了调查计划。

(7)调查组为如何得到一个比较高的信息反馈比例大伤脑筋。为提高顾客参与的兴趣,调查组决定采用动画片的方式进行宣传。

动画片制作。根据调查计划制作动画片,实际上相当于一部形象推广的广告,需要一群人的通力合作。参与动画片制作的成员,都是公司的顶尖人物,包括总裁先生和市场研究部门主管。这是一个可爱的声情并茂的动画片,还有一些轻音乐作背景,展现的是一次工作餐时的场景。在休息时,公司拿着刚刚买回来的苹果口味的Jell-O作为便餐供应员工享用。把饼干涂上辣酱,然后加热,做成一道简单的自助餐,最后由就餐者自己从一个玻璃大海碗中舀到玻璃杯中。一切程序都经过了严格的测试,这些都在动画片中表现了出来。

(8)调查的结果是让人高兴的。之后该系列产品销售量大幅度增加,就是因为通过调查发现了这样一个秘密:顾客喜欢购买那些多种口味混合在一起的产品。尽管3种红色口味只占了1/2的销售量,但顾客们很少只购买这几种口味,只有10%的机会只购买这几个品种,而90%的机会是选取颜色不同的组合产品。某次购买的,可能包括草莓、橘子、樱桃口味的饼干;另一次购买时可能换成草莓、柠檬、酸橙口味的饼干。了解这些信息之后,剩下的事情就好办了。为了解救双倍量包装的窘境,所要做的事情就是在其中加入更多的口味:通过加上橘子、柠檬、酸橙口味的饼干,公司就能销售80%以上的产品。

这项调查还表明女士们在家里准备 Jell-O 食品时往往把不同口味混在一起,如酸橙和草莓口味的饼干。这样就导致了一种新的口味产品——蔬菜混合型的诞生,并取得了极大的成功。

(9) 广告策略。随后的公司广告用词主要集中在风味、家庭和情趣三个词汇上。这些字眼就是顾客对 Jell-O 的感觉。调查结果没有改变媒体组合。公司还是采用过去那些媒体规划,既要使想传递的广告信息最大限度地让消费者了解到,还要保持合理的收视率。电视最适合发布新闻、进行烹饪演示和表现家庭情趣。印刷媒体中主要利用报纸的周末增刊和杂志。调查结果尤其影响到了电台广告。调查结果表明,传统的家庭主妇往往是在上午就准备好家庭食用的 Jell-O,这样在晚餐时就可以摆上餐桌。由此,调查组建议:电台特定广告在上午播出,这时正是女士们一边听电台广播,一边考虑如何做晚餐的时候。这个电台广告用来提醒她们在晚餐中是不是做一道 Jell-O,有时还提醒听众,货架上的 Jell-O 正在降价,别忘了列在您的购物单上。公司要做到不失去任何销售机会,更不会让家庭主妇们在需要本产品时却发现罐中空空如也。

(资料来源:王纪忠,方真. 国际市场营销. 北京:清华大学出版社,北京交通大学出版社,2004)

➡ 分析讨论题

1. 根据本案例,你认为一个公司要成功地开展市场调研活动,应从哪些方面加强管理?
2. 你认为本案例中调查组哪些决策对市场调研取得成功具有关键性的作用?为什么?
3. 本次市场调研将会从哪些方面改善 Jell-O 公司的市场营销?

1.2 工 作 页

1.2.1 确定市场营销调研主题和内容

1. 学生分组

学生分组,以每组2~4人为宜,明确职责分工,保证工作量饱满,避免人浮于事。

2. 选择工作项目

每一组选择一个工作项目,如一个新产品或服务项目、一个要开张的店铺、一个目标(细分)市场,或选择学校附近开设的一家小型服务机构,如超市、话吧、书吧和网吧等,或其他项目如大学生就业、高校招生等。

3. 确定市场营销调研主题和内容

每一组同学都要对自己的工作项目进行分析,明确要解决什么问题、实现什么目的,从哪些方面或问题入手,想获得哪些信息,这些信息将从什么途径或通过什么方式获得,设计哪些问题才能获得这些信息,开展此次调研工作需要准备哪些工具等。

4. 确定市场营销调研流程

(1) 组建市场营销调研团队;
(2) 确定市场营销调研主题或内容;
(3) 制订市场营销调研计划或方案;
(4) 准备调研工具;
(5) 招聘工作人员并进行培训;
(6) 进行市场实地调研;
(7) 调研数据或资料整理与分析;
(8) 调研数据或资料的补充调研;
(9) 得出调研结果、提出建议和措施;
(10) 撰写市场营销调研报告,并送相关部门或人员存档、阅读。

1.2.2 确定市场营销调研方法

各小组要确定调研对象、调研规模、调研区域,选择采用普查、重点调查、典型调查,还是抽样调查,也可以两或三种方法结合使用。如果采用抽样调查,还要确定样本的数量、抽取样本的方法和标准。调研方法总体上有直接调查法获取第一手资料,间接调查法获取第二手资料。开展市场调研,必须做好职责分工、时间安排和经费预算。

1.2.3 市场营销调查工具

常见的市场营销调查工具主要有市场调查问卷、市场调查表,另外还有录音、录像、照相等设备,各小组可根据需要和实际状况进行选择;如果进行市场访谈,小组成员还要讨论拟定一份访谈问题提纲,在实际市场调研实践活动中,要做好记录,连同市场调查问卷等一同上交。

1.2.4 拟订市场营销调研计划

各小组根据讨论结果制订一份结构完整、具有可操作性的调研计划,并在规定的时间内付诸实施。

1.2.5 撰写市场营销调研报告

市场营销调研报告的结构包括封面、目录、摘要、前言、调查结果、数据与资料分析、研究结果、结论与建议、附录等内容。

市场营销调研报告的格式说明

报告结构	内容说明
封面	注明调研题目、承办部门、承办人、承办单位、日期等
目录	列出报告的所有主要标题和细节标题,以及其所在的页数,便于读者尽快翻阅所需内容。如果调研报告内容过少,则可省去目录一项
摘要	简要陈述调研结果,便于企业决策者或管理人员迅速了解调研成果,做出相应的措施与策略
前言	简要介绍调研背景、调研目的、调研时间和调研方法等
调查结果	简要介绍调查获得的主要文字资料和数据资料
数据与资料分析	运用科学的方法、数学公式和模型,对调查获得的数据和资料进行计算、分析
研究结果	将分析结果做有组织、有条理的整理和陈述,要图文并茂,是调研报告的核心内容
结论与建议	根据对调研情况、研究结果的分析,提出应对策、措施和建议等
附录	调研有关的调查问卷、调查表格、调查记录、调研数据与分析等

各小组根据对调研情况和调研结果的分析,撰写一份不少于 2500 字的调研报告,并提出具体的、可操作性的意见、建议或措施。

1.2.6 要求与考核

(1) 对每一部分工作项目完成方式,教师可根据时间安排妥善布置。各小组应上交相关图表及文字分析报告,要求思路清晰、内容完整、格式规范。

(2) 每个小组要以临阵实战的状态完成各项任务,上交文本包括 Word 文件和 PPT 文稿。

(3) 各小组派代表进行演示、汇报,教师进行评价。也可以由各小组间进行相互评价,以适当权重加入小组活动成绩中,便于学生相互学习、取长补短。

1.2.7 本项目学习总结

总结项目	总结内容
本项目内容主要知识点	
本项目内容主要技能点	
你已熟知的知识点	
你已掌握的专业技能	
你认为还有哪些知识需要强化,如何做到	
你认为还有哪些技能需要强化,如何做到	
本项目学习心得	

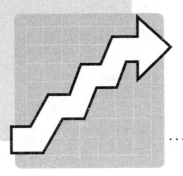

项目 2

市 场 分 析

知识目标

了解市场营销环境的主要内容及发展动向,理解消费者市场和生产者市场的基本内涵,掌握市场营销环境的分析方法、消费者和生产者的购买行为模式和规律。

技能目标

通过学习,使学生学会运用市场营销环境分析和诊断的方法剖析企业的营销环境现状,并根据消费者和生产者的购买行为特点,提出具体的营销对策。

学习任务

1. 分析影响特定业务或项目的宏观环境要素的发展趋势,以及对营销活动的影响。

2. 分析影响特定业务或项目的微观环境要素对营销活动的具体影响。

3. 针对特定项目或业务,运用恰当方法对营销环境进行分析,提出相应的对策和措施。

2.1 学习引导

在现代市场经济条件下，企业必须建立适当的系统和有效机制，经常监测其市场营销环境的发展变化，并善于分析和识别由于环境变化而造成的主要机会和威胁，及时采取适当的对策，使其营销管理与营销环境的发展变化相适应。

市场营销环境是指能够影响企业营销部门建立并保持与目标顾客良好关系的能力的各种因素和力量。市场营销环境既能提供机遇，也能带来风险，机会和风险往往是并存的，并在一定条件下互相转化。企业要想在市场上取得主动，就必须重视对市场营销环境的分析和研究，并根据市场营销环境的特点制定有效的市场营销战略，扬长避短、趋利避害、适应变化、抓住机会，从而实现自己的市场营销目标。

2.1.1 微观市场营销环境分析

企业营销部门的工作是通过创造顾客价值使顾客满意来吸引顾客并建立与顾客的联系的。企业营销活动能否成功要依赖于微观环境中的各种因素——企业本身、市场营销渠道企业、市场营销中介、顾客、竞争者和公众等。

1. 企业

企业的市场营销活动不是企业某个职能部门的孤立行为，是企业在高层管理部门的领导下，通力合作，为实现企业总目标整体实力的体现，是企业内部各部门科学分工与密切协作的组织行为。企业本身包括市场营销部门、其他职能部门和最高管理层。企业为实现其营销目标，必须进行决策、财务、采购、生产、研发、市场营销等业务活动。而市场营销部门一般由市场营销副总裁、销售经理、广告经理、市场营销研究经理、市场营销计划经理、定价专家、推销人员等组成。因此，如果仅仅依靠企业分管具体销售业务部门的努力不可能把营销工作做好。市场营销工作需要高层管理部门的支持和认可；市场营销部门所需要的资金及其合理分配需要财务部门的大力配合；产品的开发与设计需要研发部门、生产部门的通力协作等，所有这些部门都同市场营销部门的工作密切联系。因此，企业内部环境的协调，就是市场营销部门在制订和执行营销计划时，必须考虑其他相关部门的意见，处理好与各部门之间的关系。

2. 市场营销渠道企业

市场营销渠道企业主要包括供应商、商人中间商、代理中间商等。

(1) 供应商，即是向企业及其竞争者供应原材料、部件、能源、劳动力和资金等资源的企业和个人，与企业是生产协作的关系。供应商提供给企业资源的价格和数量，会直接影响到企业产品的价格、销量和利润；供货的质量水平会影响到企业产品的质量和信誉。

(2) 商人中间商，即从事商品购销活动，并对所经营的商品拥有所有权的中间商，如批发商、零售商等。

(3) 代理中间商，即协助买卖成交，推销产品，但对其所经营的产品没有所有权的中间商,如经纪人、制造商代表等。

3. 市场营销中介

市场营销中介即辅助商,是辅助执行中间商的某些职能,为商品交换和物流提供便利,但不直接经营商品的企业或机构,如运输公司、仓储公司、银行、保险公司、广告公司、市场营销调研公司、市场营销咨询公司等。在现代市场经济条件下,企业一般都需要通过市场营销中介机构进行市场营销研究、推销产品、广告宣传、储存产品、运输产品、分类包装等,以获得较低的营销成本和提供快捷的服务。

4. 顾客

顾客就是企业所要选择进入的目标市场,是企业产品的购买者和服务的对象。顾客的范围十分广泛,顾客既可以是个人和家庭,也可以是组织机构、政府部门。顾客一般可分为消费者市场、生产者市场、中间商市场、政府市场、国际市场等。其中,国际市场是指由国外的消费者、生产者、转卖者及政府机构等构成的市场。

5. 竞争者

生产可替代性或互补性产品的企业或个人互为竞争者。在买方市场条件下,企业不可避免地会遇到众多竞争对手的挑战、制约和威胁。竞争不但是商品质量、性能、形式等方面的竞争,也可能是在资金、人才、技术等方面的竞争。从顾客做出购买决策的过程分析,可将竞争者划分为以下四种。

(1) 愿望竞争者,即消费者想要满足的各种目前愿望的提供者。由于消费者都会有多种愿望,如汽车、住房、高档服饰、成功等,而购买力却是有限的,企业可以把那些争取消费者手中有限购买力的公司作为自己的竞争者。

(2) 一般竞争者,即能够以各种方法满足购买者某种愿望的产品或服务的供应者。如交通工具有自行车、摩托车、小汽车、公共汽车等。

(3) 产品形式竞争者,即能满足购买者某种愿望的各种产品型号的提供者。

(4) 品牌竞争者,即能满足购买者某种愿望的同种产品的各种品牌的提供者。

企业在开展营销活动时,应充分了解自己的竞争对手,全面分析竞争者的经营状况,结合自身的优势,扬长避短,确立在市场上的竞争地位。

6. 公众

公众是指对实现企业目标有现实或潜在利害关系和影响力的所有团体组织和个人。主要包括政府部门、金融部门、媒介部门、群众团体、地方公众、内部公众六大类。政府部门即负责管理企业业务经营活动的有关政府机构,如行业主管部门、工商、税务、财政、物价、公安、司法、商品检验等部门。金融部门即关心和可能影响公司取得资金能力的任何集团,如银行、投资公司、证券经纪行和股东等。媒介部门主要是报纸、杂志、广播、电视、网络传播等大众传媒,其作用在于帮助企业建立良好信誉和树立良好形象。群众团体包括保护消费者利益的组织、环境保护组织、少数民族组织等。地方公众即企业所在地附近的居民和社区组织。内部公众是企业内部的公众,如公司董事会、经理、职工等,他们直接决定企业的经营方向、管理效率和劳动生产率。

现代企业处在一个开放的市场营销环境中,企业不但要和供应商、市场营销中介打交道,与竞争者抢市场,同时不能忽视社会公众对企业的产品及其营销活动的重要影响和作用。

2.1.2 宏观市场营销环境分析

宏观市场营销环境是对企业营销活动或造成威胁,或提供机会的主要社会力量,是企业的外部环境,也是企业营销活动中的不可控因素,因此,企业只能调整自己的营销策略以适应外部环境的变化。宏观市场营销环境主要包括人口、经济、政治和法律、自然、科技、社会文化等六大环境因素。

1. 人口环境

人口环境决定市场规模、顾客购买意向和企业的经营方向,因此企业高层管理人员必须密切注意人口环境的发展动向。人口环境包括人口规模、分布和结构等方面的内容。人口规模是指人口数量,人口结构反映人口的年龄、性别、民族、收入、教育和职业等方面的状况,人口分布指人口的地理分布。目前,人口环境方面的主要动向如下。

(1) 人口总量迅速增加。据联合国估计,2000 年世界人口总数为 60.1 亿,其中 80% 的人口属于发展中国家。据联合国人口基金会预测,2020 年世界人口总数将会超过 80 亿,2030 年将达到 85 亿,2050 年达到 94 亿。众多的人口及人口的进一步增长,给企业带来了市场机会,也带来了威胁。人口数量是决定市场规模的一个基本要素,人口的迅速增长促进了市场规模的扩大,人口越多,对食物、衣着、日用品的需要量也越多,市场也就越大,因此,按人口数量可大致推算出市场规模。随着人口的不断增长,能源和资源供需矛盾将进一步扩大,因此研制节能产品和技术是企业必须认真考虑的问题。人口的迅速增长也会给企业营销带来不利的影响,如人口增长可能会导致人均收入下降,阻碍经济发展,使消费结构发生改变和市场吸引力降低,对此应该引起相关企业的高度重视。我国到 21 世纪初人口已达到 13 亿,对食物、能源、交通、住宅等都出现了巨大的需求,也预示着我国市场巨大的发展潜力。

(2) 许多国家的人口出生率下降。由于发达国家越来越多的妇女参加工作,避孕知识和技术提高,抚育子女的成本上升,出现了人口出生率下降的趋势。据国家统计局数据显示,1954—2015 年我国出生率总体呈逐步下降趋势,1954 年人口出生率为 3.797%,1978 年的人口出生率为 1.825%,1988 年人口出生率为 2.078%,1998 年的人口出生率为 1.564%,2008 年的人口出生率为 1.214%,2015 年的人口出生率为 1.207%。这种人口动向对儿童食品、儿童用品、儿童服装、儿童玩具等行业是一种环境威胁,却为旅游业、旅馆业、体育和娱乐业等提供了市场机会,因为将有更多的年轻夫妇有更多的闲暇时间和收入用于旅游、在外用餐和娱乐等。

(3) 许多国家人口趋于老龄化。许多国家尤其是发达国家的人口死亡率普遍下降,平均寿命延长。据国家统计局统计数据和全国老龄委提供的调查资料表明:我国是世界上老龄人口最多的国家,截止到 2015 年年末,中国 60 岁以上的老人占到总人口的 16.1%,达到了 2.22 亿。预测到 2050 年,全世界老年人将达到 20.2 亿,其中,中国老年人将达到 4.8 亿,几乎占全球老年人的四分之一,将超过美国人口总数。据中国全国老龄工作委员会发布的《中国老龄产业发展报告》称,2014—2050 年间,预计中国老年人口的消费潜力将从约 4 万亿元人民币增长到约 106 万亿元人民币。这种人口动向对老年用品市场,如老年家政服务、老年健康护理、老年保健休闲、老年体育锻炼、老年法律咨询、老年科学养生和老年教育、老年旅游等提供了市场机会,今后经营老年人用品的行业,如旅游业、旅馆业、娱乐业等将得到迅速发展。

(4) 家庭结构发生变化。西方人不再追求"两个孩子、两辆汽车、郊区家庭"的生活模式,妇女就业率高,离婚率高,且婚后一般都不生孩子或少生孩子,如美国由已婚夫妇及不满18岁孩子组成的核心家庭占全美家庭数的比例,2010年,美国由已婚夫妇及不满18岁孩子组成的核心家庭占全美家庭数的比例不到36%,无子女家庭比例约30%,单亲家庭和"丁克族"家庭总数多达数千万个。目前,英国单亲家庭占18.4%,比利时占16.1%,法国占14.4%,德国占12.7%,荷兰占10.6%。据第六次全国人口普查数据显示,2010年我国平均每个家庭户的人口为3.10人,比2000年第五次全国人口普查的3.44人减少0.34人。这种人口动向将使结婚用品的需要减少,但对住房、汽车、日托服务等产品或服务的需求增加,为经营这些家庭用品的行业提供了市场机会。

(5) 非家庭住户迅速增加。非家庭住户主要指未婚单身成年人住户,分居、离婚住户和集体住户。单身成年人住户包括未婚、分居、丧偶、离婚,这种住户需要较小的公寓房间、较小的食品包装和较便宜的家具、日用品和陈设品等。两人同居者住户是暂时同居,需要较便宜的租赁的家具和陈设品。集体住户是指若干大学生、出外打工人员等住在一起共同生活。在我国,非家庭住户正在迅速增加,企业应注意研究这种住户的特殊需要和购买习惯。

(6) 许多国家的人口流动性大。许多国家的人口流动均具有两个主要特点:一是人口从农村流向城市,这是社会分工、商品经济和城市化发展的必然结果;二是人口从城市流向郊区,这是由于城市中心交通拥挤、污染严重,郊区交通不断发展和人们追求高质量生活的必然选择,形成了人口从"大城市—中等城市—小城市或郊区"迁移的趋势。我国人口流动的特点是:农村人口大量流入城市或工矿地区,内地人口迁往沿海经济开放地区,经商、学习、观光、旅游、工作等使人口流动加速。

(7) 有些国家的人口由多民族构成。世界上有些国家的人口是由多民族构成的,如美国人口基本是由19、20世纪以来的移民构成的,而我国人口也是由多民族构成的。企业要调查研究这种人口动向,以适应和满足不同民族的消费者不同的风俗、生活习惯和需要。

(8) 人口的地理分布差异性大。地理分布是指人口在不同地区的密集程度,即多少人生活在经济发达地区、经济一般地区或经济落后地区。由于自然地理条件以及经济发展程度等多方面因素的影响,人口的分布绝不会是均匀的。在我国,东西部人口密度之比为9∶1,人口密度逐渐由东南向西北递减,城市的人口比较集中,尤其是大城市人口密度很大,而农村人口则相对分散。人口的这种地理分布在市场上表现为人口的集中程度不同,则市场大小不同;消费习惯不同,则市场需求特性不同。

2. 经济环境

经济环境是指影响企业营销活动的一个国家或地区的宏观经济状况,主要包括消费者收入、消费结构、储蓄和消费信贷等,是影响企业营销活动的主要环境因素。

（1）消费者收入。是影响消费者购买力的关键性因素。消费者收入可分为名义收入和实际收入；现期收入和预期收入；个人可支配收入、个人可任意支配收入。其中，实际收入和现期收入直接影响现实购买力；个人可支配收入可用于消费和储蓄，是影响消费品支出的决定性因素，而个人可任意支配收入是影响高档消费品、奢侈品支出变化的最活跃的因素。

国民生产总值(GNP)是指一个国家的所有国民在一定时期内生产的全部最终产品和服务的总和。它是衡量一个国家经济实力与购买力的重要指标。

国民收入(NI)是指一个国家物质生产部门的劳动者在一定时期内所创造的价值总和。它除以总人口，即得该国的人均国民收入。人均国民收入大体上反映一个国家的经济发展水平和人民生活状况。一个国家发达与否，重要的是看人均国民收入水平的高低。

消费者收入主要包括消费者个人的工资、退休金、红利、租金、赠予等收入。消费者的购买力来自消费者收入，但是消费者购买力只是其收入的一部分。

个人可支配收入是指从个人全部经济收入中扣除个人直接负担的各项税款(如所得税、遗产赠予税等)和交给政府的非商业性开支(如交通罚款等)后可用于个人消费和储蓄的那部分个人收入。

个人可任意支配收入是指从个人可支配收入中减去消费者用于购买生活必需品(如衣服、食品等)的支出和固定支出(如房租、保险费、分期付款、抵押借款等)所剩下的那部分个人收入。它是影响消费需求变化最活跃的因素，是影响奢侈品、汽车、旅游等商品消费的主要因素。

（2）消费结构。是指人们消费过程中消耗的各种消费资料的构成，即各种消费支出占总支出的比例关系。消费者收入的变化会引起消费支出模式即消费结构的变化。德国统计学家恩格尔在19世纪中叶发现，随着消费者收入水平的逐步提高，生活必需的食物支出在消费总支出中所占的比例(称为"恩格尔系数")会逐步下降，这就是著名的"恩格尔定律"。我国城乡居民的恩格尔系数2013年是31.2%，2014年是31%，2015年是30.6%。另外，恩格尔系数也可反映一个国家或地区的居民生活水平和经济发展程度，联合国粮农组织提出的标准是：59%以上为赤贫，50%～59%为温饱，40%～49%为小康，30%～39%为富裕，30%以下为最富裕。

消费方式包括个人消费和公共(集体)消费，家庭消费和社会消费等。随着消费者收入提高，公共消费和社会化消费的比重都会增加。

消费倾向是消费与收入之比(储蓄倾向＝1－消费倾向)。边际消费倾向则是消费增量与收入增量之比，它同社会心理有密切关系，因而各国不甚相同；它在短期内往往会随着收入增加而递减，对消费有很大影响。当某一国家或地区的边际消费倾向偏高时，说明社会经济稳定、消费者收入稳定、社会保障制度较为完善、收入分配较为平等。

（3）储蓄和消费者信贷。人们的收入一般用于现实消费、储蓄和投资等方面。当收入一定时，储蓄越多，投资机会越多，现实消费量就越小，但潜在的消费量越大；反之，储蓄越少，投资机会越少，则现实消费量就越大，但潜在消费量就小。一般来说，影响储蓄的因素主要有收入水平、通货膨胀、利率、对未来消费和当前消费的偏好程度、市场商品供求状况等。因此，营销人员应对以上影响因素所发生的较大变化给予足够的重视。

消费者信贷状况也是影响消费者购买力和消费支出的重要因素。消费者信贷是指消费者凭借信用先取得商品使用权，然后按期归还货款以购买商品的方式。一般有短期赊销、分期付款、信用卡等方式。适度的负债消费、超前消费，其规模既取决于一个国家或地区金融业的发展程度和个人信用制度的完善程度，也取决于社会的消费观念。例如，美国消费信贷总额占银行信贷总额的比例已经达到了60%，而我国还不到5%。

3. 政治和法律环境

企业的营销业务活动属于经济活动，但经济与政治和法律在许多时候是很难分开的。政治因素调节着企业营销活动的方向，法律则为企业规定商贸活动的行为准则。政治与法律相互联系，共同对企业的市场营销活动发挥影响和作用。

（1）政治环境。政治因素主要是一个国家的政治形势、政治体制和方针政策等。政治环境是指企业市场营销活动的外部政治形势和状况，其主要内容包括一个国家的政治局势、经济体制与宏观政策以及地方政府的方针政策等。政治稳定包括政治政策的稳定和政治局势的稳定，政治不稳定便构成企业的政治风险。企业开展市场营销活动时一定要着重考察目标市场的政治稳定性，认真考察政权更迭的频率，政策的连续性、种族、民族、宗教、文化的冲突，以及暴力恐怖活动、示威事件的多寡等多方面因素，尽可能求稳、避险、应变。

（2）法律环境。法律因素是指保障与约束企业营销活动的国家各项法律、法规和条例。一个国家进行经济立法是为了维护市场营销活动的正常秩序，维护消费者的合法权益，维护社会公共利益，保护生态环境，防止污染等。我国已相继制定了《公司法》《企业法》《消费者权益保护法》《反不当竞争法》《商标法》《专利法》《广告法》《经济合同法》《产品质量法》《食品卫生法》等几十个法律法规。随着经济改革和对外开放的不断深入，我国已日益重视经济立法与执法。社会公众保护自身权益的意识增强，组织性提高。企业从事市场营销活动要学法、知法、懂法，才能守法、用法、依法办事，得到法律的保护。

4. 自然环境

自然资源是指自然界提供给人类的各种形式的物质财富，如石油、天然气、矿产、土地、森林等，自然资源对企业营销的影响主要反映在以下3个方面。

（1）自然资源趋于短缺。地球上的资源包括无限资源（如空气）、可再生的有限资源（如森林、食物）和不可再生的有限资源（如石油、煤炭、白金），它需要人类精打细算地充分利用。如因为可耕地面积相对有限，而城市地区的扩大又不断蚕食农田，粮食供应成为一个主要的问题。面对资源日益紧缺的自然环境，从企业生存和发展的长远考虑，企业应采取的对策是积极努力地寻找替代品或降低资源消耗，减轻或避免某种自然因素对企业生产经营的不良影响。同时，研究和开发新的能源和原料，给企业创造新的市场机会。

（2）环境污染日益严重。在发达国家，随着工业化和城市化的发展，自然环境污染问题日益严重，占世界人口总数15%的工业发达国家，其工业废物的排放量约占世界废物排放总量的70%。在社会舆论的压力和政府干预下，特别是各国环境保护法规的颁布，一方面对企业进行了强制性约束，使之务必严格控制污染以达到颁布标准；另一方面，也为一些企业在环保工程与产品研究方面提供了市场机会。

（3）许多国家对自然资源管理的干预日益加强。有限的自然资源与自然环境恶化的状况，如臭氧层破坏、海洋赤潮、全球气温升高、噪声污染、水土流失和沙漠化等，使各国政府日益认识到可持续发展战略的重要性。可持续发展战略的核心内容是以经济、技术、社会、人口、资源、环境的协调发展为目的，在保证经济高速增长的前提下，实现资源的综合和可持续利用，不断改善环境质量，不以牺牲后代人的利益为代价来满足当代人的利益。政府对自然资源管理干预的强化，使得绿色产业、绿色消费、绿色市场营销迅速崛起。

5. 科技环境

在经济全球化的国际背景下，科技发展日新月异，企业之间的竞争已经表现为创新能力的竞争。科技成果转化为产品的周期缩短，产品更新换代的速度加快，特别是以电子技术、生物工程为基础的技术革命，极大地改变着人类的生产方式和生活方式，对企业的市场营销活动产生着极其重要的影响。在市场经济条件下，科技创新是一种市场行为和经济行为，企业的技术优势及其所带来的利润是企业追求技术创新的强大动力。

（1）新技术是一种创造性的破坏因素。每一种新技术都会给某些企业带来新的市场机会，产生新的行业，同时也会给某个行业和某些企业造成威胁。如激光唱片技术的出现，夺走了磁带市场，给磁带制造商以毁灭性的打击。新技术也会带动一大批新产业，如激光技术不仅可用于唱片、军事工业，而且在激光加工、测量、通信、医用等领域广泛应用。

（2）新技术革命促进企业改善经营管理。企业要密切关注相关的产品技术发展水平及其发展趋势，时刻关注新材料、新工艺、新设备的发明、革新和创造情况，关注新的软技术如现代管理思想、方法和技术。及时将最新的技术和管理理论、制度、方法应用到生产、开发和营销等领域，最大限度地扩大企业的市场，增加企业盈利，保持企业的技术领先优势。

（3）新技术促进了产业进步、生产成本降低、生产效率大幅度提高。新技术是经济发展的火车头，改变了传统产业的技术面貌，如眼镜店利用电脑技术验光、房屋设计装修公司利用电脑技术为顾客提供设计方案等，不仅减少了顾客的等候时间，而且提高了满足消费者需求的程度。

（4）新技术革命影响零售商业结构和消费者购物习惯。新技术革命不断影响零售商业结构和人们的购物习惯。在许多国家，由于新技术革命的迅速发展，出现了"电视购物"的消费方式，人们在家里通过"电脑电话系统"就可以订购车票、飞机票、影剧票和预订旅馆房间，工商企业也可以利用这种系统进行广告宣传、市场营销研究和推销产品。

6. 社会文化环境

社会文化环境是指在一种社会形态下形成的某种特定的文化,包括价值观念、宗教信仰、审美观念、风俗习惯、教育水平等。文化作为一种适合本民族、本地区、本阶层的共同意识和价值观念,强烈影响着消费者的购买行为。

(1) 价值观念。是人们对社会生活中各种事物的态度、看法和道德准则,如人们的生活准则和对人做事的态度等,包括消费观念、财富观念、时间观念、风险观念、创新观念、民族自尊心等。不同的文化背景下,人们的价值观念具有很大的差别,消费者对商品的需求和购买行为深受价值观念的影响。价值观念不同,人们的购买习惯、动机和行为就有较大的差异。在其他条件相同的情况下,不同的价值观念会影响消费观念,而消费观念直接影响消费结构和需求。例如,在我国,节俭是一种传统美德,有相当高的储蓄率;而在美国,消费的数量大于或等于当前的收入量,美国人推崇"提前消费"、分期付款和贷款消费。

(2) 宗教信仰。宗教是历史形成的一种意识形态,是具有共同信仰和有关神圣领域共同仪式的体系,是处于文化深层的东西。不同的宗教信仰有不同的文化倾向和戒律,从而影响人们的生活态度、价值观念、购买动机和消费倾向等,形成特有的市场需求,特别是在一些信奉宗教的国家和地区,宗教信仰对市场营销的影响力更大。因此,企业应充分了解不同地区、不同民族、不同消费者的宗教信仰,生产适宜的产品,制定恰当的市场营销策略。

(3) 审美观念。通常指人们对商品的好坏、美丑、善恶的评价,是社会文化重要的组成部分,具有一定的地域性、民族性和传统性。人们购买商品的过程,也是一次审美活动过程,并完全由消费者的审美观念来支配。如中国人喜欢以红色作为喜庆的象征,而西方人则以白色作为新娘礼服。随着社会和经济的发展,审美观逐渐表现出对商品价值和市场的适应性。受审美观和艺术欣赏导向的商品越来越多地出现在市场上。因此,企业要分析人们审美观念的变化,按照其审美偏好和流行趋势确定产品的设计造型、市场的投放方式、包装和广告等。

(4) 风俗习惯。是人们在特定的社会物质生产条件下长期形成的风尚、礼节、习俗、惯例和行为规范的总和,主要表现在饮食、服饰、居住、婚丧、信仰、节日、人际关系、心理特征、伦理道德、行为方式和生活习惯等方面。不同的国家、民族有不同的风俗习惯,它对消费者的消费嗜好、消费模式、消费行为等具有重要的影响。不同的国家、民族对图案、颜色、数字、动植物等都有不同的喜好和不同的使用习惯。企业营销人员应做到"入境而问禁,入国而问俗,入门而问讳"。

(5) 教育水平。是指消费者受教育的程度。一个国家或地区的教育水平与经济发展水平往往是一致的。不同的文化修养表现出不同的审美观,购买商品的选择原则和方式也不同。一般来讲,教育水平较高的地区,消费者对报纸、书籍、旅游等的需求量教育水平低的地区高。此外,教育水平高的人谋求改善生活的欲望及能力都较强,容易接受广告宣传和接受新产品。在教育程度高的地区开发市场,营销方案、广告宣传等方面要有一定的文化品位,知识含量要尽量符合目标市场上人们的文化欣赏习惯和审美要求。另外,企业的分销机构和分销人员受教育的程度等,也对企业的市场营销产生一定的影响。

2.1.3 市场营销环境诊断

市场营销环境的发生变化一方面会为企业提供市场机会,另一方面也会给企业造成环境威胁。分析、诊断企业市场营销环境的目的就在于寻求市场机会、避免环境威胁。

1. 机会与威胁评价

市场机会就是在市场营销环境中有利于企业实现经营目标的各种机遇。市场上尚未得到满足的需求,符合企业的目标和资源条件,都可成为企业的市场机会。环境威胁是指市场营销环境中限制企业发展,不利于企业开展市场营销活动的各种现状和趋势。企业开展市场营销活动时,机会和威胁往往是同时并存的。因此,企业要善于抓住市场机会,克服环境威胁,在竞争中处于优势地位。在市场上,并不是所有的市场机会或威胁对企业都构成同样的吸引力或破坏力,企业必须进一步分析哪些机会更具有吸引力,哪些环境威胁更具有破坏力,以便于企业采取相应的市场营销措施。

(1) 市场机会矩阵。市场机会矩阵图的横轴代表成功的可能性,纵轴代表潜在吸引力(如图2-1所示)。

对于企业来说,市场机会成功的程度可以出现如下4种情况。

① 区域Ⅰ的机会:潜在吸引力大而且成功的可能性也很大,这是企业最理想的市场机会。企业应该及时、充分地利用这类机会。

② 区域Ⅱ的机会:潜在吸引力大,但是成功的可能性较小。企业应该关注决定其成功可能性的内部条件和外部环境的变化,便于企业在成功的可能性变大时能做出及时的反应。

③ 区域Ⅲ的机会:潜在吸引力较小,但是成功的可能性较大。这类机会风险小,获利能力也较小。实力较弱的企业应注意把握和利用这类机会,而实力较强的企业则可注意观察营销环境的变化情况,当这类市场机会进入Ⅰ区域时就可以利用。

④ 区域Ⅳ的机会:潜在吸引力和成功的可能性都小。这类机会价值最低,通常企业不会去利用。对于这类市场机会,企业应该注意观察其发展变化的趋势。

(2) 环境威胁矩阵。环境威胁矩阵的横轴代表威胁程度,纵轴代表潜在的严重性(如图2-2所示)。

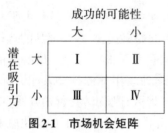

图2-1 市场机会矩阵　　　　图2-2 环境威胁矩阵

① 对于区域Ⅰ的威胁,企业应引起高度警惕,尽量采取适当的营销策略防止出现。同时,还需要制定应变措施,避免或减少一旦出现可能给企业带来的不利影响。

② 对于区域Ⅱ和区域Ⅲ的威胁,企业也应该给予足够的重视,并提前制定应变措施。

③ 对于区域Ⅳ的威胁,企业要经常注意其发展变化趋势,不可掉以轻心。

企业对所面临的环境威胁有3种可供选择的对策。

① 反击,即设法扭转不利于企业因素的发展,或限制不利影响的扩大。

② 减轻,即通过调整企业的市场营销策略来改善环境,减轻环境威胁的严重性。

③ 转移,即把企业的业务转向其他更有吸引力的市场。

(3) 机会-威胁矩阵。根据机会矩阵和威胁矩阵的分析,寻找对企业最有利的市场机会和最主要的威胁,同时利用机会-威胁矩阵将两者结合分析,对企业的市场营销环境做出综合评价。根据机会和风险程度的大小,可以把企业经营环境划分为4种环境:Ⅰ理想环境、Ⅱ冒险环境、Ⅲ成熟环境、Ⅳ困难环境(如图2-3所示)。

图2-3 机会-威胁矩阵

① 理想环境。处在这类环境中的企业具有较多的发展机会,受到的环境威胁较少。这种营销环境的竞争必然日趋激烈,捷足先登者往往会掌握竞争优势。

② 冒险环境。处在这类环境中的企业面临的机会与挑战并存,成功与风险同在。因此在抓住市场机会的同时,必须寻找到避免威胁的对策。

③ 成熟环境。处在这类环境中的企业面临的机会与风险都很小。环境的变化虽然具有不确定性,但是市场竞争态势基本稳定,另一方面由于投资的收益率较低或市场日益狭窄,对许多经营者会越来越丧失吸引力。

④ 困难环境。处在这类环境中的企业面临着较大的威胁,但拥有的营销机会却很少。企业如果没有相应地减少环境威胁的措施,必将陷入经营困难之中。

2. SWOT分析技术

SWOT分析就是对机会和威胁、企业的优势和劣势进行综合分析(如图2-4、图2-5所示)。其中,S代表企业的内部优势,W代表企业的内部劣势,O代表企业的外部机会,T代表企业的外部威胁。

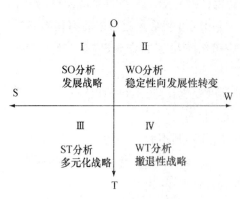

图 2-4 SWOT 分析技术　　　　图 2-5 SWOT 分析法示意图

（1）SO 分析。即把企业的内部优势与外部机会相组合进行分析，具体涉及诸如成本、收入、利润、投资报酬率等多种因素的分析，目的是制定发展型战略。如格兰仕集团积极运用成本优势，大幅提高了国内外微波炉市场份额，并将其成本优势转移到了空调领域。

（2）WO 分析。即企业把内部劣势与外部机会相结合进行分析，利用外部机会改进和弥补内部弱点，使企业改变劣势而获取优势。当外部环境很好，但企业内部的一些弱点却妨碍其利用时，企业应首先进行内部调整，加强内部实力，然后再图发展。

（3）ST 分析。即把企业的内部优势与外部威胁，相结合进行分析，目的是利用企业的优势避免或减轻外部威胁的影响。企业可采取的策略是产品多元化或市场多元化。

（4）WT 分析。即将企业的内部劣势与外部威胁相结合进行分析，目的是减少内部劣势，回避外部环境威胁，为制定撤退战略、差异化战略和集中化战略而进行的分析。

SWOT 分析旨在根据企业自身的优势、劣势和所面临的机会与威胁建立各种可供选择的战略措施。当企业存在重大劣势时，应能通过战略措施的实施努力加以克服而将其变为优势。当企业面临巨大威胁时，应努力回避这些威胁以便集中精力利用外部机会。

2.1.4　市场需求分析

市场需求分析主要是对消费者市场、生产者市场、中间商市场、政府市场等的需求状况和发展趋势进行调研和分析，以下内容主要将对前两者进行描述和分析。

1. 消费者市场需求分析

消费者市场是指所有为了个人消费而购买商品或服务的个人和家庭所构成的市场。成功的市场营销者是那些能够有效地提供对消费者有价值的产品，并运用富有吸引力和说服力的方法将产品有效地呈现给消费者的企业和个人。

（1）消费者购买行为分析。消费者需求是指消费者对于市场上某种具有货币支付能力的商品的购买要求。消费者需求具有普遍性和广泛性、分散性和复杂性、多变性和流动性、替代性和互补性、非营利性和非专业性等特点。随着市场经济的不断发展、市场规模的不断扩大、市场信息量的不断增多,营销人员为了掌握消费者市场的需求现状与趋势,有必要认真分析与研究"5W1H"和6个"O"这12个因素,如表2-1所示。

表2-1 5W1H 和 6 个 O 的含义

5W1H	含义	6O	含义
Who	目标顾客是谁	Occupants	购买者、参与者(个人或组织)
What	购买什么	Objects	购买的对象
Why	为何购买	Objectives	购买的目的
When	何时购买	Occasions	购买时间、时机
Where	何地购买	Outlets	购买的地点、地理情况
How	怎样购买	Operations	购买行动

企业并非被动地适应消费者的购买行为,也能通过营销活动主动地影响消费者的购买行为。一般而言,企业市场营销刺激与消费者反应之间关系的模式如图2-6所示。

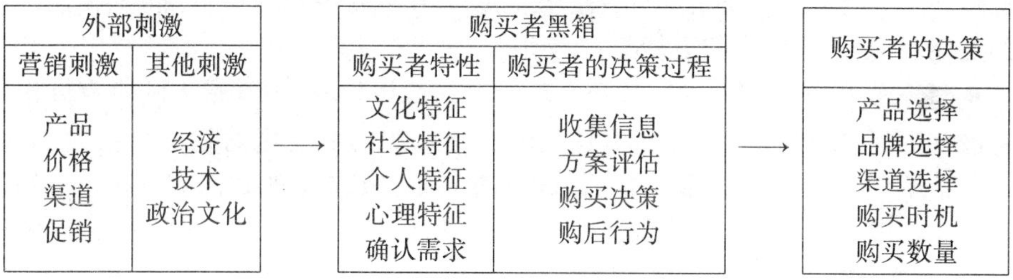

图 2-6 营销刺激与消费者反应模式

从图2-6中可以看出,外界的刺激因素进入"购买者的黑箱",经过一定的心理过程,就产生一系列看得见的购买者反应。营销人员的任务就是要研究和了解"购买者的黑箱"中发生的事情,以便企业采取正确和行之有效的决策。

(2) 影响消费者购买行为的主要因素。影响消费者购买行为的因素有很多,主要的影响因素有心理因素、文化因素、社会因素、个人因素等。

① 心理因素。消费者的购买行为要受到动机、感知、学习以及信念和态度等主要心理因素的影响。

◆ 动机。动机是一种内部驱动力,是一种升华到足够强度的需要,它能够及时引导人们去探求满足需要的目标。美国著名心理学家亚伯拉罕·马斯洛认为人是有欲望的动物,人的需要是以层次的形式出现的,按其重要程度大小由低级需要逐级向上发展到高级需要。依次为生理需要、安全需要、爱和社会需要、尊重需要和自我实现需要。由于这些需要被刺激产生后,人类才会有各种各样的购买行为。掌握了消费者需要的层次,营销人员就可以深入细致地分析消费者需求,制定企业的营销策略。

引起消费者从事某种购买活动,并使这一活动指向特定目的以满足其某一需要的愿望称之为购买动机。购买动机可分为生存购买动机、享受购买动机和发展购买动机。

消费者的购买行为不仅受生理本能的驱使，也会受心理过程的支配，通过复杂的心理过程形成动机。当社会经济发展到一定阶段，人们的生活水平提高到一定程度时，心理动机占据的地位往往更加重要。心理性购买动机可分为感情动机、理智动机和惠顾类购买动机。

感情动机包括情绪动机和情感动机，人的喜、怒、哀、乐、爱、恶、惧七情是消费者基本情绪的表现形式，由这些情绪引起的购买动机称之为情绪动机，它具有冲动性、即景性和不稳定性的特点。情感动机是由道德感、集体感、美感、幸福感、愉快感等引起的动机，具有较大的稳定性和深刻性。感情动机表现在购买行为上，常有如下特征：求新，在购买时注重商品的时尚、新颖；求美，注重外观造型，讲究格调，追求商品的艺术欣赏价值；求名，注重品牌，追求名牌效应；求奇，追求与众不同，出奇制胜的效果。理智动机是建立在人们对商品本身特性及自身需要的认知基础上，经过分析比较后产生的心理动机。在理智动机驱使下的购买，往往比较重视商品的质量、企业所提供的服务等。理智型购买动机在购买行为上表现为如下特征：求实，注重商品的实际使用价值，讲求实效；求廉，注重商品的价格；求安全，希望商品使用便利、安全，并有可靠的服务保障。惠顾类购买动机是消费者基于经验和情感，对特定的商品、品牌、商店产生特殊的信任和偏爱，从而引起重复购买的动机。

◆ 感知。感知是消费者一系列心理活动的最初阶段，知觉是人脑对直接作用于感觉器官的客观事物各种属性的整体反映，这种反映是在感觉的基础上形成的。感觉与知觉是不可分的，知觉不是感觉的简单相加，而是在感觉的基础上对客观事物的整体认识和本质认识，二者合称为感知。如消费者通过眼、耳、鼻、舌、身体接受外界色、形、味等刺激形成对环境的心理上的反应，是个体对外界环境的最简单、最初的了解。购买动机一旦被激发就会产生行为，但究竟如何行动还要看对外界刺激物或情境的反应，就是感知的影响。在同样情景、同样刺激下的消费者，由于感知到的东西不同，购买决策和购买行为就会不同。这是因为消费者的感知在很大程度上依赖于个人的态度、知识、经验、社会文化、社会心理等主观影响。因此，企业应注意顾客在感知上的差别性，留意顾客对商品的感知反馈，对企业促销宣传的反应等，以制定相关的营销策略。

◆ 学习。学习是由于经验而引起的个人行为变化的过程。从市场营销的角度看，学习是消费者在长期的购买、使用商品的基础上，不断获取、积累大量经验并调整后来的购买决策的过程。通过学习，消费者获得了商品的购买经验，并运用到未来的购买行动中。按照"刺激-反应"理论，人类的学习过程是包含驱使力、刺激物、提示物、反应和强化等因素的一连串相互作用的过程，如图2-7所示。如某人觉得每天洗衣服太费时间和体力，就会产生一种逃避洗衣劳动的内驱力，同时产生对洗衣机的需求。当看到洗衣机(刺激物)，又接触到某种品牌洗衣机的广告宣传(提示)，就会实施购买行为(反应)。通过使用产生对该品牌洗衣机的满意感(正强化)或不满意感(负强化)，将决定他将来是否继续购买同种品牌的产品。

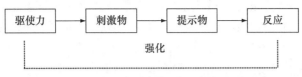

图2-7 "刺激-反应"模式

企业要通过各种途径给消费者提供信息、通过制定适当的市场营销策略从外部对消费者产生一定影响,加强诱因、激发驱动力,促进消费者对产品的记忆和识别。企业在提供产品、传递信息的同时,要保证服务质量,以提高消费者的信任度、忠诚度,强化消费者购买企业产品的行为习惯。

◆ 信念和态度。通过学习人们获得自己的信念和态度,而信念和态度又反过来影响人们的购买行为。信念是指一个人对某些事物所持有的描述思想。态度则是一个人对某些事物长期以来持有的好与坏的认识和评价。消费者态度的形成,主要有三个方面的影响因素:一是消费者本身对某种商品和劳务的感觉;二是相关群体的影响;三是自己的经验及学习的知识。态度的形成导致人们对某一事物的好感与厌恶,消费者对某产品有好感时,与此相关的信息容易被注意、容易产生相当一致的行为。一般来说,营销人员不要试图改变消费者的态度,而是要改变自己的产品以迎合消费者的态度,使企业的产品与目标市场顾客现有的态度保持一致。

② 文化因素。文化是一个含义广泛的概念。从广义上说,是指人类在社会历史实践中所创造的物质财富和精神财富的总和。从狭义上说,是指社会的意识形态,以及与之相适应的制度和结构。文化作为一种社会氛围和意识形态,无时无刻不在影响人们的思想和行为,也影响人们对商品的选择与购买。文化可分为若干亚文化群,不同的亚文化群在语言文字、价值观念、生活习惯、艺术和审美方面都有所不同。

民族亚文化:各民族在自己漫长的历史发展过程中,形成了各自的风俗习惯、宗教信仰、生活方式及审美观等。这些不同的特征都将导致各民族之间在需求和购买行为等方面的差异。

宗教亚文化:宗教是人类社会发展到一定历史阶段的现象。世界上有许多不同的宗教,不同的宗教有不同的文化倾向和戒律,影响消费者对事物的认识方式,以及对现实生活的态度、行为准则和价值观念,从而影响消费需求。

地域亚文化:不同的地理区域、气候、人口密度等导致消费者不同的风俗习惯、生活方式及爱好,这些因素也必然影响各地区消费者的购买行为。

③ 社会因素。社会因素对消费者购买行为具有广泛、持久和深远的影响。社会因素除了国家、地区、阶级、阶层、种族、民族以外,还有参照群体、家庭、社会角色等因素。

◆ 社会阶层。人们按照职业、收入、受教育程度、居住区域等而被划分为一定的社会阶层。社会阶层具有的基本特点:一是处于同一社会阶层的人在价值观、生活方式、思维方式等方面有更强的类似性;二是当人的社会阶层发生变化,其行为特征也会随之发生明显变化;三是社会阶层的行为特征受到经济、职业、教育等多种因素影响,根据不同的因素划分,构成的社会阶层会有所不同。社会阶层对人们行为产生影响的心理基础在于人们的等级观念和身份观念，人们一般会采取同自己的等级、身份相吻合的行为。等级观和身份观又会转化为更具有指导意义的价值观、消费观、审美观，从而直接影响人们的消费特征和购买行为。

◆ 相关群体。相关群体也称参考群体、参照群体，是指对一个人的看法、态度和行为起着参考、影响作用的个人或团体。相关群体可分为成员群体和非成员群体、直接参照群体和间接参照群体。相关群体还可细分为：首要群体，也称亲近群体，包括家庭成员、亲朋好友、邻居、同事、同学等，虽不是正式组织，但因交往密切，对消费者购买行为的影响很大；次要群体，指个人参加的正式组织如各种社会团体，对消费者购买行为的影响较小；向往群体，也称渴望群体、崇拜群体、榜样群体，指以各类明星、社会名流、公众人物为中心的社会公众群体，虽无正式交往，但对消费者购买行为影响大，是消费潮流的导向者；离异群体，也称厌恶群体、否定群体，指个人之间虽无正式交往，但被别人讨厌、反对、拒绝，行为特异甚至反其道而行之的群体。

参照群体为消费者提供了一定的消费行为模式，直接或间接地影响了消费者对产品的看法，进而引起消费者的购买动机和购买行为，起着示范、诱导、传播作用，引起从众和趋同化行为。营销者应注意向参照群体传递信息，充分利用他们对消费者施加的影响，以扩大产品销售。

◆ 家庭。家庭是社会组织的基本单位，也是最重要的消费品购买单位。家庭成员是最基本、最重要的参照群体。人们的消费习惯多半受家庭影响，家庭通常对购买行为起着决定性作用。根据家庭结构的不同，传统的家庭生命周期可划分为五个阶段，如单身期、新婚期（尚无子女）、满巢期（子女需抚养）、空巢期（子女分居在外）、鳏寡期（丧偶独居）。处于不同阶段的家庭具有不同的消费需求和购买行为。营销者应根据其目标顾客所处的家庭生命周期阶段制订适应性营销计划，向他们提供适当的产品和服务。同时，要考虑现代社会的各种非传统的家庭生命周期形态。

家庭成员在购买决策过程中往往起着不同的作用，一般可分为五种角色，即发起者、参谋者、决策者、购买者和使用者。一个人可以同时担当几个角色，其中决策者是关键。家庭决策类型有一人独自决策型；全家参与意见，一人决策型；全家共同决策型；协商决策型；各自决策型等。在不同的国家、地区、民族和社会阶层中差别很大，也与具体的家庭内部分工情况、家庭民主以及产品的重要性等密切相关。

④ 个人因素。个人因素包括消费者的性别、年龄、受教育程度、职业、生活方式、个性和自我观念等，这些因素对购买行为也有直接影响。

生活方式就是人们支配时间、金钱、财产的方式。人们即使所处社会阶层和职业背景相同，也会有不同的生活方式，生活方式一般可用活动、兴趣、看法三个尺度加以衡量。生活方式的分类，各国有很大区别，如果使用得当，生活方式的概念可以帮助营销者理解消费者不断变化的价值观及其对消费行为的影响。

个性指能导致一个人对其所处环境产生相对一致、持久反应的独特心理特征，包括气质、性格、能力、兴趣。与个性密切相关的自我观念又称自我形象，其基本前提是每个人所拥有的东西可影响和反映出其身份、地位。营销者应了解消费者自我意识与其拥有之间的关系，以便了解消费者行为。企业设计的产品形象，应当符合目标顾客的个性和自我观念。

(3) 消费者的购买决策过程。消费者的购买决策是一个极为复杂的动态发展过程,存在多种可变因素和随机因素,只有进行全面分析,企业营销活动才有可能成功。通常,人们把购买决策过程分为五个阶段:确认需求、收集信息、评估选择、做出决策、购后行为,如见图 2-8 所示。

图 2-8 购买决策过程

① 确认需求。认识到自己的某种需求是消费者购买决策过程的开始。这种需求既可能由自身生理活动引起,又可能受外在刺激引起,或者是内外两个方面因素共同作用的结果。促使消费者确认需求的原因主要有:日常消费品中的某些物品即将用完,如牙膏、洗衣粉等快要用完时需要重新购买;对现有的物品不满意,如服装要买更新潮的、电视机要买更清晰的等;收入的变化,如收入增加时人们就会产生新的需要;需求环境的改变,新环境会产生新的需求,如新购住房后要更新家具等;对新产品的需求,如计算机爱好者希望拥有更新一代的计算机;对配套产品的需求,如购买了照相机就需要胶卷等。对此,营销人员要弄清楚引起消费者需求的因素,有针对性地采取措施,唤起和强化消费者的需求,从而诱发购买动机的产生。

② 收集信息。消费者确认了自己的需要,形成购买动机后,便会着手进行相关信息的收集。消费者一般会通过个人来源、商业来源、公共来源、经验来源收集所需要的信息。消费者得到的商品信息,大部分来自商业来源,但对消费者影响最大的是个人来源。各种来源的信息对购买决策都有一定的影响,通常情况下,商业来源主要起通知作用,个人来源主要起评价作用。营销人员应注意向消费者了解他们的信息来源及重要性,通过各种有效途径,及时、充分地提供、传播对企业有利的信息,影响消费者的态度。

③ 评估选择。消费者收集到各种信息后,就要进行评估、整理,形成不同的购买方案,然后按一定的评估标准进行评价和选择。一般来说,消费者进行评估选择的步骤是:比较需要购买的商品的性能、特点;比较品牌;根据自己的爱好,确定品牌选择方案。消费者既可能只用一个评估标准为依据来挑选商品,又可能同时考虑该商品各方面的特征。例如,当消费者购买房产时,可能只考虑价格一个因素,也可能同时考虑价格、环境、结构、楼层、内部设施、物业服务等多个因素。

④ 做出决策。在形成购买意向后,还会有三种因素影响购买决策:一是他人的态度;二是意外情况;三是预期风险。因而购买意向并不一定导致做出立即购买的决定,有可能决定暂缓购买,也可能决定不买。营销人员应以良好的态度和质量保证,以价格、服务、支付方式等优惠条件,消除消费者对购买风险的疑虑,增强其信心,促成其购买。

⑤ 购后行为。消费者购买和使用产品后,必然形成一定的感受和评价,并采取相应的行动:如果满意一般会再次购买,还会代企业向他人做宣传;如果不满意就不会再次购买,还会向他人做反宣传,甚至向企业、消费者协会、大众传媒、政府等进行投诉。

无论哪种情况,对企业营销活动都有很大影响。企业最好的广告是一个满意的顾客,因此,企业应加强售后服务,指导消费,使消费者买得高兴,用得舒心,再买放心;定期衡量顾客满意程度,建立顾客投诉系统,及时了解、反馈顾客意见和建议,不断改进产品和服务工作,并努力采取措施降低顾客的不满程度,如图2-9所示。

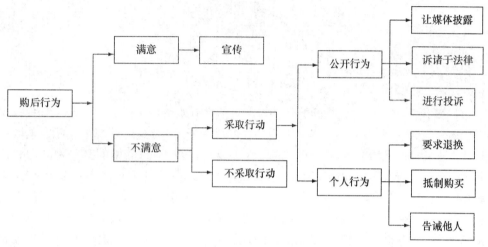

图 2-9　购买后的感觉和行为

2．生产者市场分析

企业的市场营销对象不仅包括个人和家庭,还包括生产企业、商业企业、政府机构等各类组织机构,这些机构构成了原材料、零部件、机器设备、供给品和企业服务的庞大市场,称为组织市场。组织市场是由各种组织机构形成的对企业产品和服务需求的总和,可分为生产者市场、中间商市场和政府市场。在此,只着重介绍生产者市场。为了提高企业产品的市场占有率,扩大产品销售,满足市场需要,企业必须了解生产者市场的购买行为特征及其购买决策过程。

（1）生产者市场的特点。生产者市场也称产业市场,是指一切购买产品和服务并将之用于生产其他产品或服务,以供销售、出租或供应给他人取得利润的个人和组织。生产者市场按其性质可分为直接生产者市场和间接生产者市场。直接生产者市场是指购买能够直接形成产品的那些生产资料的生产者市场,如原材料、零部件、包装用品等。间接生产者市场是指购买在加工产品过程中能起"催化剂"作用的生产资料的生产者市场,如燃料、能源、机器设备、厂房、技术服务等。

① 需求的派生性。生产者市场上购买者对生产资料的需求,归根到底是由消费者市场上的消费需求所派生出来的。生产者购买生产资料,不是用于自己消费,而是为了生产出能满足消费者需要的产品和服务,"为卖而买"是生产者市场最大的特点。例如,汽车制造商购买钢材,是为了生产出能满足消费者需要的小汽车;皮鞋厂购买皮革,是为了生产出消费者需要的皮鞋。因此,消费者市场需求的变化,将直接影响生产者市场的需求。

② 需求缺乏弹性。生产者购买生产资料的目的是为了生产出能够满足消费者需求的产品,只要产品有销路,生产资料价格的上涨并不会导致需求量的减少。如果生

产资料价格下降,而企业所生产产品的销售量并未增加,其生产资料的购买量也不会增加。在短期内,生产资料价格的变动,不可能使购买者立刻改变生产工艺和机器设备,也不可能在很短的时间内找到代用品。因此,对生产资料的需求在短期内也不可能发生变化。

③ 专业性购买。与消费者市场相反,消费者对自己所购买的消费品,通常不具备专门的知识,而生产资料的采购往往是由具有专门知识的人负责。所采购的生产资料在生产过程中所起的作用越大,参与购买决策的人越多,而且常由工程技术人员和高层管理人员组成专门的采购小组负责采购。

④ 需要提供服务。由于生产者市场上的产品具有较强的技术性能,供应者的服务对用户来说十分重要,不仅需要有详细的产品目录和说明书,还必须提供技术支持、人员培训、及时交货、负责安装和维修、信贷优惠等条件与服务。

⑤ 直接采购和互惠性。在生产者市场上,购买者往往向生产企业直接购买所需要的产品,特别是那些单价高、技术含量高的机器设备,一般不通过中间商购买,由生产企业与用户直接洽谈。同时,生产者既是产品的购买者,又是产品的出售者,因而生产者也会要求自己的供应商能购买自己的产品,从而出现买卖"双边互惠",甚至出现"三边互惠"或"多边互惠"。

⑥ 过程复杂。由于购买金额较大,参与者较多,产品技术性能较为复杂,使组织购买行为过程将持续较长一段时间,几个月甚至几年都有可能。这就使得企业很难判断自己的营销努力会给购买者带来怎样的反应。

(2) 生产者市场的购买行为。从企业的角度看,生产者的购买动机就是为了获取利润,属于理智动机。购买必须达到营利、降低成本、合乎法律要求和提高社会效益的目的,生产者购买不是一种单一的购买行为,要做出一系列的购买决策。一般来说,可将其划分为以下3种类型。

① 直接续购。直接续购是指采购部门按以往惯例再行采购产品的情况。这种情况下,购买者只是根据以往购买货物的满意程度,从自己认可的供应商名单上做出选择。也就是说,产业购买者的购买行为是惯例化的。作为被选中的供应商将尽最大努力维护其产品和服务的质量,以促使现有的顾客长期订货;而未被选中的供应商,则力图推出新产品或改进买方不满意的环节,以争取采购者能考虑从他们那里购买一定数量的产品,并使这些少量的订货能在市场上占有一席之地,然后逐步扩大自己的市场份额。

② 修正重购。修正重购是购买者为了更好地完成采购任务,适当改变要采购的产品规格、价格、发货要求等条件或供应商。在进行修正重购时,通常买卖双方都会有更多的人员参加。这就使得原来被认可的供货商产生危机感,并竭尽全力保护自己的份额,而对原来的落选者来说,则提供了最佳的争夺市场份额的机会。

③ 新购。新购是指购买者首次购买某种产品或劳务。新购产品的成本费用越高,风险越大,需要参与购买决策过程的人数就会越多,要掌握的市场信息也越多,完成决策所需要的时间也就越长。这种行为类型最复杂。因此,供货企业要派出特定的推销人员小组,向顾客提供市场信息,帮助顾客解决疑难问题。在直接重购的情况下,产业购买者要做出的决策最少;在新购情况下,产业购买者要做出的购买决策最多,通

常要做出决定产品规格、价格幅度、交货条件、交货时间、服务项目、支付方式、订购数量、可接受的供应商和挑选出来的供应商等决策。

（3）影响生产者购买行为的因素。产业购买者做出购买决策时受许多因素的影响。这些因素可分为以下4大类。

① 环境因素。环境因素即企业外部环境。例如，一个国家的经济前景、市场需求、技术发展变化、政治法律等。如果经济前景不佳、市场需求不振，则产业购买者就不会增加投资，甚至会减少投资，减少原材料的采购量和库存量。

② 组织因素。即企业自身的因素。企业都有自己的政策、目标、工作程序、组织结构和管理系统等。这些因素都会影响生产者的购买决策和购买行为。例如，企业采购机构有多少人参与购买决策、评判标准如何、对采购人员有什么规定、经营目标和政策是什么等，供货企业的营销人员只有了解了这些情况，才能采取适当措施，影响顾客的购买决策和购买行为。

③ 人际因素。人际因素主要是指企业内部的人际关系。生产企业购买决策过程比较复杂，参与的人员较多。生产者的购买常由企业各层次的部门和人员组成"采购中心"，一般包括使用者、影响者、采购者、决策者和信息控制者。不同的参与者在企业中的地位、职权、说服力以及他们之间的关系有所不同，各自起着不同的作用。这些复杂的人际关系会影响生产者的购买决策和购买行为。

④ 个人因素。生产者的购买行为都是在组织影响基础上的个人行为。每个参与购买决策的人，都带有个人的直觉、偏好，在决策中都会掺入个人的情感因素，这些因素又受年龄、收入、教育程度、职位、性格及对风险的态度等因素的影响，在对供货商的选择及所供产品的评价方面，表现出不同的购买类型，从而影响购买者的购买决策和购买行为。

（4）生产者的购买决策过程。生产者的购买大都是理性的购买行为，与消费者的购买行为有着明显的不同。生产资料的购买者采购原材料、机器设备都是企业生产的需要，具有很强的计划性和程序性。生产者的购买类型不同，其购买过程也有很大的差异，一般可分为以下8个阶段。

① 认识需要。当企业认识到某个问题或某种需要可以通过某一产品或服务得到解决时，便开始了采购过程。认识需要由以下两种刺激引起。

◆ 内部刺激。例如，企业管理者决定推出一种新产品，需要购置设备和原材料；企业原有设备发生故障或需要更新；已采购的原材料不能令人满意等。

◆ 外部刺激。主要是指采购人员产生了新的采购计划或发现了更加物美价廉的材料和设备。

② 确定需要。即要确定所需品种的特征和数量。如果是简单的采购任务，由采购人员直接决定；如果是复杂的采购，采购人员要会同其他部门人员，如工程师、使用者等共同研究，确定所需产品的总特征和数量。供货企业的市场营销人员在此阶段要帮助采购人员确定产品的特征和数量。

③ 说明需要。这是由专家小组对所需品种进行价值分析，并做出详细的技术说明。价值分析的目的是耗费最少的资源，取得最大的效益。价值分析公式为：

$$V = F/C \tag{2-1}$$

式中,V——产品价值;

F——产品的用途、效用和作用,即产品的使用价值;

C——成本或费用。

产业购买者在采购中要进行价值分析,研究本企业要采购的产品是否具备必要的功能,在产品的性能、质量、价格间进行整体评价,选择最佳方案。

④ 物色供应商。在确定了具体采购品的规格、数量后,就要确定最合适的供应商。在新购情况下,采购复杂的、价值高的品种,需要花较多的时间来物色供应商。供应商要通过媒体广为宣传,提高自己的知名度,从而便于买方进行查找、挑选。

⑤ 征求建议。即企业的采购经理邀请合格的供应商向其提出建议。如果是复杂采购,采购者应要求每个潜在的供应商都提交详细的书面建议,供自己选择比较。在选出合适的供应商后,要求他们提出正式的建议书。因此,供货企业的营销人员必须善于提出与众不同的建议书,获得购买者的信任,以促成购买。

⑥ 选择供应商。采购中心根据供应商的产品质量、价格、信誉、交货能力和技术服务水平等来评价供应商,选择出最具吸引力的供应商。在做出最后决定以前,采购中心往往还要和那些较满意的供应商谈判,争取较低的价格和更好的条件,最后选定一个或几个供应商。采购者一般应选择多个供应来源,以免受制于人,这样也有利于企业对多个供应商进行比较。企业应把供应商看作合作伙伴,并通过制定严格的资格标准选择那些成绩卓著的供应商。

⑦ 正式订购。选定供应商之后,就要发出正式订单,列出所需产品的规格、数量、技术要求、交货时间、退货政策、保修条件等项目。一般情况下,如果供需双方都有良好的信誉,一份长期有效的合同(也称"一揽子合同")将建立一种长期供货关系,避免重复签约的麻烦。这样,供应商就可以根据原来约定的价格条件随时供货,存货由卖方保存。这种方式被称作"无库存采购计划"。

⑧ 使用效果反馈和评价。采购中心要征询本企业使用部门和有关部门对供应商所供产品的意见,对使用效果进行全面评价,评价的结果将直接影响对供应商的态度,决定以后是否继续向某个供应商采购产品。所以,供应企业的营销人员应在产品出售后随时了解顾客产品的使用情况,积极服务,争取用户的信任,稳固与用户的关系。

思考题

1. 市场营销环境对企业营销活动有哪些影响?
2. 企业应如何分析和适应市场营销环境的变化?
3. 什么是消费者需求?如何理解消费者需求的含义?
4. 消费者市场需求与生产者市场需求有哪些区别?
5. 企业应如何分析和评价消费者需求?
6. 比较分析影响消费者和生产者购买行为因素之间的异同。

学习指导

1. 熟知企业宏观营销环境和微观营销环境要素及其变化和发展趋势,并结合切身体会或实际业务分析其有利影响或不利影响;熟练并正确运用机会-威胁矩阵分析法和SWOT分析法分析营销环境,营销环境分析的目的不仅是为了了解现状及其变化,更重要的是为了应对现状和发展趋势提出建议和措施。

2. 消费者或生产者的需求反应模式及其购买决策过程是市场需求分析的突破口,需求分析力求精细、全面,并具业务指导性,切忌泛泛而谈、纸上谈兵。

3. 营销环境分析和市场需求分析既适合开展小组集体研讨活动、锻炼学生的协作能力,又可以布置学生个人作业、考察其个人知识运用和分析能力。

典型案例

巧避风险,雄霸全球

在动荡的国际政治局势下,特别是海湾危机的再度爆发,使得石油业风云变幻,许多国际性石油公司都不同程度地受到影响和冲击。然而,由英国与荷兰合资的一家石油公司——壳牌石油公司却能在这种变幻的国际风云中巧避风险,充分发掘市场机会取得经营的成功。这家公司1990年的销售额超过美国埃克森公司,成为世界上最大的石油公司。

在全球500家最大工业公司排行榜中,壳牌石油公司仅次于美国通用汽车公司名列第二。此外,它还连续两年成为最赚钱的公司。壳牌石油公司之所以能取得如此巨大的成就,主要是由于它能做好以下几项工作。

(1) 分散管理,分担风险。世界上大多数石油公司趋于权力集中,但壳牌石油公司辖下260个分部差不多完全自主。它们根据研究及技术报告就可自己做出决策,不需层层请示,以鼓励各部门尽量缩短与当地顾客的距离,迅速应变。公司由6名执行董事组成董事会负责监察各部门运行。一切重大决策均须各部门一致通过,以防止董事独断专行。全球的石油供求关系不稳定,显然是这一行业最难应付的困难。壳牌石油公司的对策之一是到世界各地发展业务。这样一地的风险就不会影响公司的整体业务。

(2) 反应灵敏,抓住机会。反应灵敏是壳牌石油公司另一制胜之道。例如,东欧剧变前,壳牌石油公司就对匈牙利国营因特拉石油公司投入巨资。这家公司现在是匈牙利的主要石油供应商。西班牙政府取消国家对石油的垄断经营前,壳牌石油公司抓住时机,立即打入这一市场,并迅速在西班牙建立起加油站网。

当然,壳牌石油公司还有许多制胜法宝,如尽量持有较少的流动资金。壳牌石油公司既关心员工的生活,又鼓励他们发挥能动性,公司在伦敦郊区为员工设有乡村俱乐部,在荷兰和英国的办公大楼内设有健身房。为应付风险,壳牌石油公司各地的公司定期进行石油供应中断"演习",公司拥有122艘油轮,船员每年会遇到4次突如其来的模拟"意外"训练。

(资料来源:谢桂华,施斌.市场营销学[M].北京:中央民族大学出版社,2003)

➡ **分析讨论题**

1. 壳牌石油公司是怎样巧避风险的?
2. 市场营销环境的变化会带来哪些经营风险?
3. 你认为我国的石油公司应如何面对当前的国际石油市场营销环境?

2.2 工 作 页

2.2.1 营销环境要素分析

1. 选择项目

以某一项业务活动、项目或某一企业、门店等为分析对象,也可以选择大学生群体、教师群体、农民工群体等分析对象,分析影响其业务开展、学习和工作的主要环境要素现状及其变化趋势。

2. 环境分析

选择机会-威胁矩阵分析法或SWOT分析法,对所选择的项目营销环境、学习环境或工作环境进行分析,要求机会要素和威胁要素、内外部优势和劣势清晰甄别,并提出有针对性、可操作性的建议、策略或措施。

内部环境分析 外部环境分析	优势(S) 1. 2.	劣势(W) 1. 2.
机会(O) 1. 2.	SO 分析 1. 2.	WO 分析 1. 2.
威胁(T) 1. 2.	ST 分析 1. 2.	WT 分析 1. 2.

3. 工作要求

在课堂上自由选择个人或小组感兴趣的项目,尽量少重复,尤其一个小组内各成员的个人项目选择不宜相同。个人项目以学生个人作业形式提交,并要求手写,不允许复制打印;小组项目,则提交 Word 文档的分析报告和 PPT 演示稿,并派代表进行汇报,教师进行综合评价作为小组活动成绩。

2.2.2 需求分析

1. 案例介绍

资料显示,美国的新婚夫妇结婚后第一年的家用支出总计大约700亿美元,并且他们在头6个月里的花销超过了现有家庭5年的支出。营销人员知道婚姻往往意味着两套不同的购物习惯,必须将品牌偏好合二为一。宝洁、高乐氏和高露洁棕榄(Colgate-Palmolive)等公司纷纷推出"新婚套装",销售给申请结婚登记的夫妇。彭尼公司(JCPenney)则把"新人"作为其两个主要顾客群之一。因为新婚夫妻的名字贵重如金,所以营销人员宁愿花钱得到新人名单,借此进行直接营销。

2. 问题讨论

(1) 通过本案例学习,你认为美国公司在分析顾客需求时,有哪些可取之处?中国本土公司是如何分析市场需求的?请举例说明。

(2) 你认为影响中国的新婚夫妇消费需求的因素有哪些?其消费需求主要集中在哪些产品或服务领域?

(3) 如果你是某项产品或服务的营销人员,面对中国的新婚夫妇,你会提出怎样的营销对策?

(4) 面对中国的新婚夫妇的消费需求,你将通过哪些途径向他们传递哪些信息,才能诱导其发生购买行为?

2.2.3 市场需求比较分析

查阅资料、讨论分析,比较消费者市场需求、生产者市场需求、中间商市场需求有哪些不同。

比较项目 市场类型	影响因素	获取信息途径	决策者	决策过程	参与购买者	评价标准	购买过程	购后评价
消费者市场								
生产者市场								
中间商市场								

2.2.4 要求与考核

(1) 对每一部分工作项目完成方式,教师可根据时间安排妥善布置。各小组应上交相关图表及文字分析报告,要求思路清晰、内容完整、格式规范。

(2) 每个小组要以临阵实战的状态完成各项任务,上交文本包括Word文件和PPT文稿。

(3) 各小组派代表进行演示、汇报,教师进行评价。也可以由各小组间进行相互评价,以适当权重加入小组活动成绩中,便于学生相互学习、取长补短。

2.2.5 本项目学习总结

总结项目	总结内容
本项目内容主要知识点	
本项目内容主要技能点	
你已熟知的知识点	
你已掌握的专业技能	
你认为还有哪些知识需要强化,如何做到	
你认为还有哪些技能需要强化,如何做到	
本项目学习心得	

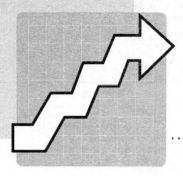

项目 3

市场战略分析

知识目标

了解识别主要竞争者的重要性,理解市场竞争战略、市场发展战略和反倾销、反补贴战略的基本内涵,掌握不同市场战略的基本形式和内容。

技能目标

学会识别主要竞争者,确定企业市场竞争地位,制订并恰当地运用市场竞争、市场发展和反倾销、反补贴等市场战略方案。

学习任务

1. 理解本项目中各种战略内涵,并运用相关理论分析当前各种市场战略案例。

2. 能够分析特定企业或项目市场战略案例中的优(缺)点,并提出建设性建议或意见。

3. 能够分析特定企业或项目市场战略案例中的得失,并根据特定环境条件制订相应的市场战略方案。

3.1 学习引导

市场战略是企业在分析外部环境和内部条件后所做出的具有全局性和长远性的一套满足市场需要、应付竞争状况的总体设想和规划。它是企业整体战略的有机组成部分，必须能预见到企业的优势、劣势、实施战略的可能性和风险性。市场战略不但要适应营销环境，而且要努力创造一个有利的营销环境。

3.1.1 竞争者分析

企业要想在激烈的市场竞争中立于不败之地，就必须树立正确的竞争观念，准确识别竞争者，分析竞争者的目标和战略，制定正确的市场竞争战略，努力赢得市场竞争的主动权。

1. 识别主要的竞争者

企业开展市场营销活动，不仅要了解顾客，还要了解其竞争对手，知己知彼才能取得竞争优势，在竞争中获胜。

竞争者一般是指那些与本企业提供的产品或服务相类似，并且所服务的目标顾客也相似的其他企业。例如，美国可口可乐公司把百事可乐公司作为其主要竞争者，长虹公司把康佳公司作为其主要竞争者等。

从行业的角度看，提供同一类产品或可替代产品的企业，属于行业竞争者。例如，咖啡、茶叶与其他软饮料，一种产品价格上涨就会引起另一种产品的需求增加，它们是可相互替代的产品。因此，企业要在市场竞争中取得或保持有利地位，就必须全面分析和了解本行业内的竞争状况，确定自己的竞争者范围。

从市场的角度看，那些满足相同市场需要或服务于同一目标市场的企业，属于市场竞争者。例如，公交车、客船、飞机、出租车、小轿车等都能满足顾客相同的需要。以行业的观点来看，公交车的生产经营企业以其他同行业企业为竞争者；以市场的观点来看，顾客需要的是运载能力，这种需要也可以用客船、飞机、出租车、小轿车等产品来满足，生产经营客船、飞机、出租车、小轿车等产品的企业都可成为公交车生产经营者的竞争者。因此，以市场的观点来分析研究竞争者，可以使企业更容易识别现实竞争者和潜在竞争者，有利于企业拓宽眼界，制定长期的营销发展规划。

2. 确定竞争者的目标与战略

确定了企业竞争者，还要进一步了解和确认每个竞争者的营销目标和战略，因为企业在不同时期会追求不同的营销目标和采取不同的战略，不同企业即使在同一时期也会有不同的营销目标和战略。

(1) 竞争者的目标。企业要进一步了解竞争者，就必须对每一个竞争者的目标组合如成本领先、技术领先、服务领先、盈利能力、市场占有率等进行分析和研究，并要了解竞争者的重点目标是什么，以有利于企业做出有针对性的营销反应，如一个以"技术领先"为主要目标的企业，对其他企业推出的新的产品品种会非常敏感，因此，会做出强烈的竞争反应。同时,企业要密切关注和分析竞争者的营销行为,如竞争者开拓了一个新的子市场、开发了一个新的产品品种、制订并实施了一个新的营销计划等。

竞争者目标的差异会影响其经营模式,从而影响企业做出不同的营销反应。如上市公司一般都很重视短期利润的最大化,以提高其经营业绩,提升股东对企业股票的信心。美国公司通常以短期利润最大化为其经营模式,日本公司则一般以市场占有率最大化为经营模式,其市场表现是日本企业的产品价格远低于美国企业的产品价格,在市场渗透方面显示出比美国企业更大的耐性。

(2) 竞争者的战略。企业要分析和研究竞争者的营销战略,并把竞争者按其营销战略划分为不同的战略群体,使企业更容易分清谁是主要的竞争对手,以便确定本企业的竞争战略。企业之间采取的战略越相似,其竞争就越激烈。企业进入某一战略群体时,要考虑进入不同战略群体的难易程度和成本高低,例如,小型企业适于进入投资和声誉都较低的群体;同时,企业进入某一战略群体时,要明确谁是主要的竞争对手,制定差异性较大的竞争战略,以吸引相同的目标顾客群体。

此外,企业还要充分估量竞争者的优势和劣势,以及竞争者目前实施营销战略的情况,以便使企业发现竞争者的弱点,攻其不备取得竞争优势。企业要充分收集竞争对手的情报资料,从产品开发、产品组合、营销战略、现金流量、市场份额、销售额、销售渠道等多方面对竞争者进行分析和研究,以发现竞争者的薄弱环节和错误判断,利用竞争对手的劣势获得成功。

(3) 选择企业的营销对策。企业的经营指导思想和营销目标、战略、优势与劣势等都会影响它在产品开发、降价、技术创新等市场竞争战略方面的反应,因此,企业的营销管理者要深入了解竞争者的思想和信念,研究竞争者的市场反应。竞争者一般可分为从容不迫型的竞争者(对市场竞争无任何反应)、选择型的竞争者(在市场竞争的某些方面反应强烈)、凶猛型的竞争者(对市场竞争的任何方面都做出强烈反应)、随机型的竞争者(对市场竞争的反应模式不确定)。明确了主要竞争者及其优势、劣势和竞争反应模式,企业就要根据以下几种情况确定自己的对策:进攻谁、回避谁。

① 竞争者的强弱。选择较弱的竞争者为目标,可节省时间和资源,达到事半功倍的效果,但是获利较少;选择较强的竞争者为进攻目标,有利于进一步提高自己的竞争能力和水平,并且获利较大。选择弱势竞争者还是强势竞争者作为目标,应量力而行,根据企业自身的实力强弱而定。

② 竞争者与本企业的相似程度。多数企业主张与本企业情况相似的竞争者展开竞争,同时,在竞争中也进行某些方面的合作,并避免击垮相近似的竞争者。美国博士伦公司在20世纪70年代末与其他生产隐形眼镜的公司的竞争中大获全胜,导致竞争者完全失败而竞相将企业卖给竞争力更强的公司,使博士伦公司面对更强大的竞争者。

③ 竞争者表现的好坏。表现良好的竞争者,能够按照国家相关标准生产、经营、按合理成本定价,并按照国家法规、行业规则运营。这样的竞争者有助于增加市场总需求,分担产品研发和市场拓展成本,促进行业技术进步;可激励其他企业提高质量、降低成本和增加产品或服务的差异性;有助于加强企业同政府管理者或同员工的谈判

力量。具有破坏性的竞争者则不遵守国家法规和行业规则,常常不顾一切后果地冒险或使用不正当竞争手段扩大市场占有率,扰乱市场秩序和行业的均衡。

对表现良好的竞争者,企业要按本行业通行的规则,平等参与竞争,凭借自己的实力和水平,努力扩大市场占有率;也可以在彼此市场营销组合上保持一定的差异性;或者采取联合、协作、结盟的方式实现双赢共赢。对具有破坏性的竞争者,要配合有关执法部门坚决予以反击,维护企业和消费者的合法权益,树立企业在社会上和行业中的良好形象。

3.1.2 市场竞争战略

企业根据其在市场竞争中的地位,可采取不同的市场竞争战略。可供企业选择的市场竞争战略主要有市场领导者战略、市场挑战者战略、市场跟随者(或市场填补者)和市场利基者战略等4种形式。

1. 市场领导者战略

市场领导者是指,在相关产品的市场上占有率最高的企业。大部分行业都有一个公认的市场领导者。该领导企业的产品拥有最大的市场份额,而且往往在价格改变、新产品引入、分销的覆盖面和促销费用等方面引领其他企业,是市场竞争的导向者,也是竞争者挑战、效仿或回避的对象。例如,世界汽车业的通用汽车公司、软饮料业的可口可乐公司等等。

这些市场领导者的地位是在竞争中自然形成的,但不是固定不变的。如果市场领导者没有获得法定的垄断地位,则必然会面临竞争者的无情挑战。因此,企业必须保持高度的警惕并采取适当的战略;否则,就很可能丧失领先地位而降到第二位或第三位。

市场领导者为了维护自己的优势,保持自己的领导地位,通常可采取三种战略:一是设法扩大整个市场的需求;二是采取有效的防守措施和攻击战术,保持现有的市场占有率;三是在市场规模保持不变的情况下,进一步扩大市场占有率。

(1) 扩大市场需求总量。当整个市场扩大时,领先的企业通常获利最多。如果愿意照相的人大幅增加,日本企业便可获得大部分利益,因为日本企业生产销售了全球市场上的大部分相机。如果日本企业能说服更多的人拍照,或者在更多场合拍照,或在每个场合拍更多的照片,则它们都会获得巨大的利益。一般而言,市场领导者应该寻找新的使用者、开发产品新的用途和鼓励顾客增加使用量。

① 寻找新的使用者。每一种产品都有吸引顾客的潜力,由于有些顾客或者不知道这种产品,或者因为其价格不合适,或者缺乏某些特性等原因没有购买该项产品,企业可以从三个方面发掘新的使用者:香水制造商可设法说服不用香水的妇女使用香水(市场渗透策略);说服男士使用香水(新市场策略);向其他国家或地区推销香水(地理扩张策略)。

② 开辟产品新用途。企业也可通过发现并推广产品的新用途来扩大市场。例如,碳酸氢钠的销售在100多年间没有起色,它的用途虽多但需求量都不大,后来一家企业发现有些消费者将该产品用作电冰箱除臭剂,于是大力宣传这一新用途,使该产

品销量大增。凡士林最初问世时是用作机器润滑油,之后,一些使用者发现凡士林可用作润肤脂、药膏和发胶等。实践表明,产品的新用途往往归功于顾客,更离不开企业为发现新用途而不断进行的研究和开发计划。

③ 增加产品使用量。促使使用者增加用量也是扩大需求的一种重要手段。例如,牙膏生产企业劝说人们不仅要早晚刷牙,最好每次饭后也要刷牙,这样就增加了牙膏的使用量;宝洁公司劝告用户,在使用海飞丝洗发水时,每次将使用量增加一倍,效果更佳等。

(2) 保持市场占有率。在设法扩张总市场规模时,领先的企业也必须不断保护它的现有业务以对抗竞争者的攻击。市场领导者为了维护其领导地位,必须防止或修补弱点以使竞争者无机可乘,不断降低成本使价格符合顾客对该品牌价值的认知,不断创新和"堵塞漏洞"避免竞争者进入其市场范围,并在新产品、顾客服务、分销效率和降低成本等方面保持领先,不断增加其竞争优势和对顾客的价值,主动出击、调整步伐以及利用竞争者的弱点。具体来说有以下6种战略可供市场领导者选择。

① 阵地防御。即在现有的阵地周围建立防线。这是一种静态的消极防御,是防御的基本形式,但是不能作为唯一的形式。如果将所有的力量都投入这种防御,最后很可能导致失败。对于营销者来讲,单纯防守现有的阵地或产品,就会患"营销近视症"。当年亨利·福特因为"营销近视症"为他的T型车付出了沉重的代价,使得年赢利10亿美元的福特汽车公司跌到濒临破产的边缘。可口可乐公司实行多角化经营,从事塑料和海水淡化设备业务、打入酒类市场等,就是在软饮料产品周围筑起一道道防线。

② 侧翼防御。即市场领先者除保卫自己的阵地外,还应建立某些辅助性的基地作为防御阵地,或必要时作为反攻基地。企业要特别注意保卫自己较弱的侧翼。例如,20世纪70年代美国的汽车公司就是因为没有注意侧翼防御,遭到日本小型汽车的进攻,失去了大片阵地。而生力啤酒公司的白威士忌在菲律宾市场上受到亚洲啤酒公司虎牌啤酒的挑战,生力啤酒公司为了应付这一挑战,推出了侧翼品牌"金鹰"而取得了防御战的成功。

③ 先发防御。也称以攻为守,即在竞争者尚未进攻之前,先发制人抢先攻击。这种战略主张预防胜于治疗。具体做法是:当竞争者的市场占有率达到某一危险的高度时,就对它发动攻击;或者对市场上的所有竞争者全面攻击,使得对手人人自危。这种方法有时是利用心理攻势来阻止竞争者的进攻,而不发动实际攻击,不过这种虚张声势的做法只能偶尔为之。企业如果拥有强大市场资源如品牌忠诚度高、技术领先等,面对对手的挑战,可以沉着应战,以静制动,不轻易发动进攻。

④ 反攻防御。当市场领先者遭到对手发动降价或促销攻势,或改进产品、占领市场阵地等进攻时,不能只是被动应战,应主动反攻入侵者的主要市场阵地,以切断进攻者的后路。当市场领导者在其本土遭到攻击时,一种很有效的方法是进攻攻击者的主要阵地,以迫使其撤回部分力量进行守卫。例如,当富士公司在美国向柯达公司发动攻势时,柯达公司的报复手段是以牙还牙,攻入日本市场,迫使进攻者不得不停止进攻。

⑤ 运动防御。运动防御要求领导者不但要积极防卫现有的市场阵地,而且要伸展到可作为未来防卫及攻击基地的新市场。它可以使企业在战略上有较多的回旋余地。市场扩展可通过两种方式实现。

◆ 市场扩大化,即企业将其注意力从目前的产品上转移到有关该产品的基本需要上,并全面研究与开发有关该项需要的技术,例如,石油公司变成能源公司就意味着市场范围的扩大。

◆ 市场多元化,即向无关的其他市场扩展,实行多元化经营。

⑥ 收缩防御。在所有市场阵地上全面防御有时会得不偿失,在这种情况下,最好是实行战略收缩即收缩防御,即放弃某些疲软的市场阵地,把力量集中用到主要的市场阵地上。

(3) 提高市场占有率。市场领导者设法提高市场占有率,也是增加收益、保持领导者地位的一个重要途径。在很多情况下,较小的市场份额的增加意味着很大的销售额的增加。例如,在美国咖啡市场上,市场份额增加一个百分点就值4800万美元;在软饮料市场上,一个百分点就值4.9亿美元。

企业的利润率与市场份额成正比,许多企业着力扩大市场份额的目的是改善获利能力。市场领导者应强调在某一细分市场上提高占有率,而不是指整个市场。同时,企业不能指望增加了市场份额就能自动改善盈利能力,市场份额高是否能提高利润还要视策略而定。许多市场份额高的企业获利能力很差,而许多市场份额低的企业获利能力却很高。企业要注意获取较高市场份额的成本远远超过收益是很危险的,只有当单位成本随着增加的市场份额而降低,或者当企业提供了一个质量优良的产品,而且价格超过了由于产品质量改善所增加的成本时,较高的市场份额才会产生预期的利润。

2. 市场挑战者战略

市场挑战者战略是指在一个行业中居于第二位、第三位或更低位次的企业在市场竞争中采取的竞争战略。向市场领导者和其他竞争者发动进攻,以夺取更大的市场占有率,这时被称为市场挑战者;维持现状,避免与市场领导者和其他竞争者产生直接竞争,这时被称为市场追随者。市场挑战者首先必须确定自己的战略目标和挑战对象,然后再选择适当的进攻策略。

(1) 确定战略目标和竞争者。战略目标同进攻对象密切相关,一般来说,挑战者可在下列3种企业中选择攻击对象,并确定相应的战略目标。

① 攻击市场领导者。这是一个高风险与高回报并存的战略,一旦成功,收益会极为可观。为取得进攻的成功,挑战者要认真调查研究顾客的需要及竞争者产品的缺陷,这是市场领导者的"软肋",通过产品创新,以更好的产品来夺取市场。例如,施乐公司通过开发出更好的复印技术用于代替湿式复印,成功地从3M公司手中夺取了复印机市场。

② 攻击规模相当者。挑战者对一些与自己势均力敌的企业,可选择其中经营不善而发生危机者作为攻击对象,以夺取其市场。

③ 攻击区域性小型企业。对一些地方性小企业中经营不善而发生财务困难者,

可作为挑战者的攻击对象。例如,美国几家主要的啤酒公司就是通过吞并一些小啤酒公司和蚕食小块市场成长到目前的规模。

(2) 选择进攻战略。在确定了战略目标和进攻对象之后,挑战者还需要考虑采取何种进攻战略。

① 正面进攻。正面进攻就是集中全力向对手的主要市场阵地发动进攻,打击的目标是敌人的强项而不是弱项。这样,胜负取决于谁的实力更强,谁的耐力更持久,进攻者必须在产品、广告、价格等主要方面大大领先对手方有可能成功。正面进攻的另一种措施是投入大量的研究与开发经费,使产品成本降低,从而以降低价格的手段向对手发动进攻,这是持续开展正面进攻战略最可靠的基础之一。

② 侧翼进攻。即集中优势力量攻击对手的弱点,有时可采取"声东击西"的战略,佯装攻击正面,实际攻击侧面或背面。侧翼进攻可以分为以下两种。一种是地理性的侧翼进攻,即在全国或全世界寻找对手相对薄弱的地区发动攻击。例如,IBM 公司的挑战者就是选择在一些被 IBM 公司忽视的中小城市建立强大的分支机构,获得了顺利的发展。另一种是细分性侧翼进攻,即寻找领先企业尚未为之服务的细分市场,在这些小市场上迅速填空补缺。例如,德国和日本的汽车生产厂商就是通过发掘尚未被美国汽车生产厂商重视的细分市场——节油的小型汽车市场而获得极大发展。

侧翼进攻不是指在两个或更多的企业之间争夺同一市场,而是要在整个市场上更广泛地满足不同的需求。因此,最能体现现代市场营销观念,即"发现需求并且满足它们"。同时,侧翼进攻也是一种最有效和最经济的策略,较正面进攻有更多的成功机会。

③ 包围进攻。即一个全方位、大规模的进攻战略,挑战者拥有优于对手的资源,在确信包围计划的完成足以打垮对手时,可采用这种战略。

④ 迂回进攻。即一种最间接的进攻战略,它避开了对手的现有阵地而迂回进攻。其具体办法有三种:一是发展无关的产品,实行产品多角化;二是以现有产品进入新地区的市场,实行市场多角化;三是发展新技术、新产品,取代现有产品。

⑤ 游击进攻。游击进攻主要适用于规模较小、力量较弱的企业,目的在于通过向对方不同地区市场发动小规模的、间断性的攻击来骚扰对方,最终巩固永久性据点。尽管游击进攻可能比正面包围或侧翼进攻节省开支,但如果想要击败对手,光靠游击战是不可能达到目的的,需要发动更强大的攻势。一个挑战者不可能同时运用所有这些战略,但也很难单靠某一种战略取得成功,因此,需要设计出一套战略组合,通过整体战略来改善自己的市场地位。

3. 市场跟随者战略

市场跟随者与挑战者不同,它不是向市场领导者发动进攻并图谋取而代之,而是跟随在领导者之后自觉地维持共处局面。这种情况在资本密集且产品同质的行业如钢铁、化工等行业中是很普遍的,在这些行业中,产品差异性小,价格敏感度高,随时都有可能发生价格竞争而导致两败俱伤。行业中的企业通常自觉维持现状,不互相争夺客户,不以短期的市场占有率为目标,效法市场领导者向市场提供类似的产品,因而市场占有率相当稳定。

市场跟随者不是被动地单纯追随领导者,而是要找到一条不致引起竞争性报复的发展道路,可供企业选择的市场跟随者战略有以下3种形式。

(1) 紧密跟随战略。即紧密跟随是企业在各个子市场和市场营销组合方面,尽可能仿效领导者。这种战略表面上好像是挑战者,但只要不从根本上侵犯领导者的地位,就不会发生直接冲突。

(2) 距离跟随战略。即企业在主要方面如目标市场、价格水平、分销渠道和产品创新等方面追随领导者,但仍与领导者保持若干差异。这种跟随者可以通过兼并、联合小企业而使自己不断发展壮大。

(3) 选择跟随战略。即企业在某些方面紧跟市场领导者,而在另一些方面又自行其是,不是盲目跟随,而是择优跟随,在跟随的同时还发挥自己的独创性,但不进行直接的竞争。这类跟随者中有些可能发展成为挑战者。

4. 市场利基者战略

几乎每个行业中都有一些小企业,它们专门服务于市场中被大企业忽略的某些细分市场,在这些小市场上通过专业化经营来获取最大限度的收益。这种有利的市场位置就称为利基(Niche),而所谓市场利基者,就是指占据这种位置的企业。

有利的市场位置不仅对小企业有意义,对一些大企业中的较小业务部门也有意义,它们也经常设法寻找一个或多个既安全又有利的利基。一般来说,一个理想利基的主要特征是:第一,有足够的市场潜量和购买力;第二,市场有发展潜力;第三,对主要竞争者不具有吸引力;第四,企业具备有效地为这一市场服务所必需的资源和能力;第五,企业已在顾客中建立起良好的信誉,足以对抗竞争者。

企业获取利基的主要战略是专业化,即必须在市场、消费者、产品或渠道等方面实行专业化。

(1) 按最终用户专业化。即专门致力于为某类最终用户服务。例如,书店可以专门为爱好或研究文学、经济、法律等的读者服务。

(2) 按垂直层次专业化。即专门致力于分销渠道中的某些层面,例如,制铝厂可以专门生产铝锭、铝制品或铝质零部件。

(3) 按顾客规模专业化。即专门为某一种规模的顾客服务。许多利基者专门为大企业忽略的小规模顾客服务。

(4) 按特定顾客专业化。即只对一个或几个主要顾客服务。例如,美国一些企业专门为西尔斯百货公司或通用汽车公司供货。

(5) 按地理区域专业化。即专为国内外某一地区或地点的顾客服务。

(6) 按产品或产品线专业化。即只生产一大类产品,例如,日本的 YKK 公司只生产拉链这一类产品。

(7) 按客户订单专业化。即专门按客户订单生产预订的产品。

(8) 按质量与价格专业化。即选择在市场的底部(低质低价)或顶部(高质高价)开展业务。

(9) 按服务项目专业化。即专门提供一种或几种其他企业没有的服务项目。例如,一家银行专门承办电话贷款业务,并为客户送款上门。

(10) 按分销渠道专业化。即专门服务于某一类分销渠道,例如,生产适于超级市场销售的产品。

市场利基者要承担较大风险,因为利基本身可能会枯竭或受到攻击,因此在选择市场利基时,营销者通常选择两个或两个以上的利基,以确保企业的生存和发展。

3.1.3 市场发展战略

企业发展战略的基本内容是市场发展战略,是以扩大市场范围,增加市场销量,提高市场覆盖率和占有率,加强企业市场地位为重点的长期战略。

1. 市场发展范围战略

市场发展范围战略是指企业是选择在原市场范围内发展还是在新市场范围内发展的战略。所谓原市场,是指现有的、正在被满足的市场,包括本企业占有的市场和其他企业占有的市场。所谓新市场,是指未被企业开发过的,或已开发但未被满足、未被任何一家企业占有的市场。

市场范围一般包括产品种类、顾客类别、销售地域和场所。企业扩大市场范围的方式有两种:一是在原有市场上拓展,争夺其他企业的市场;二是在新市场上发展,占领未开发的市场。对企业来说,在新市场上发展更有利,特别是在原有市场发展潜力有限或者企业在原有市场上缺乏竞争优势的情况下。

2. 市场发展方向战略

市场发展方向包括正向发展(正增长)、反向发展(负增长)和不发展(零增长),其中,正向发展是主要的、根本的选择。企业根据自身具体情况对这三种市场发展战略可以灵活选择和运用。例如,在生产的不同时期交替使用,在同一时期不同领域、不同战略经营单位混合使用。

(1) 市场正增长。也称企业成长战略,是一种通过扩大企业生产规模来扩大市场的战略。企业成长战略可分为开拓型和赶超型两种形式,开拓型是指先进企业以自身为对手,不断创新、超越自我、开拓市场;赶超型是指相对落后的企业通过基准化管理,向先进企业看齐,逐步缩小差距,争取超越竞争对手,提高企业的市场地位。

(2) 市场负增长。也称企业紧缩战略,是一种通过缩小企业生产经营规模从而缩小市场的战略,是企业在出现严重不利情况且短期内无法扭转时不得已而采用的战略。通过资产重组、抽回资金、出售和出租部分资产、企业分立等途径,把企业有限的资源集中起来克服困难,为企业今后的发展准备条件。

(3) 市场零增长。也称企业稳定战略,是一种保持企业生产经营规模基本不变从而巩固市场的战略。它适用于市场环境和经营状况良好,但其发展受到限制的企业,是短期休整过渡性质的战略。

3. 市场发展方式战略

市场发展方式战略是指企业选择用什么方式使市场扩展和企业发展的战略,可分为内部发展战略和外部发展战略。内部发展战略是利用企业内部资源和力量来发展企业的战略。外部发展战略是利用企业外部资源和力量,与其他企业联合谋求发展的战略。外部发展战略与内部发展战略相比,虽然管理难度大、风险大,但发展速度快、发展范围广,已经越来越受企业的重视。市场发展方式战略还可分为集约化发展、一体化发展和多角化发展战略。

(1) 集约化发展战略。集约化发展战略属于内部发展战略,即企业在原生产经营领域内,集中力量挖掘市场潜力、改进产品、扩展市场,主要有市场渗透、市场开发、产品开发3种形式。

① 市场渗透。即设法使老顾客增加购买数量和购买频率,吸引竞争者的顾客购买和刺激潜在顾客购买,这是一种比较保守的发展方式。

② 市场开发。即将企业的产品推广到新地区,将现有产品推销给新顾客,推广到新的目标市场,例如,将牛仔服装从青年男装扩大到女装、童装、中老年装等。这种方式往往需要做大量的市场调研工作,分销和促销的费用较大。

③ 产品开发。即通过增加产品的品种、规格、款式、功能和用途,提高质量、改进包装来吸引和满足顾客的需求。它适用于已饱和、产品已老化的现有市场,以延长产品生命周期,但新产品会挤占现有产品的市场,研发费用和促销费用大,因而风险比较大。

(2) 一体化发展战略。在竞争激烈的市场上,企业为了生存和发展而寻求各种形式的联合是必然趋势。企业的联合形式主要有合并、兼并和并购。

合并是指两个或两个以上的企业同时解散,组成一个新企业。其特点是进入市场慢、风险大,但企业可以脱离旧体制的束缚,有利于积累市场营销经验。兼并是指一个企业(兼并方)从法律人格上吞并、吸收目标企业(被兼并方)。并购是指一个企业(并购方)通过收购或受让目标企业(被并购方)的全部或部分股份,或者通过换股取得对目标企业资产和管理的有效控制权,被接管的企业可以被解散,也可以作为并购方的子公司存续。

企业合并后是形成单一产品企业、相关产品企业、主导产品企业还是不相关产品企业,与合并方式有关。一体化发展主要包括水平一体化、后向一体化和前向一体化3种形式。

① 水平一体化是指一家企业接管或兼并它的竞争对手,收购、兼并和重组同行业内相类似的企业。例如,一家企业通过接管或兼并其竞争对手,或者与同类企业合资经营寻求增长的机会。这种方式可以扩大产品和服务市场,提高规模经济效益,风险较小。

② 后向一体化是指企业通过自办、联营或兼并等形式,对其供给来源取得控制权或所有权,实现供产一体化。例如,一家钢铁厂过去一直向供应商购买铁矿石,现在自办矿山,自行开采。其主要作用是企业能够拥有和控制供应系统,提高企业的应变能力。

③ 前向一体化,即企业通过一定形式对其产品的加工或销售单位取得控制权或拥有权,以拥有和控制分销系统,实现产销一体化。例如,原来只生产原油的公司也开办炼油厂。

(3) 多角化发展战略。也称多样化或多元化,属于开拓发展型战略,就是打破行业界限,新增与现有业务有一定联系或者毫无联系的业务,进入新的经营领域,实行跨行业经营。当企业所属行业发展潜力有限,而其他行业有很好的发展机会时,可采用这种战略。

① 同心多元化。即以现有的技术、市场上的优势、特长和经验为"圆心"向外扩展经营业务,生产多种产品,充实产品的系列结构,例如,计算机制造商开发生产手机产品,由生产性电子产品向消费性电子产品发展。同心多元化的发展有利于发挥企业原有的技术优势,风险较小、容易成功。

② 横向多元化。即针对现有市场和现有顾客,开发与企业现有产品在技术上不同的新产品。例如,生产健身器材的厂商,增加生产保健药品的业务。实行横向多元化发展,企业面对的还是原有的顾客,市场开拓较为容易,但企业将进入一个全新的经营领域,因此风险较大。

③ 综合多元化。即企业开发与现有业务、技术和市场无关的新业务或新产品,把经营范围拓展到多个行业。例如,一个加工企业同时涉足金融业、房地产业、旅游业等新业务。综合多元化发展的风险最大,一般只有实力雄厚的大企业方可采用。

一般来说,企业在选择上述发展战略时,首先,从集约性发展战略入手;其次,尝试一体化发展战略;最后,才选择多元化发展战略。

3.1.4 反倾销战略

企业开展营销活动应密切注意市场营销环境的变化,密切关注国外企业的倾销行为,不断提高企业对倾销行为认定和倾销后果认识的水平,强化对反倾销法规的操作水平,避免由于国外企业的倾销行为给企业造成不必要的损失。

1. 倾销与反倾销概述。

倾销是国外企业的同一产品在国际市场出售的价格,低于在我国国内市场出售的价格,即进出口国市场之间的价格存在差异。倾销的目的是以掠夺性的价格打击我国国内的竞争对手,垄断国内市场,进而采用垄断价格攫取高额利润。反倾销则是我国企业针对国外产品对国内同业市场造成的损害、损害可能或威胁而采取的提高关税或增加附加关税的自我保护措施。

(1) 倾销的含义。倾销,是指国外企业的产品以低于正常价值的价格进入我国市场而使得我国国内有竞争能力的产业受到损害的行为。所谓正常价格,是指同类产品在通常贸易过程中等于出口国家市场销售的价格,如无此项国内价格,则改以输至第三国的同类产品出口价格,或该项产品在产地的生产成本,另加合理销售费用和利润来确认正常价格。出口国市场销售价格即正常价格与出口销售价格的差额就是倾销差额,如果产品的出口价格低于正常价格,就会被认为存在倾销。所以,确定倾销必须经过三个步骤:确定出口价格、确定正常价格、对出口价格和正常价格进行比较。

在市场营销中,认定国外企业倾销行为的构成要件包括三个方面:产品以低于正常价值或公平价值的价格销售;这种低价销售的行为给我国国内产业造成损害,包括实质性损害、实质性威胁和实质性阻碍;损害是由低价销售造成的,二者之间存在因果关系。

倾销的基本特征是:第一,倾销是一种人为的低价销售措施,即倾销由出口商根据不同的市场,以低于有关商品在出口国的市场价格对同一商品进行差价销售;第二,倾销的动机和目的的多样性,即倾销的动机和目的是多种多样的,有时倾销是为了销售过剩产品,有时倾销是为了争夺我国国内市场,扩大出口;第三,倾销是一种不公平竞争行为,即在出口国政府奖励出口的政策下,倾销企业为了获得政府出口补贴,往往以低廉价格销售产品;同时,将产品以倾销的价格在我国国内市场销售,从而获得市场竞争优势,进而挤垮竞争对手,再提高价格以获取垄断高额利润;第四,倾销结果的毁坏性,即倾销的结果往往会给国内生产者的利益造成巨大损害,特别是掠夺性倾销会扰乱我国的市场经济秩序,对我国的经济改革和经济发展造成损害。

(2)反倾销的含义。反倾销立法始于欧美发达国家。国际反倾销的法律定义,在《关税与贸易总协定》第六条中做出最为权威的界定,即将一国产品以低于正常价值的方法进入另一国市场内,如因此对某一缔约国领土内已建立的某项工业造成实质性损害,或者产生实质性威胁,或者对某一国内产业的兴建产生严重阻碍。这种倾销应当受到谴责。也就是说,倾销事实的存在、倾销对进口国内某一产业造成实质性损害、造成的损害与倾销之间存在着因果关系是构成反倾销措施的必备条件。

反倾销是指进口国反倾销调查当局根据受到损害的国内工业的申诉,按照一定的法律程序对以低于正常价值的价格在国内进行销售的、并对国内生产相似产品的产业造成法定损害的外国产品,进行立案、调查和处理的过程及采取的措施。

(3)与倾销有关的几个概念。为了正确理解倾销与反倾销的基本内涵,必须深入研究实质性阻碍、实质性损害、实质性损害威胁等相关概念。

① 实质性阻碍。所谓实质性阻碍,是指国外进口的倾销产品虽未对进口国相同产业造成实质性损害或产生实质性损害威胁,却严重阻碍了其国内生产同类产品产业的建立。实质性阻碍的对象应该是一国国内正在建立或尚未建立的产业,实质性阻碍有两个重要特征:一是受阻碍产业是尚未建立的产业;二是受阻碍的国内产业是正在建立中的新产业。新产业是指进口方国内已在初步建立和形成之中的产业,并已有个别企业可以批量生产并且能够赢利。

② 实质性损害。是一个非常宽泛的概念,损害程度必须达到一定的程度,才是实质性的或重要的损害。根据1994年的《反倾销协议》和各国法律规定,实质性损害的裁定可根据倾销进口产品的数量、倾销进口产品对国内市场同类产品价格的影响、倾销进口产品对生产同类产品的国内生产商的影响等三个方面的因素进行审查。在《中华人民共和国反倾销条例》(以下简称《反倾销条例》)中,除上述三个因素外,还要求调查出口国和原产国的生产、出口、库存能力,以及造成国内产业损害的其他因素。

◆ 倾销产品的数量。进口产品数量分为绝对数量和相对数量。当进口产品的绝对数量很少时,不可能对进口国产业造成损害;只有在进口的绝对数量、相对于进口国国内的生产量和消费量较大时,倾销才有可能造成损害。我国的《反倾销条例》将倾销进口产品大量增加的可能性列为其中的因素之一。在我国市场消费量大幅增加的情况下,国内同类产品的产量和销售量没有相应增长,成为本案中认定损害存在的一个重要依据。

◆ 倾销产品的价格。倾销产品的价格和进口国同类产品的价格及其变化是衡量该产业状况的重要指标。1994年的《反倾销协议》中关于价格调查的规定是:调查当局应当考虑与进口国同类产品的价格相比,倾销进口产品是否存在明显的削价销售,或者进口产品是否严重抑制了进口国同类产品的价格或者在很大程度上阻碍了产品价格的提高。可见,价格的调查必须在进口倾销产品和国内产品二者比较的基础上进行,一方面表现在进口产品自身的价格削减;另一方面表现在对国内产品的价格抑制或提价的阻碍,例如,在我国对国外新闻纸的反倾销案中,倾销产品削价严重阻碍了国内产品本应出现的价格上升趋势。在调查中发现,调查期间国内新闻纸的需求保持稳定增长的趋势。由于美国、加拿大、韩国向中国倾销新闻纸,国内产品迫于竞争压力而降价,价格大幅下滑。国外企业低价倾销产品,不断挤占国内市场份额,大量出口使出口商获得进一步降价的空间,迫使国内产业面对大量进口产品不得不降价销售。

◆ 对国内产业的影响。倾销对于进口方国内产业的影响包括许多方面,调查当局只有在全面调查所有或几乎所有这些方面后才能客观评估国内产业所遭受的损害情况。《反倾销协议》规定:对倾销进口产品对有关国内产业影响的审查包括与国内产业现状有关的所有经济因素和指标,包括销售、利润、产量、市场份额、生产能力、投资回报或生产能力的利用等方面实际或潜在的下降;影响国内产业产品价格的有关因素;倾销幅度的大小;对现金流量、库存、就业、工资、增长率、筹资能力或投资的实际及潜在的负面影响。由于这种评估的复杂性,调查当局对国内产业影响的调查具有更大的主观任意性。在众多的调查因素中,利润和市场占有率是两项具有突出重要性的指标。利润和市场占有率的降低直接反映了倾销的损害事实,几乎不需要其他因素的辅证。

◆ 技术性倾销。是一种进口产品并非以在进口国市场竞争所需的价格进行销售的交易。造成这种状况有如下几种原因。

■ 低于合理价值销售是由于国内价格竞争而非由进口产品低于国内产品价格销售而故意引发的。例如,我国彩电行业在国内市场上以不断降价的方式进行竞争,一个外国厂商以低于其本国的价格但与我国厂商的低价相仿的价格销售彩电,可以被认为是技术性倾销。

■ 低于合理价值销售是由于向进口国的大数额购买商提供折扣所造成的。技术性倾销调查的目的不在于强制出口商以其在本国市场销售的价格在我国市场销售,法律关心的是在我国市场以低于国内产品的价格销售的倾销幅度对我国国内产业所造成的损害。

③ 实质性损害威胁。是指在反倾销调查时,倾销产品虽未对进口国国内产业造成实质性损害,但已受到一种可以预见的威胁,若允许倾销产品任意进口,则实质性损害的发生将是不可避免的。例如,被指控国家或企业有大量在途产品、拥有巨大的生产该同类产品的能力或大量闲置设备、出口国计划继续扩大同类产品对进口国的出口、进口国仓库积压大量产品或库存大量增加、出口商在进口国建立了一系列推销网点、出口商在进口国市场份额急剧增长、筹措资金能力剧增等因素都可能成为进口国反倾销调查当局认定造成实质性损害威胁的证据。

损害威胁比实质性损害的概念宽泛,因此,确定实质性损害威胁比确定实质性损害应有更为严格的标准。《反倾销协议》规定:实质性损害威胁的确定应依据事实,而不是仅仅依据宣称、猜测或者遥远的可能性。某种倾销将会导致出现损害情况的变化必须是明确地被预见到的,并且是迫切的。《反倾销协议》规定调查当局要考虑如下因素来确定损害的威胁:倾销进口产品以极快的增长速度进入进口国国内市场,表明进口实质增加的可能性;出口商可充分自由使用的或即将实质增加的出口能力,表明倾销出口产品进入进口国市场实质增加的可能性,同时要考虑吸收任何额外其他出口国产品的可能性;进口产品是否将对国内价格产生大幅度抑制或较大影响的低价格进入,是否会造成对更多进口产品的需求;被调查产品的库存情况等。

④ 因果关系的认定。倾销和损害之间存在因果关系,是进口国调查当局采取反倾销法律措施的第三个必备条件。《反倾销协议》规定:必须证明损害是由倾销进口造成的。对倾销和损害之间因果关系的证明应建立在分析所有有关证据的基础上。在各国的反倾销调查中,因果关系的调查和认定总是和损害调查同步进行,因果关系也被认为是损害调查内容的一部分,各国的反倾销裁定也习惯于把因果关系的认定写在损害调查结果部分。

◆ 因果关系认定需要考虑的因素。认定倾销与损害之间存在因果关系时,调查机关考虑的因素主要有以下五项:倾销产品的进口数量;倾销产品的价格及其对进口国同类产品价格的影响;倾销对进口国产业的影响;倾销进口与损害发生是否在时间上保持一致或有相继性;倾销幅度的大小。一般来讲,倾销产品进口数量大量增加,一定会对价格产生不利影响,进而损害进口国的产业。倾销与损害发生的时间上的一致或相继性,是要求倾销调查期间和损害期间必须一致。

◆ 因果关系的程度。从反倾销法发展的历史看,因果关系的程度可以分为两种类型:一是要求倾销必须是导致损害的主要原因;二是只要倾销是导致损害的原因之一,即可征收反倾销税。在当今世界各国逐渐加强对国内产业保护的趋势下,第二种类型的标准成为绝大部分国家通行的标准。《反倾销协议》规定:必须证明,倾销进口的产品正在造成损害。与此同时,也可能存在损害产业的其他因素。也就是说,只要损害可以部分地归因于倾销,即使不是重要的原因,也可以认为因果关系存在。

◆ 因果关系的真实性。为了保证公正、适当和非歧视性地实施反倾销措施,《反倾销协议》规定:对因果关系的证明必须建立在对所有已知因素进行审查的基础上进行,对于倾销进口产品以外的任何已知因素对国内产业造成的损害都不应归因于倾销进口产品,以保证倾销和损害之间因果关系的真实性。在我国已经做出反倾销裁决的案件中,考虑到的其他因素还有不可抗力、企业的生产经营、反倾销初裁后国内市场的变化等。

⑤ 国内产业。是指进口国的特定产业而不是所有产业或任何产业。所谓特定产业,是指受到进口反倾销产品损害的生产相同产品的产业。在《反倾销协议》中规定,国内产业是指生产同类产品的国内生产商的总体;产品生产总量占其国内大部分总产量的生产商总体;以上生产商与出口商或进口商有关系时,或者当他们就是受指控倾销产品的进口商时,进口国产业应解释为除此之外的其他生产商。

⑥ 第三国可比价格。也称替代国相同或类似产品价格，是指与某一反倾销案件当事双方无关的第三国的产品价格。这一产品与被反倾销产品相同或者类似，当认为出口国企业的产品因受到如管制和补贴等各种因素的干扰和扭曲，不能真正反映为市场决定的价格时，一般都选一个认为与出口国经济发展水平相类似的国家作为替代国，用该国的相同或类似产品的价格作为参照价格。这是一种不合理的、有一定歧视性的做法，由于各国的整体经济发展水平存在很大差异，开放程度不尽相同，从第三国取得的资料存在着不可信性，因此，用一个国家的国内价格来推算另一个国家的正常价值是极不准确的。

⑦ 同类产品。是指完全相同的产品即同样产品，或与同样产品相似的产品，即相似产品或类似产品。确定同类产品应考虑的因素主要有产品外观特征、性质、用途、技术特点及相互竞争性和产品可交换性等，或者主要从产品所使用的原材料和辅料、产品制造和加工工艺、产品的外观设计、产品使用性能、产品的可替代性、产品的销售条件以及消费者对产品的认同性等方面进行确定。如果进口国有关产品的性能指标与进口产品不完全一致，但特征相似或非常相似，则为相似产品。

2. 我国对进口产品反倾销调查的程序

为了维护企业的合法权益，保证公平和公正的市场竞争秩序，保护国内相关产业的发展及新兴产业的建立，《反倾销条例》规定了我国对进口产品进行反倾销调查的基本程序，企业必须学会用法律的武器维护自己在国内市场上的合法利益。

我国政府的反倾销机构及其主要职责是：商务部负责倾销裁定和产业损害调查；中华人民共和国海关总署负责执行临时措施和最终裁定；国务院关税税则委员会负责确定最终反倾销税。其运作方式是企业作为主要发起人，各行业协会作为中介组织协调会员企业之间、企业与政府之间、企业与诉讼代理人之间的关系。

(1) 确认倾销事实。国内企业应收集大量的市场情报资料，根据倾销构成要件判断进口产品是否构成对我国市场的倾销行为。在此基础上，应调查确认进口产品的价格是否属于低价倾销，并确定其倾销幅度，同时进行损害调查和判定。如果国内企业认定进口产品构成倾销行为，则可以向商务部申请进行反倾销调查。

(2) 申请反倾销调查。国内产业或者代表国内产业的自然人、法人或者有关组织，都可以向商务部提出反倾销调查的书面申请。申请书一般包括申请人的名称、地址及相关情况；对申请调查的进口产品的完整说明，包括产品名称、所涉及的出口国(地区)或原产国(地区)、已知的出口经营者或生产者、产品在出口国(地区)或原产国(地区)国内市场消费的价格信息、出口价格信息等；对国内同类产品生产的数量和价值说明；申请调查进口产品的数量和价格对国内产业的影响以及申请人认为需要说明的其他内容。申请书应附具申请调查的进口产品存在倾销、对国内产业的损害、倾销与损害之间存在因果关系的证据。

(3) 证据审查。商务部对所提交资料和证据进行审查，在收到申请人提交的申请书及证据之日起60日内决定是否立案调查。在决定立案调查前，应当通知有关出口国(地区)政府。在表示支持申请或反对申请的国内产业中，支持者的产量占支持者和反对者总产量的50%以上，就应认定申请是由国内产业或代表国内产业提出，可以启动反倾销调查。但是,如果表示支持申请的国内生产者的产量不足国内同类产品总产量的25%,则不得启动反倾销调查。同时还规定,商务部没有收到反倾销调查的书面申请,但有充分证据认为存在倾销和损害及二者之间有因果关系,也可以立案调查。可见,国内企业必须充分认识到进口产品倾销行为的危害性,统一思想、统一行动,才能共同维护自己的商业利益。

（4）反倾销立案。商务部确定反倾销立案后应进行公告,并通知申请人、已知的出口经营者和进口经营者、出口国(地区)政府及其他利害关系的组织和个人。立案调查的决定一经公告,商务部应将申请书文本提供给已知的出口经营者和出口国(地区)政府,并告之国外出口商和生产商公告后的应诉期限(一般不超过30日)。

（5）反倾销调查。商务部会同海关总署对进口产品的倾销及倾销幅度进行调查,并会同国务院有关部门对倾销进口产品给我国产业造成的损害及损害程度进行调查。调查机关可以采用问卷、抽样、听证会、现场核查等方式向利害关系方了解情况、进行调查。调查机关进行调查时,为有关利害关系方提供陈述意见和论据的机会,有关利害关系方应如实反映情况,提供有关资料。如果有必要,调查机关可派工作人员赴有关国家(地区)进行调查。

（6）初裁决定。商务部根据反倾销调查的结果,分别就倾销、损害做出初裁决定,并就二者之间的因果关系是否成立做出初裁决定并予以公告。初裁一般在立案60日后做出。初裁确定倾销、损害及二者之间的因果关系成立的,商务部应对倾销及倾销幅度、损害及损害程度继续进行调查。反倾销调查应在立案调查公告之日起12个月内结束,特殊情况下可以延长,但延长期不得超过6个月。有下列情形之一的,应终止反倾销调查,由商务部予以公告。

① 申请人撤销申请的。
② 没有足够证据证明存在倾销、损害或二者之间有因果关系的。
③ 倾销幅度低于2%的。
④ 倾销进口产品实际或潜在的进口量或损害属于可忽略不计的。
⑤ 商务部认为不适宜继续进行反倾销调查的。

（7）临时反倾销措施。初裁确定倾销成立,并对国内产业造成损害的,可采取临时性征税或提供现金保证、保函及其他形式的担保措施。临时反倾销措施实施的期限,自临时反倾销措施决定公告规定实施之日,不超过4个月;在特殊情况下,可以延长至9个月。倾销进口产品的出口经营者在反倾销调查期间,可以向商务部做出改变价格或停止以倾销价格出口的价格承诺;商务部也可以向出口经营者提出价格承诺的建议。如果商务部认为出口经营者做出的价格承诺能够接受,则可决定中止或终止反倾销调查,不采取临时反倾销措施或征收反倾销税。

（8）反倾销核查。初裁后,中止或终止反倾销调查的应诉企业可向商务部提交其履行其价格承诺的有关情况、资料,或同时递交进行实地核查以及召开听证会的申请,或商务部认为有必要对倾销和损害进行调查和核实。调查结果显示出口经营者违反其价格承诺的,可以立即决定恢复反倾销调查,并可采取临时反倾销措施,同时可以对实施临时反倾销措施前90日内进口的产品追溯征收反倾销税。

(9) 反倾销终裁。经初裁后的进一步核实,最终由商务部裁定是否倾销。终裁决定确定倾销成立,并对国内产业造成损害的,由商务部提出征收反倾销税建议,国务院关税税则委员会做出征收反倾销税的决定,海关总署实施征收。

反倾销税是指进口国反倾销调查当局对以低于正常价值的价格在其国内进行销售的,并对国内生产相似产品的产业造成法定损害的外国产品,在正常的海关关税和费用之外的一种关税或附加关税。按照《反倾销协议》要求,反倾销税的税额应小于或等于倾销幅度或倾销差额,即出口价格低于正常价值的额度。

(10) 司法复审。商务部在正当理由情况下,可以决定对继续征收反倾销税的必要性进行复审。反倾销税的征收期限和价格承诺的履行期限不超过 5 年,但经复审确定终止征收反倾销有可能导致倾销和损害的继续或再度发生的,反倾销税的征收期限可以适当延长。复审期限自决定复审开始起,不超过 12 个月。

3. 企业的反倾销战略

在全球市场一体化的今天,国内某些不具备比较优势的产业和一些刚刚建立还处于幼稚期的产业,极易被国外进口产品以抢占市场为目的的倾销和补贴行为冲击或挤垮。为此,国内行业、企业必须勇敢面对进口产品的倾销行为,果断地采取反倾销措施,保护自己的权益。

(1) 树立和强化企业的维权意识。反倾销是国际通用的制止不正当竞争、规范国际贸易秩序、保护国内产业安全的重要手段,但有些企业在自身产品市场受到损害时,认为其产品在市场上所占的比重不大,不给予足够的重视;也有少数企业目光短浅,不愿承担高额诉讼费用而放弃起诉的权利;更有一些企业存在观望和搭车的想法,期待着其他企业起诉,成功后坐享其成。因此,强化企业维权意识、树立企业的全局观念十分迫切,我国企业必须摒弃消极和等待的观念,拿起反倾销的武器,维护自身的利益。

(2) 建立高效的反倾销预警系统。企业要制定长远发展的营销战略,未雨绸缪,建立产业损害预警机制,及时发现和判定进口产品的倾销行为,第一时间向国家有关机构进行申诉,避免国内产业和企业重大损害的发生。由于进口产品倾销对国内产业的损害是非常隐蔽的,而且是动态变化的,如果我国企业在由于外国产品的倾销而难以为继时,再提出反倾销申诉就为时已晚,可能有的申诉企业在反倾销调查期间就会破产倒闭。因此,国家、行业协会和企业应建立相应的反倾销预警系统,便于申诉企业利用反倾销制度及时采取行动保护国内产业、保护自己。目前,国内已经启动了重点行业进出口监测系统,例如,已在汽车行业建立了产业损害预警机制,每月发布监测报告。其他行业(如钢材和化肥等)产业损害预警机制也正逐渐启动。

(3) 构建协会、商会等行业组织。企业在反倾销过程中,除了依靠政府层次的相关机构外,还应建立相应的行业协会、商会组织,行业协会和商会组织是政府和企业的桥梁,在协调企业之间的利益和相互关系,以及在市场、数据统计、行业信息、就业信息等方面能为会员企业提供专业化的服务。在今后的企业反倾销起诉中,行业协会和商会组织应发挥更大的作用,形成企业和行业协会共同维护国内市场上企业和行业利益的局面。

(4) 增强企业的反倾销工作职能。企业尤其是相关的大中型企业应成立企业反倾销机构或组织,强化企业反倾销工作的能力。反倾销机构的主要职能是密切关注国外同类产品在国内外市场上的营销状况,防范自身利益受到倾销的损害。反倾销机构的人员要力求精干,选拔精通生产、销售、财务、技术开发等各环节业务知识,熟悉国内外贸易法律知识的员工,在遇到倾销起诉案件时,企业内部可以迅速组织成立一个熟悉案情、反应敏捷、办事效率高的诉讼组。同时,加强对企业反倾销工作人员的培训,主要包括反倾销、反补贴法律法规以及相关的业务知识。最后,应加强企业财务管理制度,为反倾销起诉提供确凿的财务数据。当某种产品市场受到国外倾销产品的冲击时,企业或行业组织要及时提起诉讼,促使国内反倾销机构迅速立案,以缓解国内产品市场的恶性竞争,为国内企业的市场营销活动创造较为宽松的环境。

（5）加强对市场的全面分析。企业在反倾销起诉前要对国内外市场进行深入、细致的分析和研究,既要分析国际市场同类产品的生产、需求、价格等情况,也要分析国内同类企业产品的生产经营情况,详尽分析国外产品的倾销事实。同时,要注意对所有进口国产品进行分析,不仅包括被起诉产品的倾销国,也要分析未被起诉的其他进口商在国内市场的营销活动,还要对企业自身和国内产业的产能、扩张速度、竞争实力进行全面评价,做到心中有数,起诉时要言之有据。

（6）注重倾销规避行为研究。在反倾销工作中跨国营销集团经常采用一些规避行为,企业应认真研究并加以防范。其规避行为主要有以下两个方面。

① 倾销方在第三国或地区创建分支机构,迂回出口。跨国营销企业在遭遇到目标市场国反倾销阻击的情况下,往往会改变方式,通过收购、兼并或在第三国建立新的企业,以新企业、新产品的形式向目标市场国继续实施倾销。

② 改变产品结构,实施产品替代战略。当一种产品在目标市场国遭到反倾销调查时,跨国营销企业会迅速更新产品种类,用替代产品继续向贸易对象国倾销。企业和行业协会等组织应密切跟踪调查国外倾销企业的规避行为,注意反倾销与反规避两种方式联合运作,做好反倾销工作。

在国际范围内,反倾销已成为世贸组织所允许的一种各个国家都运用的、合法的贸易和产业保护手段。我国对外反倾销工作起步较晚,但发展很快,已初步建立了对外反倾销的法律法规体系。1994年7月1日开始实施的《中华人民共和国对外贸易法》在第30条中规定了中国的反倾销原则;1997年3月国务院将此项原则规定细化,制定和颁布了《中华人民共和国反倾销和反补贴条例》。为适应对外反倾销工作的新变化,自2001年11月起我国政府相继颁布了《中华人民共和国反倾销条例》《中华人民共和国反补贴条例》《中华人民共和国保障措施条例》《反倾销产业损害调查规定》《反补贴产业损害调查规定》和《保障措施产业损害调查规定》等一系列法规文件。企业应深入研究我国政府颁布施行的各种反倾销法规和条例,熟悉我国政府对进口产品反倾销调查的程序和涉及的政府相关机构,准确地判定进口产品是否存在倾销行为,运用法律的武器维护企业利益、产业和国家的整体利益。

3.1.5 反补贴战略

为了扩大出口,世界各国(地区)纷纷对出口实行补贴,而进口国家为了保护本国市场和产业的发展,也加紧了反补贴措施的实施加以应对。加入世界贸易组织(WTO)以来中国市场的开放程度越来越高,市场竞争也越来越激烈,为保护本国产业和行业企业利益,国内企业必须关注和重视反补贴工作。

1. 补贴行为的确认

了解补贴的含义与范围才能更准确地确认国外进口产品的补贴行为,适时地采取反补贴措施,维护企业在国内市场上的正当权益。

(1) 补贴的含义。几经修正的世界贸易组织《补贴与反补贴措施协议》首次明确规定了补贴的定义:位于某一成员方境内的政府或任何公共机构提供的财政资助,即:① 涉及资金直接转移的政府行为(如拨款、贷款、投股),资金或债务的潜在直接转移(如贷款担保);② 政府收入的豁免或不予课征(如税收减免之类的财政鼓励);③ 政府提供货物或一般基础设施以外的服务或购买货物;④ 政府向基金组织支付款项、委托或指示私人机构,令其行使上述①项至③项所列举的一种或多种通常授权政府行使的、并与通常由政府从事的行为没有实质性区别的职能。或者,1994 年《关税及贸易总协定》第 16 条所指的任何形式的收入支持或价格支持,即以直接或间接增加从它的领土输出某种产品或减少向它的领土输入某种产品的任何形式的支持,以及由此而授予的优惠。总之,补贴就是指一国政府或者任何公共机构向本国的生产者或者出口经营者提供的资金或财政上的优惠措施,包括现金补贴或者其他政策优惠待遇,使其产品在国际市场上比未享受补贴的同类产品处于有利的竞争地位。其中,向国内出口商提供的以支持其扩大出口的补贴称为出口补贴,向国内出口商品生产者提供的以提高其增值性产品的生产和出口能力的补贴,称为国内补贴或生产补贴。

(2) 补贴的分类。归纳起来,补贴有两种形式:一种是政府或任何公共机构提供的财政资助,另一种是任何形式的收入支持或价格支持以及由此而授予的某种优惠。《补贴与反补贴措施协议》将补贴分为禁止性补贴、可起诉性补贴和不可诉补贴三类。

① 禁止性补贴。是指成员方不得授予或维持的补贴,通常被称为"红色补贴"。禁止性补贴又可分为出口补贴和进口替代补贴两种类型。

A. 出口补贴。是指在法律上或事实上根据出口业绩而提供的补贴。为便于执行,协议明确列出了出口补贴清单,其中包括以下几条。

◆ 政府按出口实绩对企业或产业实行直接补贴。

◆ 外汇留成制度或其他类似的出口奖励措施。

◆ 政府提供或授权的使出口商品在国内享有更优惠的交通运输费用。

◆ 政府或其代理机构直接或间接地通过计划方式对出口产品的生产提供该生产所需的进口或国产产品或服务;同时,这些条件比该国出口商通过商业上通用的从世界市场取得的条件更优惠。

◆ 对出口直接税、工业或商业企业已支付或应支付的社会福利费的全部或部分豁免、退税或缓缴优惠。

◆ 以直接税为基础而计的,与出口或出口实绩直接相关的特殊税收减让。

◆ 出口退税超过已征收的金额。

◆ 在前阶段累计间接税方面,给予用于出口产品生产的商品或服务的税收豁免、退税或缓缴,其优惠程度超过了给予国内消费的同类产品的生产中使用的商品或服务。

◆ 进料加工时,退还的进口税超过原材料、零配件等在进口时已交纳的进口税额。

◆ 由政府(或政府控制的特殊机构)优惠提供的出口信贷担保或保险项目。

◆ 政府(或由政府控制的特殊机构)提供的出口信贷,其利率低于对使用该项基金实际应付的水平。

◆ 其他构成出口补贴的公共支付。

B. 进口替代补贴。是指政府给予以国产产品替代进口产品的国内使用者或替代产品的生产者的补贴。补贴的形式和给予进口替代产业和企业以优惠贷款、优先提供商品或服务、外汇留成和使用条件优惠、减免或抵扣应纳税额等。进口替代补贴减少了进口及外汇支出,发展了国内产业,在客观上阻碍了外国产品进入本国市场。

② 可起诉性补贴。是指对国际贸易造成一定程度的不利影响,可被诉诸 WTO 争端解决机制,或通过征收反补贴税而予以抵消的补贴。通常被称为"黄色补贴"。根据《补贴与反补贴措施协议》规定,补贴必须对其他成员方的利益造成下列任何一项不利影响才能采取反补贴措施:

◆ 对另一成员方的国内产业造成损害。

◆ 使其他成员根据1994年《关税及贸易总协定》直接或间接产生的利益归于无效或受到损害,特别是根据1994年《关税及贸易总协定》第2条项下的约束性关税减让而产生的利益。

◆ 对其他成员方的利益造成严重影响。

对于"黄色补贴",提出起诉的成员方需证明该补贴对其利益产生的不良影响。否则,该补贴被认为是允许使用的。

③ 不可诉补贴。是指不具有专向性的补贴,或虽具有专向性的补贴但符合《补贴与反补贴措施协议》中的一切条件的补贴。所谓专向性补贴,是指成员方当局向辖区内特定企业、产业或企业集团、产业集团提供的补贴。《补贴与反补贴措施协议》第2条规定了判断专向性是否存在的原则和需要考虑的其他因素。专向性补贴是《补贴与反补贴措施协议》规则约束的对象。

◆ 对企业或高等院校、科研机构在与企业合同基础上进行研究的资助。

◆ 在成员方的领土范围内根据地区发展总体规划并且非专向性对落后地区提供的资助。

◆ 改造现有设备,使之适应由法律所提出的新环境要求而提供的资助。不可起诉的补贴通常被称为绿色补贴,对于这类补贴,WTO 成员方不得提出申诉或采取反补贴措施。

(3) 确定补贴行为。确定某国外进口商是否存在其政府的补贴行为,关键是确认国内相同产品的产业是否因补贴受到损害。

① 损害的依据。确认国内相同产品的产业因进口产品享受补贴而受到损害的依据有两个:一是受补贴产品的进口量及补贴产品对国内相同产品的价格影响;二是受

补贴产品进口对国内同类产品的生产者的后续冲击。

在衡量受补贴产品的进口量时,要考虑按绝对量或与在进口成员方的生产或消费相比,一直有重大的增长;在受补贴进口产品对价格的影响方面,要考虑与国产同类产品相比,它是否有重大的削价,或大幅度地压低价格或阻止价格提高。

测定受补贴产品对进口成员方国内产业的影响应综合考虑的因素有生产、销售、市场份额、利润、生产率、投资收益、资本利用率的现实和潜在的下降;影响国内价格的要素;对资金流动、库存、就业、工业、增长;集资和投资能力的现实和潜在的副作用;在农业中,是否由此增加了政府支持计划的负担等。

② 实质性损害威胁的认定。《中华人民共和国反补贴条例》(以下简称《反补贴条例》)规定,在确定补贴对国内产业造成的损害时,应当审查下列事项。

◆ 补贴可能对贸易造成的影响。

◆ 补贴进口产品的数量,包括补贴进口产品的绝对数量或者相对于国内同类产品生产或者消费的数量是否大量增加,或者补贴进口产品大量增加的可能性。

◆ 补贴进口产品的价格,包括补贴进口产品的价格削减或者对国内同类产品的价格产生大幅度抑制、压低等影响。

◆ 补贴进口产品对国内产业的相关经济因素和指标的影响。

◆ 补贴进口产品出口国(地区)、原产国(地区)的生产能力、出口能力,被调查产品的库存情况。

◆ 造成国内产业损害的其他因素。

对实质损害威胁的确定,应当依据事实,不得仅依据指控、推测或者极小的可能性。在确定补贴对国内产业造成的损害时,应当依据肯定性证据,不得将造成损害的非补贴因素归因于补贴。

2. 反补贴的一般程序

根据反补贴协议的规定,只有当补贴进口产品确实对进口成员方市场或产业造成损害、二者之间又存在因果关系的情况下,反补贴调查机关才可以采取反补贴措施。

(1) 反补贴调查的发起。

① 反补贴调查发起的基础。对某项进口产品进行正式的反补贴调查,应基于受到有关补贴措施不利影响的进口成员方国内产业或其代表所提交的书面请求而正式发起。

② 反补贴调查申请书的内容。根据《反补贴条例》规定,国内产业或者代表国内产业的自然人、法人或者有关组织(以下统称"申请人"),可以依照本条例的规定向外经贸部提出反补贴调查的书面申请。申请书应当包括下列内容。

◆ 申请人的名称、地址及有关情况。

◆ 对申请调查的进口产品的完整说明,包括产品名称、所涉及的出口国(地区)或者原产国(地区)、已知的出口经营者或者生产者等。

◆ 对国内同类产品生产的数量和价值的说明。

◆ 申请调查进口产品的数量和价格对国内产业的影响。

◆ 申请人认为需要说明的其他内容。

申请书应当附具相关证据,主要包括申请调查的进口产品存在补贴,对国内产业的损害,补贴与损害之间存在因果关系等。

③ 当局在对申请书的证据的准确性和充分性予以审核后,如果确认,可开始进行调查;如发现证据不足,应尽快拒绝调查申请和终止调查。且调查不能妨碍海关程序,调查应自发起日的一年内,最长不能多于 18 个月结束。

《反补贴条例》规定,有下列情形之一的,反补贴调查应当终止,并由商务部予以公告。

◆ 申请人撤销申请的。
◆ 没有足够证据证明存在补贴、损害或者二者之间有因果关系的。
◆ 补贴金额为微量补贴的。
◆ 补贴进口产品实际或者潜在的进口量或者损害属于可忽略不计的。
◆ 通过与有关国家(地区)政府磋商达成协议,不需要继续进行反补贴调查的。
◆ 商务部认为不适宜继续进行反补贴调查的。

来自一个或者部分国家(地区)的被调查产品有上面第 2~5 项所列情形之一的,针对所涉产品的反补贴调查应当终止。

(2) 反补贴调查的一般程序。

① 在反补贴调查中,有关利益成员方和全部利益方以书面形式提出其认为与调查有关的情况和意见,并尽快通知所有有利害关系的各当事者。

② 出口商、外国生产商或有利害关系的成员方在受到问卷调查后的 30 日内予以答复,必要时可再延长 30 日。

③ 在调查中,调查当局对属于机密性质的资料、信息,如未经同意,不得泄露。

④ 在征得企业、当事成员方的同意后,可到其他成员方境内进行调查。

⑤ 在利益成员方或利益各方在合理的时间内拒绝接受或不提供必要的信息或严重阻碍调查,则肯定的和否定的初步和最终的裁决,可在已有事实的基础上做出。

⑥ 在做出最终裁决以前,调查当局应就形成决定的重要事实通告利益成员方和所有利益方,以使利益各方有足够时间维护其利益。

⑦ 调查当局也对被调查产品的工业用户、消费者组织提供机会,由其提供被调查产品的补贴、损害和因果资料。

⑧ 在利益各方,尤其是小公司遇到资料提供的困难时,调查当局要进行帮助。

3. 反补贴战略

一旦他国获得其政府相关补贴的企业产品及其服务进入到我国市场,必然会因其成本低或技术含量高等因素,形成相对于其他企业的市场竞争优势,冲击国内相关产业发展,造成失业率上升,影响国民经济秩序。

(1) 建立和加强产业损害预警机制。建立产业损害预警机制,将产业保护工作前置化。产业损害预警体系能提前对产业损害的可能性和程度做出判断,为可能或正在受到损害的产业提供信号,便于企业尽早采取相应措施,以降低损害的程度。企业或行业协会应关注市场上相关进口产品或服务价格的异常变动,保持与国家相关部门的联系沟通,及时做出反应。

（2）发挥行业协会作用加强反补贴协作体系。行业协会应成为国内市场反补贴工作体系的一个重要组成部分。作为企业的服务者和行业管理者，行业协会应积极发挥作用，做好政府和企业之间的桥梁。行业协会作为企业的代言人，要承担起代表本行业采用反补贴手段保护产业利益的责任，维护企业权益的工作。

（3）培养和建立一支专业化的反补贴专家队伍。企业和行业协会要着力培养一批精通反补贴业务的律师、会计师和产业专家，建立一支专业化的反补贴专家队伍，形成一个以企业为基础、以中介机构为纽带、依托地方行政主管部门和行业协会的反补贴工作体系。

思考题

1. 企业应如何识别并确定主要竞争对手？
2. 举例说明企业应如何运用市场发展战略。
3. 企业应如何确定自己的市场竞争地位？其主要竞争战略有哪些？
4. 如何理解倾销与反倾销的含义？怎样确定进口产品构成对一个国家或地区某种产业或产品的倾销行为？
5. 反倾销申诉的程序有哪些？企业为什么要进行反倾销申诉？
6. 反补贴申诉的程序有哪些？开展反补贴申诉与调查有什么好处？

学习指导

1. 参与市场竞争，必须明确知道谁是你的竞争对手，了解现实的竞争对手和潜在的竞争对手的现状和发展趋向。同时，清楚地了解自己的优势和劣势，与竞争对手相比，自己所处的市场地位。在此基础上，明确自己的发展方向和领域，制定本企业的市场竞争战略。

2. 反倾销和反补贴已经成为一种公开的、合法的竞争手段，企业在开拓市场、开展竞争的同时，要密切关注来自异国产品和服务的倾销行为，重视境外得到补贴的产品和服务、倾销产品对国内市场的冲击、国内产业的损害，既要低头耕耘，也要抬头看路。

3. 本项目内容，其理论知识、拓展知识和对环境、形势的关注适合学生个体学习并提交作业，对战略方向的把握、战略措施的分析与制定则适合开展小组集体研讨活动。

典型案例

快乐蜂叫板麦当劳

快乐蜂是谁？相信大多数中国人对其还不大熟悉。但这个来自菲律宾的餐饮连锁企业近几年来已迅速地把中国台湾春水堂、永和大王、北京宏状元等品牌连锁收归囊中。快乐蜂餐厅由菲律宾华侨陈觉中（Tony Tan Caktiong）始创于1970年，是菲律宾目前最大的快餐连锁集团。截至2013年年初,快乐蜂集团在全球共经营2654家门店,拥有快乐蜂Jollibee(西式快餐)、超群Chowking(中式快餐)、格林尼治Greenwich(经营比萨及各种意大利面食)、德意法兰西Delifrance(法式面包和咖啡)、永和大王Yonghe King(中式快餐)等诸多餐饮品牌。

快乐蜂食品集团总裁陈觉中先生于2008年接受台湾媒体采访时表示,2020年将在全球经营4000家门店,成为全球第一餐饮品牌,赶超麦当劳。

本土化经营打败麦当劳

快乐蜂能在菲律宾打败麦当劳,主要原因是他们的食物更加本地化。不少菲律宾人这样评价快乐蜂与麦当劳的差异:快乐蜂的炸鸡味道鲜而脆,没有麦当劳的辣;快乐蜂的意大利面条比麦当劳更符合当地人偏好酸甜的口味;快乐蜂还提供各种当地水果饮料、菲律宾米粉以及蜜汁牛排等独特美食。值得一提的是,根据当地人的饮食习惯,快乐蜂为消费者特别调制了辅以香浓肉汁的米饭,此举逼得麦当劳和肯德基也不得不放弃"老大"的尊严,乖乖效仿。

1981年,当麦当劳连锁店在马尼拉开张时,几乎所有人都相信,这家国际快餐业霸主很快就会把其金色拱门标志插满菲律宾大街小巷,快乐蜂当时的11家店"性命"难保了。如今,在有1亿人口的菲律宾,快乐蜂拥有2300多家餐厅,包括快乐蜂、超群、格林尼治、红丝带、烧烤先生和汉堡王,远超麦当劳在菲律宾的门店数。陈觉中先生说,提供适合菲律宾人口味的食品,是成功的原因之一。

销售食物,更提供快乐

除了适合菲律宾人口味之外,门口的小蜜蜂也是快乐蜂成功的原因。菲律宾不少孩子因为喜欢这只招人喜爱的小蜜蜂而总去快乐蜂吃饭,而麦当劳门口的小丑则让一些小孩子感到害怕,所以快乐蜂在菲律宾比麦当劳更受欢迎。

陈觉中先生说,"蜜蜂飞来飞去,为生活制造甜蜜,尽管忙碌却很快乐",之所以选择快乐蜂作为店名和标志,就是看中了它所象征的菲律宾人的快乐性格。快乐蜂的员工会用各种表示快乐的手势向顾客打招呼,还时常会有扮成滑稽人物的员工同顾客打招呼,快乐蜂不仅要销售食物,更要提供快乐。

快乐蜂为员工提供良好的训练和待遇,因为"在我们这个充满竞争的行业里,员工的精神状态能对企业造成很大影响。快乐的员工能将快乐带给我们的客人。"因此,快乐蜂也被评为菲律宾最受员工欢迎的公司。

隐形巨头中国布网

这只从菲律宾飞来的"蜜蜂"早在2004年就已潜入中国,为未来的全球拓展埋下伏笔:2004年2月6日,快乐蜂斥资2250万美元收购总部设在上海的永和大王,2007年6月,快乐蜂又以600万美元100%收购永和大王,跨出了在中国扩张版图上的第一步。

2008年3月份,其自有品牌快乐蜂的中国第一家门店正式在深圳落户。此前,快乐蜂旗下的另一茶餐品牌春水堂已进驻上海。到8月23日,快乐蜂再度宣布,与北京宏状元连锁粥店签下最终协议,以5550万美元的价格收购后者100%的股份。至此,快乐蜂在中国市场已拥有4个餐饮品牌,近150家门店。而当时麦当劳在中国有930

家门店。到 2015 年年末,快乐蜂中国市场门店有 700 多家,麦当劳有近 2300 家。

步入快乐蜂在深圳的佳宁娜广场店,会"嗅"到很浓的菲律宾气息,主打特色为菲律宾美食,其中,包括以进口杧果做成的系列产品,如杧果蔬菜沙拉、七彩 HaloHalo 冰沙、蜜桃杧果派等,还有饱含菲律宾纯正酱汁和芝士的多款汉堡包、风情牛肉意面、至尊海鲜意面和乐脆鸡等。

针对中国市场,快乐蜂推出了自己的"新模式"。对最新模式的定义是,有别于在菲律宾的模式,装潢比较豪华,有聚会区、沙发区等,客人点餐的方式也由在前台点餐、拿餐,改成在位置上即点即上。

(资料来源:张晋光,黄国辉.市场营销[M].北京:机械工业出版社,2011)

➡ **分析讨论题**

1. 搜集整理有关菲律宾快乐蜂食品集团创建、发展过程及当前公司状况等资料。
2. 搜集相关资料,分析目前中国快餐市场的竞争格局。
3. 快乐蜂的成功经验可以为我国餐饮企业提供哪些借鉴?
4. 我们拥有世界上最为古老和优秀的中餐文化,但却没有一家中餐连锁店能像麦当劳和快乐蜂一样走出国门,原因是什么?中餐企业应怎样提升国内、国际市场的竞争力?

3.2 工 作 页

3.2.1 竞争者分析

1. 竞争者是谁

(1) 项目选择。学生个人或小组选择较为熟悉的某一项业务、项目或某一企业、门店等,或选择学生个人、班级、学校等,或选择某一省、市、区域甚至国家等为分析对象。

(2) 竞争者是谁。

① 现实竞争者是谁:_____

② 潜在竞争者是谁:_____

③ 行业竞争者是谁:_____

④ 市场竞争者是谁:_____

2. 竞争者分析

分析竞争者的产品和服务种类、技术水平、生产量和销售量、目标市场(顾客)、价格水平、渠道分布、促销措施等。尤其要认清各竞争对手的优势与劣势,面对的环境威胁与机会情况。(列表分析,项目与内容自选)

3. 自我分析

针对竞争者的分析项目,进行自我剖析,主要是认清与竞争对手的差距,自己的优势与劣势、面对的环境威胁与机会,与主要竞争对手相比,自己所处的市场地位等。

3.2.2 竞争战略分析

1. 竞争者战略分析

(1) 比较战略、战役与战术,明确其内涵与外延。

(2) 分析主要竞争者的市场战略、产品战略、技术战略、渠道战略、资金战略、发展战略等内容,分析其经营模式、营销模式、盈利模式等,找出其战略的薄弱环节。

2. 自我战略分析

对比竞争对手的分析内容,对自己进行分析,找出自己在战略制定与实施中的薄弱环节。

3. 竞争战略制定

结合自身的发展目标和市场竞争状况,制定具有可操作性的竞争战略及措施。

3.2.3 反倾销案例分析

1. 收集倾销案例

收集最近 12 个月以内,国外产品或服务对中国市场的倾销案例。

分析项目	分析内容
产品或服务名称、品牌	
所属公司/国家(地区)	
倾销事实描述	
倾销的市场范围	
对国内产业的损害描述	
……	

2. 反倾销战略分析

针对收集的倾销案例,分析、描述反倾销调查、裁定的事实与过程。

分析项目	分析内容
反倾销申请主体	
立案调查事实	
倾销主体企业应诉情况	
初裁决定	
终裁决定	
……	

3.2.4 反补贴案例分析

1. 收集补贴案例

收集最近 12 个月以内,国外补贴产品或服务在中国市场销售的案例。

分析项目	分析内容
产品或服务名称、品牌	
所属公司/国家(地区)	
享受补贴事实描述	
在中国市场销售状况	
对国内产业的损害描述	
……	

2. 反补贴调查裁定分析

针对收集的国外享受补贴的产品或服务案例,分析、描述反补贴调查、裁定的事实与过程。

分析项目	分析内容
反补贴申请主体	
立案调查事实	
补贴产品政府与企业的应诉情况	
初裁决定	
终裁决定	
……	

3.2.5 要求与考核

(1) 对每一部分工作项目完成方式,教师可根据时间安排妥善布置。各小组应上交相关图表及文字分析报告,要求思路清晰、内容完整、格式规范。

(2) 每个小组要以临阵实战的状态完成各项任务,上交文本包括 Word 文件和 PPT 文稿。

(3) 各小组派代表进行演示、汇报,教师进行评价。也可以由各小组间进行相互评价,以适当权重加入小组活动成绩中,便于学生相互学习、取长补短。

3.2.6 本项目学习总结

总结项目	总结内容
本项目内容主要知识点	
本项目内容主要技能点	
你已熟知的知识点	
你已掌握的专业技能	
你认为还有哪些知识需要强化,如何做到	
你认为还有哪些技能需要强化,如何做到	
本项目学习心得	

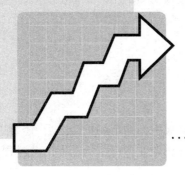

项目 4

市场选择

知识目标

了解市场定位的基本步骤,理解市场细分、市场定位的基本内涵,掌握市场细分、市场定位的方法及市场营销策略的基本内容。

技能目标

学会通过市场细分选择和评估目标市场,恰当选择和运用市场营销策略,准确进行市场定位。

学习任务

1. 选择市场细分依据,确定市场细分方法,遵循市场细分步骤。

2. 确定目标市场条件,选择细分市场,准确描述目标市场及其需求变化趋势。

3. 确定产品主要属性,分析市场关注的属性重要程度,确定进行市场定位,并准确传播市场定位理念。

4.1 学习引导

企业的市场营销人员发现和选择了有吸引力的市场机会之后,还要进一步通过市场细分来选择目标市场,进行市场定位,构成企业目标市场选择的全过程。

4.1.1 市场细分

市场细分是由美国市场营销学家温德尔·史密斯在总结了一些企业的市场营销经验后,于20世纪50年代提出的新概念。这一理论的主要依据是消费者需求和购买行为的绝对差异性和相对同质性。市场细分是目标市场选择和市场定位的基础,是企业实施相关市场营销组合策略的前提。

1. 市场细分的含义

所谓市场细分,就是企业根据消费者需求的多样性和购买行为的差异性,把整体市场划分为若干具有某种相似特征的顾客群(称为细分市场或子市场),以便选择自己的目标市场。市场细分是分辨具有不同欲望和需求的顾客群,并把他们加以归类,而不是细分消费者和产品。企业进行市场细分,就是要发现不同消费者之间需求的差别,把需求基本相同的消费者归为一类,这样就可以把一个整体市场分成若干个市场部分或子市场。市场细分的最终目的是为了选择和确定目标市场。

在竞争激烈的市场上,市场细分有利于企业分析、发掘新的市场机会,制定最佳营销策略;有利于企业合理运用资源,确定经营方向;通过开展有针对性的市场营销活动,有利于提升企业和产品的声誉,从而提高经济效益;通过市场细分可以发现尚未被满足或尚未被完全满足而又被大企业忽视的市场需求,使企业见缝插针地组织生产经营活动,因而对中小企业具有特别重要的意义。

2. 市场细分的原则

企业在进行市场细分时,必须遵循一定的原则,才能收到较好的经济效益和社会效益。

(1)可衡量性。是指被细分出来的子市场的购买力和规模能在一定程度上被测量。市场细分的标准必须明确、统一,具有可衡量性。细分市场时,要能在每一个子市场上找到相似的消费需求、获得确切的情报,细分后市场的范围、容量、潜力等也都应该是可以衡量的,能够获得购买潜量和购买特征的数据。

(2)可进入性。就是企业考虑目标市场的选择要与企业的资源相一致,有能力进入所选定的子市场,能有效地集中所有营销力量开展各种营销活动。同时,消费者能够接受企业的产品,并能通过一定的途径购买到这些产品。

(3)可营利性。是指企业选定的子市场必须具备一定的规模或潜力,能够使企业实现预期的利润目标,并且有相当的发展潜力。如果某个细分市场规模很小、容量有限、成本高,就没有开发的价值。所以,细分市场应该是现实中最大的同质市场,值得企业开发和利用。

（4）稳定性。是指细分后的市场需求在一定时期内要保持相对稳定。企业目标市场的改变必然带来资源投放、经营设施和营销策略的改变，从而增加企业的成本。如果市场需求变化过快、变动幅度过大，则会给企业带来风险和损失。一般说来，目标市场越稳定，越有利于企业制定长期的营销策略，越有比较稳定的利润。

3. 市场细分的依据

市场细分要依据一定的细分变量来进行。企业进行市场细分的主要依据是消费者需求的多样性和购买行为的差异性，而造成这些多样性和差异性的主要因素，就是市场细分的标准或依据。

（1）消费者市场细分的依据。归纳起来有四大类，即地理因素、人口因素、心理因素和行为因素。

① 地理因素。地理因素是消费者所处的地理位置和地理环境。根据地理因素细分市场就是要求把市场细分为不同的地理区域单位，如国家、地区、州、城市、县或地段。企业可以选择在一个或几个地区经营，也可在整个地区经营，但要注意需要和欲望的地区差异。企业应努力使自己的产品、营销活动本土化，以适应个别地区、城市甚至居民的需要。地理因素一般包括地区、人口规模、人口密度、气候、地形、交通状况、区域性组织等。

② 人口因素。根据消费者的年龄、性别、职业、家庭、家庭生命周期、种族、宗教信仰、收入、教育、民族和国籍等因素，将市场分割成不同的群体。人口因素是细分消费者群体的最为流行的依据。因为消费者的需要、使用率经常随人口变量的变化而变化，人口因素比绝大多数其他因素更容易衡量。即便用其他基础因素定义了一些子市场，如以个性或行为为基础，也必须了解人口因素，以评估目标市场的规模，并高效率地开展市场营销活动。

③ 心理因素。随着经济的发展，人们生活水平的提高，消费者心理因素对购买行为的影响日益突显，尤其是购买非生活必需品。用社会阶层、个性、生活方式来进行的市场细分越来越受欢迎，它通常能比人口或地理因素细分产生更好的市场细分效果。这些细分因素让营销人员能真正理解潜在消费者的内心，有针对性地拟订市场营销组合方案。

④ 行为因素。是指按照消费者的购买行为因素，如使用情况、购买习惯、追求的利益、使用状况和使用频率、品牌忠诚度等划分市场。按行为因素细分市场，要透彻理解行为因素的特点，采取措施安排产品的合理投放和布局，在消费者心目中确立企业产品的地位，抓住时机开展营销活动。

（2）生产者市场细分的依据。生产者市场与消费者市场相比，其不同点在于：一是生产资料的购买者一般是产业用户；二是其购买决策是由相关专业人士做出，一般属于理性行为，受感情因素的影响较少。因此，生产者市场细分的依据除了消费者市场的某些细分因素，如地理因素和行为因素外，还常常选用最终用户、用户规模、用户地理位置等细分依据。

① 最终用户。在生产者市场上，不同的最终用户所追求的利益不同，对同一种产品的属性有不同的要求。例如，在购买轮胎时飞机制造商对轮胎的安全性要求比农

用拖拉机制造商要高得多;汽车制造商在生产比赛用车和日常普通车时,对轮胎的质量等级也有不同的要求。最终用户的每一种要求都可以作为市场细分的依据,以便开展有针对性的营销活动。

② 用户规模。生产企业可以把用户分为大量用户、中等用户和少量用户。大量用户数量虽少,但购买量大;少量用户则相反,用户数量较多,但购买量较小。大量用户对产品质量、供货时间及运输方式等一般要求比较苛刻,供货厂家之间的竞争也十分激烈,但购销关系具有相对稳定性。少量用户采购的批量较小,购销关系相对不稳定。例如,美国一家办公用品制造商按照用户规模将顾客分为两大类:一类是大客户(如国际商用机器公司、标准石油公司等),这类客户由该公司的全国客户经理负责;另一类是小客户,由地区营销人员配合中间商负责。

③ 用户地理位置。一个国家或地区的工业布局是由自然条件、交通条件、历史传统等因素长期形成的。例如,我国工业基地集中在东北地区,而天然气、煤矿企业又集中在资源丰富的西北地区。按用户地理位置来细分市场,可以使企业更加充分合理地利用销售力量,更有效地规划运输路线,计划货物的运输。企业面对用户较为集中的地区,可以采用直接销售的方式,以减少成本。对于那些较为分散的用户,则可以利用中间商渠道进行分销。

4. 市场细分的方法

企业在进行市场细分时必须注意以下三个方面的问题。一是市场细分的依据是动态的,随着社会生产力及市场状况的变化而不断变化。例如,年龄、职业、收入、购买动机、交通状况等都是可变的。二是由于企业之间的生产技术条件、营销资源状况和产品情况等存在差别,对同一市场进行细分时不同的企业应采用不同的标准。三是企业进行市场细分时,可采用一项标准,即单一因素细分,也可采用综合因素细分或系列因素细分进行市场细分。

(1) 单一因素细分法。即根据影响消费者需求倾向的某一个重要因素进行市场细分,它适用于市场对某一产品需求的差异性主要是由某个因素影响所致的情况。例如,服装企业,按年龄细分市场,可分为童装、少年装、青年装、中年装、中老年装、老年装;按气候细分市场,可分为春装、夏装、秋装、冬装。

(2) 综合因素细分法。即根据影响消费者需求倾向的两种或两种以上的因素进行市场细分,它适用于市场对某一产品需求的差异性是由多个因素综合影响所致的情况。例如,生产者市场上的锅炉生产企业,可根据企业规模的大小、用户的地理位置、产品的最终用途及潜在市场规模四个因素来细分市场,如图 4-1 所示。

(3) 系列因素细分法。是企业依据影响需求倾向的多种因素对某一产品市场由大到小、由粗到细地按一定顺序逐步进行市场细分,它适用于影响市场需求的因素较多,企业需要逐层逐级辨析来寻找适宜目标市场的情况。这种方法可使目标市场更加明确而具体,有利于企业更好地制定相应的市场营销策略。例如,皮鞋市场,可按地理位置、性别、年龄、收入、职业、购买动机等因素来细分市场,如图 4-2 所示。

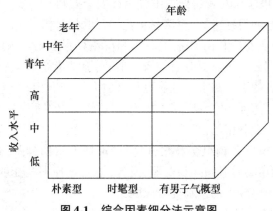

图 4-1 综合因素细分法示意图

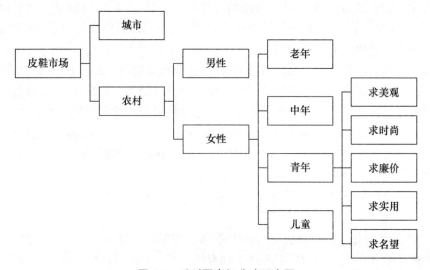

图 4-2 系列因素细分法示意图

4.1.2 目标市场策略

在进行市场细分的基础上,选择企业准备进入的目标市场,必须准确地进行目标市场的评估,在充分分析目标市场的竞争态势后,确定目标市场的定位策略与营销策略。

1. 目标市场选择

目标市场是企业在市场细分的基础上,根据市场潜力、竞争对手状况及企业自身特点决定选择既能发挥企业相对优势,又能提供获利机会,值得进入的市场。选择和确定目标市场,能够明确企业具体的服务对象,是企业制定营销策略的首要内容和基本出发点。

(1) 目标市场的评估。并不是每个市场细分后的子市场都是值得进入的,企业要对其进行分析和评估,以决定是否进入该市场。企业可以从以下 3 个方面对细分的子市场进行评估。

① 细分市场的规模和发展前景。细分市场要有足够的购买力,能够实现企业预期的销售目标。理想的目标市场,应该与企业的资源状况相匹配。如果目标市场容量太小,则不利于大企业发挥专长和潜力;如果目标市场容量太大,则不利于小企业有效控制和占领市场。细分市场还要有尚未满足的、对企业有足够吸引力的需求,有充分发展的潜力。消费者的潜在需求对企业更具吸引力。

② 细分市场的竞争状况。有一定的规模和发展潜力并不一定就是理想的目标市场。企业要进入某个细分市场,必须考虑竞争对手的数量、实力和市场竞争的激烈程度,从而确定自己的市场营销组合策略,以便在市场上站稳脚跟,处于优势地位。因此,企业在选择目标市场时必须扬长避短,发挥优势,选择那些能够占领的市场,以便在激烈的市场竞争中以较大的差别优势取胜。

③ 细分市场的特征是否与企业优势相符。企业对各细分市场要使用易于识别和划分的细分标准来描述,使各细分市场的特征明确具体,并借以分析出各细分市场上的消费者对产品、价格、渠道和促销方面的要求,从而选择那些在资金、技术等方面都能充分发挥自身优势的目标市场。

(2) 目标市场的选择。经过市场细分后,企业应根据自己的任务、目标、资源和特长,权衡利弊,决定进入哪个或哪些细分市场。企业决定进入的细分市场,就是该企业的目标市场。企业选择目标市场时有以下5种可供考虑的市场覆盖模式。

① 市场集中化。即企业只生产一种标准化产品,为某一特定顾客群服务。无论从产品还是市场角度,企业的目标市场都集中在一个细分市场上。例如,某服装厂商只生产中年女士需要的服装。这种模式针对性较强,但是风险大,一般只适用于小型企业。企业可以始终专注于某个细分市场,并可在经营取得成功后向更大市场范围扩展。

② 产品专业化。即企业决定向各种不同的顾客群提供同一种产品。例如,企业决定生产适合各层次用户需要的各种女性服装;同时,向家庭、机关、学校、银行、餐厅、招待所等各类用户生产或销售一个品种的饮水器。产品专业化模式的优点是企业专注于某一种或一类产品的生产和销售,有利于形成和发展生产、技术和销售上的优势,在该领域树立良好形象。其不足之处是,当该领域被一种新的技术与产品所代替时,产品销售有大幅度下降而失去市场的危险。

③ 市场专业化。即企业决定向某一顾客群提供它所需要的各种产品。例如,决定生产和销售能满足高收入阶层顾客所需要的各种男装、女装和童装。市场专业化经营的产品类型多,能有效分散经营风险,但由于集中于某一类顾客,当这类顾客的需求下降时,企业会遇到市场萎缩的风险。

④ 选择性专业化。即企业决定同时选择多个具有良好盈利能力,符合企业营销目标和资源条件的细分市场为目标市场,其中,每个细分市场之间没有明显的联系,但是都能提供良好的经营机会。这种模式可以有效分散经营风险,在某个细分市场上盈利不佳时,仍可在其他细分市场上取得盈利。采用选择专业化模式的企业应具有较强的资源和营销实力。

⑤ 全面覆盖。即企业决定为所有顾客提供各种不同的产品。通常情况下,企业

先选定一个具有最佳经营机会的细分市场作为目标市场,取得成功后再逐步扩大,最后达到全面覆盖。这种专业化模式是某些实力雄厚的大公司为谋求市场领导地位而采取的策略。

2. 目标市场营销策略

通过市场细分化企业可以发现一些理想的市场机会,为选择目标市场准备条件。在许多可供选择的细分市场中,企业是选择一个还是多个细分市场作为目标市场,是企业营销的重要战略性决策。通常有3种策略类型可供选择(如图4-3所示)。

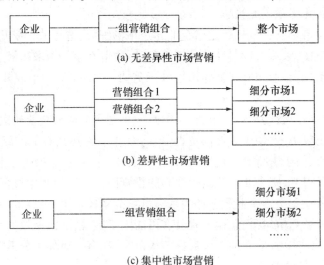

图 4-3　目标市场策略示意图

(1) 无差异性市场营销策略。就是把整个市场看作一个目标市场,营销活动只考虑需求的共同点,对需求的差异性忽略不计。为此,企业只经营一种产品,运用一种市场营销组合,试图吸引尽可能多的顾客,为整个市场服务。例如,可口可乐公司曾经在很长一段时间内,只推出一种口味、一种包装、一种销售方式、一种促销方式,满足全世界所有消费者的需要。

无差异营销能够节约成本。狭窄的产品线能降低生产、库存和运输成本。无差异性广告则降低促销费用。由于不必做市场调研和规划,因此降低了市场调研和产品管理成本。但是,在开发使所有消费者都感到满意的产品或品牌时,会遇到许多困难。单一的产品难以满足消费者日益增加的多样化需要,容易忽视一些有特定需要的市场机会,经营风险大。如可口可乐在20世纪60年代以后,随着软饮料市场竞争日趋加剧,特别是百事可乐和七喜产品的异军突起,可口可乐独霸市场的局面受到冲击,因此,无差异营销策略不宜长期采用。

(2) 差异性市场营销策略。是指企业决定同时为几个细分市场服务,并按照各个市场部分的不同需要,分别设计不同的产品和运用不同的市场营销组合方案。差异性市场营销策略充分肯定了消费者需求的异质性,采取不同的营销策略,来满足不同消费者不同的偏好、需求。例如,耐克运动鞋多达十几种,适合人们从跑步、击剑和健美到骑自行车和打篮球时穿用。差异性营销策略有利于在每个细分市场中通过不同的产品和营销策略来提高消费者对企业及其产品系列的整体认同,获得更多的忠诚顾客。

差异性市场营销策略有利于企业分散和减少经营风险;针对消费者的不同需要开展营销活动,不断扩大销售量,获得更多利润;通过多种营销组合增强竞争力。但采取差异性市场营销策略要求企业有较高的适应能力和应变能力,由于产品品种的增加,销售渠道的多样性,市场调查研究和广告宣传等营销活动的扩大与复杂化,生产成本和管理费用、销售费用等会大幅度增加。受到企业资源力量的制约,相当一部分企业,尤其是中小企业无力采用此策略。

(3) 集中性市场营销策略。是指企业通过市场细分,选择一个或几个细分市场作为企业的目标市场,采取有针对性的营销策略,以争取在市场上取得较大的市场份额。其基本指导思想是:企业与其在整体市场处于劣势,不如在某一个或几个细分市场上争取优势地位。

实行集中性市场营销策略的企业,一般是中小型企业或大企业初次进入一个新市场。由于市场比较集中,便于掌握消费者需求,企业能够在其服务的细分市场中取得很强的市场地位;由于进行专业化生产、分销和促销,企业还可节约大量经营开支。如果细分市场选择得当,则企业便能赢得较高的投资回报率。但集中性营销策略也蕴含着高于一般的风险。由于企业所选择的目标市场范围较狭窄,一旦市场情况突然变化或出现强大的市场竞争对手,企业经营就有可能陷于困境,从而招致失败。因此,当企业一旦具备一定的实力,应立即扩大目标市场范围,在多个市场中分散经营。

3. 影响目标市场选择的因素

企业在选择目标市场策略时会受到企业资源、产品、市场、竞争者和竞争状况等多种因素的影响。

(1) 企业的资源条件。如果企业在人力、财力、物力和管理能力等方面有充足的实力,则可以考虑选择无差异市场营销策略;如果企业具有相当的规模,有雄厚的技术设计能力和先进的管理制度,则可以考虑实行差异性市场营销策略;如果企业资源有限,实力较弱,无力顾及整体市场或多个细分市场,则只能实行集中性市场营销策略。

(2) 产品的同质性。是指消费者所感觉的产品性能、特征和用途的相似性。如果产品在功能、品质、形态等方面是相同或类似的,消费者并不重视其存在的差异性(如电力产品、食糖、食盐等),则一般宜采用无差异营销策略;如果产品的价格、性能、质量和外观等因生产者不同而产生较大的差异,消费者在选购时又以产品间的差异作为主要依据(如服装、照相机、汽车、食品、家用电器等),则适宜采用差异性或集中性市场营销策略。

(3) 市场的同质性。市场的同质性是指顾客需求及其特点的相似性,包括市场规模、市场需求、市场位置等。如果消费者需求欲望、偏好相似,每一时期的购买量相近,对市场营销刺激的反应也相同,则可视为"同质市场",企业可采取无差异性市场营销策略;反之,就应当选择差异性或集中性市场营销策略。

(4) 产品市场生命周期。对处于不同市场生命周期阶段的产品,应采取不同的目标市场营销策略。产品处在投入期和成长初期时,由于市场竞争不激烈,企业通常生产单一品种产品,采取无差异市场营销策略,以探测市场需求与潜在需求;当产品进入成长后期和成熟期以后,就应改为差异性市场营销策略,以开拓新的市场,或实行集中性市场营销策略,以设法保住原有市场,延长产品市场生命周期。

(5) 竞争结构及对手的营销战略。如果市场竞争激烈,且竞争对手具有明显的竞争优势,则企业宜采取集中性市场营销策略,以求在局部市场上赢得优势;如果市场上不存在竞争者或竞争者较少,则企业宜采取无差异性市场营销策略;如果企业在竞争中具有优势,且企业的实力较强,则可采取差异性市场营销策略。

4.1.3 市场定位

企业确定要进入的细分市场后,就必须决定在这些细分市场上如何进行定位,即企业产品将面向哪些顾客、计划给顾客留下什么印象、如何吸引顾客的注意力等。

1. 市场定位的含义

市场定位观念是在20世纪70年代由美国学者艾·里斯和杰克·特劳特提出的。市场定位实质上就是企业在目标市场上为自己的产品确立某种形象,使之在目标顾客心目中占有一定位置,便于顾客了解和理解本公司与竞争者的差异。具体来讲,市场定位就是根据竞争者现有产品在市场上所处的位置,针对消费者或用户对该种产品某种特征或属性的重视程度,强有力地塑造出本企业产品与众不同的、给人印象鲜明的个性或形象,并把这种形象生动地传递给顾客,从而使该产品在市场上确定适当的位置。企业产品定位准确形象鲜明,就容易在市场上获得成功,否则往往招致失败。例如,汰渍定位为强力和多用途的家庭用洗衣粉、高露洁定位为防龋齿牙膏、红牛定位为防止疲劳的饮料等都取得了极大的成功。

市场定位以企业整体来考虑在市场上所处的位置,包括企业产品定位和企业形象定位。市场定位有利于树立企业及产品的鲜明特色,满足顾客的需求偏好,在市场竞争中处于优势地位,提高企业的竞争能力。市场定位是企业制定营销策略的基础,整合促销组合的前提,树立形象的手段。

市场定位是通过为自己的产品创立鲜明的特色或个性,从而塑造出独特的市场形象来实现的。

产品的特色或个性,可以从产品实体上表现出来,如形状、成分、构造、包装等;从消费者心理上反映出来,如豪华、朴素、时髦、典雅等;从产品的用途上表现出来,如为老产品找到一种新的用途;从产品的属性和利益表现出来,如德国汽车的高档、稳重,日本汽车经济、小巧等;还可以表现为价格水平,表现为质量水准等。

2. 市场定位的步骤

市场定位是一个明确企业潜在的竞争优势,选择相对的竞争优势以及显示独特的竞争优势的过程。

(1) 确定潜在的竞争优势。要明确潜在的竞争优势,企业必须首先了解三个方面的问题:一是目标市场上竞争者的产品定位如何?二是目标市场上足够数量的顾客最需要什么及他们的欲望满足得如何?三是针对竞争者的市场定位和潜在顾客的真正需要,企业应该和能够做什么?通过了解以上情况并结合企业实际,明确企业自身现有的、可发展的、可创造的竞争优势，从而与竞争者区分开来。竞争优势产生于公司能为顾客创造的价值，主要有两种类型：一是价格竞争优势，即在同样条件下比竞争对手定出更低的价格；二是偏好竞争优势，即企业能提供有特色的产品或服务来满足顾客的特定偏好。随着生产者技术水平的提高与完备，成本差距也将会变得越来越小，竞争优势将更多地来源于产品之间的差别化，如以质量、性能、结构、功效、持久性、耐用性、可修补性等方面表现的产品差异；以服务项目、水平、方式表现的服务差异；以雇用和训练专业化水平高、知识性强、友好、乐观表现的人员差异；以品牌表现的形象差异等。

(2) 准确选择相对的竞争优势。相对的竞争优势是企业与竞争对手相比较，能够战胜竞争者的能力。这种竞争的优势可以是现有的，也可以是潜在的。企业必须选择其中的几个竞争优势进行市场定位，如谋求低价定位、优质产品定位、优质服务定位、先进技术定位等。企业选择的竞争优势必须具备能够给目标顾客带来高价值的利益，能被顾客实实在在地感知，竞争者不能够复制这一优势，企业能从这一优势中获利等特点。通常情况下，企业可通过分析、比较自己与竞争者以下7个方面的问题来确定哪些是优势项目，哪些是弱势项目。

① 经营管理方面，主要考察领导能力、决策水平、计划能力、组织能力及个人应变能力等指标。

② 技术开发方面，主要分析技术资源(如专利、技术诀窍等)、技术手段、技术人员能力和资金来源是否充足等指标。

③ 采购方面，主要分析采购方法、存储及运输系统、供应商合作以及采购人员能力等指标。

④ 生产方面，主要分析生产能力、技术设备、生产过程控制以及职工素质等指标。

⑤ 市场营销方面，主要分析销售能力、分销网络、市场研究、服务与销售战略、广告、资金来源是否充足以及市场营销人员的能力等指标。

⑥ 财务方面，主要考察长期资金和短期资金的来源及资金成本、支付能力、现金流量以及财务制度与人员素质等指标。

⑦ 产品方面，主要考察可利用的产品特色、价格、质量、支付条件、包装、服务、市场占有率、信誉等指标。

(3) 准确传播独特的竞争优势。这一步骤的主要任务是企业要通过一系列的宣传促销活动，将其独特的竞争优势——定位观念、设计的个性和形象准确无误地传递给潜在顾客，并在顾客心目中留下深刻印象。为此，企业首先要让目标顾客了解、熟悉、认同、喜欢和偏爱本企业的市场定位，通过积极主动地、经常性地与消费者交流、沟通，唤起消费者的注意和兴趣，在顾客心目中建立与该定位相一致的形象。其次，企业要通过各种努力把自己独特的竞争优势项目传递给消费者，并使消费者接受、认可企业的定位信息，加深目标顾客在企业及其产品中投放的感情。最后，企业应及时纠正由于目标顾客对市场定位理解出现的偏差或由于企业市场定位宣传失当而造成的市场定位模糊、混乱和误会，保证市场定位设计的形象与顾客理解的形象相一致。

3. 市场定位的方式

企业可以通过价格、形状、色彩、技术和成分等体现其产品的特色和个性，进行市场定位。在营销实践中,经常采用的市场定位方式有针锋相对定位、填空补缺定位、重新定位和反向定位等。

(1) 针锋相对定位。即企业把目标市场定在与竞争者相似的位置上,同竞争者争夺同一细分市场。实行这种定位方式时,企业必须比竞争者有更优质的产品、比竞争者有更多的资源和实力、企业的市场定位应与企业的优势和信誉相适应;同时,市场容量足够吸纳两个或两个以上竞争者的产品。例如,可口可乐与百事可乐之间持续不断地争斗,汉堡王与麦当劳不断扩大的竞争等。在市场上已经有牢固地位的企业存在时,实行针锋相对式定位会有比较大的风险,因此,企业必须清醒地估计自己的实力。

(2) 填空补缺定位。又称拾遗补阙式、避强式定位,是指采取迂回的方式,避开强有力竞争对手的市场定位。其优点是能够迅速地站稳脚跟,在消费者或用户心目中迅速树立起一种形象。由于这种定位方式市场风险较低,成功率高,为多数企业所采用。采用这种定位方式时,企业必须能够生产较高质量的产品、拥有与之配备的技术和设备、当企业实行优质低价定位时仍能盈利、目标市场规模足够大,并使消费者相信企业的产品是价廉质优。例如,在20世纪60年代,美国正在热烈进行着反咖啡因运动,七喜公司借势将产品定位为"非可乐",强调是不含咖啡因的饮料,从而成为可口可乐和百事可乐的替代产品。

(3) 重新定位。也称为二次定位或再定位,是指企业采取特定的营销组合,改变目标顾客对其原有的印象,使目标顾客对其产品新形象进行重新认识和接受。当企业产品在市场上的定位出现偏差、产品在目标顾客心目中的位置和企业的定位期望发生偏离、消费者偏好发生变化时,企业往往需要考虑重新定位来摆脱困境。市场重新定位对于企业适应市场营销环境是必不可少的,但在进行重新定位时,必须考虑由此产生的成本及预期效益。

(4) 反向定位。在竞争激烈的市场上,有时竞争对手的形象可能和自己差不多,也可能比自己卓越。在这种情况下,反向定位是一种比较理想的定位方式,能给人以新奇和与众不同的感觉,从而引起潜在顾客的注意,达到意想不到的效果。1989年,加拿大的西格拉姆酿酒公司向消费者宣传:劝君切莫饮酒过量,就体现了这种定位思想。广告刊出后,公司受到市场的广泛赞誉,称赞其是对消费者的关心和诚实负责态度,公司的销售量也增加了一倍。

思考题

1. 市场细分的客观依据是什么?市场细分对企业的市场营销有什么重要作用?
2. 企业应如何选择目标市场策略?
3. 举例说明市场定位策略在市场营销实践中的应用。
4. 什么是无差异性市场营销、差异性市场营销和集中性市场营销?这三种营销策略各有什么优缺点?
5. 市场细分、目标市场选择与市场定位的关系如何?
6. 目标市场定位的方式有哪些?如何进行市场定位?

学习指导

1. 市场细分的依据即市场细分标准是市场细分的基础，因此进行市场细分，必须精心选择细分要素，运用适合的细分方法，根据企业的营销目标、技术优势、产品特点等选择细分市场。

2. 企业在计划进入的目标市场上，必须具有绝对或相对竞争优势，并进行准确的市场定位，确保在相当长的一段时间内实现企业的市场目标和利润目标。因此，必须熟知选择目标市场的条件和市场定位的方式。

3. 本项目工作任务，主要是进行市场细分、选择目标市场、描述目标市场、制定营销策略、开展市场定位，适合开展小组集体研讨。

典型案例

麦当劳瞄准细分市场需求

麦当劳作为一家国际餐饮巨头，创始于五十年代中期的美国。由于当时创始人及时抓住高速发展的美国经济下的工薪阶层需要方便快捷饮食的良机，并且瞄准细分市场需求特征，对产品进行准确定位而一举成功。如今麦当劳已经成长为世界上最大的餐饮集团。

市场细分是1956年由美国市场营销学家温德尔·斯密首先提出来的一个新概念。它是根据消费者的不同需求，把整体市场划分为不同的消费者群的市场分割过程。每个消费者群便是一个细分市场，每个细分市场都是由需要与欲望相同或相近的消费者群组成。麦当劳根据地理、人口和心理三类要素准确地进行了市场细分，并分别实施了相应的战略，从而达到了企业的营销目标。

麦当劳根据地理要素细分市场

麦当劳的美国国内市场和国际市场，都有各自不同的饮食习惯和文化背景。麦当劳进行地理细分，主要是分析各区域的差异。如美国东西部的人喝的咖啡口味是不一样的。通过把市场细分为不同的地理单位进行经营活动，从而做到因地制宜。

每年，麦当劳都要花费大量的资金进行认真、严格的市场调研，研究各地的人群组合、文化习俗等，再撰写详细的细分报告，以使每个国家甚至每个地区都有一种适合当地生活方式的市场营销策略。

例如，麦当劳刚进入中国市场时大量传播美国文化和生活理念，并以美国式产品牛肉汉堡来征服中国人。但中国人爱吃鸡，与其他洋快餐相比，鸡肉产品也更符合中国人的口味，更加容易被中国人所接受。针对这一情况，麦当劳改变了原来的策略，推出了鸡肉产品。在全世界从来只卖牛肉产品的麦当劳也开始卖鸡了。这一改变正是针对地理要素分析所做出的，也加快了麦当劳在中国市场的发展步伐。

麦当劳根据人口要素细分市场

通常人口细分市场主要根据年龄、性别、家庭人口、生命周期、收入、职业、教育、宗教、种族、国籍等相关变量，把市场分割成若干整体。而麦当劳对人口要素细分主要是从年龄及生命周期阶段对人口市场进行细分,其中,将不到开车年龄的划定为少年市场,将20~40岁之间的年轻人界定为青年市场,还划定了年老市场。

人口市场划定以后,要分析不同市场的特征与定位。例如,麦当劳以孩子为中心,把孩子作为主要消费者,十分注重培养他们的消费忠诚度。在餐厅用餐的小朋友,经常会意外获得印有麦当劳标志的气球、折纸等小礼物。在中国,还有麦当劳叔叔俱乐部,参加者为3~12岁的小朋友,定期开展活动,让小朋友更加喜爱麦当劳。这便是相当成功的人口细分,抓住了该市场的特征与定位。

麦当劳根据心理要素细分市场

根据人们生活方式划分,快餐业通常有两个潜在的细分市场:方便型和休闲型。在这两个方面,麦当劳都做得很成功。

例如,针对方便型市场,麦当劳提出"59秒快速服务",即从顾客开始点餐到拿着食品离开柜台标准时间为59秒,不得超过一分钟。

针对休闲型市场,麦当劳对餐厅店堂布置非常讲究,尽量做到让顾客觉得舒适自由。麦当劳努力使顾客把麦当劳作为一个具有独特文化的休闲好去处,以吸引休闲型市场的消费者群。

麦当劳市场细分的不足

虽然麦当劳每年都有针对具体地理单位所做的市场研究,但应用效率却由于各种各样的原因不尽如人意。麦当劳其实已经是输给了在中国市场本土化的肯德基。因为没有重视和认真研究市场细分研究报告,麦当劳在中国市场一开始还是主推牛肉汉堡,只是后来才被动改变策略,推出鸡肉产品,这是一种消极的对策,严重影响了自身的发展步伐。

(资料来源:http://abc.wm23.com/dadadididada/162950.html)

➡ **分析讨论题**

1. 搜集麦当劳、汉堡王、肯德基三大快餐公司的发展历程和现状资料。
2. 比较麦当劳、汉堡王、肯德基三大快餐公司在中国的发展过程和营销策略。
3. 分析麦当劳是如何选择目标市场的?其目标市场有哪些特点?与汉堡王和肯德基有什么区别?
4. 你对麦当劳的市场细分策略和目标市场营销策略还有哪些建议和意见?

4.2 工 作 页

4.2.1 选择目标市场

1. 进行市场细分

(1) 项目选择。作为小组的工作任务,各小组选择较熟悉的、某公司的某一产品或服务市场,进行市场细分。例如,服装市场、食品市场、游戏市场、手机市场、化妆品市场、计算机市场、药品市场、医疗市场、旅游市场等。

(2)市场细分。

① 运用哪一种细分方法:＿＿＿＿＿＿＿＿＿＿＿＿＿＿＿＿＿＿＿＿＿＿

② 选择市场细分标准。

人口因素:＿＿＿＿＿＿＿＿＿＿＿＿＿＿＿＿＿＿＿＿＿＿＿＿＿＿＿＿

地理因素:＿＿＿＿＿＿＿＿＿＿＿＿＿＿＿＿＿＿＿＿＿＿＿＿＿＿＿＿

心理因素:＿＿＿＿＿＿＿＿＿＿＿＿＿＿＿＿＿＿＿＿＿＿＿＿＿＿＿＿

行为因素:＿＿＿＿＿＿＿＿＿＿＿＿＿＿＿＿＿＿＿＿＿＿＿＿＿＿＿＿

③ 市场细分过程展示。

2. 目标市场描述

(1)选择目标市场。

① 作为企业目标市场的细分市场是:

◆ 细分市场1:＿＿＿＿＿＿＿＿＿＿＿＿＿＿＿＿＿＿＿＿＿＿＿＿＿＿

◆ 细分市场2:＿＿＿＿＿＿＿＿＿＿＿＿＿＿＿＿＿＿＿＿＿＿＿＿＿＿

◆ 细分市场3:＿＿＿＿＿＿＿＿＿＿＿＿＿＿＿＿＿＿＿＿＿＿＿＿＿＿

② 选择细分市场的条件分析。

目标市场	选择目标市场的条件	细分市场符合的条件	企业具备的进入条件
细分市场1			
细分市场2			
细分市场3			
……			

(2)目标市场描述。

市场描述项目	项目分析
细分市场上目标顾客是哪些人	
目标顾客的年龄、性别、职业、收入、消费偏好、受教育程度、购买习惯等内容描述	
目标顾客需要什么(真正需要的价值是什么)	
目标顾客购买使用该产品或服务的原因	
目标顾客何时(使用产品)满足自己的需求	
目标顾客习惯在何处购买产品或服务	
目标顾客如何(使用产品)满足自己的需求	
目标顾客的消费特征是如何变化(哪些因素会促使购买、增加购买、改变购买、放弃购买该产品)	
……	

4.2.2 确定营销策略

营销策略类型	选择的理由	不选择的理由
无差异性市场营销策略		
差异性市场营销策略		
集中性市场营销策略		

4.2.3 设计市场定位

1．产品属性分析

分析项目	项目分析内容
顾客关注的产品或服务属性	
分析对象产品或服务的主要属性	
主要竞争者在产品属性方面的优势与劣势	
本企业在产品属性方面的优势与劣势	
进行市场定位可选择的产品属性	
……	

2．市场定位工具表单

分析项目	竞争对手产品分析	企业产品分析	差异描述
质量			
价格			
知名度			
售后服务			
使用方便性			
企业信誉			
销售方式			
外观设计			
广告投放数量及方式			
主要目标市场消费者			

3．市场定位分析

（1）描述竞争者的市场定位情况。

（2）描述本企业的产品定位设想。

（3）通过哪些方式或途径，如何展现本企业的产品定位概念？

（4）本企业的市场定位与竞争对手相比，有哪些优势与不足？

4.2.4 要求与考核

（1）对每一部分工作项目完成方式，教师可根据时间安排妥善布置。各小组应上交相关图表及文字分析报告，要求思路清晰、内容完整、格式规范。

(2)每个小组都是一个模拟公司,要以临阵实战的状态完成各项任务,上交文本包括 Word 文件和 PPT 文稿。

(3)各小组派代表进行演示、汇报,教师进行评价。也可以由各小组间进行相互评价,以适当权重加入小组活动成绩中,便于学生相互学习、取长补短。

(4)在布置工作任务时,可以联系学校附近的几家公司或店铺,为其分析顾客需求、选择目标市场、确定营销策略、设计市场定位,并邀请企业参与学生小组工作任务的评价工作。

4.2.5 本项目学习总结

总结项目	总结内容
本项目内容主要知识点	
本项目内容主要技能点	
你已熟知的知识点	
你已掌握的专业技能	
你认为还有哪些知识需要强化,如何做到	
你认为还有哪些技能需要强化,如何做到	
本项目学习心得	

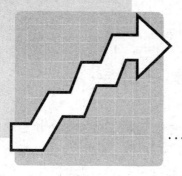

项目 5

营销策略制定
——产品策略

知识目标

理解产品整体概念、产品组合、品牌、商标、包装、产品生命周期和新产品的含义,了解产品生命周期各阶段的特点,掌握产品生命周期各阶段的营销策略、产品组合策略、品牌和包装策略的内容。

技能目标

学会对产品生命周期阶段进行分析和判断,灵活运用产品营销策略,调整产品组合、开发新产品,对产品品牌和包装进行管理。

学习任务

1. 理解本项目主要理论内涵,学会运用相关理论分析现实营销实践活动与现象。

2. 尝试判断特定产品或服务的市场生命周期阶段,并制定相应的营销策略。

3. 能够分析特定产品或服务的品牌策略、包装策略、组合策略、市场生命周期策略,制定相应的营销策略。

4. 分析某种特定新产品或虚拟一种新产品项目特点和目标市场需求,并制定切实可行的市场推广方案。

5.1 学习引导

产品是企业市场营销组合中的一个重要因素。产品策略直接影响和决定着其他市场营销组合因素的管理,对企业市场营销的成败关系重大。企业应致力于产品质量的提高和组合结构的优化,以更好地满足市场需要,取得更好的经济效益。

5.1.1 产品组合策略

市场营销以满足顾客需要为出发点,而满足顾客的需要是以提供产品或服务来实现的,认识和理解产品的含义及产品组合策略是企业市场营销策略的基础。

1. 产品整体概念

一般认为,产品是看得见、摸得着的具有某种特定物质形状和用途的物品。从市场营销的角度来看,产品是指能够提供给市场供人们使用或消费,能满足某种欲望或需要的任何事物,包括实物、服务、场所、组织、构思等。如咨询服务、金融服务、维修服务、音乐会、旅游度假、汽车、律师的咨询意见等都是产品。产品整体概念包含核心产品、形式产品和附加产品三个层次,如图5-1所示。

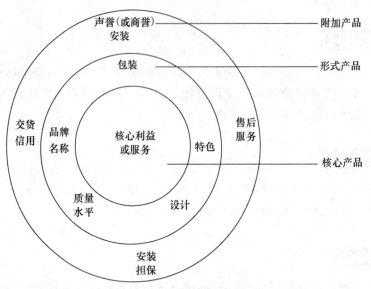

图5-1 产品整体概念示意图

(1)核心产品。也称实质产品,是指产品能够提供给消费者的基本利益或效用。消费者或用户购买某种产品,不是为了获得或占有产品本身,而是为了满足某种特定的需要。例如,人们购买自行车是为了代步,购买化妆品是希望使自己更加美丽、增加魅力等。产品包括有形的物品和无形的服务,例如,劳务也是产品,它是通过某种特定的服务来满足消费者的特定需要;又如,旅游服务是为了满足人们观光、愉悦身心的需要等。因此,在营销活动中,营销人员必须明确购买者购买某一产品时所追求的基本效用和核心利益是什么。

（2）形式产品。也称有形产品，是核心产品的形式和外在表现，是消费者得以识别和选择产品的主要依据。形式产品一般表现为产品的形状、特点、包装、品牌等。同类产品的基本效用是相同的，企业要获得竞争优势，吸引消费者购买和使用自己的产品，必须更多更好地开发形式产品，满足人们对产品基本需求之外的需要。例如，通过改良外观，在满足消费者基本需要的同时，满足审美需要；通过提高质量，延长使用寿命满足经济性需要等。

（3）附加产品。也称外延产品，是指消费者购买产品时所得到的各种附加利益的总和。企业营销人员必须围绕核心产品和有形产品，通过附加给消费者的服务和利益来建立附加产品。从营销角度看，附加产品包括咨询服务、产品介绍、提供信贷、送货服务、安装调试、技术培训、产品保证、售后服务和技术支持等。

产品整体概念集中反映了以消费者需求为核心的市场营销观念，印证了企业及其产品的竞争力主要取决于对消费者需求的满足程度。因此，企业要在激烈的市场竞争中保持自己的优势地位，就必须从整体上认识产品，使产品整体概念不断完善。

2. 产品组合的含义

通常情况下，企业会拥有多种产品，为保证产品的市场竞争力，企业需要根据目标市场的营销状况，对所有产品进行有机组合，以适应生产、销售和竞争的需要。

产品组合是指企业生产经营的全部产品的结构或构成。产品组合是由产品线和产品项目组成的，任何企业的产品组合都有其广度、深度及关联性，如图 5-2 所示。

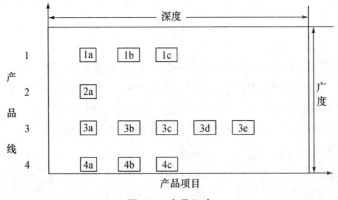

图 5-2　产品组合

（1）产品线，是指同一产品种类中具有密切关系的一组产品，它们或是销售给同类顾客、通过同一类型的渠道销售、满足消费者相同的需要或者售价在一定的幅度内变动等。

（2）产品项目，是指产品线中不同规格、型号、款式、档次、特色、价格水平的具体产品。例如，雅芳的产品组合包括四条主要产品线，即化妆品、珠宝首饰、时装和日常用品。每个产品线还包括几个亚产品线，例如，化妆品可细分为口红、眼线笔、粉饼等。每个产品线有许多单独的产品项目。

（3）产品组合的广度又称产品组合的宽度，是指一个企业所拥有的产品线的多少。产品线越多,说明产品组合的广度越宽。如彩虹集团电子股份有限公司仅生产显像管,其产品组合就很窄;而宝洁公司既生产经营护发品,还生产经营保健品、饮料、食品等,其产品组合的广度就比较宽。

(4)产品组合的深度,是指某一产品线中共有多少个产品项目。产品项目越多,产品组合越深,反之越浅。如佳洁士牙膏有三种规格和两种配方,共6个产品项目,其产品组合的深度就是6。

(5)产品组合的关联性也称产品组合的相关性,是指一个企业所生产经营的各产品线在资源供应、生产条件、资源利用、分销渠道、最终用途等方面相互关联的程度。

在图5-2中,产品项目共有12个,产品线有4条,产品组合的平均深度为3。

3. 产品组合策略

企业必须采用恰当的优化分析方法,运用适当的产品组合策略,对企业现有产品线和产品项目进行调整和优化,以创造最大的经济效益。

(1)产品组合策略。即企业根据其经营目标和市场竞争环境,对产品组合的广度、深度和关联度进行抉择,使之形成最佳的产品组合。

① 扩大产品组合策略。即企业开发和经营市场潜力大的新产品线,扩大生产经营范围以至实现跨行业的多样化经营。它包括三个方面的内容:一是扩大产品组合的广度,即在原产品组合中增加一条或几条产品线,扩大产品经营范围;二是扩大产品组合的深度,即在原有产品线内增加新的产品项目,发展系列产品,增加产品的品种;三是增加产品组合的关联性。扩大产品组合有利于发挥企业的资源潜力,开拓新的市场,减少经营风险,增强竞争能力。但是,扩大产品组合往往会分散经营者的精力,增加经营管理难度。因此,企业必须根据生产经营能力的大小确定自己的经营范围。

② 缩减产品组合策略。即企业从产品组合中剔除那些获利小、发展前景不好的产品线或产品项目,集中资源生产经营那些效益高、发展前景好的产品线或产品项目,促进生产经营专业化程度的提高,向市场的纵深发展,提高市场竞争能力。这种策略通常在企业经营状况不景气,或者在市场营销环境不佳时使用。缩减产品组合可以使企业集中精力对少数产品改进品质,使企业生产经营专业化,减少资源占用,降低成本,便于提高劳动生产率和加强售后服务。

③ 产品延伸策略。即企业把产品线延长,全部或部分地改变企业原有产品的市场定位,增加经营档次或扩展经营范围。延伸的方式有三种:向下延伸、向上延伸及双向延伸。

向下延伸又称低档产品策略,是企业将原来定位于高端市场的产品线向下延伸,增加中低档产品项目。产品线向下延伸可以利用原有高档名牌的声誉,吸引经济条件有限的消费者;利用低档产品抵御竞争者的渗透;也可以使企业填补市场空缺。其不足之处在于,可能有损企业的品牌形象。企业采取向下延伸策略的条件是:原有的高档产品在市场上受到竞争者的威胁,本企业产品在该市场的销售增长缓慢,企业产品线向下延伸以寻找新的经济增长点。

向上延伸又称高档产品策略,是企业将原来定位于低端市场的产品线向上延伸,增加中高档的产品项目。产品线向上延伸可以提高现有品牌的声望,成为生产种类齐全的企业,全方位获取利润。其不足之处在于,企业将面临高档产品生产者的激烈竞争,面临市场上消费者和中间商对企业生产中高档产品能力的质疑,及企业销售、服务等环节经验与能力的制约。

双向延伸是企业将原来定位于中端市场的产品线同时向上、向下延伸,即同时增加高档与低档的产品项目。双向延伸可以使企业在高档产品市场上获得较高的利润率,通过高档产品在低档产品市场上建立良好的形象和声誉,吸引更多的消费者。

无论采用哪一种产品组合策略,应该遵循的原则是有利于促进销售和增加企业的总利润。企业在选择产品组合策略时,必须从企业自身和市场的实际情况出发,保证产品组合的最优化。企业应考虑如下因素。

◆ 企业的生产条件,包括资金、技术、设备、原材料供应等。
◆ 市场的需求量及其需求增长量。
◆ 市场竞争的状况。

(2) 产品组合的优化分析。产品组合策略只能决定产品组合的基本形态,随着市场需求和竞争状况的变化,产品组合中的产品项目在市场中的地位必然发生分化。企业必须经常分析产品组合中各个产品项目的销售与赢利情况,并采取措施促成产品的优化组合。产品组合的分析管理方法很多,但常用的主要有以下两种。

① 矩阵图分析法。企业进行产品组合决策时,可以考虑利用美国波士顿咨询公司创立的市场增长率-市场占有率矩阵来进行分析。矩阵图分析法是将企业的各种产品项目按照市场占有率和销售增长率的高低进行矩阵分类分析的一种方法,如图5-3所示。

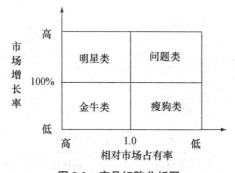

图 5-3 产品矩阵分析图

图 5-3 中的纵坐标表示市场增长率,通常用数字 0～20% 表示,一般以 10% 为分界线,即 10% 以上为高市场增长率,10% 以下为低市场增长率。矩阵图中的横坐标表示相对市场占有率,相对市场占有率是指企业产品的市场占有率与同行业中最大竞争对手的市场占有率之比,一般以 1.0 作为分界线,高于 1.0 为优,低于 1.0 为劣。如果企业某产品的相对市场占有率为 0.1,则表示企业该产品的市场占有率为最大竞争对手产品市场占有率的 10%;如果企业的相对市场占有率为 10,则表示企业该项产品已成为行业中的领袖且其市场占有率为次强者的 10 倍。

市场增长率高且相对市场占有率高的产品为明星类产品。这类产品在市场上畅销,而且很有前途,应当投入较多的资金,促其迅速发展。

市场增长率高但相对市场占有率低的产品是问题类产品。该类产品不稳定,可能变好,也可能变坏。因此,对其应采取扶持发展的策略。

销售增长率低但相对市场占有率高的产品为金牛类产品。这是企业利润最大的来源,企业应通过提高质量、增加品种和功能、降低成本等措施延长其市场生命周期,使企业获得尽可能多的利润。

销售增长率和相对市场占有率都低的产品是瘦狗类产品。这类产品已无利可图,如无改善的可能,应及早予以淘汰。

② 三维分析法。在三维分析图上,X 轴代表市场占有率,Y 轴代表销售增长率,Z 轴代表利润率,这样把企业产品划分为 8 个区域,如图 5-4 所示。处于这 8 个不同区域的产品,它们的市场占有率、销售增长率和利润率的情况如表 5-1 所示。

可以看出,企业最佳的产品组合在 1 区内,因为产品的市场占有率、销售增长率和利润率都高。如果企业的产品处在第 8 区,则是最不利的情况,企业应决定将该产品淘汰。

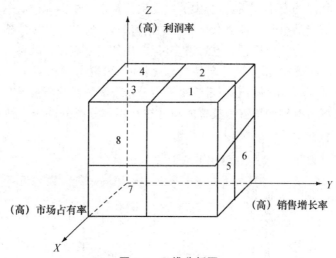

图 5-4 三维分析图

表 5-1 产品组合分类表

空间区域	市场占有率	销售增长率	利润率
1	高	高	高
2	低	高	高
3	高	低	高
4	低	低	高
5	高	高	低
6	低	高	低
7	高	低	低
8	低	低	低

5.1.2 品牌与包装策略

品牌与包装象征着企业和产品的信誉,在市场竞争中作为重要的竞争手段,发挥着积极的和不可替代的作用。研究品牌与包装策略是企业营销人员的一项重要工作。

1. 品牌策略

品牌是指其使用者向产品或服务的购买者提供的一系列关于产品特点、利益和服务的承诺。有影响力的品牌能给消费者留下美好的印象,引起消费者强烈的偏好。品牌价值的高低取决于消费者对品牌的忠诚度、品牌知名度、品牌所代表的质量、品牌辐射力的强弱等多方面。

(1) 品牌和商标的含义。品牌是企业为自己的产品或服务确定的一个名称、术语、标记、符号、图案,或者是这些因素的组合,目的是让购买者识别产品的制造商和销售商或识别服务的提供者。品牌一般由品牌名称和品牌标志两个部分组成。

品牌名称是指品牌中可以用言语称呼的部分,如"五粮液""可口可乐""海尔""索尼"等。品牌标志是指品牌中可以被识别,但不能用言语称呼的部分,如符号、象征、图案或其他特殊的设计。

商标是企业在政府有关主管部门注册登记的品牌或品牌的一部分。企业注册成功后,便获得商标专有权并受法律保护,其他任何组织和个人都不得仿效使用。因此,商标是一个法律名词,是经过合法注册的产品名称、标志、图案和设计等;而品牌则是一个商业术语,没有经过合法注册,不受法律保护。

(2) 品牌策略。是指企业如何合理地使用品牌,达到既定的营销目标。企业在制定品牌策略时可从以下 5 个方面做出策略选择。

① 品牌化策略。即企业使用品牌与否的策略,包括使用品牌还是不使用品牌,以及品牌是否注册为商标等。尽管品牌具有相当重要的作用,但是有些产品可以采取不使用品牌的策略。如直接供应给厂家的原料型产品,进入消费领域的低价值的普通产品,生产简单且差异性、选择性不大的产品,消费者习惯上不以品牌为购买依据的产品等。实行"非品牌化"策略,可省品牌化业务等方面的费用,降低经营成本和价格,提高市场竞争能力,扩大产品销售。

当企业做出使用品牌决策后,要进一步确定是否将品牌向有关机构注册登记,使品牌成为注册商标。企业的品牌注册成为商标后,便可以受到相应的法律保护,还可以以许可贸易的形式出售或转让商标的使用权,为企业带来更多的利润。

② 品牌归属策略。企业在决定使用品牌后,应对使用谁的品牌问题做出决策。在品牌的选择与使用上可以有以下 4 种选择。

◆ 使用生产者的品牌。生产者的品牌也叫制造商品牌、工业品牌。使用生产者品牌是品牌策略中应用最广泛的一种选择,制造商品牌一直在零售行业中占统治地位,绝大多数制造商都创立了自己的品牌。生产者采用自己的品牌出售产品可建立企业的信誉和实施名牌战略,销售商使用生产者的品牌可节省宣传费用,便利地为消费者提供售后服务和保障。

◆ 使用经销商的品牌。使用经销商的品牌是指产品在销售过程中不使用生产商的品牌,而采用经销商的品牌。经销商品牌也叫中间商品牌、商业品牌、私人品牌。在营销实践中,一些实力超群的中间商建立自己的品牌,以树立良好的企业形象,利用顾客的信任和良好的声誉,增强对供货企业的控制,降低进货成本,提高市场竞争能力。

生产企业在进行品牌决策时是选择使用自己的品牌还是选择使用经销商的品牌取决于企业的实际情况。如果企业生产技术先进、具备良好的市场声誉、综合实力强、市场占有率高,甚至是市场上的领先者,就应该使用自己的品牌;如果企业规模小、产品没有知名度、开拓市场的能力不足、在市场上的声誉不及经销商,或在不熟悉的新市场上推广产品,则可以考虑采用经销商的品牌,借用经销商良好的声誉和完善的销售系统销售自己的产品。

◆ 使用特许品牌。对于实力较弱、市场占有率较低和企业声誉尚待建立的生产企业来说,可以考虑利用特许形式使用其他制造商的品牌,以促进企业的产品销售,提高市场占有率。生产者同其他品牌制造商签订品牌使用许可协议,在一定期限内支付给对方使用许可费,在自己生产的产品上使用对方已经创立的品牌名称或符号。

◆ 使用共同品牌。共同品牌是指将两个已经创立的不同企业的品牌名称共同用在同一个产品上,如一汽-捷达汽车、索尼-爱立信手机等。绝大多数共同建立品牌的情况是,由一个企业将获得特许的另一家企业的著名品牌与自己的品牌合并后共同使用。共同品牌能更加吸引消费者,提高市场占有率,目前共同品牌大多是强强联合。但共同建立品牌的双方在进行销售促进时必须注意均衡,在如何使用广告、减价促销、营销投入、收益分配等方面做好平衡工作。共同建立品牌的双方必须能有效地控制对方正确使用品牌,保证已建立的品牌形象不受损害。

③ 家族品牌策略。如果企业决定其大部分或全部产品都使用自己的品牌,就要进一步决定其产品是分别使用不同的品牌,还是统一使用一个或几个品牌。可供企业选择的家族品牌策略主要有以下4种。

◆ 统一品牌策略。统一品牌策略就是企业对其全部产品使用同一个品牌。如海王集团的海王银杏叶片、海王银得菲、海王牛初乳等。当企业现有产品在市场上具有较高声誉和知名度、市场占有率高,且本企业所有产品都具有相同的性质和质量时,可以采用这一策略。采用统一品牌策略可以节省品牌业务的管理费用,尤其是在新产品促销宣传方面,可以利用原有产品在人们心目中的品牌形象来节省促销费用;有利于建立顾客对新产品的忠诚和信任,借助原有品牌的声誉可以使新产品迅速占领市场;有利于扩大企业声誉,树立知名品牌的市场形象。

◆ 个别品牌策略。个别品牌策略即企业对其各种不同的产品分别采用不同的品牌。如宝洁公司的洗发水有飘柔、潘婷、海飞丝、伊卡璐等品牌。当企业的产品品种较多,生产条件、技术专长等在各种产品上有较大差异时,采用这一策略较为有利。采用个别品牌策略可以使企业分散经营风险,当某种品牌的产品出现问题时,本企业的其他品牌产品不易受到牵连。但是,采用这种策略的品牌业务工作量较大,相关的费用高,创立名牌需要付出更多的努力和较长的时间。

◆ 企业名称加个别品牌策略。这种策略是指在每一个品牌名称前均冠以公司名称。如海尔集团的海尔小王子、海尔小统帅。采用公司名称可以使企业新产品与原有产品保持一致,壮大企业产品的声势,而单个品牌名称又使企业新产品显露个性。

◆ 分类品牌策略。分类品牌策略是指企业对其不同类别的产品分别命名,一类产品使用一个牌子。如西尔斯·罗巴克公司将其经营的器具类产品、妇女服装类产品、主要家庭设备类产品等分别使用不同的品牌名称。如果企业生产经营多个不同种类的产品,各产品之间的相关性很低,可以采取对一类产品使用一个品牌的策略。这种策略可以避免不同大类、不同档次的产品相互混淆,兼有个别品牌策略的优点,同时又在一定程度上弥补了个别品牌策略的不足。

④ 品牌战略选择策略。当企业处于品牌战略选择阶段时,通常有以下4种选择。

◆ 产品线扩展。产品线扩展是指企业在同样的品牌名称下,在相同的产品种类中引进、增加新的项目内容,如新形式、新口味、新成分和新包装等。这种做法成功率高,也有利于品牌的宣传和扩张,但是产品线扩展也有一定的风险,容易使品牌失去原有含义和意义。

◆ 品牌延伸。品牌延伸是指企业利用现有的品牌名称来推出新的项目,如日本本田公司利用其品牌的知名度,相继推出了摩托车、助动车、割草机等产品。品牌延伸可以使新产品很快被消费者认识和接受,促使新产品尽快进入新的市场,同时节约了新产品的市场推广费用。品牌延伸策略的风险在于,如果新产品质量不能保证或不符合消费者的需要,则有可能损坏企业其他产品的信任度。

◆ 合作品牌。合作品牌是指两个或更多的品牌在一个产品上联合起来的一种策略。每一种品牌的发起人都希望与另一个强势品牌结合,来强化消费者对其产品的偏好或购买欲望,达到双赢的目的。如英特尔公司对消费者开展品牌宣传活动,使消费者逐渐认同了英特尔芯片的高品质特征,最终使一些主要电脑制造商如IBM、康柏和戴尔等为了促进本公司个人电脑的销售,在对消费者进行宣传时特别强调本品牌内置英特尔芯片。

◆ 多品牌策略。多品牌策略是指企业在同一类产品中建立两个或几个品牌的策略,目的是建立不同的产品特色以迎合不同的购买动机,这样,企业可以使产品向各个不同的市场部分渗透,促进企业销售总额的增长。如宝洁公司在市场上销售9种不同品牌的洗衣粉。有时,企业收购某一竞争对手,由于其品牌有一大批忠实的使用者,企业不想失去这些用户或消费者而继承其品牌名称。如惠普收购康柏公司,继续生产和销售康柏笔记本电脑;宝马公司兼并劳斯莱斯公司,同样保留了劳斯莱斯这一形象高贵的品牌。

⑤ 品牌再定位策略。品牌再定位策略也称品牌的重新定位策略,一个品牌在市场上的最初定位即使很成功,随着时间推移也必须重新定位。在做出重新定位选择时,企业必须考虑将品牌转移到另外一个细分市场的费用,包括产品广告宣传费用、包装费用、品牌管理费用以及定位于新位置的获得能力等。如美国七喜公司进行的"非可乐"饮料重新定位宣传,使企业获得了"非可乐"饮料市场的领先地位。

2. 包装策略

包装是指产品的容器或包装过程以及与此相关的一系列设计活动。包装可分为以下3种类型。一是产品的直接包装,是产品的基本容器,如牙膏的软管、啤酒的瓶子等。二是中层包装或次要包装,这种包装是消费者使用时才会丢弃的包装物。产品的直接包装和中层包装也被称为内包装和销售包装,在设计上不仅要考虑保护产品,而且要考虑介绍产品、便于使用、指导消费以及美化产品、塑造产品形象、提高企业声誉、促进产品销售、增加产品附加值等问题。三是装运包装或称运输包装,这是产品在储存、识别、装卸和运输时所必需的包装。

(1) 包装设计。是指对包装的形状、大小、构造及包装材料等方面的创造或选择。包装按作用不同可分为运输包装和销售包装两大类。

① 运输包装的设计。运输包装的主要功能是保护产品在流通中安全、快速、高效地到达顾客手中。其设计有如下基本要求。

◆ 根据产品的物理特性和化学特性选择适当的包装材料和方法,保证在运输中不损坏、不变质、不渗漏。

◆ 采用体积小、重量轻的包装材料,注重包装重量。

◆ 力求包装标准化和规格化,以方便运输和装卸,节约运费。

◆ 运输包装要求有简单醒目的标志,使产品安全准确地运达目的地,同时要努力节约包装物件,降低包装成本。

② 销售包装的设计。销售包装的功能主要是美化和宣传产品,便于陈列和消费者选购、携带和使用,提高产品价值。其设计有如下基本要求。

◆ 包装造型美观大方,图案生动形象,具有强烈的美学效果,避免与竞争者同类产品的包装雷同,要采用新材料、新图案和新形状,吸引人注目。

◆ 产品包装应与产品的价值或质量水平相配合,根据产品品位和单位产品的价值及消费者的购买要求确定包装的档次。

◆ 包装要显示出产品的特点和独特风格,能够直接向消费者展示,要选择透明的包装材料、开天窗式包装或在包装上印有彩色图片。

◆ 包装设计要求能增加消费者的信任感并指导其消费。

◆ 包装设计要适应不同民族的风俗习惯、宗教信仰、价值观念和心理上的需要。

◆ 包装的造型和结构应考虑使用、保管和携带方便。

此外,在包装设计和包装材料的选用中要注意以下原则。

◆ 轻量化原则,即包装要尽量减少材料,减轻重量。

◆ 少量化原则,即包装中产品的数量要做到适量够用,避免浪费。

◆ 薄型化原则,即把包装降到必要的最低限度,以压缩体积、方便运销、减少包装废弃物。

◆ 方便化原则,即包装应方便提挂,容易开启,便于展示和使用。

◆ 无害化原则,即包装物应无菌无害,能长期保存,无害于顾客的身心健康。

(2) 包装策略。是产品策略的重要组成部分,常用的包装策略有如下7种。

① 类似包装策略。类似包装也称系列包装或统一包装,就是一个企业将其所生产经营的各种不同产品,在包装外形上采用相同的图案、近似的色彩或其他共同的特征,使顾客容易发现是同一家企业的产品。类似包装策略有利于节约包装设计成本,能利用企业的声誉消除消费者对新产品的不信任感和增加企业的声誉。类似包装策

略适宜于品质接近的产品,如果产品质量过分悬殊,则会对优质产品带来不利影响。

② 组合包装策略。组合包装也称相关性产品包装或配套包装,是企业将若干有关联的产品,放在同一包装物中。如化妆品的组合包装、节日礼品盒包装、餐具组合包装和酒具、茶具组合包装等,都属于这种包装策略。组合包装有利于企业推销产品,能促进消费者购买,特别是在推销新产品时,企业可将其与老产品组合出售,创造条件使消费者接受和试用。

③ 等级包装策略。等级包装也称分档包装,就是企业对同一种产品根据消费者的不同需要,采用不同级别的包装。如果消费者购买的目的是用作礼品,则采用精致包装;如果消费者自己使用,则只需简单包装。对不同等级的产品,也可采用不同包装。高档产品包装精细、高贵,体现产品的品质与高档的定位;中低档产品包装简略,以减少产品成本。

④ 再使用包装策略。再使用包装也称双重用途包装或复用包装,是企业将包装物制作得比较精美,除包装产品的功能外,当产品使用完毕后,包装还可移作他用。再使用包装可以使购买者得到一种额外的满足,从而激发其购买欲望。如设计精美的酒瓶,可用作花瓶;杯状的玻璃容器,可以用作酒杯、茶杯等。包装物在继续使用过程中,还可起到广告宣传的作用,增加顾客重复购买的可能性。但要防止成本过高,增加消费者的负担。

⑤ 附赠品包装策略。附赠品包装即在包装容器内附上赠品,以引起消费者的兴趣。如玩具、糖果等商品包装中附赠连环画、认字图;化妆品包装中附有赠券等。现在许多的商品包装内常附有奖券、现金等。该策略对儿童、青少年和低收入者较为有效,若赠品采用累积获奖方式,效果将会更加明显。

⑥ 更新包装策略。更新包装也称改变包装,是企业在产品销量下降,市场声誉跌落时,采取改变产品包装的策略;或对某些产品的包装采用不断改进包装设计和变换不同包装材料的方式,使顾客感到时尚新颖,起到促进销售的目的。采用该策略的基本条件是产品的内在质量要不断提高,达到使用者的要求。

⑦ 防窜改包装策略。在市场营销中,企业往往面临着产品被侵权、仿冒和窜改的风险,在药品、食品和文化产品等方面尤为严重,企业必须设计和制作防伪包装、防窜改包装和当产品被一次性使用后不能恢复原来形状的包装,在产品的包装方面打击仿冒、窜改者,保护企业和消费者的利益。

5.1.3 产品生命周期策略

产品生命周期也称产品市场生命周期、产品经济生命(寿命)周期,是指产品从进入市场开始,直到被市场淘汰为止所经历的全部时间。产品只有经过研究开发、试销和进入市场,其市场生命周期才算开始。产品退出市场,标志着生命周期的结束。在市场营销中,企业必须随着产品市场生命周期的发展变化,灵活调整市场营销方案,并重视新产品开发,及时用新产品代替衰退的老产品。

1. 产品生命周期阶段

典型的产品市场生命周期一般可分为四个阶段,即投入期(引入期、导入期和介绍期)、成长期、成熟期和衰退期，如图5-5所示。

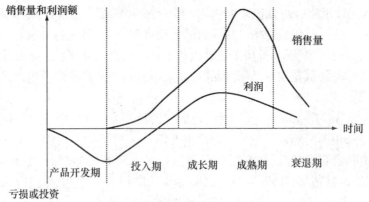

图 5-5 典型的产品市场生命周期

（1）投入期。投入期是新产品研制成功后投入市场后的试销阶段。此时，产品尚未定型，技术也不完善，生产批量小，制造成本高。顾客对产品还不了解，只有少数顾客试用性购买，因而销售量低。为扩展销路，需要投入大量的促销费用，因而广告宣传费用大。产品进入市场后，销售量缓慢增长，利润较低，甚至出现亏损。

（2）成长期。成长期是产品试制成功后投入批量生产，销售扩大，企业利润得到明显改善的阶段。此时，产品技术日益成熟，生产工艺日趋完善，生产规模迅速扩大，生产成本大幅度下降。顾客对产品已经熟悉，大量的新顾客开始购买，市场逐步扩大，销售额迅速上升，利润也迅速增长。同时，市场上开始有越来越多的企业加入竞争，使同类产品供给量增加，价格随之下降，企业利润增长速度逐步减慢，最后达到市场生命周期利润的最高点。

（3）成熟期。成熟期是市场趋于饱和的阶段。在这一时期，生产技术和产品都已标准化，新的竞争者和同类产品大量出现，产品已被绝大多数顾客接受和购买，产品销售量继续增加，但增长的速度趋于缓慢。随着市场上生产技术的提高和生产规模的扩大，竞争者竞争能力逐步增强，市场开始进入激烈的竞争阶段。

（4）衰退期。衰退期是产品老化，销售额下降的趋势继续增强，利润逐渐趋于零的阶段。在这一时期，顾客的兴趣已经发生转移，销售量迅速下降。由于市场萎缩，企业的生产能力相对过剩，必须缩减生产规模。成本上升，利润迅速下降。一种或多种更新的产品投放市场，生产老产品的企业逐渐失去竞争优势，逐步退出市场，老产品处于被淘汰的境地。

2. 判断产品生命周期的方法

判断产品所处的市场生命周期阶段，能直观地反映企业产品的现有销售和利润情况，反映产品所处阶段的特点及未来的市场趋势，从而更好地客观指导企业实施恰当的营销策略。

（1）曲线判断法。即先做产品销售量和利润随时间变化的曲线，将其与典型产品市场生命曲线比较，判断该产品市场生命周期阶段。

（2）类比判断法。该方法是根据以往市场类似产品生命周期曲线来判断企业产品所处市场生命周期处在哪个阶段上。

（3）经验判断法，又称家庭普及率推断法。即根据某一地区的社会普及程度判断该产品在这一地区市场上大致处于生命周期的哪一个阶段。

按人口平均普及率 = 某种产品社会拥有量/人口总数 × 100%

按家庭平均普及率 = 某种产品社会拥有量/家庭户数 × 100%

一般认为，当普及率为 0~5% 时，为投入期；5%~50% 时，为成长期前期；50%~80% 时，为成长期后期；80%~90% 时，为成熟期；大于 90% 时为衰退期。需要注意的是，普及率越高，需求量越低。

（4）销售增长率判断法。即以产品销售增长率来划分产品生命周期的各个阶段。

销售增长率 = (本期销售量 – 上期销售量)/上期销售量 × 100%

确定产品生命周期阶段的经验标准是：销售增长率大于 0，小于等于 10%，属于导入期；大于 10%，属于成长期；大于 –10%、小于 10%，属于成熟期；小于等于 –10%，属于衰退期。

（5）市场渗透率和忠诚度判断法。如果企业的产品市场占有率是靠渗透率取得的，说明产品处于成长期；如果企业的产品是靠忠诚度来达成的，则产品进入了成熟期。

（6）竞争者数量判断法。如果竞争者激剧增多，说明产品处于成长期；当竞争者开始退出，竞争者的数量减少时，应该注意产品是否开始进入成熟期后期或是衰退期。

在判断一种产品或服务的市场生命周期时，一般需要几种方法同时使用，互相佐证才更加稳妥。

3．产品生命周期各阶段的营销策略

产品处在不同的市场生命周期阶段，企业就应采取相应的营销策略，以使产品尽快打入目标市场，尽早为顾客所接受，缩短产品的市场导入期，尽可能保持和延长产品的成长期和成熟期，并使产品以较慢的速度被市场淘汰。

（1）投入期的营销策略。新产品在刚刚进入市场时，销售量增长缓慢，往往无利可图甚至亏损。企业应迅速扩大销售量，提高盈利水平，尽量缩短投入期，尽快进入成长期。在准确的产品定位基础上制定恰当的价格——促销组合策略。企业在产品投入期制定价格时，可以采取的营销策略有以下 4 种。

① 快速撇脂策略。在竞争对手和消费者没有正确估计出产品成本时，以高价格和高促销费用向消费者大力推销。高价格是为了迅速收回成本并使企业得到更多的盈利。高促销投入是为了广泛宣传新产品，使更多的消费者知晓新产品的存在，从而尽快打开销路。采用这一策略的前提是市场上绝大多数消费者不了解该产品；少数了解该产品的消费者愿意支付高价；产品新颖独特。

② 慢速撇脂策略。企业以较高的价格、较低的促销费用将产品推向市场，以期获得尽可能多的利润。高价格可以使企业获得较多的收入，低促销可减少成本费用。采用这一策略的前提是新产品有效地填补了市场空白；没有现实竞争对手而且市场规模有限；购买者愿意支付高价拥有产品。

③ 快速渗透策略。企业以低价格、高促销投入将产品在市场上销售,以期获得较多的市场份额和着眼于长期利润。价格低廉能获得尽可能多的消费者的认可,而通过各种促销手段能把产品信息迅速传递给消费者,刺激他们的购买欲望。采取这一策略的前提是:市场规模大;消费者处于对产品不知晓状态;产品需求价格弹性较高;生产产品的技术易于被竞争者掌握,在较短时间内会出现激烈的市场竞争。

④ 慢速渗透策略。企业以低价格、低促销投入将产品推向市场。以较低的价格销售产品是为了扩大市场占有率,以较低的费用促销产品是为了减少成本、获得较高的利润。采取这一策略的前提是:产品的市场容量大;消费者如果接触到产品就会较深度地进行了解;该产品在市场上已有较高的知名度;消费者对产品价格敏感;市场上存在着潜在竞争对手。

(2) 成长期的营销策略。进入成长阶段,产品需求量增加,使得销售量迅速增长,市场占有率开始扩大,但竞争对手逐渐增多,竞争程度日趋激烈。这时,企业的营销指导思想应是尽可能延长产品的成长期,保持销售的增长速度。可采用的营销策略有以下4种。

① 改进产品品质并增加新的产品特色和式样。从质量、性能、式样、包装等方面加以改进,增加产品的特色,拓展产品的新用途,以对抗竞争者的产品,巩固自己的竞争地位。

② 扩展新市场及扩大销售渠道。通过市场细分占领新的细分市场,扩大销售量。在新的市场上建立营销渠道系统。在分析销售业绩的基础上,寻找产品尚未达到的领域,不断扩大销售网点,方便消费者购买。

③ 加强企业与产品的地位。广告宣传的内容应由投入期的建立和提高产品知名度转变为建立产品的信赖度,增加宣传产品的特色,使其在消费者心目中产生与众不同的感觉,使消费者接受和购买该产品。

④ 选择适合企业长期目标的决策。在成长期,企业面临着是选择占有高市场份额还是获取高利润的问题。如果企业要获得市场领导地位,就应在改进产品和促销宣传方面加大投入,并适当降价,放弃目前的最大利润。企业要结合自身实力和市场竞争状况做出正确选择。

(3) 成熟期的营销策略。进入成熟期,产品销售增长速度缓慢,甚至徘徊不前,生产能力过剩,市场竞争加剧。这一时期,企业应采取的基本策略是延长产品的生命周期,使已处于停滞状态的销售增长率和已趋下降的利润率重新得到回升。成熟期的营销策略有以下3个方面的内容。

① 市场改良策略。也称市场多元化策略,即在现有市场上寻找新的使用者和开发产品的新用途,或采取对产品品牌重新定位、开辟新市场等策略来扩大销售。基本方式有如下3种。

◆ 开发产品的新用途,寻求新的细分市场。
◆ 刺激现有顾客,增加使用频率。
◆ 重新为产品定位,寻求新的买主。

② 产品改良策略。产品整体概念的任何一个层次的改革都可视为产品改良,包括提高产品质量、改变产品特性和款式、为顾客提供新的服务等。产品改良的方式有如下4种。

- 质量改良,指提高产品质量,增加使用效果,如提高产品的耐久性、可靠性等。
- 特性改良,指提高产品的适用性、安全性、方便性和高效性。
- 式样改良,即对产品的外形进行改进,是基于人们美学欣赏观念而进行的款式、外观的改变。
- 服务改良,对于许多耐用消费品和工业用品来说,良好的服务(如为用户提供运输、开展技术咨询、维修等)会大大促进消费者的购买。

③ 市场营销组合改良策略。即通过调整营销组合中的一个或多个因素来增加销售,保持市场占有率。企业的营销组合应随着企业内外部环境的变化及时做出相应的调整,如通过减价来吸引新的使用者或竞争对手的使用者、增加广告投入、改善销售渠道和提供更加完善的售后服务等方式,延长产品的成熟期,避免衰退期的早日到来。

(4) 衰退期的营销策略。经营衰退期的产品对企业来说风险大、代价高,其损失不仅在利润方面,还存在许多隐含成本。如分散销售部门的精力,企业不断调整价格和库存,消费者认为企业没有实力,尤其是保持现有产品会延迟对替代产品的研发,造成不平衡的产品组合,降低企业利润。衰退期的营销策略主要包括以下3个方面的内容。

① 放弃策略。即企业将衰退迅速的产品从企业产品系统中清除而放弃经营,或把产品出售给其他公司,或以其他形式处理库存。在企业已开发出替代性的新产品、该产品的资金可能迅速转移、该产品的市场售价急剧下降不能补偿变动成本、该产品的继续存在会危害其他有发展前途的产品等情况下,企业应采取立刻放弃的策略。

② 维持策略。也称逐步放弃策略,是保持原有的细分市场和营销组合策略,把销售维持在一个低水平上,待到适当时机,便停止该产品的经营,退出市场。企业可安排日程表,按计划逐步减产,使有关的资金有秩序地转移;或替代性产品逐步扩大产量,使消费者的使用习惯有秩序地改变。

③ 收获策略。也称自然淘汰策略,即企业不主动放弃该产品,而是继续留在市场上直至完全衰竭为止。采取收获策略要慎重分析市场竞争形势,使企业能够接收退出者的顾客而获得利益,在市场上具备很强的竞争能力。企业有如下可选择的策略。

- 连续策略,即企业继续其过去的营销策略,对原有的市场定位、分销渠道、定价和促销等措施维持不变,使产品自然衰退,结束其市场生命周期。
- 集中策略,即企业把资源集中使用在最有利的细分市场、最有效的销售渠道和最易销售的产品品种、款式上。
- 强制策略,即企业大幅度降低营销费用从而强制性地降低成本,以提高企业利润。

5.1.4 新产品开发策略

随着市场竞争不断加剧,用户或消费者的需求不断变化,要求企业必须有针对性地不断推出新产品。企业获取新产品的方式有两种：一种方式是引进新产品，通过收购其他企业、购买专利或获得他人产品的生产许可获得新产品；另一种方式是企业自己研制开发新产品。

1. 新产品的含义

市场营销中的新产品是指产品整体概念中任何一部分的变革或创新，并给消费者带来新的利益、新的满足的产品。因此，新发明的产品、对原有产品的性能加以改进的产品、对原有产品的形态加以改进的产品以及新品牌产品等都是新产品。

新产品的类型一般有两大类，即非连续性新产品和连续性新产品。非连续性新产品也称全新产品，连续性新产品是指在原有产品的基础上进行改进的产品。根据产品创新和改进的程度，一般把新产品划分为以下5种类型。

（1）全新产品。是指应用新原理、新结构、新技术和新材料制造的前所未有的产品。全新产品常常表示科技发展史上的新突破。例如，第一次出现的电话、火车、飞机、电子计算机、移动电话、航天飞机等产品，都是全新产品。全新产品的发明，一般要经过较长时间和投入巨大的人力、财力，只有少数在某一行业居领先地位的企业能进行这种发明。一种耗资巨大的全新产品的问世往往是多行业、多部门、多企业联合投资开发的结果。

（2）换代新产品。也称革新型新产品，是指在原有产品的基础上，部分采用新技术、新结构、新材料制成的性能和质量有显著提高的新产品。例如，电子计算机问世以来，从最初的电子管发展到晶体管，又从晶体管发展到集成电路、大规模集成电路，及目前已经开始研制的具有人工智能的新产品。

（3）改进新产品。是指在原有产品的基础上采用各种改进技术，在性能、功能、结构、包装或款式等方面做出改进的新产品。例如，手表从圆形到方形、到各种艺术造型，及将模拟电视改成数字电视等。这类产品与原有产品相比在某些方面有所改进，进入市场后容易被消费者接受。

（4）仿制新产品。是指企业仿制市场上已有的产品，或其他地区已经存在而本地区是第一次生产的产品，对企业来讲，设备、生产工艺和产品都是新的，因此也称为企业新产品。企业在仿制时可能对其有局部的改进和创新，但基本原理和结构是仿制的。例如，数字化彩电在国外较早就已上市，我国某些企业开始模仿生产。企业仿制产品，可以缩短开发时间，降低开发成本，加速产品制造过程。但企业掌握不了产品的核心技术，会受制于人，并需支付一定的购买专利技术、生产技术、管理技术等的费用。

（5）新牌号产品。是指新产品线的增设及企业对已有产品进行重新定位，改进包装、重新设计品牌和注册商标，带给消费者新的消费利益，得到新的满足。新牌号产品或是对原有市场需求的进一步挖掘和满足，或是对原来营销策略失误和产品定位不准确的纠正而做出的重新定位。

企业开发新产品要征求和采用消费者的意见、建议，最大限度地满足消费者的需求，要符合有市场、有特色、有能力、有效益的基本要求。在开发和研制新产品时，企业可采用独立研制、引进技术、研制与引进相结合及通过与企业、科研机构或高等院校协作研制等多种方式进行。

2. 新产品的扩散

在新产品投放市场进行推广过程中,消费者个人由接受创新产品到成为重复购买的心理过程,可以通过美国学者埃弗雷·罗杰斯的创新扩散理论来解释。

(1) 新产品采用过程。消费者在接受新产品的过程中,往往需要经过如图5-6所示的5个阶段。

图5-6 消费者接受新产品过程

① 认识阶段。消费者从不同渠道获得新产品的信息,但由于知之甚少,所以知晓并不意味着会立刻产生购买欲望。

② 兴趣阶段。消费者持续不断地受到内界和外界刺激,逐渐对新产品发生兴趣,并主动寻求有关新产品的更多信息,购买欲望随着兴趣的逐步增强而产生。

③ 评价阶段。在掌握一定信息量的基础上,消费者从质量、价格、性能等产品属性到满足需求的程度进行慎重评价。如果对新产品的评价是否定的,则消费者接受新产品的过程就此中止;反之,则进入实际购买阶段。

④ 试用阶段。决定购买后,在可能的情况下消费者还要进行亲身体验,以验证对新产品效益评价的准确性。如果试用结果是肯定的,消费者就会进行第二次购买。

⑤ 常用阶段。是指消费者完全接受新产品,并进行重复购买的阶段。完全接受新产品的消费者,可能成为新产品信息的扩散源。

(2) 新产品采用者的类型。消费者对新产品的态度存在着较大差别,因而接受新产品的时间先后也有很大的不同。据此,可将新产品的接受者划分为以下5种类型。

① 创新者。这是一些喜欢冒险,敢于接受新事物的人,因而是新产品的最早接受者。但这一类型的人数很少,只占到2.5%。

② 早期接受者。这一类型的人的最重要特征是受自尊心所支配,富于自豪感和优越感。他们被同一阶层的人尊重,往往成为意见领导者,经过考虑能较快地接受新产品。

③ 早期多数接受者(早期大众)。这部分人既慎重又不想落伍,比一般消费者要早接受新产品,其人数可占到全部人数的1/3强。

④ 晚期多数接受者(晚期大众)。这是一些既慎重又固执的人,他们需要大部分人接受后,才肯尝试新产品,其人数也能占到全部人数的1/3强。

⑤ 落后者。这部分人具有传统思想观念,对新事物疑心重,反应较慢,是最后接受新产品的人,他们往往在创新已经变成传统后才开始接受。

3. 新产品开发的程序

新产品开发投入高、风险大、不确定因素多,需要开发人员认真制订新产品开发计划,并建立系统的、科学的新产品开发程序,如图5-7所示。

图 5-7　新产品开发过程

（1）形成创意。新产品开发始于创意，没有好的创意，便不可能有好的产品，因此，新产品开发的第一个阶段就是形成创意阶段。形成创意就是有组织地、系统地搜寻新产品的设想。新产品创意的来源主要有顾客、竞争对手、中间商、科学家、企业营销人员与管理人员等。此外，企业还可从其他方面得到有关新产品的创意，例如，展览会和研讨会、政府机构、行业杂志、广告商、专业调查公司、学校和实验室等。

（2）创意筛选。即对取得的创意进行评估，研究其可行性，筛选出可行性高的创意。创意筛选的目的是淘汰那些不可行或可行性较低的创意，将企业资源集中于成功机会较大的创意上。企业要设立专门的机构和采用特定的系统来评定、筛选新产品创意，进行评价时，要考虑如下因素：产品是否真正符合社会或消费者的需求；产品能否为本企业带来收益；产品的市场前景如何；与国家的法律和政策规定是否相符；产品开发是否符合企业的长远目标；企业是否有成功实现这个创意所需的人员、技术和资金等资源；该创意产品的竞争对手如何等。

（3）形成产品概念。一个富有吸引力的创意必须发展成为一个产品概念，才有可能进入实验室并最终生产出样品。产品创意仅仅是一个构思，而产品概念则是企业从消费者的角度对特定构思用消费者术语所做的详尽、具体的描述。从产品创意到产品概念要经过两个步骤。

① 概念形成，即将一个产品创意演变成几个可供选择的产品概念，再从中分析每种概念对消费者的吸引程度，最后选择最佳的一个。

② 概念测试，即通过产品概念的市场实验，让消费者来回答哪个概念最符合他们的需要，最具有吸引力，通过了解消费者的反应来进一步完善产品概念。

（4）初步拟定营销战略。产品概念确定后，企业就要拟定一份初步的营销战略规划。最初的营销战略要包括以下三部分内容。

① 描述目标市场的规模和结构等，计划开发的新产品市场定位，未来几年内的销售额、市场份额和目标利润。

② 概述计划开发的新产品第一年的价格、分销渠道、促销方式和营销预算。

③ 预测新产品的长期销售额、利润目标及营销组合策略等。

（5）经营分析。即在初步的营销战略规划基础上，对计划开发产品的预计销售情况、经营成本和利润进行进一步的深入评估，分析是否能满足企业的经营目标，通过分析来确定新产品的开发价值。经营分析包括两个方面的内容：一是分析产品的销售情况，参照市场上类似产品的历史销售数据，以及竞争因素和市场条件，预测出新产品的最大和最小销售量，预测企业将面临的风险；二是分析预测新产品的成本和利润，在预测销售量的基础上，对新产品的开发费用、生产制造成本、市场营销费用及财务成本等进行预算，核算出新产品开发、生产制造、销售的总成本。然后，企业利用这些销售和成本数据来分析新产品的利润情况,研究新产品将会给企业带来的利润贡献。

(6) 产品开发。即产品研究开发部门、工程技术部门进入产品的研究试制阶段,此时,产品概念会发展成实体产品模型或样品。在产品概念转化为产品模型或样品后,要进行严格的功能试验和消费者试验。功能试验在实验室和现场进行,主要测试新产品的功能与安全性。消费者试验是把一些样品交给消费者试用以征求他们对新产品的意见,目的是发现新产品在使用中的问题并进行必要的改进。这一过程可以测验产品概念在技术和商业上是否可行。

(7) 市场试销。也称市场检验,即把试制出来的新产品投放到经过挑选的有代表性的市场上进行销售试验,以检验顾客的反应。在这一阶段,产品及营销方案被放入到真实的市场环境中,来测试产品和整个营销方案的市场定位、广告、销售、定价、品牌和包装、预算标准等是否切实可行。市场试销的规模主要取决于以下两个方面。一是投资费用和风险的高低。新产品的投资费用大、风险高,试验的规模就应大一些。二是市场试验费用的多少和时间的长短。新产品的市场试验费用越多、时间越长,市场试验的规模就应越小一些,反之就可以大一些。市场试销既可以针对产品性能、质量,也可以针对产品价格、销售渠道及广告促销方案。应当注意的是,不是在所有情况下都要进行新产品的市场试销。当开发和推出一种新产品的成本很低时,或当企业对一种新产品极有信心时,企业可能很少或不进行市场试销。

(8) 正式上市。新产品试销成功后,就可以进入批量生产,全面推向市场。这时,企业要做出下面两个方面的决策。一是在什么时机推出新产品。如果新产品会影响本企业在市场上处于成熟期的其他产品的销售量,则该产品应当延迟推出。二是在什么地区推出新产品,是在一个地区、全国市场还是在国际市场推出。企业一般的选择是新产品一次只进入一个地区或一个国家市场,只有少数大企业会选择迅速把新产品推向几个目标市场。因此,企业必须在批量上市的时间、地点、渠道、方式上正确决策,准确把握时机,精心设计营销方案,确保新产品顺利进入市场。

思考题

1. 产品整体概念对企业的市场营销活动有什么指导作用?
2. 企业应如何进行产品组合的调整?
3. 分析产品生命周期各阶段的主要特征和应采取的营销策略。
4. 品牌和商标在企业营销活动中的作用是什么?其基本策略内容有哪些?
5. 如何理解包装的含义?结合自己了解的产品包装情况,谈谈你对包装的认识。
6. 企业应如何开发和推广新产品?

学习指导

1. 市场营销理论知识是分析和开展市场营销活动的基础,能够支撑营销者在市场上和职场上走得更远、飞得更高。理解产品整体概念的内涵是制定产品策略的前提。产品策略包括产品品牌或商标、产品组合、包装、新产品设计与新产品推广等众多内容，方案制订要严谨、完整、清晰、具体，具有可操作性。

2. 本项目工作任务，既可以设计学生个人作业，进行企业市场营销活动、营销现象分析，也可以设计小组项目，判断产品市场生命周期、设计品牌策略、包装策略等产品策略方案。

典型案例

丰田公司的市场选择与质量保证

1936年，丰田公司承认其模仿了克莱斯勒公司的标志性产品欧典凡高（Airflow），并且模仿了1933年的雪佛兰汽车的发动机。但是到2000年，丰田公司推出了首辆油电混合动力车普锐斯，一举成为汽车行业的领导者。2002年，当第二代普锐斯面世但还没有投放市场时，经销商就收到了10 000辆车的订单。通用汽车公司后来宣布，它将开发自己的车型进入混合动力车市场。

丰田公司在美国市场提供全线产品。从家用小轿车到多功能运动型车再到卡车和小型货车。该公司生产了不同价格点的产品，从低端消费的赛恩（Scions）到中档的佳美（Campy）再到豪华的雷克萨斯（Lexus）。设计这些不同的产品，意味着满足不同消费者的需求，生产消费者需要的汽车，然后通过营销以提高每款产品的形象。

比如，经过4年来对青年消费者需求的关注，丰田公司得知，赛恩的目标顾客是16~21岁渴望个性化的消费者。因此，丰田公司生产了mono-spec型汽车，该车的内饰装备精美，消费者可从经销商那里选择从音响到轮胎甚至脚垫的40多种定制化的配件。丰田公司的副总裁吉姆·莱兹称，丰田公司在音乐节推销赛恩汽车，并且在年轻人感觉舒适的休闲场所展览汽车，而不是在一个只能让大家驻足观看汽车的地方。

相比之下，雷克萨斯汽车全球战略的宣传词是"矢志不渝，追求完美"。虽然丰田公司明白每个国家对完美的定义不同，但是代理商都会提供一流的服务。在美国，完美和奢华意味着舒适、宽敞和可靠。在欧洲，奢华意味着关注细节和品牌传承。因此，虽然丰田公司始终保留着雷克萨斯字样，但是在广告宣传中，标志、字体以及所有传播信息都因销售国家不同而不同。

丰田公司取得成功的另一个重要原因是其制造工艺。丰田公司是精益生产和不断改善的大师。其工厂可同时生产出8种不同的车型，这大大提高了其生产力和市场反应度。而且，丰田公司在不断地创新。一个典型的丰田汽车装配线仅在一年间就实施了成千上万个操作性变化。丰田公司的员工将其目标分为三个层次，即制造汽车，更好地制造汽车，教每个人如何更好地制造汽车。公司鼓励解决问题，总是寻求不断改善的过程，从中提高其所有的相关技能。

丰田公司将把在世界各地的装配厂织成一个巨大的网络。装配厂将为当地市场提供定制化服务，并且快速转变生产以满足世界市场的需求。拥有了一张制造网络，丰田公司可以制造出多种价格更加低廉的汽车型号。这意味着，丰田公司将在不需要建立全新装配线的情况下,能够填补刚显现的市场空白。随着消费者对汽车需求的不断变化,丰田公司应对市场的敏捷度是一个巨大的竞争优势。

2006年,丰田公司赚得100多亿美元,比其他主要汽车生产商的总和还多。2007年,丰田公司超越了通用汽车公司成为世界上最大的汽车生产商。2008年,丰田制造出了920万辆汽车,比通用汽车公司多了100万辆,比大众公司多近300万辆。2014年,丰田公司全球销量达到1023万辆,连续三年蝉联全球车企销量冠军。

多年来,丰田汽车一直在质量和可靠性上名列前茅。但是在2009年和2010年,这一切发生了变化。丰田公司大范围召回了800多万辆汽车。从油门踏板卡住到突然加速,再到制动系统的软件故障等种种问题,对丰田的一些品牌造成了很大影响,其中包括雷克萨斯、佳美、卡罗拉和坦途。

这些机械故障导致了许多事故,并致50多人死亡。丰田公司总裁丰田章男在美国国会作证,并解释了故障原因。他说,我们所追求的速度增长已经超出了员工和公司的现有能力。我为这最终导致了安全问题而感到懊悔,并对因驾驶丰田汽车而遭遇车祸的人表示深深的歉意。世界范围内的召回事件,包括维修费、法律赔偿和销售额亏损等使丰田损失巨大。为了让消费者重新选择丰田汽车,公司提出激励措施,比如两年免费维护和零利率车贷。

虽然在2010年经历了召回风暴,并面临了一段困境,但是丰田公司会继续在精益生产和环保技术领域处于领导地位,丰田公司可能会因此而感到欣慰。

(资料来源:菲利普·科特勒,凯文·莱恩·凯勒.王永贵等,译.营销管理[M].北京:中国人民大学出版社,2012)

➡ **分析讨论题**

1. 收集丰田公司在中国市场上的发展历程及营销现状。
2. 收集整理丰田公司在全球市场的营销策略,并与中国市场上的营销策略进行对比分析。
3. 分析丰田公司在中国市场上是如何选择目标顾客的?又向市场投放了哪些车型、价位和服务?
4. 丰田公司已经是一个大型汽车制造商,分析它为什么能够发展得比其他汽车制造商大?
5. 丰田公司生产不同的汽车品牌来满足每个消费者的需要,这种做法对吗?为什么?
6. 如丰田公司总裁丰田章男所说,丰田公司的发展速度是过快了吗?丰田公司应该在下一年、5年或10年内怎么办?成长中的公司如何在将来避免质量问题?
7. 通过对丰田公司营销状况分析,你认为中国国产汽车生产企业应从中获得哪些经验和教训?

5.2 工 作 页

5.2.1 产品整体概念分析

学生选择自己较熟悉的某一产品或服务,例如,服装、食品、游戏、手机、化妆品、计算机、药品、网吧、酒吧等,进行产品整体概念分析。并指出产品整体概念中的每一组成部分及内涵,分析其中哪一个部分最为重要,是如何或应如何开展营销活动的。

5.2.2 产品品牌策略分析

(1) 分析自选产品或服务的品牌内涵(品牌名称、品牌标志的内涵),与目标顾客的需求与偏好是否相符?

(2) 描述自选产品或服务的品牌策略内容,分析其能起到什么作用?讨论其优缺点,并提出改进意见或措施。

(3) 品牌形象分析。

产品品牌形象分析		分析人	
品牌内容形象		品牌包装形象	
等级	□高级　□中级　□低级		
外形	□大　□小　□袖珍　□不精致　□恰如其分		
注目程度	□醒目　□不显眼　□华丽		
个性	□有个性　□无个性　□男性　□女性　□大人　□儿童		
价格	□贵　□便宜　□可再调高　□可再便宜		
陈列	□显眼　□不引人注目　□太多　□太少　□易于取用　□不易拿取		
好的印象			
坏的印象			
意外的印象			
改善提案			

(4) 产品品牌评估。

品牌项目＼评估项目	品牌生产销售状态	品牌市场需求度评价	品牌市场占有率	品牌市场地位评价	品牌价值实现度
品牌 A					
品牌 B					
品牌 C					
品牌 D					
……					

5.2.3 产品包装策略分析

(1) 分析自选产品或服务的包装内涵及其组成,并讨论其与目标顾客的需求与偏好是否相符。

(2) 描述自选产品或服务的包装策略内容,分析其能起到什么作用?讨论其优缺点,并提出改进意见或措施。

5.2.4 产品组合策略分析

(1) 分析自选产品或服务的组合宽度、长度、深度和关联性及产品项目数以及在不同市场上的产品组合运用。

(2) 描述自选产品或服务的组合策略内容,分析其能起到什么作用?讨论其优缺点,并提出改进意见或措施。

5.2.5 产品市场生命周期策略分析

(1) 判断自选产品或服务的市场生命周期阶段,分析其市场特征。

(2) 根据自选产品或服务的市场生命周期阶段特征,分析或设计其营销策略内容,讨论其优缺点,并提出改进意见或措施。

5.2.6 新产品开发策略分析

(1) 选择某一新产品或服务,分析其目标市场需求状况,设计其营销策略。

(2) 设计一种新产品或服务,分析目标市场需求,设计新产品或服务的推广策略。

	项	目	内 容
销售及生产计划	产品基本情况	名称	
		性能	
		使用价值	
		其他	
	目标市场	地区	
		客户类型	
		销售途径	
		竞争产品或替代品简析	
		产品价格定位	
		其他	
	销售预测	预测方法	
		产品生命周期与寿命	
		主要竞争者的产销能力分析	
		未来三年销售预测	
		未来三年生产计划	

续表

项　　目				内　　容
投资计划	固定设备投入		生产设备投入	
		土地投入	面积	
			取得方式	
			金额	
			每年摊销额	
			摊销年限	
		厂房投入		
		道路及辅助设施投入		
	人力资源投入			
	资金计划	开办费		
		生产启动资金		
项目研究计划	项目编号及名称			
	项目内容			
	研究人员			
	研究进度			
效益分析	盈亏平衡分析	固定成本		
		变动成本		
		保本存量		
	未来三年损益预测表			
	投资回报分析	投资回报率		
		投资回报期		
风险分析	市场风险			
	生产分析			
	其他分析			
其他说明				

5.2.7　要求与考核

（1）对每一部分工作项目完成方式，教师可根据时间安排妥善布置。各小组应上交相关图表及文字分析报告，要求思路清晰、内容完整、格式规范。

（2）每个小组要以临阵实战的状态完成各项任务，上交文本包括 Word 文件和 PPT 文稿。

（3）各小组派代表进行演示、汇报，教师进行评价。也可以由各小组间进行相互评价，以适当权重加入小组活动成绩中，便于学生相互学习、取长补短。

5.2.8 本项目学习总结

总结项目	总结内容
本项目内容主要知识点	
本项目内容主要技能点	
你已熟知的知识点	
你已掌握的专业技能	
你认为还有哪些知识需要强化,如何做到	
你认为还有哪些技能需要强化,如何做到	
本项目学习心得	

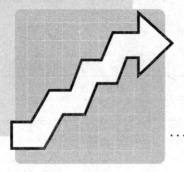

项目 6

营销策略制定
——定价策略

知识目标

了解企业定价的依据,掌握企业定价目标、产品定价方法和定价策略的基本内容。

技能目标

学会根据市场竞争状况和企业定价目标,选择恰当的定价方法,进行准确的价格定位,并具有适时调整价格的能力。

学习任务

1. 分析特定产品或服务的定价目标、影响因素和定价策略,指出其定价的优劣,提出建议或意见。
2. 针对即将供应市场的某种产品或服务项目,分析其定价目标、影响因素,制定定价策略,并说明原因。
3. 针对当前或模拟营销环境条件下,某种产品或服务的价格如何调整,并说明理由。

6.1 学习引导

价格是产品的重要组成部分。一种产品的定价是否合理,既反映了产品本身的质量程度,也决定了它的市场销路,因此合理地制定产品价格,正确运用价格策略,是企业增强产品市场竞争能力的重要手段。

6.1.1 定价依据

企业的产品定价受多种因素的影响,为实现自身的经营目标,就必须制定适当的价格,使产品为消费者所接受。

1. 定价目标

所谓定价目标是指企业通过特定水平的价格的制定或调整,所要达到的预期目的。确定定价目标是企业进行产品定价的前提。不同的企业,在不同时期和不同的目标市场上其定价目标也不尽相同。

(1) 利润最大化。是指以实现最大限度的营销利润或投资收益为定价目标,这几乎是所有企业的共同追求。但利润最大化并不意味着实行高价政策,如果企业在目标市场上处于绝对优势地位,可以把价格定得高一些,但过高的价格往往会导致市场需求量减少,也可能会引来政府的干预等不利因素。因此,利润最大化不应该是短期利润最大化,通常是指长期利润最大化。企业在最初进入目标市场时,采取的往往是低价策略,以提高市场份额,有时用牺牲部分产品的利润来最终换取长期利润的最大化。例如,柯达公司通过降低照相机的价格、牺牲照相机的利润来刺激消费者对胶卷的需求,从而实现公司总利润的最大化。企业追求的利润最大化并不是指在某个目标市场上获得最大利润,而应是整体市场利润的最大化。

(2) 目标投资报酬率。是指企业年平均所获得的税后净利润除以投资总额,表示单位投资所获得的利润,是衡量企业盈利水平的重要指标。企业通常都要确定一定额度的"满意"的投资报酬率作为定价目标。例如,某公司将投资报酬率定为20%,这时产品价格由产品总成本加上预期的投资报酬率构成。如果预期投资报酬率过高,则会致使价格过高,影响产品竞争力;如果预期投资报酬率过低,则会使价格过低,影响企业最终利润。因此,企业要充分研究目标市场的竞争状况,以目标投资报酬率作为定价基础,确定适当的价格。

(3) 扩大或保持目标市场占有率。是指企业某种产品的销售量占目标市场同类产品销售量的比重。企业在开拓目标市场之初往往以扩大市场占有率为主要目标,通常采取低价渗透策略,以吸引更多的消费者,使企业获得长期利润。目标市场占有率的大小表明一个企业市场竞争力的强弱。以保持市场占有率为定价目标,企业通常采取稳健的定价政策;以扩大市场占有率为定价目标,企业则通常采取调低价格的政策。

(4) 稳定价格。相对稳定的价格能够在目标市场上树立企业产品的良好形象,增加消费者对企业产品的信任感和认同感,促进产品的销售。在目标市场上,实力雄厚或市场占有率很高的企业,为长期有效地经营某种产品,避免因价格波动带来不可预料的后果,稳定地占领目标市场,通常保持价格的相对稳定性,这种价格被称为领导者价格。领导者价格适用于能左右市场的大企业,其他小企业由于市场份额小,难以起到领导价格作用,可以采取追随领导者价格的方式定价。

(5) 适应竞争。是指企业根据市场竞争的需要来制定相应的产品价格。企业在定价时必须考虑产品在目标市场上的价格竞争力,可选择低于、高于或等于竞争者的价格策略,合理定价,发挥本企业产品竞争优势。

(6) 社会责任。以社会责任为定价目标,是指企业意识到自身所处的行业对消费者和社会承担着某种道义责任,或是企业所生产的产品对消费者和社会承担着某种义务,必须放弃追求高额利润,以消费者和社会的最大利益为企业的定价目标。在现实的市场经济活动中,这样的企业主要包括政府代理机构、公共事业型企业和以社会市场营销为其经营战略的现代型企业。

(7) 企业形象目标。良好的企业形象是企业的无形资产。一个形象良好的企业,能够得到消费者的信赖,获得更多的利益。以树立良好形象为定价目标的企业,应使产品的质量和价格同消费者的期望相一致,使消费者感到质价相符;同时,也应同企业的整体市场定位相一致。企业定价时也要顾及中间商的利益,维护企业在中间商中的形象,获得他们的合作和支持。

此外,企业的定价目标还有开拓目标市场、增加出口创汇、提高产品形象等。企业的定价目标并不是单一的,而是综合的,通常有主要的定价目标和附属的定价目标,如表6-1所示。定价目标选定的合理与否,关系到能否给企业带来预期的效益。

表6-1 某一时期美国八家公司的定价目标

公司名称	主要定价目标	附属定价目标
通用汽车公司	20%资本回收率(税后)	保持市场份额
固特异公司	对付竞争者	保持市场地位和价格稳定
美国罐头公司	维持市场销售份额	应付市场竞争
通用电器公司	20%资本回收率(税后) 增加7%销售额	推销新产品 保持价格稳定
西尔斯·罗巴克公司	增加市场销售份额(8%~10%为满意份额)	10%~15%传统资本回收率 一般地促进销售
标准石油公司	保持市场销售份额	保持价格稳定 一般资本回收率
国际收割机公司	10%资本回收率	保持市场中第二位的位置
国民钢铁公司	适应市场竞争的低价	增加市场销售份额

2. 影响企业定价的因素

除定价目标外,影响企业定价的因素还有很多,例如,企业的成本、市场供求状况、市场竞争状况、消费者的收入水平、产品的市场生命周期等。企业必须认真考虑每一种可能的影响因素对价格的作用,制定一个具有市场竞争力产品价格。

(1) 成本因素。成本是企业制定产品价格的底线,收回成本的价格是企业能够接受的最低价格。尽管企业可能会因为某种特殊原因,在短期内把某些产品的价格定得很低,甚至低于成本进行销售,但一般都会招致竞争者激烈的反弹和政府干预。从长远来看,产品价格必须能够补偿产品生产及市场营销的所有支出,并补偿经营者为其所承担的风险支出。在市场营销活动中所考虑的成本主要有以下5种。

① 固定成本。是指在一定范围内不随产品产量变化而变化的成本。例如,固定资产折旧费、管理费、产品设计费等。

② 变动成本。是指在一定范围内随产品产量变化而变化的成本。例如,原材料、生产工人工资等。

③ 总成本。是指固定成本和变动成本的总和。通常情况下,产品价格的最低限度就是要收回产品的总成本。

④ 边际成本。是指每增加或减少一个单位的产品产量所产生的成本变动量。边际成本的变动与固定成本无关,在产品产量增加的初期,边际成本呈现下降趋势,低于平均成本,从而导致平均成本下降;当产品产量超过一定限度,边际成本就会高于平均成本,从而导致平均成本上升。

⑤ 机会成本。是指企业为了经营某种产品或项目而放弃另一产品或项目的经营机会。被放弃的另一产品或项目所获得的收益就是现在经营的产品或项目的机会成本。

(2) 供求状况因素。产品价格与产品的供求互为因果关系,企业在进行产品定价时,必须对产品的市场供求状况进行充分的分析和准确的判断,充分考虑供求状况对产品定价的影响。通常情况下,当市场上的产品供不应求时,产品的价格可以定得高一些;当市场上的产品供过于求时,企业产品的价格可以定得低一些。需要注意的是,企业在分析市场供求状况对产品价格的影响时,要考虑到不同产品的需求弹性。

① 需求价格弹性。是指因价格变动而引起的需求相应变动率,反映需求变动对价格变动的敏感程度。需求价格弹性系数用 E_p 表示,计算公式如下:

$$E_p = \frac{需求量变动的百分比}{价格变动的百分比} = -\frac{\Delta Q/Q}{\Delta P/P} = -\frac{\Delta Q}{\Delta P} \cdot \frac{P}{Q} \tag{6-1}$$

式中,Q——需求量;

ΔQ——需求量的变动量;

P——价格;

ΔP——价格的变动量。

由于产品需求量与其价格之间呈反方向变动,因而需求价格弹性系数为负值,在实际运用中,为方便起见,一般将负号省略。例如,$E_p=2$,其含义是价格每上升1%,会引起需求量下降2%;或是价格每下降1%,会引起需求量上升2%。根据需求价格弹性的大小,可将产品需求量随价格变动的反应情况分为五种:$E_p=1$ 时,反映需求量与价格等比例变化,即价格的上升或下降会引起需求量等比例地减少或增加;$E_p>1$ 时,反映需求量变动的百分比大于价格变动的百分比,即价格的上升或下降会引起需求量较大幅度的减少或增加;$E_p<1$ 时,反映需求量变动的百分比小于价格变动的百分比,即价格的上升或下降会引起需求量较小程度的减少或增加;$E_p=0$ 时,反映价格

的上升或下降对需求量无任何影响,这样的产品需求完全无弹性;$E_p \to \infty$时,表示价格既定时,需求量是无限的,或者说对于价格的微小变动,需求量出现了无限大的反应。需求价格弹性的强弱主要取决于产品的需要程度、替代性、供求状况等影响因素。

② 需求收入弹性。简称收入弹性,指因收入变动而引起的需求量的相应变动率。它反映需求量的变动对收入变动的敏感程度,需求收入弹性系数用E_y表示,计算公式如下:

$$E_y = \frac{需求量变动的百分比}{收入变动的百分比} = \frac{\Delta Q/Q}{\Delta I/I} = \frac{\Delta Q}{\Delta I} \cdot \frac{I}{Q} \qquad (6\text{-}2)$$

式中,Q——需求量;

ΔQ——需求量的变动量;

I——收入;

ΔI——收入的变动量。

通常情况下,消费者的收入与需求量是同方向变动的。但各种商品的需求收入弹性大小并不相同:$E_y < 0$时,说明这类商品的需求量随着收入的增加或减少而减少或增加,称为劣等品;$E_y > 0$时,说明这种商品的需求量随着收入的增加或减少而增加或减少,称为正常品;其中,$0 < E_y < 1$时,说明需求量变动的幅度小于收入变动的幅度,称为生活必需品,如粮食等;$E_y > 1$时,说明需求量变动的幅度大于收入变动的幅度,称为奢侈品,如珠宝等。当消费者的收入增加时,将会减少对劣等品的购买,并以高于收入增加的速度增加购买奢侈品,以低于收入增加的速度增加购买一般正常品。

③ 需求交叉弹性。是需求交叉价格弹性的简称,它反映一种商品的需求量变动对另一种商品价格变动的敏感程度。如用x、y代表两种商品,以E_{xy}表示需求交叉弹性系数,E_{xy}的计算公式如下:

$$E_{xy} = \frac{x\text{商品需求量变动的百分比}}{y\text{商品价格变动的百分比}} = \frac{\Delta Q_x/Q_x}{\Delta P_y/P_y} = \frac{\Delta Q_x}{\Delta P_y} \cdot \frac{P_y}{Q_x} \qquad (6\text{-}3)$$

式中,P_y——y商品的价格;

ΔP_y——y商品价格的变动量;

Q_x——x商品原来的需求量;

ΔQ_x——因y商品价格的变动所引起的x商品需求量的变动量。

需求交叉弹性系数的正负值取决于商品间关系的性质,即两种商品是替代关系还是互补关系。具有互补关系的商品称为互补品,具有替代关系的商品称为替代品。当$E_{xy} < 0$时,说明一种商品的需求量与另一种商品的价格之间呈反方向变动,其需求交叉弹性系数为负值(如照相机和胶卷等),一般情况下,功能互补性越强的商品交叉弹性系数的绝对值越大;当$E_{xy} > 0$时,说明一种商品的需求量与另一种商品的价格之间呈同方向变动,其需求交叉弹性系数为正值(如茶叶和咖啡等),一般来说,两种商品之间的功能替代性越强,需求交叉弹性系数的值就越大;当$E_{xy} = 0$时,则说明x商品的需求量并不随y商品的价格变动而发生变动,两种商品既不是替代品,也不是互补品。

(3) 市场竞争因素。产品在市场上的价格是在市场竞争中形成的。按市场竞争的程度不同,竞争可以分为完全竞争、完全垄断、不完全竞争和寡头垄断竞争等几种情况。市场竞争状况不同,对企业制定产品价格的影响也就不同。

① 完全竞争。是指没有任何垄断因素的市场情况,同种产品有众多卖者和买者,生产要素可以自由流动,产品同质,任何一个卖者或买者都不可能单独左右该种产品的价格,该产品的价格完全由供求关系所决定,买卖双方都是产品价格的接受者。在完全竞争的市场条件下,企业几乎没有产品定价的主动权,只能随行就市,接受市场价格。完全竞争在绝大多数情况下,只能是一种理想形态,在现实生活中并不存在。

② 完全垄断。是指一种产品完全由一家或几家企业所控制的市场状况。在完全垄断的市场条件下,由于一家或几家企业共同联合控制市场,缺乏竞争对手,因此可以完全控制市场价格。它们可以在国家法律允许的范围内,通过垄断高价来获取高额利润。完全垄断只有在特殊的条件下才能形成,例如,企业拥有专营专卖权、专利权等。

③ 不完全竞争。就是垄断竞争。在垄断竞争条件下,市场上的卖者和买者的数量较多,卖者之间存在着激烈的竞争,各个卖者所提供的同种产品存在质量、包装、花色、式样、品牌、售前售后服务及消费者的心理刺激等方面的差别,垄断就是由差别产生的。在垄断竞争条件下,企业要不断创新,生产出独特的产品。在产品定价过程中,企业要对产品整体概念中所包含的每一个因素进行仔细地考虑,从而使得产品具有极其鲜明的特色;同时,广泛利用消费者的心理因素,加强广告宣传等促销活动,使消费者相信本企业的产品与众不同,接受产品价格上的差异。

④ 寡头垄断竞争。在寡头垄断竞争的市场条件下,只有少数几家大公司向市场提供该行业的大部分产品,因此它们有能力影响和控制产品的市场价格。寡头垄断企业之间相互竞争且密切相关,一家企业产品价格的变动立即会引起竞争对手的强烈反应。任何一家寡头企业在产品定价时都密切注意竞争对手的态度。在寡头垄断竞争的市场条件下,整个行业的市场价格较稳定,只是在广告及其他促销等方面进行竞争。

(4) 消费者的收入水平因素。是指消费者有购买能力的需求。购买力来自于消费者的收入,收入水平高的消费者购买力强,收入水平低的消费者购买力弱。企业应通过对消费者的收入水平进行调查研究,来确定适合消费者财力的价格。例如,我国发展家庭用汽车,就应该充分考虑我国家庭的收入水平及交通状况和停车条件等,研究并制造出既符合家庭需要,又符合家庭消费水平的汽车。

(5) 消费者的心理因素。即消费者对产品价值与价格的心理感受。产品价值可以分为实际价值和感受价值,二者有时并不一致。消费者的心理行为随机性较大,通常根据某种产品能为消费者自己提供的效用大小来确定一个期望价格,期望价格表现为一定的价格范围。如果企业定价高于消费者心理期望值,则该产品就很难被消费者所接受;反之,如果企业定价低于消费者心理期望值,则又会使消费者对产品的品质产生误解,甚至拒绝购买。期望价格的形成在较大程度上取决于消费心理,随着消费者收入结构的多层次化,导致消费心理日趋复杂,低收入阶层具有求实、求廉心理;中等收入阶层具有求美、求安全心理;高收入阶层具有求新、求名心理;暴发户具有炫耀性消费心理等。

(6) 产品生命周期因素。在产品生命周期的不同阶段,市场需求、竞争状况、企业的内部条件等存在着显著的差异,所有这些因素都制约着产品定价。企业必须针对投入期、成长期、成熟期及衰退期各自的不同特点,制定不同的有利于市场竞争的价格。

(7) 市场营销组合因素。企业的市场营销组合因素对企业的定价影响较大。首先是产品因素,企业的产品与竞争者的产品差异越大,特色越突出,定价的自由度就越大;其次是促销因素,企业要考虑促销活动中广告费、推销费、管理费等各种费用支出情况来确定产品的价格;再次是分销渠道因素,企业要考虑分销渠道的长短、宽窄,根据渠道费用情况合理地确定产品的价格。

(8) 法律和政策因素。企业在对其产品进行定价时,常常会受到政府有关法律、法规和政策的制约。改革开放以来,我国制定了以《中华人民共和国价格法》为核心的价格法律体系,如《反暴利法》《反不正当竞争法》《产品质量法》及《消费者权益保护法》等。企业在对产品进行定价时必须进行认真研究有关的法律、法规和条例规定,关注国家的货币政策、财政政策、贸易政策、法律和行政调控体系对市场流通和价格的管制措施等。企业的产品出口时,还必须了解进口国的有关对进口货物管理的政策、法规,以作为制定出口产品价格的参考。

6.1.2 定价方法

企业在确定了定价依据和定价目标后,就要采取适当的方法进行定价。定价方法主要包括成本导向定价法、市场导向定价法和竞争导向定价法3种,企业应对一些基本定价方法灵活掌握和运用。

1. 成本导向定价法

成本导向定价法主要以成本为依据,在考虑企业定价目标、市场需求、竞争格局等因素的基础上,增加适当利润的一种定价方法。

(1) 成本加成定价法。是指在单位产品总成本的基础上加上一定比例的利润来确定产品价格的方法。其计算公式为:

$$单位产品售价 = 单位产品总成本 \times (1 + 成本利润率) \quad (6\text{-}4)$$

其中,

$$单位产品总成本 = 单位产品固定成本 + 单位产品变动成本$$

这种价格计算简便,同时又可以保证各行业获得正常的利润率,以保证生产经营的正常进行。在市场供需稳定、波动小的条件下,许多企业采用此方法。这种方法的关键是要确定成本加成率即成本利润率。在不同的目标市场、不同的行业、不同的产品及不同的市场竞争情况下加成率是有差异的。

成本加成定价法是企业一厢情愿的产物,它忽视了市场需求和竞争状况,经常会出现批发商加成率高于生产者、零售商的加成率高于批发商的状况。因此,使用成本加成定价法要对加成率进行适时的调整,使市场价格趋于合理。

(2) 边际成本定价法。也称变动成本定价法。这种方法不计算固定成本,而以变动成本为计价基础。所谓边际贡献,是指产品扣除自身变动成本后给企业所做的贡献,它首先用于收回企业的固定成本,如果还有剩余,则成为利润;如果不足以收回固定成本,则发生亏损。边际成本定价法的计算公式为:

$$\text{单位产品售价} = \text{单位变动成本} + \text{单位边际贡献} \quad (6\text{-}5)$$

其中，

$$\text{单位变动成本} = \text{总变动成本} \div \text{总销售量}$$
$$\text{单位边际贡献} = \text{总边际贡献} \div \text{总销售量}$$

在目标市场上，当某种产品供过于求，竞争非常激烈时，可以采用此方法占领市场。这种方法不可长期使用，在企业生产能力过剩时，可以适当采用此方法。产品售价只要超出变动成本，就可以弥补一部分固定成本，使企业总利润增加。

(3) 损益平衡定价法。这种方法又称保本点定价法。是指以收入与支出相平衡的原则来确定产品价格，也是盈利为零的销售价格。这种方法的关键是要确定企业的保本点，其计算公式为：

$$\text{损益平衡点产量} = \frac{\text{固定成本}}{\text{保本点价格} - \text{单位变动成本}} \quad (6\text{-}6)$$

其中，

$$\text{保本点价格} = \frac{\text{固定成本}}{\text{损益平衡销售量}} + \text{单位产品变动成本}$$

由式(6-6)可以看出保本点价格与保本销售量之间的关系，在保本点价格条件下，销售量只要高于保本销售量，企业就有利润，否则会发生亏损。这种定价方法通常是在目标市场不景气，企业经营困难时采用，保本经营总比停业损失要好得多。

另外，企业通常生产多种产品，有些产品可能是高利，有些产品可能是无利甚至亏损。所以在某一种产品暂时无法实现利润时，可相应提高其他产品的产量或售价，以实现企业总体产品的盈利。

2. 市场导向定价法

市场导向定价法是根据目标市场的需求强度和消费者对产品价值的认知作为定价依据的一种方法，这种方法是按照消费者接受的价格而不是以产品的成本来确定价格。同一种产品在不同的目标市场上可能制定不同的价格。这种定价方法主要有理解价值定价法、倒推定价法和差别定价法3种。

(1) 理解价值定价法。也称知价值定价法、觉察价值定价法，是从市场需求出发，根据消费者的价值观念或感受及对产品价值的理解来定价。因此在对某种产品定价时，企业要特别研究目标市场消费者对产品价值的判断标准是什么，是品牌、质量、包装、服务还是档次等，然后运用各种市场营销组合手段，来影响消费者对企业产品的认知和理解，使消费者形成对本企业产品有利的价值观念。在全面、深入的调查研究工作的基础上，根据消费者对产品价值的理解水平，制定出尽可能准确的产品价格。所谓准确，是指消费者认为该产品有多大的"价值"，企业就定多高的价格。

在制定价格过程中，企业要注重考虑消费者的消费心理。消费者对产品价值的理解不同，会形成不同的价格标准。对于一些名牌产品，由于其产品形象已深入人心，价格可以定得高一些；需求弹性大的产品，价格应定得低一些，需求弹性小的产品价格应定得高一些。

这种方法虽然主要研究消费者对产品价值的理解，但企业仍然要加强自身在投资、成本、利润等方面的把握，并结合目标市场消费者的收入水平、消费习惯等方面的差异,综合考虑各种因素,以确定较为合理的价格。

(2) 倒推定价法。也称反向定价法,是指企业依据消费者愿意接受的最终销售价格,估算中间商的经营成本和利润以后,逆向推算出企业产品价格的一种定价方法。企业首先要进行市场调查,征求中间商的意见,拟定适合消费者心理需求的零售价,在此基础上扣除各中间商的加成,倒推出出厂价。

这种方法不以实际成本为主要依据,而是以市场需求为定价出发点,力求使价格为消费者所接受。反向定价法要求企业真正了解消费者对产品的要求和愿意为其支付的价格,并根据消费者的要求进行产品的设计、生产、定价和销售,使产品价格具有更大的可行性和更强的竞争力,并促使企业进一步降低成本。分销渠道中的批发商和零售商多采取这种定价方法。

(3) 差别定价法。也称需求定价法,是针对同一种产品,根据不同的目标市场、不同的顾客、不同的时间分别制定不同的价格。这种差别通常不是产品的生产成本不同,而是顾客的需求程度不同。

① 对不同的顾客,制定不同的价格。消费者由于职业、收入、年龄、性别等不同,对同一种产品会产生不同的需求强度。例如,西装对于从事脑力劳动的消费者定价可以高一些,对于从事体力劳动的消费者定价可以低一些;对急需某种产品的消费者,可以制定较高的价格;反之,则应制定较低的价格。

② 对同一种产品,由于型号、包装、用途等不同,制定不同的价格。例如,型号大的服装制定较高的价格,型号小点的服装适当降低价格;包装精美的产品价格定得高一些,包装简单的产品价格定得低一些。

③ 对不同地区的消费者,制定不同的价格。产品成本尽管相同,也可以制定不同的价格。例如,销往消费能力强的目标市场的产品可以比销往消费能力相对较弱的目标市场的产品定价高一些。

④ 对于不同时间或季节的产品,制定不同的价格。例如,在白天与夜间可以制定不同的价格;旺季时价格可定得高一些,淡季时价格可适当降低。

采用差别定价法需要企业对消费群进行细分,同时注意价格差异不可过大;否则,易引起消费者的反感,市场上也会出现以低价购入某种产品再以高价卖出该产品的现象,中间商也往往会出现窜货现象。

3. 竞争导向定价法

竞争导向定价法是企业根据目标市场产品竞争状况来确定本企业产品价格的一种定价方法。

(1) 随行就市定价法。也称通行价格定价法。这种方法是根据目标市场上同行业的平均价格水平来确定本企业产品价格的定价方法。采用这种方法可以简化定价程序并减少定价费用,同时这种价格易于被消费者接受。这种方法适用于企业难以估算成本,市场竞争激烈,且产品需求弹性较小或供求基本平衡的产品。例如,小麦、茶叶、大豆、咖啡等大宗农副产品,其目标市场价格一般是经众多买卖双方通过多次交易达成的,已经成为标准价格,企业只需随行就市即可。在这种情况下,企业不能以成本来定价,只有降低成本,以获取更多利润。

（2）密封投标定价法。这种方法是买方引导卖方进行竞争投标，密封报价，再由买方根据众多卖方的报价，择优选择报价最低、质量高、服务好，对买方最有利的投标者签订合同。在这里，买方为招标方，卖方为投标方。密封投标是通过招标、投标、开标过程来实现的，这种方法通常用于建筑工程承包、大型机械设备采购及政府等集团的采购，其关键是投标报价。企业要掌握招标方的标底，并充分预测各投标方的报价，制定出低于竞争者高于企业边际成本的合理报价。企业可以通过预测期望利润的方法来确定合理的报价。通常报价越高，中标率越低，最优报价应是期望利润最高的价格。期望利润是一定报价条件下，其所对应的目标利润与报价的中标率的乘积。即：

预期利润 = 目标利润 × 中标概率

由公式可以看出：最优报价是目标利润和中标概率两者乘积的最大值，如表6-2所示。

表 6-2 预期利润分担表　　　　　　　　　　　　　　单位：元

报　价 ①	成　本 ②	目标利润 ③=①－②	中标概率 ④(％)	预期利润 ⑤=③×④
850	800	50	90	45
900	800	100	47	47
950	800	150	20	30
1000	800	200	10	20

由表 6-2 可知，报价 900 元，预期利润最多，为最优报价。

估计中标概率是运用这种方法的最大难点，要求企业不仅对过去投标资料进行分析，还要进行相关的市场调查和对竞争对手的情况有所掌握。

（3）竞争价格定价法。这是企业为了在竞争中制胜而采取的一种定价方法。企业要对自身产品的实际情况与竞争对手产品进行比较，确定出本企业产品的优势与劣势，并采取以等于、高于、低于竞争者的价格来确定本企业产品价格。

① 领导价格定价。一些实力雄厚的大企业在行业中能够占据主导位置，它们凭借其在资金、技术、生产规模、产品品牌等方面的优势地位左右市场的定价水平。这些大企业在本行业中处于领袖地位，制定的价格通常成为行业中的标准价格，许多小企业一般都自愿追随。

② 高于竞争者价格。企业为了树立其产品的品牌形象和声望地位，把自己产品的价格定得远远高于领袖价格，凭借产品的技术先进、质量优异的特性和能提供全面优质服务来打开销路。

③ 低于竞争者价格。企业在目标市场上通常以低于领袖价格定价，主动做出产品与领导者不在同一档次的姿态，以求利用低廉的价格在市场上获得一席之地。

企业在目标市场定价时，应多采用后两种方法，即需求导向定价法和竞争导向定价法。因为成本导向定价法主要以企业产品成本为定价依据，可能会脱离目标市场的实际状况，使定价有可能偏高或偏低，从而影响产品的销售。

6.1.3 定价策略

定价策略是运用价格技巧获取竞争优势地位的一种手段。在目标市场上,供求关系变化莫测,企业的定价策略也应根据竞争形势随时调整。

1. 新产品定价策略

新产品是指对于某一目标市场来说首次投放的产品。新产品定价策略运用恰当与否,将决定企业产品在目标市场上能否有广阔的发展前景。企业既要考虑新产品成本的弥补问题,又要考虑有利于提高新产品在目标市场上的竞争力问题。

(1) 撇脂定价策略。是指在新产品刚刚进入目标市场时,将其价格定得远高于成本,在尽可能短的时间内获取高额利润的一种定价策略。这种定价策略就像从鲜奶中撇取奶油,提取精华。它主要面向高收入阶层,并利用消费者求新、求异、显示地位的心理,以高价在短期内获取高额利润。

在目标市场上,一旦有众多竞争者介入,企业就必须逐渐降低价格,以维持市场占有率。使用撇脂定价策略要求新产品具有高质量和良好的形象支持产品的高价,在此高价位上有足够大的市场需求量,产品需求弹性小,有专利保护或需要高科技投入才能生产;否则,这种高价对企业是不利的。

(2) 渗透定价策略。是指企业以较低的价格把新产品投放到目标市场上,以吸引众多消费者,使产品迅速占领国外市场。这种定价策略是以物美价廉刺激消费,扩大销售量,当取得预期的市场占有率后,企业通常逐步提高价格,以获取较多利润。采取渗透定价的基本条件是:市场需求对价格极为敏感;企业生产成本和经营费用不断下降;低价不会引起实际和潜在的竞争。

(3) 满意定价策略。也称中间价格策略,这种价格是介于撇脂定价与渗透定价之间的价格。是指企业把价格确定在适当水平,既能使消费者易于接受,又能使企业获得较为满意的利润的定价策略。采用这种定价策略的企业是基于稳妥的角度考虑产品定价的,采用撇脂定价与渗透定价都有不同程度的风险。企业为了避开竞争,应制定适当的价格,配以其他的非价格手段达到扩大销售的目的。

2. 折扣定价策略

折扣定价策略是指企业在基本价格的基础上,为了鼓励中间商或消费者大量采购、及早付清货款或在淡季购买等,按一定比例减让产品价格的优惠措施。常见的折扣方式主要有以下 5 种。

(1) 现金折扣。是指企业对当时付款或在约定期间内付款的一种折扣优惠。买方付款越早,折扣率越高。目的是鼓励顾客尽快付款,企业及早收回货款,加速资金周转。例如,在某项交易条款中规定"$2/10, n/35$"表示若客户能够在发票开出后的 10 日内付款,可以享受 2% 的现金折扣,如果放弃折扣优惠,则全部款项必须在 35 日内付清,超过 35 日未付清的货款按合同规定应缴纳一定的罚款等规定。

(2) 数量折扣。是指企业对大量采购的顾客给予程度不同的折扣优惠,以鼓励顾客购买更多的产品。购买数量或购买金额越大,折扣越多,目的是鼓励顾客大量购买。数量折扣通常分为累计数量折扣和非累计数量折扣。累计折扣指在一定时期内顾客累计购买数量越多,产品价格越低,如规定在 3 个月内,对购买某产品 100 件以上的顾客实行九五折。非累计折扣指顾客一次购买数量越多,产品价格越低。如购买某种产品,规定买 5 件以下每件 25 元,购买 6 到 10 件每件 20 元,10 件以上每件 18 元等。

(3) 季节折扣。是指企业给那些购买过季产品和服务的顾客的一种价格优惠,以使企业的生产和销售在全年内保持相对均衡。许多产品的销售具有明显的季节性。实行季节折扣在世界各国很普遍,例如,草坪和花园设备制造商在秋季和冬季向中间商提供季节折扣,鼓励他们尽早订货;旅馆、航空公司等在旅游淡季时给旅客以季节折扣等。

(4) 功能折扣。也称贸易折扣,是指生产者因中间商承担了某种职能,如销售、储存、服务等,而给予中间商的一种额外价格折扣。中间商在不同的环节承担的责任不同,获得的折扣也不同,给予批发商的折扣通常大于给予零售商的。例如,生产者报价"1000 元,折扣 30% 及 10%",表示给零售商折扣 30%,即卖给零售商 700 元,卖给批发商则再折 10%,即价格为 630 元。

(5) 价格折让。是另一种类型的价目表价格的减让,主要有以旧换新和促销折让两种形式。以旧换新是顾客购买新货时以旧货折价抵偿部分价款的价格优惠,旧货折价一般要根据具体情况来具体确定,例如,一辆小汽车标价为 100 000 元,顾客以旧车折价 30 000 元购买,只需付 70 000 元即可购得这台新车。促销折让是指为鼓励参加卖方促销活动及支持销售计划的经销商,向它们支付的报酬或给予的价格减让。

3. 心理定价策略

心理定价策略是根据不同消费者的不同消费心理制定不同的价格,一般有尾数定价、声望定价、招徕定价、分级定价和习惯性定价策略。

(1) 尾数定价。又称零头定价,是根据消费者对数字认知的某种心理,给产品制定一个带有零头的非整数价格。例如,给某种产品定价为 9.9 元,而不定为 10 元,虽然两种定价相差只有 0.1 元,但对消费者的心理影响却是很大的。消费者通常认为带有零头的价格比整数价格相对低廉一些,并感觉卖方定价准确,从而能够吸引顾客购买。商业心理学家认为,"零"是买方的心理警戒线,而 0~5 这一段数字作为尾数是买方心理上的松弛区。有时,企业还在尾数定价中利用消费者对美好事物联想的定价方法。例如,某些地区对"8"字十分偏爱,因为"8"字与"发"字发音相似,人们能联想到"发财""富有",使人感到吉利,因此,产品价格常以"8"字作尾。这种策略通常适用于重复购买率高的日用品。

(2) 声望定价。是指企业利用顾客普遍存在"优质高价"、崇尚名牌或有较高声誉产品的消费心理制定较高的价格或以整数定价的策略,它适用于质量不易鉴别的产品。消费者往往根据其产地、品牌和企业声誉来判断产品质量的优劣,认为这样的产品可以显示自己的财富、身份和地位。例如,以优质高档和价格昂贵引人注目的爱马仕、路易威登、香奈儿等品牌。

(3) 招徕定价。即利用消费者求廉、求奇心理,特意将某种产品价格定得很低或很高,以吸引消费者,使消费者在购买廉价产品或观望高价产品的同时,也采购其他正常价格的产品。这种方法通常被零售商所采用。为吸引顾客,一些商店随机推出降价商品,每天、每时都有一两种商品降价出售。特别在午休时间及晚上下班时间商品降价幅度较大,吸引了大量上班族消费者,带来了销售额大幅度增加的好效果。

(4) 分级定价。即企业把同一种产品分成不同的等级,并相应制定不同的价格,以满足不同层次消费者的需求。通常不同等级的产品并没有明显的区别,通过这种分级创造出产品的不同档次,吸引不同消费水平的消费者,增加企业的收益。但应注意所确定的档次不宜过多,档次之间的差价不宜过大。

(5) 习惯性定价。经过长时间的买卖双方的交易互动,有些产品在市场上已经形成稳定的习惯性价格,消费者十分熟悉和习惯。在这种情况下,同类产品的再生产应尽量调整质量、数量和成本,制定出人们熟悉的价格水平,迎合顾客的需要。

4. 产品组合定价策略

当企业经营两种以上有一定相互关联的产品时,可采用组合定价策略,以谋求整体产品利润最优化。

(1) 互补品定价策略。是指产品必须相互配套才能正常使用的产品,例如,剃须刀和刀片、照相机和胶卷等。企业通常对购买次数少、价值大、消费者对价格较敏感的主要产品定价有意低一些,而对与之配套使用的价值低、购买次数多的附属产品,价格适当调高一些,以求企业产品整体上利润的合理化。但企业不能将附属产品的价格定得过高,否则消费者会转向购买其他厂家生产的附属品。因此,企业要合理地组合好互补品价格,以促进组合产品的销售,使企业最终能获得较高的整体效益。这种方法适用于声誉比较高的企业。

(2) 成套产品定价法。也称产品系列定价,即对于既可单件出售又可成套出售的一组产品,企业经常将其组合在一起,以较低价格出售。该组产品的价格低于单独购买其中每件产品的费用总和。由于顾客可能无意购买全部产品,因此这一组合的降价幅度应大一些,以吸引顾客购买。例如,化妆品、学生学习用具、名贵药材、茶具、餐具等产品可配套出售。

(3) 产品线定价。也称产品大类定价,是指当企业生产经营的系列产品存在需求和成本的内在关联性时,为充分发挥这种内在关联性的积极效应而采用的定价策略。企业定价时,首先,确定某种产品的最低价格,使之在产品大类中充当领袖价格,以吸引顾客购买产品大类中的其他产品;其次,确定产品大类中某种产品的最高价格,使之在产品大类中充当品牌质量和收回投资的角色;最后,产品大类中的其他产品也分别依据在产品大类中的不同角色制定不同的价格。企业的任务是通过功能、性能、包装等确立产品质量和顾客认知质量差别,使价格差别合理化。

(4) 选择品定价。许多企业在提供主要产品的同时,还提供某些与主要产品密切关联的选择品。但企业必须确定和说明价目表中的价格包括哪些产品,哪些产品可作为选择对象。例如,汽车厂商向顾客推荐某种型号、款式和品牌的汽车时,还会提供电子开窗控制器、扫雾器和减光器等选择品;旅馆在提供正常服务的同时,经常提供按摩、高档洗发水等选择品。

(5) 分部定价。也称为两段定价策略,服务性企业经常收取一笔固定费用,再加上可变的使用费。例如,电信行业,电话费用由月租费和通话费两部分组成。游乐园一般先收门票,如果游玩的地方超过规定,就需再交费。一般而言,企业应尽可能地降低固定费用的价格,吸引消费者接受服务,从而在使用费中获取更多的利润。企业制定过高的固定费用,会影响使用的数量,从而影响可变使用费的收入。

(6) 副产品定价。在生产加工肉类、石油产品和其他化工产品的过程中,经常有副产品。如果副产品价值很低,处理费用昂贵,就会影响主产品的定价。制造商确定的价格必须能够弥补副产品的处理费用。如果副产品对某一顾客群有价值,能为企业带来收入,就应按其价值定价,主要产品价格在必要时可定低一些,以提高产品的市场竞争力。

5. 地区定价策略

地区定价策略就是企业要决定对销往不同地区的某种产品,是分别制定不同的价格还是相同的价格。这种定价策略主要是在价格上灵活反映和处理运输、装卸、仓储、保险等各种费用,在外贸业务中运用较普遍,具体形式有以下6种。

(1) 原产地定价策略。原产地定价或生产地定价策略,是指顾客(买方)按照出厂价购买某种产品,企业(卖方)负责将产品运送到产地某一指定的地点如车站、码头和机场交货,交货后的一切风险费用由买方承担。在国际贸易中也叫离岸价格(FOB价格)。这种定价策略的优点是简化了企业的定价工作,缺点是削弱了产品在外地市场的竞争力。

(2) 销售地定价策略。销售地定价,在外贸出口中称为到岸价格,简称为CIF价格,即企业(卖方)按照买卖双方的协议价格将产品运送到顾客(买方)所在地某一指定地点(如车站、码头和机场)交货,运输途中的一切风险费用由卖方承担。与竞争者具有同质特性的产品销售,通常都采用这一策略进行定价。

(3) 统一交货定价策略。又称邮资定价策略,是指企业对不同地区的消费者不论远近,都实行一个价格。价格等于厂价加相同的平均运费,没有地区差别。企业应用此策略实际上是让近处的消费者为远方的消费者承担了部分运费,它适用于运费占总价比例较小的产品。统一交货定价的好处是有利于企业在不同市场的销售,扩大了销售区域,容易取得消费者的好感。

(4) 分区定价策略。又称区域定价策略,是指企业把目标市场分为若干价格区,对不同的区域制定不同的价格。距离企业远的区域,价格定的高一些;距离企业近的地区,价格定得低一些。在同一区域内实行相同价格,即出厂价加上该区的平均运费。分区定价适用于交货费用在价格中所占比重较大的产品。其不足之处在于:在同一区域,顾客也有远近,距离企业较近的顾客感觉不合算;相邻区域交界处的顾客,由于相距不远,但购买价格却相同,顾客心理上会感觉不平衡。

(5) 基点定价策略。是指企业在目标市场内选定某些城市作为基点,制定基点城市价格,顾客按照距离最近的基点城市价格加运费制定购买价格,而不管货物实际上是从哪个城市起运的。

(6) 运费补贴定价策略。即企业为加强市场渗透,提高市场份额,在竞争激烈的市场上站住脚,负担全部或部分的运费。这种定价策略是企业给予顾客适当价格补贴,其实质是运费折让。如果销售市场能扩大,则其平均成本会下降,足以抵偿这些运费的成本。运费补偿定价有利于争取外地潜在的顾客。

6.1.4 价格调整策略

企业根据市场营销环境变化情况适时地调整价格,必须顾及顾客的评价、竞争者的反应及政府和社会团体的关注,制定各方面都能接受的、能实现企业营销目标的产品价格,是企业适应市场竞争过程中必须认真考虑的问题。

1. 企业提价与降价

企业在竞争激烈的目标市场上要想生存和发展,必须适时地进行价格调整,争取市场销售的主动地位。企业对产品价格的调整主要有提价和降价两个方面。

(1) 提价策略。当目标市场营销环境发生变化时,企业就要考虑调整价格,以获得预期或更高的利润。企业提价主要有两个方面的原因。

① 通货膨胀,物价上涨,使成本费用大幅度上升。这是产品价格上涨的主要原因。在这种情况下,企业要获得预期利润,不得不提高产品价格。

② 企业产品供不应求。当企业产品不能满足所有顾客的需要时,除了扩大生产量和销售量之外,采取的策略通常是提价。

企业采取的提价方式包括直接提高价格和间接提高价格。后者包括减少或取消价格折扣、在价格不变的基础上缩小包装、减少服务项目、改变产品特性以降低成本、降低产品质量和减少特色服务、取消低利产品和在产品大类中增加价格较高的项目等方式。

提价会引起消费者、中间商甚至企业销售人员的不满,因此,企业提价时要尽量做到有规律的小幅度提价,不要大幅度提高价格,避免引起顾客的反感。在涨价前应通知顾客,说明提价的原因,使他们事先有所准备,并帮助顾客寻找节约成本的途径。

(2) 降价策略。在目标市场上,企业降价主要有以下3个方面的原因。

① 目标市场上企业生产的产品供过于求,企业生产能力过剩,无法通过改进产品和加强销售等工作来扩大销售额。这时,企业就必须考虑降价。

② 企业面临强大的竞争者压力,尤其是当竞争者率先降价,导致市场占有率下降时,为保持现有的市场占有率,企业不得不降价。例如,一些美国的照相机、手表等行业受到比美国产品质量更好、价格更低的日本产品的冲击,为阻止市场占有率下降,一些美国公司不得不降价销售产品。

③ 由于生产技术和管理水平的提高,企业产品成本费用下降,通过主动降价,可以提高企业市场占有率,从而扩大销售额,增加利润。降价虽然可以赢得更多的消费者,使企业销售额增加,但消费者常常有"低质低价"和"买涨不买降"的心理,所以要努力向消费者解释降价的原因以获得消费者的理解。另外,降价也极易引发价格战,对此企业要有足够的应对能力并制定周全的应对策略。

2. 顾客对企业变价的反应

企业无论提价或降价,影响最大的是最终消费者。不同目标市场上的消费者对调价的反应是不同的,即使在同一目标市场上,顾客的反应也会有差异。

(1) 顾客对企业降价的反应。降价不一定会促使顾客购买产品,也可能使顾客的购买行为犹豫不决。顾客对企业某种产品的降价可能的理解有以下 6 种情况。

① 产品的式样老了,将会被新型产品所代替。
② 产品有某些缺点,销售不畅才降价。
③ 企业财务困难,难以继续经营下去才会降价销售。
④ 价格可能还要进一步下跌。
⑤ 产品的质量下降了。
⑥ 产品的生产成本降低了。

不同的反应模式会引发顾客不同的行为。如果是第 4 种反应,顾客多半会持币待购,降价也不会起到促销作用。因此,企业有必要向顾客解释清楚降价的原因,解除顾客的疑虑。

(2) 顾客对企业提价的反应。提价通常会影响市场需求,使销售量减少,但是顾客也可能因提价而购买。顾客对企业提价可能的理解有以下 5 种情况。

① 产品很畅销,不赶快买就买不到了。
② 企业想赚取更多的利润。
③ 这种产品很有价值。
④ 各种产品价格都在上涨,提价很正常。
⑤ 提价意味着产品质量的改进。

显然,如果是第 2 种反应模式顾客不会选择购买,而其他几种反应模式,顾客都有可能采取购买行为。

顾客对不同价值的产品价格变动有不同的反应。一般对价值高、经常购买的必需品价格的变动比较敏感。对价值低、不经常购买的小商品的价格变动不大注意。顾客虽然关心产品的价格变动,但通常更关心取得、使用和维护产品的总费用。因此,如果企业能使顾客相信某种产品购买、使用和维护的总费用较低,就可以把这种产品的价格定得比竞争者高,取得较多的利润。

3. 竞争者对企业变价的反应

企业在考虑改变价格时,不仅要考虑顾客的反应,还要考虑竞争对手的反应。当某一行业中的企业数量很少,且提供同质的产品,顾客又具有购买常识或专业知识,竞争者的反应就越显重要。

企业一旦做出变价的决定,竞争者必然会做出不同的反应。在面对若干个竞争者时,企业必须预测每一个竞争者的可能反应;如果竞争者的反应大体相同,则应集中分析典型竞争者的反应;如果竞争者在规模、市场占有率、营销政策等重要问题上有差异,企业就必须分别分析预测各个竞争者的不同反应;如果某些竞争者追随企业进行变价,就要分析其他竞争者是否也会采取同样的措施;如果企业只面临一个主要竞争者,则要根据其以往的反应模式进行分析判断。

总的来说,竞争者对企业变价一般会做出两种反应:一是竞争者有一个固定的适应价格变化的模式,在这种情况下,竞争对手的反应是能够预测的;二是竞争者把每一次价格变动都看作是新的挑战,并根据当时自己的利益做出相应的反应。在这种情况下,企业就必须分析判定当时竞争对手的利益是什么。

企业必须对竞争者当前的财务状况、生产和销售能力、顾客忠诚度和企业目标等了如指掌,善于利用企业内部和外部的信息来源,推测出竞争对手的发展意图,以便采取适当的对策。企业可以通过内部资料和借助统计分析两个途径获取竞争者的信息。例如,聘用竞争者的中高层管理人员,以获得竞争者决策程序及反应模式等重要情报;雇用为竞争者工作过的人员,成立专门的市场信息研究机构,模仿竞争者的立场、观点、方法思考问题;通过顾客、金融机构、供应商、代理商等渠道获得有关竞争者的信息等。

4. 企业对竞争者变价的反应

在市场竞争中,企业也经常会面临竞争者变价的挑战。如何对竞争者的变价做出及时、正确的反应,是企业定价战略的一项重要内容。

(1) 不同市场环境下的企业反应。在同质产品市场上,如果竞争者降价,企业必须随之降价,否则顾客就会流失;如果某一个企业提价,且提价对整个行业有利,则其他企业也会随之提价;如果某一个企业不随之提价,则最先发动提价的企业和其他企业也会不得不取消提价。

在异质产品市场上,企业对竞争者变价的反应有更多的选择余地。这时,顾客不仅考虑产品价格因素,还会考虑产品的质量、服务、性能、外观、可靠性等多方面的因素,顾客对于较小的价格差异并不在意。

面对竞争者的变价,企业必须认真调查研究如下 5 个问题。

① 竞争者变价的目的是什么?

② 竞争者变价是长期的还是短期的?

③ 如果对竞争者变价置之不理,将对本企业的市场占有率、销售量、利润、声誉等方面有何影响?

④ 其他企业是否会做出反应?

⑤ 本企业有几种反应方案?竞争者和其他企业对于本企业的每一个可能的反应又会有什么反应?

(2) 市场主导者的反应。市场主导者往往会遭到一些小企业的进攻,这些小企业的产品可与市场主导者相媲美,通过进攻性的降价企图争夺市场主导者的市场阵地。在这种情况下,市场主导者有以下 3 种战略可供选择。

① 维持价格不变。采用这种策略是因为,市场主导者认为,降价不但会造成较大的利润损失,还会影响企业产品在消费者心目中的形象;维持价格不变,尽管对市场占有率有一定的影响,但以后还可恢复市场阵地。企业维持价格不变,必须以改进产品质量、提高服务水平、加强促销沟通等非价格手段来反击竞争者。许多企业的市场营销实践证明,采取这种战略比降价和低利经营更合算。

② 降价。市场主导者采取这种战略的原因是:第一,降价可以使销售量和产量增加,从而使成本费用下降;第二,市场对价格很敏感,不降价就会使市场占有率下降;第三,市场占有率下降后,很难得以恢复。

企业降价后,必须尽力保持或提高产品质量和服务水平。

③ 提价。通过提高产品价格,在消费者的心目中树立高价优质的产品形象。同时,通过提高产品质量、推出新产品、加强广告宣传和用户之间的联系等手段,提高顾

客对产品的认知价值,使顾客认同产品的高价,增加企业利润。

(3) 企业应变需要考虑的因素。企业受到竞争对手的价格攻击,必须考虑:产品在其市场生命周期中所处的阶段及其在企业产品组合中的重要程度;竞争者变价的意图和拥有的资源;市场对价格和价值的敏感性;成本费用随销量和产量变化的情况等。面对竞争者的变价,企业需要在较短的时间内做出反应。为应对竞争者有备而来的变价,企业必须预料竞争者可能的价格变动,预先制定适当的对策。

思考题

1. 企业进行产品定价时应考虑哪些因素?
2. 企业应如何选择定价目标?
3. 举例说明产品定价的方法有哪些。
4. 如何对新产品进行定价?折扣定价适宜在什么情况下采用?
5. 企业进行产品定价时应注意哪些问题?
6. 企业定价时如何考虑消费者的心理因素?
7. 竞争对手做出变价举动时,企业该如何应对?
8. 企业如何应用定价策略进行有效的市场竞争?
9. 你认为中档价格能否树立高档产品形象?

学习指导

1. 企业进行产品定价,首先,要明确定价目标,知道为什么要制定这个水平的价格。其次,要分析哪些因素会影响产品定价,哪些是重要因素、哪些是次要因素。产品定价一般需要几种方法一起使用,相互纠正。市场合理的价格是目标市场顾客能够接受的价格。市场价格调整,最关键的是时机和调整幅度。

2. 本项目工作任务,可以设计学生个人作业,分析影响定价的因素、定价目标和产品或服务某种水平的价格会起到什么作用;也可以设计小组项目,针对某目标市场分析和制定某种水平的产品价格、价格策略,模拟或针对某种营销环境下如何调整价格。

典型案例

嘉年华和菱帅的定价策略

2003年,两款在中国上市不足一年的进口品牌轿车——长安福特嘉年华和福建东南菱帅相继于当年8月1日和8月8日宣布降价。

2003年以来,在定价问题上引发人们议论最多的是年初上市的广州本田新雅阁和4月份上市的一汽-大众奥迪A4。一个是贴近民意,以超低价入市,撼动了整个中国车市,其市场份额一路飘红;一个是高举高打,决意要鹤立鸡群,坚持守在大多数消费者只能仰视的价格制高点。

显而易见,就价格策略而言,广州本田汽车有限公司采用的是典型的渗透定价法,而一汽-大众汽车有限公司所采用的则是一种典型的撇脂定价法。这两大汽车企业在这场价格战略中各取所需,都成了现实的赢家。尽管奥迪 A4 上市以来曾招致全国一片质疑,且上半年有不低的压库现象;而对广州本田汽车而言,他们所渴求的市场扩张目标眼下已成囊中之物;一汽-大众奥迪 A4 通过这样的定价,不仅捍卫了奥迪品牌的高端性,同时,既定的目标客户想逃也无处可逃。

但同样原理,同样上市时机,长安福特嘉年华和福建东南菱帅却未能成功定价。定价为本,降价为末。单从两款车的入市价格策略而言,他们均采用了撇脂定价法,这也是双双败落的原因。撇脂定价法成立的一个最重要前提是短期内几乎没有竞争的危险。就当时而言,恐怕只有奥迪 A4 尚存有几分这样的优势。对嘉年华与菱帅而言,不仅竞争品牌林林总总,且个个都已在中国市场被养得膘肥体壮,亦如猎豹般矫捷。而嘉年华与菱帅自身反倒身世驳杂,并不纯正。

福特嘉年华这款车在欧洲虽号称集万千宠爱于一身,曾创下金方向盘奖、年度汽车奖、设计理事会奖、欧洲区销售冠军、英国销量冠军、德国销量冠军、西班牙销量冠军——但撷取这些荣耀的年份却被主人无意间忽略了,眼下的消费者大部分恐怕早已清楚。

菱帅,从中国台湾中华汽车转手引进日本三菱 LANCE 整车技术,以动力纯粹而闻名于世,最大输出功率高达 74 千瓦,0~100 千米加速时间仅需 12.36 秒。该车由厂家全力推介的价值亮点在于,日本三菱汽车曾以此车为基础平台开发出夺取 WRS 比赛冠军的 LANCEREVO 车型;该车在中国的配置诸如 ABS + 四轮碟刹、双 SRS 气囊、电动除雾后视镜、倒车雷达、HUD 抬头显示器等也是菱帅的抢眼点,且整车尺寸已达 4.43/1.7/1.41 米,与捷达相当。于是东南汽车借此就向消费者开出了 12.38 万~18.8 万元的价格。

中国有句俗话,叫不怕不识货,就怕货比货。就福特嘉年华而言,它的荣耀不仅年代稍远,车型也并非原汁原味,远比不了大众高尔夫,近比不了 Polo;而东南菱帅在开发年代上很难与世界同步,在造型与配置上更不是别克凯越、雪铁龙赛纳、日产阳光等车型的对手,不仅如此,无论东南汽车还是长安福特,其在渠道及售后服务整体素质上也不是国内几大主力轿车企业的对手。

如此,两大品牌在上市半年就不得不舍本求末大幅降价,这不仅给硕果仅存的老客户的忠诚度带来重大挫败,其品牌形象也会大幅缩水。

(资料来源:田毅. 嘉年华和菱帅的定价策略. 中国汽车报. 2003-09-23:29)

➡ 分析讨论题

1. 长安福特嘉年华和福建东南菱帅不及一汽-大众奥迪 A4 和广州本田新雅阁定价成功的原因是什么?
2. 你认为长安福特嘉年华和福建东南菱帅品牌应采取怎样的定价策略?
3. 结合本案例,你认为产品定价的主要依据是什么?

6.2 工 作 页

各小组选择并走访自己较熟悉的某一产品或服务,例如,对网吧、酒吧、水吧、花木、理发、护理、服装、食品、游戏、手机、化妆品、计算机、药品等进行分析。

6.2.1 产品定价目标分析

(1) 分析企业或经营者制定某一水平的价格,其目的是什么?

(2) 企业或经营者是否达成了该目的?达成该目的的原因是什么?没有达成该目的的原因是什么?

(3) 通过分析,你要对他们提出哪些建议?

6.2.2 产品定价的影响因素分析

(1) 分析选定的产品或服务价格制定的影响因素有哪些?

(2) 为什么选定这些因素作为该项产品或服务的主要考虑因素?请给出理由。

(3) 通常情况下,确定产品价格下限的因素是什么?确定产品价格上限的因素又是什么?

6.2.3 产品定价方法分析

(1) 分析说明为选定的产品或服务定价可以使用哪些定价方法?为什么?

(2) 企业或经营者在定价时,使用了哪种定价方法?详细说明理由。

(3) 分析所选产品或服务价格,有无不合理的情况,并分析原因。

(4) 通过对选定的价格方法分析,你要对他们提出哪些建议?

6.2.4 产品定价决策分析

(1) 产品价格决策分析。

一、价格战略分析		
1. 现有的定价战略与希望达成的营利性目标是否相符	□是	□否
2. 现有的定价战略与市场定位目标是否相符	□是	□否
3. 内部与外部因素,是否暗示定价战略需要调整	□是	□否
4. 是否有足够多的可利用的成本信息来确定单位平均成本	□是	□否
二、制定价格战略		
1. 明确现有价格战略,是低于、等于还是高于市场。 　　产品　　　　　　　　　战略 　A. _____　_____ 　B. _____　_____ 　C. _____　_____ 　……		

续表

2. 目前,每种产品的价目表如何?每种产品使用了什么折扣?
  产品   价目表价格   价格折扣   实际价格
  A. _____ _____ _____ _____
  B. _____ _____ _____ _____
  C. _____ _____ _____ _____
  ……

三、进行成本分析

1. 针对每一种产品,填写如下的成本工作记录
    成本种类   数额
  A. 总生产成本 _____
  B. 总营销成本 _____
  C. 行政管理费用 _____
  D. 其他成本 _____
  E. 总成本 _____
2. 单位成本 _____ 元
3. 将成本与上面的价格水平部分中确认的价格进行比较
  价格是否反映了成本 □是 □否
  基于消费者的偏好及其他相关因素,是否需要提高/降低价格 □是 □否
    产品   战略
  A. _____ _____
  B. _____ _____
  C. _____ _____
  ……

(2) 竞争产品价格分析。

市场: 调查员: 调查日期:

项 目	国内产品	进口产品
调查地点		
所在地址		
产品规格		
包装样式		
零售价格/元		
陈列数量		
陈列位优劣		
……		
备注		

6.2.5 产品定价策略分析

(1) 分析选定产品或服务的定价策略主要内容,或思考选定产品或服务应采取怎样的定价策略?

(2) 分析其定价策略制定的依据。

(3) 分析其定价策略是否与目标市场需求相适应?是否与企业营销目标相一致?

(4) 分析其定价策略的优点与缺点是什么？

(5) 经过分析，你将会提出哪些建议与意见？

6.2.6 产品价格变动分析

(1) 产品价格变动记录表。

产品信息 \ 产品编号			编号1	编号2	编号3	编号4	编号5	编号6
产品名称								
产品规格								
第一次价格变动			月 日					
	单价/元	变动前						
		变动后						
第二次价格变动			月 日					
	单价/元	变动前						
		变动后						
第三次价格变动			月 日					
	单价/元	变动前						
		变动后						
备 注								

主管：　　　　审核人：　　　　制作人：　　　　填表日期：　　年　月　日

(2) 产品价格变动分析表。

单位:元

产品编号		产品名称		产品规格	
开发成本					
	合 计				
材料成本					
	合 计				
总材料成本		产品售价			
人工成本		估计月销售量			
制造费用/%		估计月销售额			
销售费用/%		单位利润			
总成本		预计利润		利润率	
价格变动审核意见					

(3) 产品降价申请表。

编号：　　　　　　　　　　　　　　　　填写日期：　年　月　日

客户名称		订单号码		批　号	
产品名称		规　　格		数　量	
责任部门申请描述	申请降价幅度				
	申请降价原因				
	申　请　人			审　核	
处理决定	□不准许降价销售		□准许降价销售		
客户确认					
备　注					

6.2.7　要求与考核

（1）对每一部分工作项目完成方式，教师可根据时间安排妥善布置。各小组应上交相关图表及文字分析报告，要求思路清晰、内容完整、格式规范。

（2）每个小组要以临阵实战的状态完成各项任务，上交文本包括 Word 文件和 PPT 文稿。

（3）各小组派代表进行演示、汇报，教师进行评价。也可以由各小组间进行相互评价，以适当权重加入小组活动成绩中，便于学生相互学习、取长补短。

6.2.8　本项目学习总结

总结项目	总结内容
本项目内容主要知识点	
本项目内容主要技能点	
你已熟知的知识点	
你已掌握的专业技能	
你认为还有哪些知识需要强化，如何做到	
你认为还有哪些技能需要强化，如何做到	
本项目学习心得	

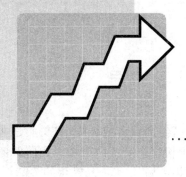

项目 7

营销策略制定
——分销策略

知识目标

理解分销渠道和物流管理的含义,了解分销渠道的模式和类型、中间商的类型,掌握中间商选择、渠道成员激励和分销渠道调整的方法。

技能目标

学会选择中间商,分析渠道的分销效率,对分销渠道进行有效管理,并学会如何开展客户关系管理。

学习任务

1. 分析特定或选定产品分销效率的主要影响因素,并提出改进建议。
2. 分析并指出特定或选定产品分销渠道存在的问题,提出改进措施或意见。
3. 根据产品和市场特点、企业现状选择中间商,并对渠道进行有效管理。
4. 根据企业目标分析客户关系管理的内容,并提出如何改善客户关系。

7.1 学习引导

大多数企业生产的产品,不是直接销售给消费者或最终用户,而是通过一定的渠道在适当的时间、适当的地点,以适当的价格将产品推向市场。如何保证分销渠道畅通、高效、低成本地分销产品,成为企业开拓市场、扩大产品销售的关键。

7.1.1 分销渠道的模式与类型

分销渠道也称分配渠道或配销通路,是指产品从生产者手中流通至消费者手中所经过的中间商环节连接起来形成的通道。分销渠道不同于市场营销渠道。市场营销渠道是指那些配合起来生产、分销和消费某一生产者的产品或劳务的所有企业和个人。这就是说,市场营销渠道包括某种产品的供产销过程中的所有企业和个人,例如,供应商、生产者、代理商、批发商、零售商、各种辅助商、金融机构等,以及最后消费者或用户,而分销渠道则不包括供应商、辅助商和金融机构等不参与产品所有权转移的组织和个人。

市场营销渠道中的机构,由许多不同种类的流程贯穿联系,如商流、物流、货币流、信息流和促销流等,如图 7-1 所示。而分销渠道只有商流。正确地选择销售渠道,对准确快捷地满足消费者的需求,促进产品销售,提高企业经济效益有着十分重要的意义。

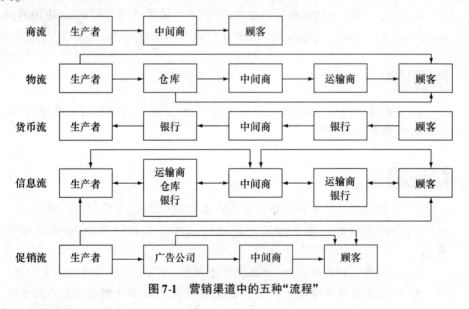

图 7-1 营销渠道中的五种"流程"

1. 分销渠道的模式

不同的产品有不同的分销渠道模式,根据产品的性能和特点可划分为生产资料产品分销渠道模式和生活资料产品分销渠道模式。

(1) 生产资料产品分销渠道模式。一般有以下 4 种模式，如图 7-2 所示。

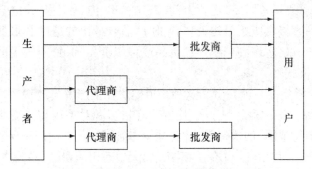

图 7-2　生产资料产品分销渠道模式示意图

① 生产者—用户。即产品销售不经过任何中间商，由生产者直接向用户推销产品，这是环节最少、流通费用最低的分销渠道。一般适宜于价值高，技术性能复杂，需要安装、调试、人员培训等服务支持的机器、设备和仪器等产品。

② 生产者—批发商—用户。这种渠道模式比前一种模式多了一个批发商环节，可以减少生产企业产品销售的工作量，集中精力开发产品、搞好生产，充分发挥批发商的作用。适用于销售有季节性、周期性、连带性以及用户分散的产品。

③ 生产者—代理商—用户。这种渠道模式是生产者将其产品通过代理商转卖给用户。其优点是比利用批发商转卖产品费用低、能降低产品价格，有利于销售技术性能高的产品，也有利于开展产品的促销工作。代理商能为企业和客户提供专业化的优质服务，生产者如果没有自己的推销机构或对市场情况不熟悉，或产品具有高技术性能及特殊技术性能，可采用这种分销渠道模式。

④ 生产者—代理商—批发商—用户。这是环节最多、最长、最复杂的生产资料分销渠道模式。对一些用户分散、需要分散存货、销售批量小、生产者无力自己销售的产品，往往采取这种渠道模式。

由于生产资料的品种、规格、型号复杂，技术性强，需要成套供应，且往往需要提供各种服务。因此，生产资料分销经常采用的就是产需直接见面的购销方式。

(2) 生活资料产品分销渠道模式。一般有以下 5 种模式，如图 7-3 所示。

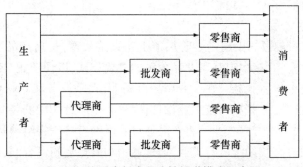

图 7-3　生活资料产品分销渠道模式示意图

① 生产者—消费者。这是生活资料产品分销渠道中最短的渠道，是由生产者直

接把产品销售给最终消费者而不经过任何中间环节,有利于树立企业形象和开展产品促销活动。企业可以通过邮寄、送货上门、来料加工、电话销售、设立自己的销售门市部等形式,把产品直接供应给最终消费者,使产品以最快的速度和最低的价格到达消费者手中。一般来说,生产高档耐用消费品或传统食品、保鲜期较短的食品的企业适合采用这种渠道模式。

②生产者—零售商—消费者。这种渠道模式在生产者与消费者之间有一个大型零售商,具有有利于发挥零售商分散、接触顾客较多和对市场需求变化反应较快等特点,有利于扩大销售范围,加快销售速度,减少产品损耗。它适用于保管期较短的农副产品、鲜活易腐产品、技术性能较高的耐用品、大型耐用消费品、易碎产品等。

③生产者—批发商—零售商—消费者。这种渠道模式有利于生产者批量销售产品,缩短生产周期,加快资金周转;有利于零售商多批次、小批量、多品种进货,保证零售商花色品种齐全,吸引消费者。但这种渠道模式环节较多、较长,产品从生产者到达消费者手中所需时间相对较长,适合日用品或便利品的销售,小型生产企业和产品零星、分散、人力不足的企业普遍采用这种渠道模式。

④生产者—代理商—零售商—消费者。代理商比批发商对所代理的产品更具专业水准,能熟练地向顾客介绍产品的性能、规格、质量、特点等,有利于产品促销,且不拥有产品的所有权,代理商与生产者的经济利益容易统一。

⑤生产者—代理商—批发商—零售商—消费者。这种渠道模式环节最多、渠道最长,产品到达消费者手中所需时间也最长,支付的流通费用最多,从而会较大幅度地提高产品售价,一般不宜采用。

2. 分销渠道类型

分销渠道可以按照不同的标准,从不同的角度进行划分,类型不同其渠道模式也不同。若要使产品顺利进入目标市场,企业必须研究分销渠道的类型,以便做出正确的选择。根据分销渠道的结构和特点,可将分销渠道划分为以下3种类型。

(1)长渠道和短渠道。产品从生产者到达最后使用者的过程中,每经过一个中间商,就被称为一个"层次"。产品经过的层次越多,销售渠道就越长;反之,经过的层次越少,销售渠道就越短。通常将有两个或两个以上中间商环节的渠道称为长渠道,有一个或没有中间商环节的渠道称为短渠道。

①短渠道。

◆零阶渠道。最短的渠道是零阶渠道也叫直接渠道,是指产品由生产者直接销售给消费者或用户。直接渠道是工业品分销的主要方式,以便按用户的特殊要求生产产品,并提供及时的售后服务。在工业用品市场上,大宗设备和原材料一般都以直接渠道进行销售。此外,一些高科技工业设备,因只有生产者才能安装,也必须采用直接销售渠道。直接渠道的方式主要有将产品通过互联网直接销售给消费者、由企业销售人员上门推销、通过邮政系统进行邮购、通过展销和展览会签订合同、通过快递服务系统销售产品等。

◆一阶渠道。一阶渠道是指产品从生产者到最终消费者或使用者需要经过一个销售中介机构。在消费品市场上,这个中介通常是零售商。一些大规模的零售商通常直接从生产者进货,再将商品出售给消费者。在工业用品市场上,中介通常是代理商或经销商。

◆ 短渠道有利于企业加强对市场及产品的控制,同时有利于产品以更快的速度、较低的价格到达最终消费者手中,但其渠道覆盖面有限,有时不能充分满足市场需求,不利于扩大市场占有率。

② 长渠道。

◆ 二阶渠道。二阶渠道是指产品从生产者到最终消费者或用户需要经过两个销售中介机构。在消费品市场上,中介通常是批发商和零售商。在工业用品市场上,中介通常是分销商和经销商。

◆ 多阶渠道。多阶渠道是指产品从生产者到最终消费者或用户需要经过3个或3个以上的销售中介机构。中间商越多,销售渠道越长。在目标市场上,产品的分销层次可能长达十几个,从而导致非常高的最终销售价格。

长渠道有利于发挥中间商对生产者的支持和帮助作用,并能大大减少生产者在资金、人力、物力等方面的占用,分散市场风险,利用中间商的优势开辟市场,扩大产品的市场覆盖面。但长渠道也存在一定的问题,如果渠道越长,则企业对市场的控制与管理难度就越大,不便于企业提供全面、周到的服务,影响企业在市场上的信誉。

(2) 宽渠道和窄渠道。分销渠道宽、窄的划分是根据同一分销层次使用中间商的数量而定的,若生产者在同一分销层次上选择较多的中间商销售产品,则称这种产品的分销渠道为宽渠道。相反,在同一层次上使用较少的中间商则为窄渠道。

① 宽渠道。采用宽渠道的企业在每一个分销层次上都尽可能多地使用中间商,在更大范围内开拓市场。同一层次的中间商数量越多,市场覆盖密度就越高。但过宽的渠道也存在一定的缺点,例如,增加了营销费用,企业很难与每一个中间商保持密切联系等。

② 窄渠道。企业若采取窄渠道进行产品销售,则总是尽可能减少中间商,以加强企业与中间商的协作关系,控制产品的销售和市场。同一层次的中间商数量越少,市场覆盖密度就越低,有可能使企业失去部分潜在顾客。

(3) 传统渠道和现代渠道。根据各渠道成员间相互关系的密切程度,可将分销渠道分为传统分销渠道和现代分销渠道。

① 传统分销渠道。传统分销渠道的生产者、批发商、零售商等成员间相互独立,各自经营、各行其是,彼此间进行松散合作,各渠道成员为了各自的利益而相互竞争,从而产生利益冲突,使经营效率降低。

② 现代分销渠道。随着市场竞争日趋激烈,分销渠道系统出现了联合化趋势,即分销渠道生产者、代理商、批发商、零售商等渠道成员采取了不同程度的联合经营策略。这种现代的联合化分销渠道系统有3种类型,分别是纵向联合销售系统、横向联合销售系统和多渠道营销系统。

◆ 纵向联合销售系统。纵向联合有3种销售系统。

■ 公司垂直一体化销售系统,是由同一投资系统,将相关生产单位和销售单位联合起来,成为一个销售系统组织。主要是大生产者或大零售商牵头建立的控制批发、零售各个层次，直至控制整个销售渠道的系统，它往往集制造、批发、零售业务于一体。例如，某公司不仅在各地开设旅馆，还拥有一系列生产厂（如地毯厂、家具厂等），不但为自己提供所需的各种设备，还同时对外销售。建立公司垂直一体化系统通常需要大量投资，必须是有实力的公司才能做到。

- 合同垂直一体化销售系统，是由不同层次的相互关联的生产单位和销售单位，以契约形式联合起来的系统，主要有特许经营系统、批发商自愿连锁系统和零售商合作社三种形式。例如，可口可乐公司以特许经营的形式在不同市场装瓶。
- 管理一体化销售系统，制造企业通过与中间商建立协作关系，以控制其产品在销售中的供应、促销、定价等工作，以减少企业在销售领域的投资。

◆ 横向联合销售系统。横向联合是指由两个或两个以上的同级中小生产者、批发商、零售商自愿连锁进行短期或长期联合经营，它较少涉及渠道结构中的其他层次，主要是中小生产者、批发商、零售商相互合作支持以抗衡大生产者、批发商或零售商的一种方式。

◆ 多渠道营销系统。也叫综合式营销渠道，是指生产者通过若干不同的渠道将同一种产品送到不同市场，或者通过多渠道将企业产品送到同类顾客手中。它有利于企业进行更深入的市场渗透，更好地满足消费者的不同需求，给消费者提供更多的方便。多渠道营销存在的问题是，由于企业采取两条或两条以上的渠道向同一市场销售其产品，容易引起不同中间商的不满，并导致中间商之间的竞争。

7.1.2 中间商的选择

中间商是指介于生产者与消费者之间，专门从事商品流通经营活动，促进商品交换行为实现的组织和个人。在实际分销活动中，中间商的类型是多种多样的，主要分为经销商和代理商两种。

经销商与代理商的主要区别在于：经销商拥有所经营商品的所有权，而代理商是受生产者委托，代理开展销售业务，不购进产品，不拥有产品所有权；经销商需支付资金购进产品，而代理商经营代销业务，无须垫付资金；经销商赚取进销差价，代理商则赚取佣金。

1. 中间商的类型

在销售渠道的各个环节，起着重要作用甚至决定作用的是中间商。中间商联结生产者和消费者，专门从事商品流通经营活动，主要包括批发商和零售商。

（1）批发商。是指一切将产品或服务销售给为了转卖或者商业用途而进行购买的组织或个人。批发商处于销售渠道的中间环节，它一方面从生产企业购买产品，另一方面向顾客批销产品。通过大量购买，组织分发，为顾客提供帮助。批发商主要有商人批发商、代理批发商和制造商零售商的分店和销售办事处3种类型。

① 商人批发商。是指自己进货，取得产品所有权后再批发出售的商业企业，即有独立投资的专门从事批发经营活动的企业。商人批发商是批发商的最主要类型。商人批发商按职能和提供的服务是否完全来划分，可分为完全服务批发商和有限服务批

发商。

◆完全服务批发商。这类批发商执行批发商的全部职能,提供的服务主要有保持存货、雇用固定的销售人员、提供信贷、送货和协助管理等。批发商人主要面向零售商,以经营个人消费品为主,为零售商提供广泛的服务。它又可分为三种类型:综合商品批发商、工业配销商、大宗商品的专业批发商。区别在于经营商品范围宽窄不同,如综合商品批发商、五金批发商、食品批发商;工业配销商,主要面向生产企业,经营各种通用生产设备或零部件,如滚珠轴承、电动机、手工和电动工具、维修保养品等;大宗商品的专业批发商,将货源分散的单一品种收集组织起来,然后再大宗地批发出去,以各类农、副、林产品批发商最为典型。

◆有限服务批发商。这类批发商为了减少成本费用,降低批发价格,向顾客提供一部分服务。可分为六种类型:现购自运批发商,不赊销也不送货,经营食品杂货,其顾客主要是小食品杂货商、饭馆等;承销批发商,批发商拿到顾客(其他批发商、零售商或用户等)的订单,就向制造商、厂商等生产者进货,并通知生产者将产品直接运送给顾客;卡车批发商,批发商从生产者处将产品装上卡车后,立即运送给各零售商店、饭馆、旅馆等顾客,它主要执行了推销员和送货员的职能;托售批发商,这类批发商在超级市场和其他食品杂货商店设置自己的货架,展销其经营的产品,产品出售后零售商才付货款,主要经营家用器皿、化妆品、玩具等产品;邮购批发商,是指那些借助邮购方式开展批发业务的批发商,主要经营食品、杂货、小五金等产品;农场主合作社,是指为农场主共同所有,负责将农产品组织到当地市场上销售的批发商,合作社的利润在年终时分配给各农场主。

② 代理批发商。代理批发商即代理商,是指在产品流转过程中,不持有产品所有权的批发商。主要分为以下 5 种类型。

◆厂家代理商。又称制造商的代理商,即生产企业的代理商。它接受生产者的委托,签订代理销售协议,在生产企业规定的售价、销售地点等条件下推销产品,安排货物的储运,向生产企业提供市场信息、产品设计式样及定价的建议,并获取一定的佣金。生产者可同时委托不同地区的多个企业代理商。

◆销售代理商。它接受生产者委托,独家代理销售其全部产品,是生产企业的全权代理。不受地区限制,有一定的定价权。通常,一个生产企业在同一时期只能使用一个销售代理商,且不能从事直接销售。

◆寄售代理商。又称佣金商、佣金行、寄售商。受生产者的委托,进行现货(多见于农产品)的代销业务。生产者按照协议将产品交给寄售商,由寄售商在认为合适的时机随行就市作价销售,扣除应得佣金和有关销售费用后,将余款汇寄给生产者。

◆经纪人又称经纪商。自身不从事产品营销,只为购销双方提供产品、价格、服务等一般市场信息,为双方进行交易起中介作用的代理商。经纪人一般不参与签订任何协议,不负任何后果,按成交额提取一定比例的佣金。

◆采购代理商。采购代理商一般与顾客有长期关系,代其进行产品采购,主要负责收货、验货、储运,并将产品运交买主。如服饰市场的常驻采购员,他们为小城市的零售商采购适销的服饰产品。

③ 制造商及零售商的分店和销售办事处。这是由买方或卖方不通过独立批发商自行经营批发业务的机构，主要有销售分店或销售办事处、采购办事处两种类型。

◆ 销售分店或销售办事处。生产者往往设立自己的销售分店和销售办事处，以改进存货控制、销售和促销业务。销售分店持有自己的存货，大多数经营木材和自动设备零件等产品。销售办事处不持有存货，在织物制品和针线杂货业最为突出。

◆ 采购办事处。许多零售商在大城市设立采购办事处，其作用与经纪人或代理商相似，但却是买方组织的一个组成部分。

(2) 零售商。零售是商业流通的最终环节，商品分销渠道的出口。零售商是指那些销售量主要来自零售的商业企业。零售商的类型千变万化，新组织形式层出不穷。西方市场营销学通常从以下 5 个角度对零售商进行分类。

① 按零售商经营范围划分为：专业商店、百货商店、超级市场、超级商店和特级市场。

② 按零售商的价格和服务水平划分为：提供一般顾客服务，价格中等的商店如普通商店和专业商店；提供更多顾客服务，价格较高的商店如百货公司；提供较少顾客服务，以廉价招揽顾客的商店如折扣商店；顾客自我服务，价格较低的商店如食品超级市场、仓库商店。

③ 按是否设立门市销售划分为：有门市的零售业和无门市的零售业如自动售货机(亭)、访问推销、街头摊贩、邮购和电话订购等。

④ 按零售机构所有权性质划分为：独立商店、连锁商店、自愿连锁商店、特许经营商店、企业集团商店和消费合作社。

⑤ 按地理位置集群化程度划分有居民区内商店、住宅区购物中心、地区性购物中心和中心商业区。我国国内贸易局在 1998 年将零售商店分为八个类别，即百货店、超级市场、大型综合超市、便利店、仓储式商场、专业店、专卖店和购物中心。

市场上常见的零售商有以下 10 种类型。

① 专业商店。专业商店一般是指销售具有共同特性的商品的中小零售店。如专门经营一类或几类商品的零售商店，常见的有服装店、鞋店、家具店和书店等；或专门经营某一特定消费群体所需商品的零售商店，如妇女用品商店、儿童用品商店和体育用品商店等。其经营的产品线较窄，但花色品种齐全，满足顾客专门需要的能力强。

② 百货商店。百货商店通常规模较大，经营的产品面较宽，深度则取决于百货店规模的大小。经营范围涉及消费者生活的各方面，如服装、家庭用品、美容化妆品等。百货商店一般地处繁华街区，建筑富丽堂皇，进行综合经营和部门化管理，提供完善的零售服务。如橱窗展览、试衣间、电话订货、接受邮购订单和广告等售前服务，送货、常规包装、礼品包装、调试、退货、换货、维修、安装等售后服务，支票付款、免费停车、餐厅、休息室、代管小孩等附加服务。近年来，百货商店开始引进新的经营形式，如连锁、电话电视购物等。

③ 超级市场。超级市场是一种大规模、低成本、低毛利、消费者自我服务和实行连锁经营的零售方式。最初主要经营食品、洗涤品及家庭其他日常用品，品种齐全，适合购买频繁、用量大的易耗类消费品。第二次世界大战后，经营范围逐渐扩大到药品、

运动用品、服装、小五金、唱片、书籍、家具甚至家电类等高价值商品,以提高自身竞争力。在国外,超级商店除销售各种食品和日用品外,甚至还提供洗衣、修鞋、快餐等服务。特级市场综合了超级市场、折扣商店和仓库商店的经营方式,范围超出了日常用品,包括家具、大小家用电器、服装、园艺用品、通信产品装饰材料甚至汽车等商品。

④ 折扣商店。折扣商店以低于一般商店的价格销售商品,其主要特点是鼓励顾客大量购买,给以数量折扣,并以销售全国知名品牌为主,故能保证产品质量。折扣商店大多开在租金低的非商业区,提供尽可能少的经营设施和服务,采用自动式销售,从而吸引众多的顾客。面对激烈的市场竞争,折扣商店已逐渐从经营普通商品发展到经营专门商品,如体育用品、电子产品、书籍等专用品折扣商店。

⑤ 便利商店。这种零售商店规模小,商品品种少,以经营食品、副食品、日用品为主,并提供报纸杂志、快递等服务,地点靠近居民区,面向附近居民,营业时间长。由于面临其他类型商店的竞争,为提高市场竞争能力,取得生存和发展的机会,许多便利商店也改造为顾客自选商店,以降低成本,减少费用,降低商品价格,赢得更多顾客。还有一些便利商店采用连锁组织形式,以发挥规模效益来赢得经营优势。

⑥ 仓储商店。仓储商店是一种将仓库和商店合而为一的零售商店,自20世纪90年代开始在我国一些大中城市兴起。其大多设在房租低廉的地段,营业场所装修简单,采用开架销售,顾客自助服务的方式,并采用双C销售体制(即付现金和商品自运),减少了仓储费用和人工服务费用,降低了经营成本,因而能以低廉的价格大量销售。与其他商店相比,其价格可低10%~30%。仓储商店一般可分为两种:一种以通过销售商品获取利润为主,另一种以会员费收入为主。仓储商店在中国的发展以万客隆和麦德龙为开路先锋。

⑦ 商业街。商业街是指由众多不同规模、不同类别的商店有规律地排列组合,形成的带状商业群体。它由众多商店、餐饮店、服务店共同组成。按一定结构比例规律排列的商业街,在世界各地比皆是,如香港铜锣湾、上海南京路、北京王府井、台北西门町、墨西哥城起义者大街、纽约的百老汇大道、蒙特利尔的萨布洛克大街等。商业街按不同规模可分为大型商业街、中型商业街和小型商业街,按不同等级可分为市级商业街、区级商业街和小区商业街,按不同性质可分为商品性一条街和服务性一条街,按其所处位置可分为邻里型商业街、地域型商业街、地区型商业街和大型商业街等。

⑧ 购物中心。购物中心是由开发商开发建设、统一管理运营的各类零售业态、服务设施的集合体。由百货店或超级市场作为核心店,与各类专业店、专卖店、快餐店等结合构成。其服务功能齐全,集零售、餐饮、娱乐、服务为一体,根据销售面积设有相应规模的停车场。它能满足不同层次、不同类型的消费需求,但主要目标顾客为中高收入家庭。购物中心可分为城区购物中心、社区购物中心和城郊型购物中心三种形式。

⑨ 无门市销售,大致可分为4大类。

◆ 邮购。也称直复式营销,即以信件广告的方式将商品目录册子直接送到消费者家中,或通过报纸杂志、电视和互联网等刊载或播出邮购广告,使消费者即使在家中也能购物,且不受时间限制。

◆ 自动售货。使用硬币的自动售货机是第二次世界大战后出现的一种零售形式,自动售货机 24 小时服务,广泛应用于方便购买或冲动性购买的商品上,如饮料、糖果、香烟、报纸、化妆品、书籍、胶卷、袜子、T 恤等。其价格比一般商店价格高 15%～20%。近年来,自动售货机已发展到服务行业,如自动点唱机、自动洗衣机和自动出纳机等。

◆ 访问销售也称直销。主要有挨门挨户推销、逐个办公室推销、举办家庭销售会议等直接销售形式。直接销售成本高昂,销售人员的佣金为 20%～50%,而且还需要支付训练、管理和激励销售人员的费用。

◆ 购物服务公司。这是一种不设店堂的零售商,专为某些特定的顾客,通常是学校、医院、工会和政府机关等大型组织的雇员提供服务。这些组织的雇员可以成为公司的会员,他们被授权从一批经过挑选的愿意向这些成员以折扣价售货的零售商那里购物,服务公司向零售商收取介绍费用。

⑩ 连锁店。连锁店被称为 20 世纪零售业最重要的发展。西方国家零售商业中的连锁店是专指公司连锁,是大集团的内部分化,而不是小商店的外部联合。在我国,连锁店主要是指流通领域中若干同业店铺,以共同进货或授予特许经营权等方式连接起来,实行标准化服务,共享规模效益的一种现代商业组织形式,不仅包括公司连锁,也包括自愿连锁和自由连锁。

◆ 公司连锁,又称正规连锁、联号商店、直营连锁。国际连锁店协会的定义是:"以单一资本直接经营 11 个以上的零售业或饮食业,也称所有权连锁。"其基本特征是所有权与经营权相统一,各个分店由总公司或总部集中领导,统一资本,统一管理,分散销售,利益独享。其上层组织形式有两种:一种是由母公司直接管理,不另设总部;另一种是设立总部,由总部管理连锁店。

◆ 自愿连锁,也称合同连锁、特许连锁、加盟连锁或契约联合店。是独立商店通过契约形成的连锁关系,通常由一家批发商牵头,统一管理,统一采购。各成员店在财产和法律上是独立的,但在经营管理上失去自主权,双方以特许合同为连锁关系的纽带。

◆ 自由连锁也称零售商合作社。由一群所有权独立的零售商自愿组成一个集中的采购组织,这个采购联营组织负责提供货源、推销计划和账目处理等服务。成员店有独立的所有权和经营权,实行单独核算,成员在保持自身独立性的前提下,通过协商自愿联合起来,共同合作,统一进货,统一管理,联合行动;以采购中心为主导,设立总部;共同分享合理化的经营利益。

2. 中间商的选择

成功的分销渠道主要取决于中间商的努力,"代理商或经销商有多好,你的生意就有多好"!如果企业选择的中间商市场营销能力强且素质高,将能推动整个营销活动顺利开展。可见,中间商的选择关系到企业整体营销战略目标的实现。企业要选择理想的中间商,不能简单地考虑中间商的财力或知名度,而要确定一个综合的选择标准。

(1) 中间商所服务的市场范围。中间商所服务的市场是确定中间商最基本的条件。

① 企业要分析中间商所服务的市场和企业的目标市场是否一致。

② 要分析中间商的经营范围与企业所要销售的产品是否一致。

③ 要分析中间商的服务客户与本企业的目标顾客是否一致。

（2）中间商的财务状况。考查中间商的财务状况主要是为了审查其资金实力，有了足够的资金作保障，中间商才具有一定的偿付能力，并能按时付款，必要时能预付货款或分担部分促销费用。企业可以通过了解中间商的资产负债表、损益表、注册资本、流动资金等来审查财务状况，对其进行分析判断，确定中间商的财务状况是否良好。

（3）中间商的经营能力。中间商的经营能力主要是指中间商每年的营业额、人员数量、经营规模、综合服务水平、储运能力、销售渠道效率等方面的综合素质的反映。经营能力直接影响到最终中间商的经销效果。企业应主要考察中间商历年来是否有良好的经营业绩，审查其员工是否有较高的素质。若中间商历年来的经营业绩都很好，且员工具有较高的运用各种促销方式和促销手段的能力，则可以认为该中间商是一位经营能力较强的中间商，可以考虑与之合作。

（4）中间商的地理位置。中间商所处的地理位置应与生产企业的目标市场相一致，并具有区位优势，即批发商应位于交通便利的地区，最好是交通枢纽，以便于产品的分销、储存与运输并有利于降低产品的销售成本；零售商则应位于客流量大、消费者集中、交通方便的地区。

（5）中间商的专业条件。这是指中间商在产品、顾客、竞争者、销售渠道等方面的专业知识。现代高科技产品的不断出现，要求中间商必须有相应的专业条件，否则很难搞好营销工作。专业条件好的中间商能够迅速打开销路，节约销售成本，并能向生产企业提供产品、顾客需求等方面的信息，有利于企业产品的销售。

（6）中间商的信誉及合作态度。企业应选择有良好信誉的中间商。具有良好信誉的中间商不但在消费者中具有较好的形象，还可以帮助生产企业树立品牌形象。所以，企业要考察中间商在消费者和供应商这两方面是否都拥有较好的信誉、有积极的合作态度，避开那些信誉不佳又不讲商业道德的中间商。中间商对企业产品努力经营的程度是衡量中间商合作态度的重要指标，只有中间商努力经营，企业的产品销售状况才会好，也才有利于企业产品扩大市场占有率。

7.1.3　分销渠道管理

企业要顺利进入目标市场，就必须对其分销渠道的长度和宽度做出适当决策，对分销渠道进行有效管理，采取激励中间商、定期评估渠道、控制渠道、协调渠道关系、调整渠道等措施，不断提高企业的市场营销效率。

1. 影响分销渠道选择的因素

市场选择与渠道选择是互相依存的，有利的市场加上有利的渠道，才能使企业获利。企业在选择分销渠道时，需要考虑诸多因素的影响，主要有产品因素、市场因素、企业自身因素、竞争因素和环境因素等。

（1）产品因素。产品的特性对企业分销渠道影响很大。单价高、服务性强的产品应采用直接渠道，或者只采用一个中间商环节进行销售。体积大的重型产品如矿石、建筑材料、重型机器等,应选择较短的渠道或直接渠道,若使用中间商,则选择代理商,以减少中转和重复运输。而诸如玩具、时装等式样多变、时尚程度较高的产品,应缩短渠道,减少环节,以免产品过时。易毁易腐产品,如玻璃器皿、精密仪器和鲜活商品,如蔬菜、水果等,宜采用较短渠道。从产品技术性质看,因技术性较强需要提供服务的产品,应采用短渠道。通用性和标准化产品因其具有明确统一的规格和质量,可用间接式销售渠道。

（2）市场因素。渠道的选择受顾客数量、地理分布、需求水平、购买频率及对不同促销方式的敏感性等因素的影响。对于大量成交的商品或需要量较大的用户,应采用较短渠道;而消费量少、购买频率高的商品,则宜采用较长渠道供货。大型零售企业通常绕开批发商寻求最短的渠道。高技术产品需要复杂的、系列化的服务,应采用短渠道。此外,购买者对不同促销方式的敏感性也会影响渠道选择,如越来越多的家具零售商喜欢在产品展销会上选购,从而使得这种渠道迅速发展。

（3）中间商因素。企业在设计渠道时,还必须考虑执行不同任务的市场营销中间机构的优缺点。一般来讲,中间商在运输、广告、储存、接纳顾客、信用条件、退货特权、人员训练和送货频率等方面有不同的特点,从而影响生产企业对分销渠道的选择。如生产汽车收音机的厂家选择分销渠道应考虑:寻找要求安装本企业产品的汽车生产厂家;利用原有渠道进行分销;寻找愿意经销其品牌的汽车经销商等。

（4）竞争因素。生产者的渠道设计还受到竞争者所使用的分销渠道的影响,因为某些行业的生产者希望在与竞争者相同或相近的产品经销处与其相抗衡。而有时,竞争者所使用的分销渠道反倒成为生产者所避免使用的渠道,或者即便使用相同渠道也必须具有自己的特色。

（5）企业因素。企业声誉高,财力雄厚,具备经营管理销售业务的经验和能力,在选择中间商方面就有更大的主动权,这样的企业也可以建立自己的销售力量。企业的产品组合也会影响渠道的选择,如果产品组合宽,则与顾客直接打交道的能力就强,渠道可短而宽;如果产品组合深,则适于窄渠道。如果企业愿意提供广泛的服务,开展促销活动,就可以广设分销渠道。

（6）环境因素。渠道的设计选择还受到环境因素的影响。如经济萧条时,生产者都希望采用能使最终顾客以廉价购买的方式,将其产品送到市场上,这也意味着使用较短的渠道,并免除那些会提高产品售价且不必要的服务。影响渠道的环境因素包括微观环境因素和宏观环境因素两个方面。

2. 分销渠道决策

企业应根据产品特点、市场状况和企业自身条件等选择适当的分销渠道进入目标市场。企业分销渠道通常包括3个方面的决策,即标准化渠道与多样化渠道模式决策、分销渠道长度决策和分销渠道宽度决策。

（1）标准化渠道与多样化渠道模式决策。根据企业在不同市场上是否采用相同的渠道模式,分为标准化渠道与多样化渠道模式决策。

① 标准化分销渠道。标准化分销渠道是指企业产品进入不同目标市场时采用相同的渠道,如使用相同长度和宽度的渠道销售本企业产品。标准化分销渠道可以产生

规模效益,有利于营销人员利用自己的经验提高营销效率,便于企业对分销渠道进行管理和控制。这种分销渠道模式适合于市场需求大体相同的产品。

② 多样化分销渠道。由于不同目标市场的情况可能存在较大差异,所以企业常常会采取多样化的分销渠道。分销渠道的多样化,也称地区化或差异化,是指企业产品进入不同的目标市场时,根据具体情况有针对性地采取不同的分销渠道,如通过不同长度和不同宽度的渠道推销企业产品。企业采取多样化分销渠道有如下原因。

◆ 不同的竞争对手采取的渠道策略各不相同,要求企业有针对性地采取相应的分销模式。

◆ 不同目标市场的消费者特点各不相同,使得企业必须采取不同的分销渠道。

◆ 不同目标市场的分销渠道结构不同,要求企业必须采取不同的分销渠道,如有些目标市场上习惯采用较短的销售渠道,也有些目标市场习惯采取长渠道。

(2) 分销渠道长度决策。产品从生产企业到达最终消费者或用户的过程中,所经过的中间商越多,渠道越长;中间商越少,渠道越短,最短的渠道是直销。企业要综合考虑产品特征、市场行情、中间商销售能力及企业自身条件等各方面因素来决定分销渠道的长度。

企业若具备如下条件,则适合选择短渠道。
① 企业经营规模大,销售能力强,又拥有雄厚的资金实力。
② 顾客数量多,购买量大,分布较集中。
③ 非标准化的产品、技术性强且要求生产企业提供售后服务的产品,如汽车。
④ 易腐、易坏产品,如蔬菜。
⑤ 市场生命周期短的时尚产品,如服装。
⑥ 体积过大、笨重、装运困难的产品,如建筑材料。
⑦ 价值高的产品,如珠宝。
⑧ 新上市产品。
⑨ 中间商的销售能力强,信誉高。

企业若具备如下条件,则适合选择长渠道:
① 企业经营规模小,销售力量弱,缺少资金。
② 顾客经常小批量购买。
③ 标准化产品和技术要求不高的产品。
④ 单位价值低的产品,如香皂、牙刷等。
⑤ 目标市场空间距离远。

(3) 分销渠道宽度决策。分销渠道的宽度是指每一渠道层次并列使用中间商的数量。可供企业选择的分销渠道决策类型一般有 3 种。

① 广泛分销。又称密集性分销,是指在同一分销层次上尽可能多地使用中间商,使分销渠道尽量加宽。这种分销策略的优点是企业产品分布广,便于购买,适用于一般消费者购买的日用便利品,如烟、酒、盐等;工业品中的标准件及一些价格低、一次购买量小、购买次数多的产品也适宜采用广泛分销。这种策略的缺点是分销渠道越宽,中间商的数量越多,会导致中间商之间的激烈竞争,使中间商经营本企业产品的积极

性下降。

② 选择分销。是指企业在一定市场范围内，通过精心挑选，使用较少数量的中间商分销产品。这种分销策略适用于所有产品，因其便于企业对分销渠道的控制，分销成本也比广泛分销低，因此多数企业选择这种分销策略。消费品中的选购品（如服装）和特殊品（如手机和工业品中的零部件）最适合采用选择分销策略。企业在产品刚打入市场时，往往先采用广泛分销，待产品占领一定的市场份额后，逐步淘汰一些作用小、效率低的中间商，转向选择性分销，达到降低费用、提高企业利润的目的。

③ 独家分销。是指在一定时间、一定地区内，企业只选择一家中间商销售其产品。通常双方要签订独家经销合同，规定中间商不能再经销其他竞争对手的产品，而生产企业也不得在该地区使用其他中间商销售其产品或进行直销。这种策略适用于高档、技术性强、要求提供高水平售后服务的产品，尤其适用于名牌产品。独家分销能提高中间商的积极性，有利于企业与中间商合作，也便于企业对最终价格的控制，提高企业形象。它的缺点是中间商的销售面窄，如果企业选择中间商不当，则可能会导致企业失去当地市场。因此，刚进入市场的企业不宜采用此策略。

3. 分销渠道管理措施

企业对分销渠道的管理可采取激励中间商、定期评估渠道并控制渠道、协调渠道关系、调整渠道等措施，以提高分销渠道的效率。

(1) 激励中间商。企业在确定了合适的中间商之后，还要通过一定的措施激励中间商，以调动中间商的积极性，提高中间商对销售企业产品的热情，尽可能发挥中间商的分销作用。

① 激励措施。企业对中间商的激励方式多种多样，主要包括以下3个方面。

◆ 向中间商提供满足市场需求的优质产品。向中间商提供适销对路的优质产品，为中间商创造良好的销售条件，是对中间商最好的激励措施。

◆ 向中间商让利。采取降价、给予价格折扣等措施，使中间商有利可图，调动中间商的积极性。

◆ 向中间商提供全方位的支持与服务。包括以下几点。

■ 生产企业主动帮助中间商进行产品促销宣传，如加大广告宣传力度及帮助中间商安排产品陈列、展览、产品操作表演等支持。

■ 资金支持。当中间商出现资金周转紧张，不能立即支付货款时，向中间商提供付款上的优惠措施，如允许中间商延期付款或分期付款等。

■ 人员培训的支持。即生产企业帮助中间商培训业务人员、产品维修人员等。

■ 市场信息支持。生产者可以进行必要的市场信息调查，并及时通知给中间商，以便中间商恰当地安排销售活动。

② 基于中间商的渠道评价。在评估渠道效率时，生产企业往往发现中间商不重视某些特定品牌的销售、缺乏产品知识、不认真使用供应商提供的广告资料、忽略某些顾客的利益，以及不能完好地保存销售记录等。此时，生产企业必须从中间商的心理状态和行为特征等方面进行解读：中间商是一个独立的市场营销机构，逐渐形成了以

实现自己目标为最高职能的一套行之有效的方法,能自由制定政策而不受他人干涉;中间商主要执行顾客购买代理商的职能,其次才是执行供应商销售代理商的职能,他要经销顾客愿意购买的产品,而不一定是生产者叫他卖的产品;中间商总是努力进行货色搭配,然后卖给顾客,其销售努力主要用于取得一整套货色搭配的订单,而不是单一货色的订单;生产者若不给中间商特别奖励,中间商绝不会保存所销售的各种品牌的记录。而那些有关产品开发、定价、包装和激励规划的有用信息,常常是保留在中间商很不系统、很不标准、很不准确的记录中,有时甚至故意对供应商隐瞒不报。激励的首要步骤,就是站在别人的立场上了解现状,设身处地为别人着想,而不应仅从自己的观点出发看待问题。

③ 激励过分与激励不足。生产者必须尽量避免激励过分与激励不足两种情况。当生产者给予中间商的优惠条件超过他取得合作与努力水平所需条件时,就会出现激励过分的情况,其结果是销售量提高,而利润下降。当生产者给予中间商的条件过于苛刻,以致不能激励中间商的努力时,则会出现激励不足的情况,其结果是销售量降低,利润减少。所以,生产者必须确定应花费多少力量,以及花费何种力量来鼓励中间商。

一般来讲,对中间商的基本激励水平,应以交易关系组合为基础。如果对中间商仍激励不足,则生产者可采取两种措施:一是提高中间商可得的毛利率,放宽信用条件,或改变交易关系组合使之更有利于中间商;二是采取人为的方法来刺激中间商,使之付出更大努力,如举办中间商销售竞赛,加强对顾客与中间商的广告活动等。无论以上措施是否与真正的交易关系组合有直接或间接关系,生产者都必须仔细观察中间商如何从自身利益出发来看待和理解这些措施,以免生产者在无意中伤害中间商的利益,损及双方的合作关系。生产者可依靠获得某些权力来赢得中间商的合作,这种权力是指,一个渠道成员使另一个渠道成员做某事而不需要给予回报的能力。主要包括:胁迫权,即指生产者在中间商没有很好地合作时威胁撤回某种资源或中止关系的能力;付酬权,即指生产者为中间商执行特定任务而给予额外报酬的能力;法定权,即生产者凭借上下级关系和合同规定要求中间商执行某项任务的能力;专家权,即中间商认可生产者独具某个方面的专业知识和较高的管理能力;声誉权,即生产者由于具有较强的实力和较高的市场声誉,中间商自愿并希望成为其中一员的能力。

(2) 评估渠道。企业应定期对分销渠道进行评估,评估可从两方面入手。一是对分销渠道系统结构进行评估,即通过对消费者或用户需要的分销服务水平、产品的市场覆盖面、促销效果、分销系统费用等方面进行评估,判断分销渠道是否符合市场需求,企业是否达到了预期销售目标,经济效益如何。二是对分销渠道的中间商进行评估,即对中间商的销售额、市场开拓能力、存货管理水平、货款回收状况、向顾客提供的服务水平、与企业的合作态度、对产品的忠诚度等方面做出评估,以便发现分销过程中存在的问题,有利于对中间商进行有效的控制,提高分销渠道的效率。

对中间商进行管理和控制,要求生产企业与中间商事先对评估内容和标准达成共识,并以协议形式固定下来,以利于生产企业对中间商的评估。通常情况下,在营销中获得成功的企业都能够对分销渠道进行较好的评估与控制。

(3) 协调渠道关系。分销渠道可能发生的冲突主要有:生产企业与中间商的冲突,如双方发生促销费用争议、中间商未按时付款、中间商销售竞争者产品、中间商未执行生产企业的销售政策等;企业所使用中间商之间的冲突,如中间商为了争夺市场而进行价格竞争等。生产企业必须对分销渠道中的多种矛盾进行及时恰当的解决,否则将影响企业营销目标的实现。

① 中间商必须正确对待渠道冲突。生产企业与中间商经营产品的目的都是为了获得利润,必须客观地照顾到双方利益,从对方角度考虑问题,才有利于解决矛盾。

② 生产企业与中间商要加强沟通,加深了解,许多矛盾是由于沟通不力造成的,保证双方信息沟通及时、通畅,避免不必要的冲突。

③ 双方必须协商制订经营活动目标和计划,使双方的营销活动有遵循的依据,便于企业进行渠道评估和控制。

(4) 调整渠道。企业应根据对分销渠道成员的评估结果、企业的营销目标以及消费者购买模式的变化、市场的规模变化等因素,适时地对分销渠道进行调整。对分销渠道的调整方式主要有以下 3 种。

① 增加或减少个别渠道中间商。企业应中止与某些不能很好地完成既定的销售计划、不积极合作、效率低下的中间商的业务关系。根据业务发展的需要,通过认真评估,吸收业绩良好、市场形象好的中间商加入分销渠道。

② 增加或减少某一分销渠道。除了对分销渠道的个别中间商进行调整外,有时企业还必须增加一些分销渠道,或者撤销一些老渠道以适应环境的变化。

③ 调整整个分销渠道,即建立一个新的分销渠道系统。如汽车生产企业要中止和所有经销商的关系,转而建立能完全被自己控制的自销系统。

更换中间商是一个相当复杂的工作,有时企业必须花费很长时间并付出很高代价。是否需要更换中间商,企业一定要权衡利弊得失,再做出决定。

4. 客户关系管理

在现代企业渠道管理中,客户已经发展成为企业的核心资源。客户关系管理的核心是客户价值管理,即通过"一对一"的营销原则,满足不同价值客户的个性化需求,提高客户忠诚度和保有率,实现客户价值持续贡献,从而全面提升企业盈利能力。

(1) 客户关系管理的内容。客户关系管理(Customer Relationship Management,CRM),从管理科学的角度来看,源于"以客户为中心"的市场营销理念,是一种旨在改善企业与客户之间关系的管理机制;从解决方案的角度来看,是将市场营销的科学管理理念通过现代信息技术手段,在企业与客户之间建立一种数字的、实时的和互动的交流管理系统。因此,客户关系管理是指围绕客户生命周期的发生、发展,采用细致营销的方法,通过协同工作,为不同价值分类的客户提供满足个性化需要的产品和服务,从而留住客户,提高渠道效率,实现企业的营销目标。CRM 的主要内容包括 7 个方面,简称 7Ps。

① 客户概况分析(Profiling),包括对客户的基本信息、信用、偏好和习惯等的分析。

② 客户忠诚度分析(Persistency),是指对客户对企业或产品的信任程度、持久性

和变动情况等的分析。

③ 客户利润分析(Profitability)，是指对不同客户所购买的产品的边际利润、总利润额和净利润等的分析。

④ 客户性能分析(Performance)，是指对不同客户所购买的产品按种类、渠道、销售地点等指标划分的销售额。

⑤ 客户未来分析(Prospecting)，包括对客户数量、类别等情况的未来发展趋势、争取客户的手段等的分析。

⑥ 客户产品分析(Product)，包括对产品设计、关联性、供应链等的分析。

⑦ 客户促销分析(Promotion)，包括对广告、公关、新闻宣传等促销活动管理的分析。

CRM 的核心思想是将客户作为企业的一项重要资源进行管理，准确判断客户的价值，把企业有限资源投入到高价值客户上，并保证不同价值客户的满意度，对企业与客户发生的各种关系进行全面管理，进一步延伸企业的供应链管理。

(2) 客户关系管理系统。是指通过对客户详细资料的深入分析，帮助企业对客户进行有效管理和服务的一套完整的解决方案。CRM 系统有 3 个核心。

① 以客户为中心，整合所有的对外业务，使企业各部门在一个中心下协调工作，企业则作为一个整体向客户提供标准的和协调一致的服务。

② 培养和维持客户的忠诚度，客户忠诚是企业源源不断的利润源泉，因此企业必须致力于客户忠诚度的建立和维持。

③ 利用个性化服务关注和建设重点客户群体，为他们提供更为个性化的服务，提高重点客户的忠诚度及满意度，确保企业利润的持久和稳定。市场的长期实践表明，企业的利润与客户的结构之间存在"80/20"原则，即企业 80%的利润来自于 20%的企业客户。

CRM 系统功能是非常丰富的，主要包括客户和联系人管理、时间管理、销售管理、产品管理、产品采购、库存管理、费用管理、市场管理、服务管理、活动管理、员工管理、统计报表、状况分析等功能，企业借此可以全面追踪客户档案，分析竞争对手，改善与客户的关系，增加企业收益，提高企业竞争力。

CRM 系统的主要过程是对营销、销售和客户服务三部分业务流程的信息化，对与客户进行沟通所需要的各种渠道如电话、访问、互联网等的集成和自动化处理，以及对上面两部分功能所积累下的信息进行的加工处理，产生客户智能，为企业的渠道管理决策提供支持。图 7-4 反映了目标客户、主要过程及其功能之间的相互关系。

(3) 客户关系管理的实施。企业实施客户关系管理的目的是建立企业的核心竞争力，即更有效率、有成效地获得、保留、服务和发展客户。企业客户关系管理的能力可以从 6 个方面进行评估：是不是把客户的信息作为战略性的资产来管理，是否评估客户持续的价值，如何满足和定义客户的期望，企业的发展战略是否与客户的价值相匹配，是否进行了跨部门或跨分支机构的集成，是否主动地管理客户体验等。同时，企业要根据客户的生命周期对客户价值和客户终生价值进行分析，采取有效措施维系与客户的关系。对客户关系进行有效管理，必须做好以下 5 项工作。

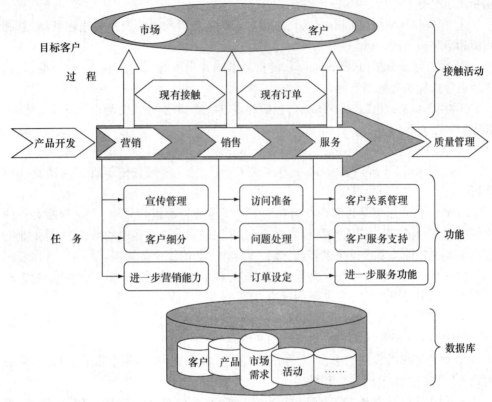

图 7-4 客户关系管理系统的一般模式

① 做好客户信息的收集工作，即建立客户信息档案，重点考核客户的信誉，对每个客户建立相关的信用记录，规定销售及赊账的限额，对新老客户、长期或临时客户制定差异化的销售和服务优惠条件。

② 了解客户的具体需求，即通过建立一种以实时准确的客户信息开展营销活动的方式，将客户信息和客户服务融入企业的运行过程中，在企业内部各个部门之间有效地传递客户信息，促进沟通，提高效率。根据客户的具体需求，相应地建立大型产品分销中心或快速供应中心等机构。

③ 确定企业的分销渠道目标，分析目标与现状之间的差距，从而定出实施客户关系管理的目标。通过对客户的全面分析，不断加深对客户需要的认识，开发客户的潜在购买力，以达到进一步提高客户满意度、降低分销成本、增加利润的目的。

④ 与客户一起规划、制定客户关系管理的过程和设计解决方案。企业必须了解如何向客户推销产品和提供服务、如何控制渠道、如何不断地驱动客户和如何使不满意的客户回心转意，制订分销解决方案，实现客户业务流程的有效管理，提高分销效率。

⑤ 与客户一起讨论商业模型和组织结构的状况，分析和评价现有组织结构的效率，定义组织机构的流程，了解市场机会和与客户沟通的方式，确定合适的客户关系管理系统及其应具有的功能，及时进行流程测试和开发确认，提高客户关系管理的效率

和效果。

思考题

1. 分销渠道有哪些模式和类型？各有什么优缺点？
2. 企业应如何选择中间商？
3. 中间商的类型有哪些？各有什么特点？
4. 企业应如何进行分销渠道管理？
5. 企业应如何进行客户关系管理？

学习指导

1. 分销渠道是由企业的中间商连接起来形成的产品从生产者到消费者的通道。分销渠道的效率取决于渠道结构和企业的管理水平，以及中间商的分销能力和素质。企业要明确建立渠道的目标，选择中间商的标准，建立鼓励和激励中间商成员的管理体系。

2. 调查了解影响分销渠道效率的因素，设计分销渠道时应考虑的要素，以及企业在营销实践中如何调动渠道成员的积极性。

典型案例

Gino 是否该与飞马签合同

大卫是法国 Gino 公司中国区的销售经理，他刚与上司——亚太区销售经理吉恩·米歇尔通了电话。

"你在等什么？大卫，马上去签合同，我们需要更多的客户，但不需要经销商告诉我们该怎么做。另外，我们与经销商之间的确出现了问题，但我不希望看到他们在10月份的全球经销商大会上当着老板的面抱怨。"

Gino 公司是一家燃烧器制造企业，在中国有三家经销商：广州、上海与北京各有一家。按照约定，经销商负责销售，承担信用控制、仓储及销售服务等功能。他们完成指标后，将获得订单金额的 1% 作为奖金。上述三家经销商的收入分别有 10%、50% 和 100% 来自 Gino 公司产品的销售；其中，北京的经销商叫京华公司，是其最重要的经销商。

最近几个月，三家经销商开始要求获得更优惠的价格和更低的销售定额，而且不愿承担库存成本，有的还抱怨其他经销商以优惠折扣来"窃取"生意。大卫感到经销商给企业的压力越来越大，但他又不能与其决裂，因为眼下没有更理想的候选经销商。

飞马公司的介入激化了这一矛盾。飞马公司是一家大型企业，他们曾向 Gino 购买了 350 台燃烧器。当时，经销商京华为了吸引这家公司，在公开报价的基础上给其打了一定折扣。但飞马为了拿到更低的优惠价格，直接找到了 Gino 公司要求更低的价格，并承诺购买更多的燃烧器作为回报。

这样一来，Gino 可以很快实现其在新兴市场上的增长目标，这令大卫十分兴奋。他认为，这是增强自己与经销商议价能力、寻求抗衡的一条途径，因此很希望做成这笔生意。

对此，京华公司坚决反对，其总经理甚至威胁说：如果飞马介入的话，京华将重新考虑与 Gino 的合作。他们认为，Gino 不应该把分销商的现有客户发展为公司自己的客户，那样会破坏双方的信任。尽管在经销合同上写着"制造商有权在指定经销商的负责区域，不经该经销商同意发展业务"，这种做法理论上虽不为过，但现实中并不妥当。

数周后，经销商将去巴黎参加公司的全球会议，同时将与 Gino 的主管吉恩会面，于是出现了案例开头的那一幕。大卫该如何决策呢？

（资料来源：http://biz.163.com/05/0921/10/1U5SNMCM00020QDS.html）

➡ 分析讨论题

1. 大卫是否应该与飞马公司签订合同，为什么？
2. 本案例中，Gino 公司与飞马公司的合作与否对经销商有哪些影响？他们会做出怎样的反应？
3. 结合本案例，你认为企业应如何协调与中间商的关系？

厂商渠道冲突

1998 年 3 月，乍暖还寒季节，济南商界被一颗重磅炸弹掀起了一场轩然大波：七家商场联合拒售长虹彩电！

商场和厂家各有各的说法。商场说：长虹产品质量差，售后服务跟不上，严重地影响了商场的声誉，拖累了商场的收益。长虹也说：我们产品的质量和服务均是全国一流的，产品市场占有率高达 35%，明年可达 45%。

事实真相是什么呢？业内人士称，真正起因是长虹对济南地区的各个经销商"政策"不同，其销售政策使得这七家商场只能获得微利，且要求商场以买方而不是代销的身份经营其产品。商家与长虹交涉未果，于是就出现了这一"串通"行为。

尽管长虹及时采取了应对措施，但其品牌受到了严重损伤：很多消费者听信了商家关于"事实真相"的说法，不去购买长虹彩电，这种情况持续了一个多月。

长虹与济南七家商场的纷争，在销售活动中并不罕见。对于厂家而言，伴随着商场渠道地位的上升，在合作的同时，矛盾也随之而来。双方都有一肚子怨气，遇到事情互相指责，都能找到一大堆对方的"不是"。究其原因，不外乎以下几点：涉及的是最敏感又最复杂的利益关系；市场越来越难做；厂家和商家在各项费用飙升的同时，经营风险急剧增加；厂家和商家都抱着将风险转嫁给对方的念头。厂家和商家之间的冲突主要表现在：一些商家抓住厂家指望借助其金字招牌扩大销售的心理，对厂家实行迫其供货、卖不掉就退货的代销方式，对进店的供货商索要各种赞助费、保证金、店庆费、促销费等名目繁多的费用。商家普遍拖欠厂家的资金，尤其是大商场，往往以货款要挟厂家，迫使厂家不得不就范。厂家在忍受"店大欺客"的同时，采取"两条腿走路"的策略，一方面依托商家打开市场，另一方面着手营造自己的销售网络，一旦羽翼丰满，则断然抛开商家，切断合作关系。

（资料来源：http://www.zhuohan.com/article/ShowArticle.asp?ArticleID=3578）

➡ 分析讨论题

1. 根据案例分析厂商冲突的原因是什么？如何才能解决？
2. 如果你是长虹公司的一位营销人员，你认为应如何解决目前存在的"店大欺客"现象？
3. 请举例说明生产厂家或中间商解决渠道冲突的有效措施。

7.2 工 作 页

小组各自选择并调查了解较熟悉或感兴趣的某一产品或服务，如服装、食品、游戏、手机、化妆品、汽车、药品、保健品无服务等的分销渠道并进行分析。

7.2.1 分销渠道设计

（1）分析选定的产品分销商是哪些人或公司，其规模、中间商环节多少、主要业务领域、目标顾客等。

（2）调查了解影响分销渠道效率的因素有哪些，在设计分销渠道时应该考虑哪些要素？

（3）分析企业选择或即将选择的分销渠道属于哪一种渠道模式，其基本特点是什么？为什么会这样选择？

（4）请你为选定的产品设计一种分销渠道，并说明理由。

7.2.2 分销渠道管理

（1）通过分析，你认为选定的产品分销渠道应选择哪些中间商，要达成哪些渠道目标？其选择标准是什么？

（2）现有分销商的分销效率如何？是哪些因素制约了其分销效率？如何解决？

（3）目前，企业已经采取了哪些激励中间商的措施？存在哪些不足之处，如何解决？

（4）你认为，目前产品分销渠道的主要问题是什么？应如何调整分销渠道？说明理由。

（5）讨论分析不同中间商类型的现状和发展趋势，你认为哪一种中间商类型是最具发展潜力的，原因是什么？哪一种是目前经营状况最差的，原因是什么？

7.2.3 客户关系管理

（1）通过分析，你认为企业与客户之间存在的主要矛盾是什么？如何解决这些矛盾？

（2）你认为企业与客户应达成一种怎样的业务关系？如何才能达成这种关系？

（3）客户关系管理的主要内容有哪些？为什么要关注这些内容？分别予以说明。

7.2.4 要求与考核

（1）对每一部分工作项目完成方式，教师可根据时间安排妥善布置。各小组应上交相关图表及文字分析报告，要求思路清晰、内容完整、格式规范。

（2）每个小组要以实战的状态完成各项任务，上交文本包括 Word 文件和 PPT 文稿。

（3）各小组派代表进行演示、汇报，教师进行评价。也可以由各小组间进行相互评价，以适当权重加入小组活动成绩中，便于学生相互学习、取长补短。

7.2.5 本项目学习总结

总结项目	总结内容
本项目内容主要知识点	
本项目内容主要技能点	
你已熟知的知识点	
你已掌握的专业技能	
你认为还有哪些知识需要强化，如何做到	
你认为还有哪些技能需要强化，如何做到	
本项目学习心得	

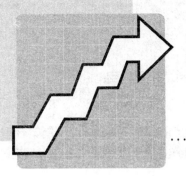

项目 8

营销策略制定
——促销策略

知识目标

理解促销和促销组合的基本内涵,了解影响促销组合的因素和各种促销方式的特点,掌握各种促销方式的运用策略和方法。

技能目标

学会根据市场竞争状况和企业需要选择和使用促销手段,制定市场营销组合策略,进行产品的宣传与推广。

学习任务

1. 调查分析特定产品或品牌、促销活动和促销策略内容,进行效果评价。
2. 指出特定产品或品牌、人员推销、营业推广、广告或公关策略存在的问题,提出针对性和可操作的意见和建议。
3. 为特定产品或品牌或某公司制订一个切实可行的促销方案。

8.1 学习引导

在激烈的市场竞争中,企业不仅要生产出适销对路的产品、制定合理的价格、选择恰当的分销渠道,还要采用适当的方式对产品进行促销,使之在市场竞争中处于有利地位。

8.1.1 促销组合策略

制定合理的促销组合策略,才能有效地开展促销活动,宣传产品的外观、特色及带给顾客的利益等多方面的信息,更好地树立本企业产品形象,扩大产品的销量,为企业带来更多的利润。

1. 促销与促销组合的含义

促销,是促进产品销售的简称,指企业利用各种方式向目标顾客宣传介绍其产品的特征、优点与服务等信息,说服与吸引顾客购买其产品,促进现实与潜在产品交换的市场营销活动。促销的本质是企业与消费者之间进行的信息沟通过程,如图 8-1 所示。

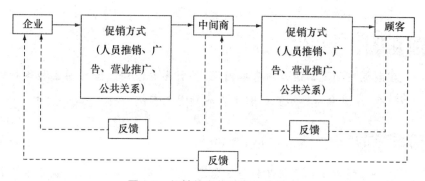

图 8-1 促销信息传递的基本模式

企业常用的促销方式主要有人员促销与非人员促销。人员促销又称直接促销,是指推销人员直接与目标顾客或潜在顾客接触和洽谈,传递产品信息以促进销售的活动。非人员促销又称间接促销,是指企业通过一定的媒介传递产品和劳务的信息以促进销售的活动,包括广告、营业推广和公共关系等方式。

促销组合是有计划有目的地将各种促销方式进行适当的选择、综合编配和有效的运用,以实现最佳的促销效果,也就是对人员推销、广告、营业推广和公共关系这四种促销方式的综合运用。在企业实际的促销活动中,仅运用一种促销方式从事促销活动是非常少见的,通常要针对不同的环境条件对各种促销方式进行组合之后加以运用。

2. 促销组合的策略

从促销活动运行的方向来看,促销组合策略主要有推式策略和拉式策略两类,如图 8-2 所示。

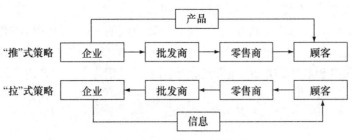

图 8-2 推式策略与拉式策略

推式策略是指以人员推销为主,同时借助于中间商促销将产品推入分销渠道。即生产企业积极地将产品推销到批发商手中,批发商又积极地将产品推销给零售商,零售商再将产品推向最终顾客。这种推式策略是一种自上而下的促销策略。

拉式策略则是以最终顾客为主要的促销对象,即以广告和公共关系等促销方式引起潜在顾客对产品的注意,刺激他们产生购买欲望进而产生购买行为。如果促销产生良好效果,顾客就会向零售商询购这一产品,零售商再向批发商要求进货,最终促使批发商积极向企业要求进货。这种拉式策略是一种自下而上的促销策略,是在最终顾客需求的拉动下,促使下一级的渠道成员向上一级的渠道成员购买产品,从而激活整个渠道系统。

企业在促销活动中,通常要综合运用推式与拉式促销组合策略,以达到最佳促销效果。一般情况下,分销渠道较短、产品技术含量高、性能复杂、市场较集中、产品单位价值较高的产品适合运用推式策略,而分销渠道较长、产品性能简单、市场分散、产品单位价值较低的一些日常用品适宜用拉式策略。

3. 影响促销组合策略的因素

影响企业制定促销组合策略的因素主要包括促销目标、市场性质、产品性质、产品生命周期、促销预算等。

(1) 促销目标。确定最佳促销组合策略的基础是企业的促销目标,它直接影响到促销组合方式的选择。在不同时期和不同的市场环境下,企业会有不同的促销目标,进而选择不同的促销组合策略。当促销目标是让顾客充分了解某种产品的性能和使用方法及优势时,应选择广告,或人员推销的方式;当促销目标是使顾客信任企业及其产品时,则应以人员推销为主,其次是广告;当促销目标是树立公司形象,提高产品美誉度时,促销重点应是广告,同时辅之以公关宣传;当促销目标是在近期迅速增加销售时,则适宜采用广告与营业推广的方式,如果能再适当运用人员推销,则效果会更好。

(2) 市场性质。市场性质主要体现在市场类型、市场的地理范围及潜在顾客的数量等方面,不同的市场性质决定了不同的促销组合策略。市场类型如消费者市场、生产者市场等,对于消费者市场应以广告促销为主。对于生产者市场则应以人员推销为主。若市场范围大,潜在顾客分散且数量众多,应多采用广告促销,并配合营业推广和公共关系促销;反之,若市场范围小,潜在顾客集中且数量少,则应以人员推销为主。

(3) 产品性质。如图 8-3 所示,不同的促销方式在消费品和工业品促销过程中的重要性也不相同。对于消费品,因其结构简单、购买者数量多且地域分散,适宜以广告与营业推广促销为主,辅之以人员推销和公共关系。对于工业品,由于产品结构较复杂、客户分布集中,应以人员推销为主,便于向客户说明产品的技术性能和操作方法等信息,同时,也应辅以营业推广、广告及公共关系促销。对于价格昂贵、风险较大、购买者较少而购买规模较大的产品,企业通常采用人员推销为主的促销组合。

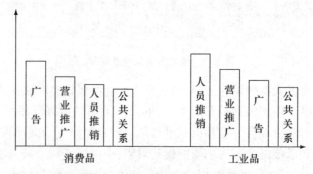

图 8-3　不同促销方式在消费品和工业品促销过程中的作用

(4) 产品的市场生命周期。如图 8-4 所示,产品处于不同的市场生命周期阶段,各种促销方式所带来的效果差别较大,企业应采取不同的促销组合策略。

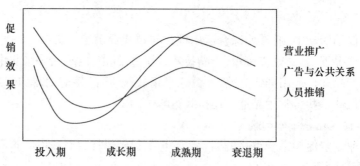

图 8-4　产品市场生命周期不同阶段的促销效果比较

在产品投入期,促销目标主要是建立产品的知名度,让更多的消费者认识和了解企业产品,这时宜采用广告和公共关系进行宣传,并辅之以人员推销和营业推广刺激购买;在产品成长期,促销目标主要是增强消费者对产品的购买兴趣,促销仍宜以广告和公共关系为主,但广告内容应突出宣传产品的特色和个性;在产品成熟期,促销目标是增强消费者对企业产品的偏爱,这时应以营业推广为主要促销方式,并配以广告、公共关系和人员推销;在产品衰退期,仍应以营业推广为主,由于消费者的兴趣已开始转移,所以要削减促销投入。

(5) 促销预算。是指企业为开展促销活动计划支出的费用。促销组合的方式不同,促销的费用亦不同。促销预算是企业在确定促销组合策略时必须要考虑的问题。在促销预算充足的情况下,可以选择电视广告等费用较高的促销方式,反之,则应选择费用较少的人员推销等促销方式。在促销预算的确定上,企业要遵循量力而出的基本原则,用最少的促销费用实现最佳的促销效果,最大限度地发挥促销费用的效益。

8.1.2 人员推销策略

所谓人员推销,是指企业通过派出推销人员与一个或一个以上可能的购买者进行交谈,作口头陈述,以推销产品,促进和扩大销售的促销活动。人员推销与其他促销方式相比具有灵活性强、针对性强、双向沟通和有利于与顾客长期协作等特点。

1. 人员推销的工作程序

人员推销活动主要包括以下9个工作步骤,如图8-5所示。推销人员应做好充分的事前准备工作,才能启动推销工作程序。

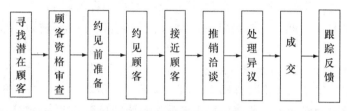

图8-5 人员推销的工作程序

(1) 寻找潜在顾客。寻找潜在顾客是推销工作的第一步,也是很重要的一个环节。任何成功的推销,都是由于找到了适当的潜在顾客。寻找潜在顾客的方法有很多,如通过现有顾客介绍、通过非竞争者的贸易伙伴介绍、查阅工商企业的电话簿、企业名录、互联网资料及参加展览会、博览会、订货会等。推销人员要利用一切机会寻找并发掘潜在顾客。

(2) 顾客资格审查。并非每一位潜在的顾客都是合适的顾客,企业要对潜在顾客进行资格审查。顾客资格审查的内容主要包括顾客需求审查、顾客购买力审查、顾客信用审查等。通过资格审查,对目标顾客进行分析和筛选,推销人员可以更有针对性地开展推销工作。

(3) 约见前准备。有时推销人员为表达对顾客的重视、友好、礼貌及为了促成面谈,常常要进行约见。推销人员在约见顾客之前,应做好充分的准备。包括对产品知识的准备,如本企业产品的性能、特点、企业状况;对顾客知识的准备,如顾客的姓名、性别、年龄等基本情况及所在企业的情况;对竞争对手知识的准备,如竞争对手产品的特点、竞争地位和竞争能力等;对约见的时间、地点、仪表、物品、心态等准备。

(4) 约见顾客。约见的方式有电话、信函、电函等,约见前要明确接近顾客的目的、时间、地点。

(5) 接近顾客。接近就是推销员与潜在顾客接触并开始面谈,是推销实质阶段的开始。推销员应注意仪表,给潜在顾客留下良好的第一印象,从而建立信任,并结合产品和潜在顾客的特点,采取有效的接近顾客技术。

(6) 推销洽谈。推销洽谈是人员推销的核心阶段,它是推销员向潜在顾客介绍和展示产品、告知产品或劳务的利益和效用,说服其购买的过程。这一环节的主要目的是促使潜在顾客建立消费信心,产生购买欲望。

(7) 处理异议。在推销过程中,顾客往往对产品质量、价格、功效、交易时间和方式、推销员或企业的信用产生质疑,推销员应细心观察、认真揣摩对方心理,及时做出反应,灵活应对,以真诚的态度和可靠有力的证据处理顾客异议。

(8) 成交。成交是推销活动的最终目的。在这个阶段,推销人员要密切注意顾客的语言、表情、动作等成交信号,抓住有利时机及时提出成交要求。推销人员一定要对自己与本企业产品充满信心,正视顾客的拒绝,坚持多次向顾客提出成交要求,以达到成交的目的。

(9) 跟踪反馈。成交并不意味着整个推销工作的结束,在交易达成之后,推销人员要认真履行合同,按期交货,做好售后服务工作,并通过回访了解顾客的满意度,帮助顾客解决在产品使用过程中遇到的各种问题,增强顾客对企业及产品的认同感,促使顾客产生重复购买行为,并做出对产品有益的宣传。这个阶段的关键是使顾客满意。

2. 人员推销的方法与组织模式

人员推销的组织模式是指推销人员在目标市场的分布和组成。合理的组织模式是良好推销效果的保障。企业可根据市场状况和营销目标要求,选择适当的人员推销方法与组织模式。

(1) 人员推销的方法。人员推销的方法有以下5种:单个推销人员当面或通过电话对单个顾客进行一对一的推销活动;单个推销人员向团体顾客介绍并推销产品;推销小组向某一团体顾客进行推销,推销小组通常由企业相关部门的主管人员、推销人员和专业技术人员组成;推销会议,这是由企业主管人员、技术人员和推销人员与有关买方以业务洽谈会的方式来推销企业产品;推销研讨会,即由企业的专业技术人员以技术研讨的方式向购买方技术人员介绍某项最新技术及其运用和使用情况,目的是使顾客了解新技术,培养顾客对企业的信任与好感。

(2) 人员推销的组织模式。合理的人员推销组织模式是良好推销效果的保障。企业可采用的人员推销组织一般有以下4种类型。

① 区域型组织模式。区域型推销组织模式是指企业根据销售区域来配备推销人员,这是最简单的组织模式。这种组织模式适合于市场结构简单,产品同质的企业。其优点是有利于明确推销人员的责任,节约推销费用,并有利于推销人员与顾客建立长期稳定的协作关系。

② 产品型组织模式。这是按产品线来组织的推销结构,每名推销人员负责一种或几种产品在各地区的推销。这种组织模式适用于产品种类繁多,技术性较强,产品之间关联较少的企业。产品型组织模式有利于推销人员掌握某种产品的专门知识、为顾客提供更专业的服务、提高推销效率,有利于推销员队伍的专业化建设。

③ 顾客型组织模式。这是指按顾客的类别来分配企业的推销力量和资源。对顾客可按照规模大小、产业类型、需求大小、分销途径等进行分类。这种组织模式便于推销人员深入了解目标顾客的需求、消费心理与消费习惯,有针对性地开展推销工作。但若同类顾客分布较分散,则不利于推销工作的开展,并会增加推销费用。

④ 复合型组织模式。即指综合采用上述两种或三种推销组织模式来配备推销人员。当企业规模大、产品种类繁多、市场范围广而顾客分散时,上述任何一种组织模式

都无法实现预期的推销效果,可以采用区域产品型、区域顾客型、产品顾客型推销组织模式或者区域、产品、顾客三种推销组织模式并用。

3. 推销人员的管理

企业推销活动的效果取决于推销队伍的人员素质、组织结构、敬业精神和激励措施,因此,企业要加强对推销人员的管理,以开展高效率的推销工作。推销人员的管理主要包括对推销人员的选聘、培训、激励和评价等内容。

(1) 推销人员的选聘。人员推销的成效取决于推销人员的素质,选拔招聘高素质的推销员是推销人员管理的中心工作。主要有以下几点。

① 良好的思想道德。推销人员首先应具有良好的思想品质和职业道德。要时时处处为顾客利益着想,不弄虚作假、以次充好,维护消费者的利益。

② 丰富的业务知识。一个合格的推销人员必须具有广博的业务知识。包括本企业与竞争企业的基本知识,产品质量、性能、用途、价格、维修等方面的知识,目标市场营销环境方面的知识,顾客的需求特点、购买动机、购买习惯等知识。

③ 良好的形象,娴熟的技巧。在与顾客的业务交往中,推销人员良好的仪表和气质有利于形成良好的第一印象;掌握一定的推销技巧、善于接近顾客、为顾客解决问题,更有利于创造良好的成交机会。

④ 社会交往能力。推销人员应礼貌待人,了解各种社交礼仪,具备较强的与人交往能力,善于与各界人士建立友好关系。

⑤ 独立工作和决策能力。推销人员往往代表企业进行洽谈或处理特殊事件,要求他们能够独立开展工作,机警灵敏,具备较强的决策能力。

⑥ 良好的身体和心理素质。任何时候推销人员都应给顾客精神饱满的感觉,以增强顾客对产品的信任。在遇到顾客的拒绝时,必须具有不气馁、乐观和积极向上的精神,能够战胜失败,最终达成成功推销的目的。

⑦ 职业敏感性和分析能力。一个优秀的推销员应当对目标市场机会有敏锐的嗅觉,善于收集和分析各种情报,并及时采取行动或反馈给企业。

⑧ 责任心和自律性。在市场营销活动中,推销员往往独立开展工作,企业很难进行限制和约束,推销员是否能高效率地开展工作,决策时是否以企业利益为重,是否会背叛企业,很大程度上取决于推销员的责任心和自律性。

⑨ 业务能力。企业选聘的推销人员必须具有一定的工作经验,具备很强的业务能力。

选聘推销人员要依据其应具备的基本素质,择优录用。选聘途径主要有从企业内部选拔和对外公开招聘。企业可以通过现有推销员的推荐、刊登招聘广告及人才交流会、职业介绍所等方式或途径进行选聘。

(2) 推销人员的培训。企业对推销人员培训的内容主要包括公司情况,如公司的历史、目标、职能机构、财务状况、主要产品和设施等。产品情况,如产品的性能、结构、质量、制作过程、用途和使用方法等。市场情况,包括目标顾客的类型、需求特点、购买动机与购买行为等。竞争对手情况,如竞争者的产品种类、优势、营销策略等。推销技巧,包括推销计划的制订、顾客心理分析、谈判技巧等。此外,国家和地方相关的法律法规也应作为培训的内容。

推销人员的培训可以采用短期集中培训、专项实习和委托培训3种方式。短期集中培训是指在专门的时间内对推销人员进行培训,培训可采取讲授、模拟示范、现场操作等方式。此种方式培训时间集中,针对性强,可以迅速提高推销人员的业务水平;专项实习是针对推销人员的工作特点,进行特殊知识的专门培训,目的是提高推销人员在某一方面的专门技能。此种方式特别适用于让推销员了解产品的性能,如安排推销员通过跟班操作了解产品的生产过程;委托培训是由委托企业提出培训要求,将推销员的培训工作交付专门的机构完成。委托培训可以让推销员得到系统的推销知识,提高推销员的业务素质。

(3) 推销人员的评价。为加强对推销人员的管理,企业必须对推销人员的工作业绩进行科学的评价。其评价工作主要通过3个环节进行。

① 收集评价资料。包括销售工作报告、企业销售记录、顾客调查、内部员工意见、与其他销售人员交谈或个人观察等多种途径获得评价资料,其中最重要的是销售工作报告,从中可以获得有关销售情况、费用开支等的重要资料。

② 建立评价标准。评价标准应能准确反映推销人员的推销业绩和推销努力。常用的评价标准主要有:销售量、销售额、毛利、访问率、访问成功率、平均订单数目、销售费用与费用率、新客户数量等。在具体评价时,企业要注意推销区域的潜力、地理状况、交通条件等方面的差异。

③ 评价方法。评价方法主要有两种。

◆ 横向比较法,是指推销人员之间的比较。即将不同推销员在同一时期完成的销售量和销售额等业绩进行比较,这种比较是在其各自负责区域的市场推销潜量、工作量、竞争情况及企业促销努力程度均差别不大的情况下使用。

◆ 纵向比较法,是将同一推销人员现在与过去的工作实绩进行比较,包括对销售额、毛利、销售费用、新增顾客数、失去顾客数、每个顾客平均销售额、每个顾客平均毛利等数量指标的分析。纵向比较法能够反映推销人员工作业绩的提高程度。

(4) 推销人员的激励。推销人员工作的积极性直接影响工作成效,企业应通过适当的激励措施充分发挥其工作能动性和创造性,最大限度地发挥其潜能。企业通常采用的激励措施是根据推销人员的业绩给予较灵活的报酬,一般分为基本工资、超额奖金、补贴和机动待遇等。除直接报酬形式外,还应将精神奖励作为辅助激励手段,如晋升职位、进修培训或授予特权等。企业应综合运用不同的激励措施,以达到最佳的激励效果。

8.1.3 广告策略

广告是市场营销中重要的促销手段,与其他促销方式相比,它具有市场覆盖面广、渗透性强等特点,是企业运用最广、实效性最强的促销方式。

广告一词源于拉丁语 Advertere,在英文中为 Advertising (广告活动)和 Advertisement(广告物或广告宣传品)。市场营销学中的广告指的是商业广告,即广告是由特定的广告主以付费的方式,通过特定的媒体向目标市场传播其观念、产品或劳务等信息的非人员的促销活动。

广告必须具备四个基本要素,即特定的广告主、广告媒体、广告信息和广告对象(公众)。广告主又称广告客户、广告人,是指广告活动的发起人、法律责任的承担者,它是广告行为的主体。广告媒体又称广告媒介,它是广告信息的载体,是联系广告主与广告对象的桥梁。广告信息是广告传播的主要内容,不仅包括产品信息,还包括企业形象和企业文化信息。广告对象是指广告的服务对象,主要是指经销商、代理商及消费者等。

1. 广告目标与广告预算

广告目标是指在一个特定时期内,对于某个特定的目标受众所要完成的特定的传播任务和所要达到的沟通程度。确立广告目标是广告规划的第一步,广告目标应与企业的营销目标相匹配。

(1) 广告目标。广告目标是企业在特定时期借助广告活动所要达到的特定目的。确定广告目标是企业广告成功的最关键因素。广告目标取决于企业的整体营销目标,企业在不同阶段有不同的营销目标。常见的广告目标主要有三种:通知性广告目标、说服性广告目标和提示性广告目标。

① 通知性广告目标。主要是向目标顾客介绍企业产品的用途、功效、价格、服务等信息,以提高产品知名度,激发顾客对产品的初步需求。通知性广告主要用于新产品的入市阶段,目的在于宣传品牌,推出新产品。

② 说服性广告目标。即说服顾客在同类产品中选购本企业产品,树立品牌偏好。说服性广告是处于成长期产品的一种有效竞争手段。

③ 提示性广告目标。即保持消费者、用户及社会公众对本企业产品的记忆,促使顾客连续购买,一般用于产品的成熟期。如"娃哈哈"饮料的广告词"今天,你喝了没有?"与提示性广告相关的广告形式是强化性广告,其目的是让已购买本企业产品的顾客相信自己的购买决策是正确的。

(2) 广告预算。是对广告促销调研费、广告促销策划费、广告设计费、广告制作费、广告发布实施费、广告促销实施效果评估费、办公费、广告人员工资和其他杂费的预先估计。

① 影响广告预算的因素。制定广告预算需要考虑很多因素,如目标市场规模、分散程度及其潜力;产品的市场占有率;消费者对产品的特性和功能等的认知程度、对本企业品牌的忠诚度;产品所处的市场生命周期;销售目标、企业资金实力;竞争者的广告策略、广告费用支出额、采用的竞争手段等;广告计划中选择何种媒体或广告形式等。

② 制定广告预算的方法。制订广告预算的方法主要有销售额百分比法、量力而行法、竞争对等法和目标任务法。

◆ 销售额百分比法。即依据一定时期内销售额的一定百分比来决定广告支出。销售额百分比法的优点是简便易行,能够在产品定价时就将固定比例的广告费用均摊在单位产品中;这种方法的最大缺点是将销售结果作为制定广告预算的依据,而实际上,广告投入的高低是决定销售额大小的一个重要因素。

◆ 量力而行法。即依据企业实力来确定广告支出。这种方法也非常简单,但它也忽视了广告投入与广告效果之间的关系,企业年度广告促销预算具有很大的不确定性,不利于企业制订长期市场的计划。

◆ 竞争对等法。即依据目标市场上主要竞争对手的广告投入来确定广告支出。这种方法有利于保持企业竞争实力,但是单纯依据竞争对手的广告投入来确定本企业的广告预算不一定科学,不同企业的基本情况不同,而且竞争对手的广告投入也不一定合理。

◆ 目标任务法。即依据广告目标和任务来确定广告支出,这是一种科学有效的预算方法。这种方法是依据广告目标来决定要完成的任务,再估算完成任务所需的各项费用。这种方法将资金投入与预期目标的实现有效地结合在一起,目标明确,避免了因果倒置和盲目性。

2. 广告信息

企业在不同的目标市场上,面对不同的顾客应采用不同的广告表达方式,传递更具有针对性的广告信息,以引起顾客的注意和兴趣,激发其购买欲望。

(1) 广告主题。是广告的中心思想,是广告的核心与灵魂。广告主题的策划是广告促销成功与否的关键。在确定广告主题时,企业要遵循单一性、深刻性、针对性、独特性和易懂性等原则。广告主题主要有以下3种形式。

① 理性主题。即直接向目标顾客或公众诉诸某种行为的理性利益,或显示产品能产生所需要的利益与要求,以促使人们做出既定的行为反应。这种广告主题主要适用于产业购买者。

② 情感主题。即试图向目标顾客诉诸某种否定(如恐惧感、罪恶感、羞耻感等消极情感因素)或肯定(如幽默、喜爱、自豪、快乐等积极情感因素)的情感因素,以激起人们对某种产品的兴趣和购买欲望。这种广告主题适用于化妆品、饮料、食品等消费品。

③ 道义诉求。即使广告接收者从道义上分辨什么是正确的或适宜的,从而规范其行为。这种广告主题通常用于劝诫人们支持某种高度一致的社会活动,较少用于商业利益的广告宣传。

(2) 广告表达。广告主题寓于一定的表达形式中,即将既定的广告主题,用感情化、性格化、合乎逻辑的表达方式表现出来。广告的有效性不仅受其内容影响,也受表达结构的影响。广告结构主要包括3个方面的问题。

① 提出结论。即广告向接收者提供一个明确的结论,用以诱导顾客做出预期的选择,也可以留待接收者自己归纳结论。

② 论证方式。单向论证在接收者对产品已有喜爱倾向时,能发挥很好的效果;双向论证对持有否定态度或具有一定知识水准的接收者更为有效。

③ 表达次序。单向论证时,首先提出强有力的论点可以即刻吸引目标顾客注意并引起兴趣。双向论证时,如果接收者已持反对态度,应从反面论点作为表达的开始。

有说服力的广告要求为广告信息设计具有吸引力的表达格式,即选择最有效的信息符号来表达信息内容和信息结构。广告的表达格式通常受所选媒体的制约,而广告说服力在很大程度上受广告发送者的影响。广告发送者的可信性越强,信息就越具有说服力。

3. 广告媒体的选择

广告媒体是广告主为推销产品,以特定的广告表现,将自己的意图传达给广告对象的工具或手段。目前,广告媒体主要有电视、广播、报纸、杂志、互联网络等。不同的广告媒体在送达率、频率及影响力等方面各有不同,因此,企业必须清楚了解各种广告媒体的特性,在使用广告媒体时认真分析,以便做出恰当的选择。企业在选择广告媒体时,要考虑以下4方面的因素。

(1) 广告信息传播目标。企业要根据自己的信息传播目标及各种媒体的影响范围选择适当的广告媒体。如果产品只在某一地区销售,则可选择地方性的报纸、电视及户外广告等广告媒体;如果产品在全国销售,则宜选择全国性的电视、广播、报刊做广告。

(2) 产品特点。不同的媒体在展示、可信度、吸引力等方面有很大差异,企业应根据产品的特点选择不同的媒体。例如,洗衣粉、牙膏等一般生活用品,适合做电视广告;技术性能较复杂的产品宜选用专业性报纸和杂志做广告。

(3) 消费者的媒体习惯。消费者对广告媒体的接触习惯存在明显的差异性。例如,青少年用品适宜在电视、广播及各类青少年读物上做广告,妇女用品宜在电视和各类妇女杂志上刊登广告等。

(4) 媒体费用。选择不同的广告媒体,其费用支出有很大差异。通常情况下,电视广告费用最高,报纸费用较低,广播和杂志居中。媒体费用的高低与其覆盖范围、知名度和美誉度、播出时段、安排的版次等有很大的关联性。企业在考虑广告成本时,不仅要考虑绝对成本,还要评价不同广告媒体的相对成本,在综合考虑自身经济承受能力、费用与广告效果之间的关系等因素的基础上,选择费用少、效果好的媒体。

4. 广告效果评价

为不断改进广告宣传工作,促进产品销售,企业应对广告效果进行持续的评价。广告效果是指广告信息通过广告媒体传播后所产生的社会影响和效应,主要包括两个方面的内容:一是沟通效果,即企业与社会公众的有效沟通;二是销售效果,即对企业经营效益的影响。

(1) 沟通效果的评价。即评价广告是否有效地将信息传递给目标对象,包括广告发布前的评价和广告发布后的评价。

① 广告发布前的评价。广告发布前的评价主要有直接评分法、组合测试法和实验室测试法。直接评分法,即邀请部分目标消费者和广告专家对广告的注意力、记忆力、认知力、情绪和行为等进行预先评分。这种方法主要用于剔除质量较差的广告。组合测试法,即请目标消费者观看或听一组广告,没有时间限制,请他们回忆所看过的广告。这个结果可用于判断广告的突出性及信息被记忆与理解的程度。实验室测试法,即研究人员利用仪器来测量目标消费者对广告的生理反应情况,如心跳、血压、瞳孔放大以及出汗等情况。这类试验只能测量广告的吸引力,无法测量消费者的信任度、态度等内容。

② 广告发布后的评价。广告发布后的评价方法主要用于评价广告发布后所产生的实际沟通效果,其评价方法主要有回忆测试法和认知测试法。回忆测试,即请经常接触该媒体的消费者尽力回忆过去该媒体刊播的企业和产品的广告信息。回忆结果可用以评价广告吸引力与易记忆的程度。认知测试,即在广告播出后,向视听者了解对该广告的认知程度,主要是用来测定广告的知名度。

(2) 销售效果的评价。即以产品销售额的增减幅度来衡量。评价方法主要有弹性系数测定法、单位促销费用效果评价法和广告促销费用边际效益评价法。

① 弹性系数测定法。即根据产品销售额变化率与广告费用变化率之比来测量广告效果。公式为:

$$E = (\Delta S/S)/(\Delta A/A) \qquad (8\text{-}1)$$

其中:E——弹性系数;

ΔS——增加广告费后的销售额增量;

S——增加广告费前的销售额;

ΔA——广告费增加额;

A——原广告费支出额。

E 值越大,表明广告的促销效果越好。

② 单位促销费用效果评价法。即每支出一元的广告促销费用所能带来的销售量。该比值越大,表明广告促销效果越好,反之则越差。其公式为:

$$单位广告费用促销额 = 本期销售额/本期广告促销总费用 \qquad (8\text{-}2)$$

③ 广告促销费用边际效益评价法。即根据广告发布后取得的销售额增量与广告费用增量进行对比来测定广告效果。该比值越大,表明促销效果越好,反之则越差。其公式为:

$$广告促销费用的边际效益 = (销售额增量/广告费增量) \times 100\% \qquad (8\text{-}3)$$

8.1.4 营业推广策略

营业推广又称销售促进,是指企业利用各种短期诱因,鼓励和刺激消费者、中间商及推销人员迅速购买或经销企业产品的促销活动。营业推广具有很强的针对性和诱导性,其短期促销效果见效快。与其他促销方式相比,它具有直接性、刺激性、灵活性和整体性等特点。

1. 营业推广的方式

根据营业推广目标,企业可使用多种营业推广工具,在选择推广工具时应考虑市场类型、竞争条件和各种工具的效益成本等因素。营业推广依据其针对的促销对象不同,可分为针对消费者的营业推广、针对中间商的营业推广和针对推销员的营业推广3种类型。

(1) 针对消费者的营业推广方式。企业针对消费者的营业推广方式主要有赠送代金券、折扣、赠送样品、商业贴花、附加赠送等。

① 赠送代金券。即用邮寄或附在产品包装中等方式附赠小面额的代金券,持券人可凭券在购买某种产品时得到优惠。

② 折扣。即消费者在购买产品时,可凭一定的票据向经营者索取折扣。
③ 赠送样品。即以实物赠送给消费者,促使消费者了解和接受产品。
④ 商业贴花。是指消费者每购买单位产品就可获得一张贴花,若筹集到一定数量的贴花,就可换取这种产品或奖品。
⑤ 奖品。有两种类型,一种是顾客持购买凭证(如发票)去领取奖品;另一种是将奖品与产品一起包装,通过消费者的购买行为来获得。
⑥ 附加赠送。是指按消费者购买产品的金额比例附加赠送同类或其他产品。
⑦ 竞赛抽奖活动。即通过竞赛或抽奖活动,将奖品发给优胜者,吸引消费者。
⑧ 售点促销。即放置于销售点的广告物,目的是吸引消费者,起到宣传产品的作用。
⑨ 展销会。通常企业将能显示自己优势和特征的产品集中陈列,使消费者了解产品,促进产品的销售。
⑩ 现场示范。即企业在销售现场当场进行使用示范演示,将产品的使用方法和用途介绍给消费者,以增加顾客对产品的了解,刺激购买欲望。

(2) 针对中间商的营业推广方式。针对中间商的营业推广主要有合作广告、业务会议、交易展览、现场演示、交易推广、经销商竞赛等多种方式。

① 合作广告。即与经销商合作进行广告宣传,提供详细的产品技术宣传资料,帮助经销商培训销售技术人员,协助店面装潢设计等。
② 业务会议和交易展览。指邀请中间商参加定期举行的行业年会、技术交流会、产品展览会等,传递信息,加强双向沟通。
③ 现场演示。是指企业为经销商安排的对产品进行特殊的现场表演或示范及提供咨询服务。
④ 交易推广。是指通过折扣或赠品形式促进与经销商的合作。
⑤ 经销商竞赛。是指企业采用现金、实物或旅游等奖励形式组织经销商开展竞赛活动,以达到促销的目的。
⑥ 推广津贴。即企业为促使中间商购进并推销本企业产品,给予中间商一定数量的广告宣传津贴、商品陈列费等。
⑦ 发送企业刊物。指企业定期向经销商发送企业刊物,以保持联系。

(3) 针对推销员的营业推广方式。针对推销员的营业推广主要有推销培训和推销竞赛两种形式。推销培训是指通过课堂讲授、集体讨论、个案研究、角色扮演等方式培训推销人员,以提高其知识和技能水平、服务态度等。推销竞赛是指以推销员的销售额、开发的新客户数、总利润额以及各种评估结果为依据对优胜者予以奖励,促使推销员彼此展开竞赛。

2. 营业推广的实施过程

企业要成功地开展营业推广活动,必须做好营业推广目标的确定、营业推广方式的选择、营业推广方案的制订、营业推广活动的实施与控制及效果的评价等工作。

(1) 营业推广目标的确定。营业推广目标是由企业市场营销总目标及目标市场的具体情况决定的。针对消费者的促销目标主要是促使新顾客试用或更新产品,鼓励老顾客继续使用并重复购买，建立品牌知晓和兴趣等；针对中间商的促销目标主要是鼓励批发商大量进货，吸引零售商扩大经营企业产品，动员有关中间商积极购存或推销某些产品，争取建立固定的客户关系等；针对推销人员的促销目标主要是鼓励其努力推销本企业产品，积极开拓新市场，发掘潜在顾客等。

（2）营业推广方式的选择。企业可运用上述多种营业推广方式以实现促销目标。在选择营业推广方式时，必须考虑企业营业推广的主要目标、目标市场类型及特征、产品的性质、竞争对手状况、各种营业推广方式的成本效益等因素，认真分析并加以选择，以获得最佳的营业推广效益。

（3）营业推广方案的制订。企业在选定营业推广方式的基础上，还必须制订出完整的切实可行的营业推广方案。制订营业推广方案需要考虑5个方面的因素。

① 营业推广的对象。促销活动是面向目标市场的每一个人还是有选择地确定推广对象、哪些人是促销的主要目标等问题，需要企业做出恰当抉择。在确定推广对象时，应重点选择那些现实的或潜在的长期顾客，以有效地扩大销售。

② 营业推广的规模。一般来说，推广规模越大，引起的销售反应也会越大，耗用的营销成本也越多，但这种效应也存在递减的规律。因此，企业要在对以往促销实践活动进行分析和总结的基础上，结合新的环境条件确定适当的推广规模和相应的费用水平。

③ 营业推广的时机和时间。营业推广是一项时间性很强的促销活动。首先，要确定营业推广开始的时机，时机选择得当，会起到事半功倍的作用。其次，要确定营业推广的持续时间，时间过长，消费者会认为是企业长期的削价求售，从而失去吸引力；时间过短，则难以实现相应的促销目标。通常情况下，最佳的频率是每季有3周促销活动，最佳持续时间是消费者的平均购买周期的长度。在具体操作中，企业要根据产品特点、市场特点和推广目标灵活运用。

④ 营业推广的途径。企业选择不同的途径实施营业推广，会产生不同的效果。如一张减价10元的折价券，至少可以有4种途径将其送到顾客手中：放在产品包装中、商店分发、邮寄及附在报刊等广告媒体中。这4种途径中的每一种覆盖面和成本费用都不同，需要企业进行比较衡量后选择较为有利的推广途径。

⑤ 营业推广的预算。营业推广预算的目的是比较推广的成本与效益。推广费用一般包括两部分，即优惠成本（折扣费用、赠奖费用等）和管理成本（广告费、印刷费及宣传费等）。确定营业推广预算的方法可以通过两种方式来确定：一种是先确定营业推广的方式，然后再估计其总成本；另外一种是在一定时期的促销总预算中，提取一定比例用于营业推广。

（4）营业推广方案的实施与控制。每一项营业推广工作都必须制订实施和控制计划，以确保方案的顺利贯彻和执行。实施计划必须包括准备时间和推广延续时间。准备时间包括最初的计划和设计工作、材料的邮寄和分发、购买和印制包装、销售现场的陈列、现场推销人员的培训、广告宣传准备工作、预期存货的生产及存放、个别分销商地区配额的分配、零售商的分销工作等。推广延续时间是指从开始实施优惠办法起到约95%采取这种优惠办法的产品被销售为止的时间。

(5) 营业推广效果的评价。评价推广效果是营业推广管理的重要内容,企业可采用多种方法对营业推广的效果进行评价。评价方法因市场类型的不同而有所差异,其中常用的方法是比较法和跟踪调查法。比较法即把推广前、推广中和推广后的销售量或市场占有率进行比较,根据其变化情况分析和判断营业推广产生的效果。跟踪调查法即在推广结束后,对推广对象进行调查,了解其反应与购买行为、对推广活动的记忆是否深刻及推广活动对参与者今后购买行为的影响程度等,也可采用新顾客增加的数量或从竞争者转向本企业的顾客数量等指标进行评价。

8.1.5 公共关系策略

公共关系(Public Relation,简称"公关"),源于美国,缩写为 P.R。公共关系是企业为适应环境,争取社会各方面的理解、信任和支持,以树立企业和产品的良好形象,促进销售的积极的促销手段。公关主要对象是各种社会关系,主要手段是信息传播的原理、工具和方法,目标是长期的、战略性的。企业开展的公共关系是指企业积极主动地运用传播手段和沟通手段,使自己与社会公众相互了解、相互协调,以期实现营销目标的活动。

1. 公共关系的对象

企业开展公共关系活动,其公关主体是企业,公关客体是公众。公共关系的基本对象有内部公众,即企业内部全部职工;媒介公众,即各种传媒组织;政府公众,即国家各级行政权力机关;顾客公众,即企业当前客户和潜在客户;社区公众,即企业所在区域的各行政事业单位、企业组织、民间机构或团体等;业务往来公众,即企业经营活动中的供应商、经销商、代理商、零售商、银行等业务往来单位。

企业与公众之间的关系具体可划分为:股东关系、职工关系、顾客关系、社区关系、一般公众关系、消费者关系、竞争者关系、原料供应商关系、批发商关系、代理商关系、零售商关系、公务员关系、金融机构关系、报界关系、慈善团体关系、宗教团体关系、劳工关系、工会关系、学校关系、政治团体关系、政府关系、公共服务团体关系、企业团体关系、工业界关系等。

2. 公共关系的活动方式

在营造企业形象、扩大产品知名度的过程中,公共关系的作用突出、手段多样。

(1) 利用新闻宣传开展公关活动。新闻宣传是公共关系活动中最重要的活动方式,它具有客观性强、可信度高、社会影响大、传播成本低的特点,企业及其产品要在公众中树立自己良好的形象,就必须通过新闻宣传来实现。

新闻宣传的主要内容有新技术、新产品、新工艺的发明、运用与推广;企业新设备或新产品的开发、使用信息;产量、质量、品种的增减、变化和改进;市场占有率的变化,产品在市场上的反应和利润;企业、产品及员工各种荣誉的取得;企业为社会提供的服务或做出的贡献;企业重大方针、策略及其变化;企业开展的大型活动、召开的大型会议等。主要形式有新闻发布会或记者招待会和提供新闻报道文稿等。

(2) 利用公关广告开展公关活动。所谓公关广告,是指以设法增进公众对企业的整体了解,扩大和提高企业知名度和美誉度为目的的广告形式。与商业广告相比公关广告的特点是,宣传内容以树立企业形象,使公众了解和支持企业经营活动为目的;侧重于间接的促销和长期的市场效应;宣传色彩侧重于形象,尽量淡化商业色彩。公关广告主要有以下 4 种类型。

① 推介广告。推介广告旨在扩大企业的知名度。运用广告手段,将取得的成绩、受表彰情况从正面向社会公众自我推荐,以美好的形象出现在公众面前,让更多的社会公众知晓企业。

② 公益广告。公益广告不直接宣传企业形象,而是通过对社会公益事业的支持和关心,表现企业强烈的社会责任感,体现企业对公众负责和为社会尽职的宗旨,从而引发社会舆论的重视和好评,树立企业的良好形象。

③ 礼仪广告。既有祝贺性广告又有致谢性广告,目的在于利用庆典、开业等喜庆事件,广结良缘,提高声望。

④ 服务广告。服务广告旨在为公众服务。以服务为基础,通过服务树立企业的形象,确立和提高企业的信誉。

公关广告要遵循科学、真实、艺术的原则,做好调研、策划,选择好广告媒介,运用好心理策略,做到主题明确、特点突出、构思新颖、语言精练、通俗易懂。

(3) 专题活动。专题活动是公共关系活动的重要内容。专题活动的种类很多,较规范和常见的有以下 5 种。

① 展览会、展销会类型。例如,新产品演示会、新服务介绍会等。通过实物的展示和示范表演,宣传企业的形象和产品。

② 纪念、典礼类型。"厂庆""开业纪念"等各种特别纪念日,是开展公共关系活动的好机会。有意识地将活动搞得隆重一些,并邀请知名人士及新闻单位参加,吸引新闻媒介进行宣传报道,扩大企业的影响。

③ 赞助活动类型。各类赞助活动,如公益事业赞助、教育事业赞助、下岗失业赞助等是企业提高知名度,搞好与外部公众,特别是政府或社会关系,树立良好形象的最佳方式之一。

④ 联谊活动类型。有计划地组织联谊活动,如企业与社会公众的联谊、企业与同行企业间的联谊、企业内部员工联谊等,可以加深组织与内外部公众之间的感情交往,增强组织内部的凝聚力。

⑤ 开放参观活动类型。开放参观活动的目的是增进企业与外部公众的联系和了解,增强企业的透明度,消除外部公众对企业的一些误解或疑虑。

具体来讲,企业的公关活动有内部与外部之分。内部的活动方式有提出口号和目标、完善合理化建议制度、技术培训和作风培训、开展文化娱乐活动、内部刊物等;外部的活动方式有开展市场教育、提供售后服务、记者招待会、商业谈判会、赞助、公关广告及其他公益活动等。

3. 公共关系的决策程序

企业开展公关促销活动,必须进行科学细致的策划,制定并遵循一定的程序来进行,以确保公关促销活动收到预期的良好效果。

(1) 公共关系调查。公关调查是企业开展公关活动的起点,也是整个公共关系活动的重要内容。通过调查,可以了解公众对企业开展公关活动的意见和反应,为企业公关决策提供科学的依据。

(2) 公关计划的制订。在公关调查的基础上,企业要制订合理的公关活动计划。在这一环节,主要应做好以下4个方面的工作。

① 确定公关促销目标。公关促销目标是在企业总目标的指导下形成的。企业公关的直接目标是促进企业与公众的相互理解,影响和改变公众的态度和行为,建立良好的企业形象。值得注意的是,企业在不同时期有不同的具体目标,例如,获得政府的认可、消除公众的误解、获得公众的好感等。

② 确定公关促销对象。公关促销对象主要是在市场上与企业发生关系的各种类型的相关利益者,主要包括内部公众、政府、股东、顾客、新闻媒介、中间商、竞争者、保险公司、金融公司和消费者组织等。企业必须明确公关促销的对象,开展不同的公关活动。

③ 确定公关促销的主题。公关促销主题,是指企业为实现公关促销目标,针对特定的促销对象,对整个公关促销策划与操作起到指导、规范作用的中心思想。它是一种策划中心议题,一种策划思想、策划总则。

④ 确定公关信息和公关促销方式。确定公关信息是指公关人员搜集或创造有关企业和产品的趣味性新闻,从中选择与公关促销目标相符合的信息进行宣传。选择了合适的信息就应通过恰当的公关促销方式将其宣传出去。20世纪90年代美国营销专家菲利普·科特勒用"PENCILS"概括了营销公关所涉及的7个领域,即7种方式。

◆ P(Publication,出版物)。通过向社会公众提供书面资料或音像资料以提高企业或产品的知名度。出版物可以是工商企业单位以自己的名义出版的连续出版物或小册子,也可以是以他人名义提供的宣传文字。

◆ E(Event,事件)。通过制造和利用某些特殊事件来扩大企业和产品的影响。

◆ N(News,新闻)。通过制造新闻来宣传企业及产品。

◆ C(Communication,沟通和联络)。开展社区工作,与所在地政府、社会团体、其他组织以及当地居民之间建立起融洽的睦邻关系,树立好公民形象。

◆ I(Identity Media,媒体的认同)。选择适当的媒体进行宣传。

◆ L(Lobby,游说)。向立法机构、政府部门、社会团体以及其他特殊利益集团开展游说工作。

◆ S(Social Cause Marketing,社会公益营销)。通过支持、赞助或积极参与各项公益事业,树立一个热心公益、维护社会整体和长远利益的良好形象。

(3) 公关促销活动的实施。实施公关促销活动要及时、准确、充分地把信息传递给公众是整个公关工作程序中最为关键的环节。首先,设法让新闻故事发表在大众传媒上。重大新闻很容易做到,但有些事件或故事却不易做到。其次,公关人员遇到有新闻价值的特别事件时,应能迅速地做出反应。

(4) 公关促销效果的评估。公关活动通常与其他促销手段混合使用,很难准确评估公关的效果。首先,应对公关促销实施方案的科学性和可行性、实施过程、保障措施的有效性、资源和经费的利用情况进行评估;其次,通过民意测验法、专家评估法、访问面谈法、观察法、展露衡量法和公众注意、理解、态度的改变程度等进行评估,也可通过销售额和利润的变化情况进行评估。

4. 公共关系策略

企业应根据目标市场环境的不同特点,采取相应的公共关系策略。常用的公共关系策略有以下 5 种。

(1) 扩散策略。即以利用各种传播媒介向外宣传为主,直接向社会公众表白自己,以求最迅速地将企业内部信息传递出去,形成有利的社会舆论。一般可选择报纸、杂志、广播、电视等媒体,这一策略特点是主导性和时效性强,但有间接性的局限,使沟通停留在"认知"的层次上。

(2) 维系策略。即通过各种传播媒介,以较低的姿态,持续不断地向社会公众传递企业的各种信息,使企业的有关形象潜移默化地输入公众的长期记忆中。同时,为使公众在思想中保持企业信息,公关人员要经常向公众发布消息。

(3) 防御策略。即在与外部环境发生整体困难,或与公众的关系有发生摩擦苗头时,通过及时调整企业的产品结构、方针政策或经营方式,适应环境变化和公众要求,防患于未然的策略。

(4) 矫正策略。即企业的形象受损时采取一系列有效措施,做好善后工作,配合企业其他部门改变被损害的形象,及时挽回企业声誉的策略。

(5) 进攻策略。即在企业与外部环境发生某种实际冲突时,采取以攻为守,抓住有利时机和条件改变决策,迅速调整,以积极主动的态度和方式改变环境,创造新局面的策略。

思考题

1. 什么是促销和促销组合,几种促销方式各有什么优缺点?
2. 企业应如何建立促销沟通系统?
3. 企业应如何进行推销人员的管理?
4. 如何进行广告效果的评价?
5. 企业应如何开展营业推广活动?
6. 如何开展卓有成效的企业公关活动?

学习指导

1. 促销是市场营销 4Ps 理论基本要素之一,促销策略是企业营销策略的重要组成部分。促销策略包含有人员推销、广告、营业推广和公共关系等内容,因此促销也有组合问题。

2. 人员推销策略必须关注推销力量的结构,推销力量如何在市场上投放,以及推销队伍的管理如培训、激励、考核评价等问题。广告策略则要根据产品特点、市场特点和企业目标选择不同类型、不同媒体的广告宣传活动,广告文案、广告活动等必须符合企业要求而不是广告公司的意愿,并进行适时的广告效果评价。开展营业推广活动,需要根据产品和市场特点、竞争环境、营销目标等选择时间、时机、地点、方式和投放力度,适时进行效果评价。公共关系的真谛是先做后说,并且最好是让别人说,树立企业良好的市场形象和产品良好的市场声誉。

典型案例

可口可乐公司的全球促销活动

如果说到大众营销,没有谁能比得过可口可乐公司。可口可乐是史上最为畅销和流行的软饮料产品。可口可乐年营销预算超过30亿美元,而年销售额则超过450亿美元,可口可乐在全球品牌排行榜上年复一年地位列前茅。如今,可口可乐的产品远销200多个国家和地区,可口可乐也成为全世界知名的产品。

可口可乐的成功历史是令人惊叹的。1886年,约翰·S.彭伯顿博士发明了可口可乐饮料,他为了治疗头疼,将自创的糖浆同苏打水进行混合。可口可乐公司的首任主席随后将该产品变成了一个流行的文化概念,他将产品介绍给全世界的药剂师和消费者,并向他们发放印有可口可乐标志的闹钟、宣传画和其他小物件。

可口可乐公司很早就认识到,如果想获得全世界的认可,品牌就需要同大众产生情感和社会性的联系,并且,产品必须要"触手可得"。因此,可口可乐公司致力于建立广泛的分销网络,并努力使产品变得人见人爱。在第二次世界大战期间,公司宣布:每一位士兵都可以5美分的价格获得一瓶可乐,无论他在哪里,也无论公司会因此花费多少成本。这一策略推动了可口可乐这一软饮料走向世界,并给世界各地处于乱世中的人们带来积极的感受。

为什么可口可乐公司比其他任何竞争对手的规模都大得多?可口可乐公司的过人之处就在于,它能创造流行、催人奋进的广告活动,并且能够将活动很好地推广到各个国家,翻译成各种语言,融入各种文化中。可口可乐公司多年的广告主要专注在品牌"解渴"的功能上,以及可口可乐具有沟通人与人之间关系的神奇能力,无论他们是谁,也无论他们住在哪里。安迪·沃霍尔说得好,可口可乐就是可口可乐,无论多少钱都换不来街角那家伙正在痛快畅饮的那瓶可乐。

可口可乐最成功、最令人印象深刻的广告就是"山顶"(Hilltop),该广告的口号是"我想要给世界买一瓶可口可乐"。广告在1971年推出,描绘的是来自世界各地的年轻人在意大利的一座小山坡上分享欢乐祥和的时光,他们的共同之处就是都在畅饮可口可乐。广告在情感上触动了很多消费者,广告在全球的播放也非常有成效,以至于广告歌曲成为当年的十大单曲之一。

可口可乐的电视广告通常采用轻松愉快的口吻,以接打动年轻的受众。在一则广告中,一群年轻人围坐在篝火旁,他们弹唱吉他,开怀大笑,并传递一瓶可口可乐。最后,可乐传到了一个刚刚加入到人群的丑陋的外星人手中,它喝了一小口,又继续传递了下去。当下一个人厌恶地擦了一下外星人刚喝过的瓶口时,音乐忽然停止了,人们都失望地看着这个人。这个人犹豫了一下,将瓶子又重新递给了外星人,外星人喝了一口后,这个人拿过瓶子不再迟疑地接着喝了一口,此时,音乐声再次响起,人群又恢复了欢乐和谐。

可口可乐的大众传播策略一直随着时间而改变,如今它已经结合使用了多种媒介,包括电视、广播、印刷、互联网、店内广告、数码广告、广告牌、公共关系、事件营销、小纪念品,甚至是可口可乐自己的博物馆。公司的目标受众和覆盖范围极其广泛,这使得选择正确的媒体和营销信息至关重要。可口可乐公司借助大型事件来冲击观众的注意力:从1928年起可口可乐公司就开始赞助奥运会,并且可口可乐一直都在"超级碗"(美国职业橄榄球联盟NFL年度总冠军赛)期间进行广告宣传。在"美国偶像"这样的高收视率节目中,红色的可口可乐杯被放置在台前或场地中央。此外,可口可乐公司每年对体育赛事的赞助金额超过10亿美元,包括纳斯卡和世界杯等。可口可乐的全球营销活动必须适应当地的情况。例如,在中国,可口可乐公司理控制广告活动的权限授予区域经理,使他们能够在广告活动中纳入适合本地文化的元素。

可口可乐的全球营销活动和本地营销活动之间的精妙平衡是至关重要的,正如可口可乐公司一位高层解释的,在各地区层面进行有效的营销活动时,如果缺少了全球行动规模,那就会导致巨大的无效率。例如,2006年,可口可乐在世界杯期间进行了两个世界范围的广告活动,以及几个地区范围的广告活动。而在2010年世界杯期间,可口可乐在超过100个市场发动了同一广告活动。可口可乐公司的管理层随后统计出,更加全球性的广告策略节约了超过4500万美元的资金。

尽管经历了多年来前所未有的成功,但可口可乐并不是完美无瑕的。1985年,可口可乐推出了可能是公司历史上最差的产品,新可乐——一种更甜的原始配方的混合物。消费者立刻就拒绝了这一产品,销售量大幅下降。三个月后,可口可乐公司召回了新可乐并重新推出了原始配方的产品,产品命名为可口可乐经典,这让全世界的消费者都感到高兴。随后公司的首席执行官罗伯托·戈伊苏埃塔发表声明:事实很简单,无论我们在新可口可乐市场调研上花费多少金钱、时间和技术,我们都无法测量和反映出人们对经典可口可乐的感情有多么持久和深厚。

可口可乐能够如此成功地在全球范围内大规模地成功营销一种产品,不能不说是一个奇迹。没有任何一种其他产品能做到像可口可乐这样随处可见、如此被广泛接受并如此被人们所喜爱。在可口可乐公司持续成长的同时,它还在努力寻找新的能够接触更多消费者的方法。可口可乐自称为"幸福工厂",毫无疑问,公司对自己光明的未来充满信心。

(资料来源:〔美〕菲利普·科特勒,凯文·莱恩·凯勒.王永贵,等译.营销管理[M].北京:中国人民大学出版社,2012)

➡ 分析讨论题

1. 本案例中,可口可乐公司通过哪些方式和途径开展了全球促销活动?请查阅资料,详述近年来可口可乐公司成功的促销活动。

2. 可口可乐代表了什么?它对每个人来说都是一样的吗?请解释。

3. 可口可乐已经成功地向世界各地数十亿的人营销了自己的产品,它成功的原因是什么?

4. 百事或其他公司有可能超越可口可乐公司吗？为什么？可口可乐公司最大的风险是什么？

5. 选择一个国内软饮料品牌，分析其促销活动得失，并提出建设性建议。

8.2 工 作 页

小组各自选择并调查了解较熟悉或感兴趣的某一产品或服务，例如，服装、食品、游戏、手机、化妆品、汽车、药品、保健品等，或在学校、住处附近走访选择某一营业场所，例如，网吧、酒吧、茶坊、超市、咖啡厅和快餐店等，分析其促销策略和促销活动。

8.2.1 企业促销调研

(1) 描述选定的产品或服务、营业场所最近 6 个月以来进行了多少场促销活动，每一次活动的主题是什么？主要有哪些内容？针对的目标顾客是哪些人？预算是多少？效果如何？

(2) 所选定的产品或服务、营业场所最近 6 个月以来进行的促销活动中，都采用了哪些促销方式？为什么会这样选择？

(3) 所选定的产品或服务、营业场所最近 6 个月以来进行的促销活动中，哪一次最成功、哪一次最失败？关键点是什么？

(4) 通过调研分析，你认为促销方式的选择与哪些要素有关？为什么？

(5) 你认为，你所选定的产品或服务、营业场所，最适合的促销方式、最准确的目标市场、最恰当的促销时机、最适合的促销时间是什么？为什么？

8.2.2 人员推销活动分析

(1) 选择一个你认为适合开展人员推销活动的产品或营业场所，并说明理由。

(2) 你所选定的产品或服务、营业场所开展人员推销活动的目标是什么？已经开展了哪些活动、采取了哪些策略？效果如何？

(3) 根据产品需求和竞争状况、目标市场分布应如何投放推销力量？推销人员在市场上的主要任务是什么？

(4) 你认为如何激励推销人员才能达到既定的销售量、市场份额、客户(顾客)数量等目标？

8.2.3 广告策略分析

(1) 你印象最为深刻的广告是哪一个公司、哪一个产品或品牌的广告？主要内容是什么？为什么印象深刻？

(2) 你认为产品销售量与广告是否存在必然联系？什么样的广告才能促进产品销售？

(3) 你认为企业和广告公司在开展广告活动时,各自的职责是什么?

(4) 企业开展广告活动,媒体的作用是什么?企业应如何选择媒体?

(5) 就以上你所选定的产品或服务、营业场所,应选择哪一种广告形式和媒体?为什么?广告主题、目标、市场是什么?选择的时机、时间是什么?广告预算是多少?如何分配?

8.2.4 营业推广活动分析

(1) 你所选定的产品或服务、营业场所最近 6 个月以来,开展了几次营业推广活动?目标顾客是哪些人?采用了哪些营业推广方式?效果如何?

(2) 在开展营业推广活动时,出现了哪些问题?为什么会出现这些问题?是如何解决的?

(3) 请你为该产品或品牌、营业场所设计一个切实可行的、详细的营业推广方案。

8.2.5 公共关系策略分析

(1) 你所选定的产品或品牌、营业场所最近 12 个月以来,是否开展过公关活动,开展了几次?主要活动内容是什么?目标顾客是哪些人?选择了哪些媒体?

(2) 所开展的公关活动中,都采用了哪些公关策略?效果如何?大家是如何评价的?

(3) 公关策略分析。

产品/品牌/公司		分析日期	
传播背景			
传播对象			
传播目的			
传播主题			
传播媒体	投放目标		
	选择理由		
预算分析			
策略分析			
……			

8.2.6 要求与考核

(1) 对每一部分工作项目完成的方式,教师可根据时间安排妥善布置。各小组应上交相关图表及文字分析报告,要求思路清晰、内容完整、格式规范。

(2) 每个小组要以临阵实战的状态完成各项任务,上交报告 Word 文件和 PPT 文稿。

(3) 各小组派代表进行演示、汇报,教师进行评价。也可以由各小组间进行相互评价,以适当权重加入小组活动成绩中,便于学生相互学习、取长补短。

8.2.7 本项目学习总结

总结项目	总结内容
本项目内容主要知识点	
本项目内容主要技能点	
你已熟知的知识点	
你已掌握的专业技能	
你认为还有哪些知识需要强化,如何做到	
你认为还有哪些技能需要强化,如何做到	
本项目学习心得	

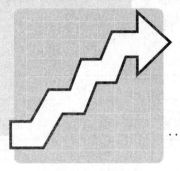

项目 9

营销新发展

知识目标

理解网络营销、绿色营销、品牌营销、关系营销、服务营销、文化营销、价值营销和整合营销的基本内涵,掌握其主要内容和营销策略及方式。

技能目标

学会运用网络营销、绿色营销、品牌营销、关系营销、服务营销、文化营销、价值营销、整合营销等新观念分析和开展企业营销活动,对企业的市场营销活动进行有效管理。

学习任务

1. 分析研讨本项目内容中 8 个方面的营销创新的基本内涵及实际应用状况。

2. 搜索研讨其他营销创新理论,并说明其基本内涵及在营销实践中的应用状况。

3. 以特定品牌或公司案例为分析对象,分析其营销理论或实践创新情况,及对公司或营销理论产生的影响。

9.1 学习引导

市场营销创新是基于现代科学技术进步、全球经济高速发展和消费者消费模式变化的营销理论与营销观念的创新。自20世纪80年代以来,市场营销先后在营销方式、手段、观念等多方面进行了创新。

9.1.1 网络营销

互联网络起源于20世纪60年代的美国,作为继广播、报纸、杂志、电视之后的第五种媒体——数字媒体,互联网络已经成为信息双向交流和通信的工具。

1. 网络营销的含义

网络营销是一种新兴的营销方式,是对传统营销方式的有益补充,但它永远不会取代传统的营销方式。互联网作为信息双向交流和通信的工具,已经成为众多商家青睐的传播媒介。

网络营销是以现代电子技术和通信技术的应用与发展为基础,与市场的变革、竞争及营销观念的转变密切相关的一门新学科。网络营销相对于传统的市场营销,在许多方面都具有明显的优势,带来了一场营销观念的革命。

互联网络的主要功能有电子邮件、远程登录、文件传输、网络论坛、信息服务等。网络营销是指借助联机网络、电脑通信和数字交互式媒体来传播和沟通营销信息,达到满足消费者需求和企业诉求,实现营销目标的营销方式。

2. 网络营销策略

网络营销是企业利用互联网技术,围绕企业的网络营销环境,通过创建、运营自己的网站,满足消费者和经销商的需求。在互联网上设立网站是企业进行网络营销的基础。在网络市场空间,企业的网站代表着企业自身的形象。企业开展网络营销活动,必须做到优化企业网址的宣传、精练企业网站的结构和经常维护更新网站。

(1) 产品策略。网络营销的迅速发展,实现了消费者和经销商与生产者的直接方便的联系,消费个性化受到生产者的重视,在网络营销中产品呈现出众多新特色,企业在制定产品策略时,应从网络营销环境出发,满足顾客需求。

企业通过分析网上消费者的总体特征来确定最适合在网上销售的产品品种和服务,以及最适合的网上销售和宣传方式。网络营销活动中的产品通常可分为核心利益或服务、有形产品、期望产品、延伸产品、潜在产品等5个层次。其中,期望产品是指在网络营销中,顾客消费需求呈现个性化的特征,不同的消费者根据自己的需要提出不同的要求,生产者根据顾客需要进行产品开发,提供能满足顾客个性化消费需求的产品;延伸产品是指顾客在购买产品时所得到的附加服务或利益,主要是帮助顾客如何更好地获得和使用核心利益与服务,例如,提供技术培训、技术指导、快捷交货、方便支付、提供信贷、质量保证、售后服务等;潜在产品是由企业提供的能满足顾客潜在需求的产品,主要是指产品的增值服务,即根据网络营销获取的顾客需求信息,分析和发现顾客潜在需要的利益或服务，从而满足顾客对产品的潜在需求。企业根据产品在网络市场上的营销状况，确定本企业产品所处的市场生命周期阶段，并制定相应的营销策略，开发产品的新用途，研发新品种，满足不同地区、不同时期、不同顾客对产品的不同需要。

（2）定价策略。产品的网络营销价格是指企业在网络营销活动过程中买卖双方成交的价格。网络营销价格的形成受生产成本、运输成本、储藏成本、网络宣传成本、市场供求状况、竞争状况、顾客需求状况等多种因素的影响和制约。

① 竞争定价策略。通过顾客跟踪系统经常关注和分析顾客的需求，时刻注意潜在顾客的需求变化，保证网站或网页建设向顾客需要的方向发展，在了解和分析竞争对手的价格策略和价格变动趋势的基础上，调整本企业的竞争策略，时刻保持同类产品的相对价格优势。

② 个性化定价策略。顾客往往对产品和服务在技术的先进性、质量、用途、性能和颜色等方面有具体的内在个性化需求。个性化定价策略就是利用网络互动性和消费者的需求特征，来确定产品价格的一种策略。

③ 自动调价议价策略。即企业根据市场供求状况、竞争状况、产品性能及其他因素，在计算收益的基础上，设立自动调价系统，自动进行价格调整，并建立与消费者直接在网上协商价格的集体议价系统，使价格具有灵活性和多样性，从而形成创新性的价格。

④ 声誉定价策略。企业的形象和声誉是影响产品价格形成的重要因素。顾客对网上购物和订货往往存在许多疑虑，如果企业的网上商店店号或网址在消费者心中享有声望，则其所出售的产品价格就是比其他企业的产品价格高一些，销售业绩也会比只具有一般声望的企业好。

⑤ 技术性能定价策略。即企业根据所提供产品技术的先进程度，制定高于一般产品价格的策略。由于互联网络具有迅速、准确、直观、高效和低成本的特点，使企业的新产品在最短的时间内推向市场、面向顾客成为可能，并可获得市场技术领先者的高利润。企业在进行产品网络营销定价时，还可以采用折扣定价策略、品牌定价策略、撇脂定价和渗透定价策略等，根据网络市场营销的实际状况综合采取灵活多样的定价策略。

（3）促销策略。网上促销在产品的宣传推广中应用广泛，尤其是网络广告最受欢迎。网络促销的目的是利用互联网特征实现与顾客的沟通，发掘潜在的顾客。

① 网络广告促销。网络营销的特点是必须由顾客选择上网浏览、搜寻、洽谈、求购、订货和付款，网络广告可以充分利用多媒体声光功能、三维动画等特性，诱导顾客做出购买决策，并达到尽可能开发潜在市场的目的。

② 网络留言和聊天促销。这是一种调动顾客情感因素，促进情感消费的促销方式。通过网上留言和聊天使买卖双方及时进行供求信息的交流，加强双方的情感联系，巩固企业与中间商或消费者的业务关系，促进产品的销售。

③ 网络技术服务促销。企业在其网站或网页上，宣传介绍其产品和服务的新品种、新项目，在网上解答顾客提出的各种问题，为顾客的购买决策提供合理化的建议和

意见,坚定顾客的购买意志。

④ 网上抽奖促销。抽奖促销方式也可以应用于产品的网络销售上,一般以个人或组织获得超出参加活动成本的奖品(如新产品、新服务项目等)为手段进行产品或服务的促销,网上抽奖活动主要附加于市场调查、产品销售、扩大顾客群、庆典等,顾客或访问者通过填写问卷、注册、购买产品或参加网上活动等方式获得抽奖机会。

⑤ 积分促销。积分促销一般设置价值较高的奖品(如新产品样品、技术咨询和服务等),顾客通过多次购买或多次参加某项活动来增加积分以获得奖品,鼓励客户多购买产品或多参加企业举办的各种促销活动,提高企业形象或品牌声誉,促进产品的销售。

⑥ 网络文化促销。借助网络文化的特点来吸引客户,例如,实行会员制、组建顾客俱乐部、留言板、电子信箱等方式,在潜移默化中进行促销活动,以吸引大批的顾客网友参与、交流和沟通,实现企业网络文化传播的作用。

(4) 分销策略。网络将企业和顾客连在一起,给企业提供了一种全新的销售渠道,网络分销渠道缩短了企业与顾客的距离,方便了双方信息的交流和沟通。企业只要不断完善网络分销渠道,就能吸引更多的顾客。

① 网上联合渠道。企业与经销商实现网络信息共享,互通产品和服务信息,使顾客可以随时搜索和查询企业产品的供求信息,实现就近联系经销商,获得技术指导、技术咨询及安装和维修服务,促进产品的销售。

② 虚拟商店渠道。在企业网站上设立虚拟商店,通过三维多媒体设计,创建优良的网上购物环境,针对消费者的偏好、消费水平和消费习惯等开展各种新奇的、个性化的促销活动。虚拟橱窗可 24 小时营业服务于顾客,并设置虚拟售货员或网上导购员回答专业性问题,这一优势是一般商店所不能比拟的。

③ 电邮电汇渠道。顾客在做出购买决策后,可直接利用电子邮件进行网上购买,也可通过划拨电汇付款,由企业通过快递服务、邮局邮寄或送货上门等形式进行产品交割,获得产品销售的快速、准确和便捷的服务,使顾客可以足不出户即可完成购买行为。

(5) 客户服务策略。互联网络的最大优点是"互动性",通过实施交互式营销策略,提供满意的顾客服务,消除顾客疑虑,坚定购买信心,网上顾客服务的工具主要有电子邮件、电子论坛、技术咨询、技术指导、问题解答等。

① 电子邮件服务。电子邮件方便快捷、经济且无时空限制,可用来加强与顾客之间的联系,及时了解并满足顾客在产品品种、产品性能、产品用途等方面的需求。因此,企业必须加强对电子邮件的管理,确保邮路畅通,保证客户的邮件能够按照不同的类别有专人受理,尊重客户的来信,并快速回应。

② 电子论坛服务。电子论坛的目的是供顾客对企业的产品、服务、经营、管理等自由发表评论、提出意见和建议,它是企业获得顾客对产品和服务全方位真实评价信息的工具。企业的营销管理人员应经常主动参与讨论,引导顾客对企业核心业务发表意见和建议,以提高企业的服务水平,吸引更多的顾客购买本企业的产品和服务。

③ 问题解答(FAQ)服务。常见问题解答,即企业要为 FAQ 页面设计合理的格

式,既要满足顾客信息的需求,又要控制信息(如关键技术)暴露度。FAQ 服务一方面使顾客无须费时费资地专门写信或发电子邮件进行咨询,可直接在网上得到对问题的解答;另一方面,企业能够节省大量人力和物力。

企业在制定产品营销策略时,可以根据市场竞争状况,结合本企业的营销现状,灵活运用以上营销策略,并因时、因地制宜地确定营销策略组合,确保企业产品和服务吸引更多的顾客。

9.1.2 绿色营销

绿色营销作为一种新的营销趋势,是企业遵守政府的环境保护法律规定,在充分满足市场需求并实现营销目标的前提下,注重自然生态平衡,减少环境污染,保护和节约自然资源,实现社会的可持续发展的目标,为企业赢得独特的竞争优势,将环境保护视为企业生存与发展的条件和机会的一种新型营销观念。

1. 绿色营销的含义

树立绿色营销观念,开发绿色产品,开拓绿色市场,是 21 世纪企业营销发展的新趋势,也是企业开拓国际市场的新机遇。绿色营销观念要求企业在目标市场上,以可持续发展为目标,注重经济与生态的协同发展,注重可再生资源的开发利用,减少资源浪费,防止环境污染,承担起必要的社会责任。绿色营销强调消费者利益、企业利益、社会利益和生态环境利益等四者利益的统一,将生态环境利益的保证看作是消费者、企业和社会三者利益持久地得以保证的关键。

所谓绿色营销,是指企业为实现自身利益、消费者利益和社会利益的统一,以环境保护观念为经营指导思想,以绿色文化为价值观念,以消费者的绿色消费为中心和出发点,强调企业与环境协调发展,履行环境保护义务,满足消费者绿色消费需求的营销活动。

绿色营销是人类环境保护意识与市场营销观念相结合的一种现代市场营销观念,也是实现经济持续发展的重要战略措施,它要求企业在营销活动中,注重地球生态环境的保护,促进经济与生态的协同发展,以确保企业的永续性经营。

2. 绿色标志

绿色生产和消费是 21 世纪的主流,企业根据国家或国际统一标准,进行企业和产品的环境标志及绿色标志认证,是消除顾客疑虑,吸引顾客购买的重要手段,也是取得政府信任和支持,进入目标市场的有效途径。

绿色标志也即环境标志,环境标志是企业进入目标市场乃至国际市场的绿卡。环境标志是一种标识在产品或包装上的标签,是产品的证明性商标。它表明产品不仅质量合格,而且在生产、使用和处理处置过程中符合特定的环境保护要求,与同类产品相比,具有低毒少害、节约资源等环境优势。只有获得绿色标志使用权的企业,才能在许可使用的产品内外包装上印制绿色标志,进行产品的宣传和销售。世界各国都制定了各自的环境标志使用制度和要求。

绿色标志分为两类:一是代表发放绿色证明文件的机构,如中国环保产品认证属于中标认证中心;二是标准符合性标识,代表符合具体的技术标准,如 ISO14024(GB

24024）Ⅰ型环境标志代表达到 ISO14024 国际标准及中国配套技术标准要求，ISO14021（GB 24021）Ⅱ型环境标志代表自我环境声明符合 ISO14021 国际标准，ISO14025（GB 24025）Ⅲ型环境标志代表符合 ISO14025 国际标准等。

环境标志实质是产品质量标志，是指对达到某一标准的优良企业、优质产品或符合某一标准的产品给予的证明。环境标志能帮助消费者了解产品质量状况，便于选购和使用产品。我国现行的各类质量环保标志有无公害农产品标志、有机产品认证标志、绿色食品标志、食品市场准入标志、纯羊毛标志、国家免检产品标志、中国强制认证标志、中国名牌产品标志、中国质量环保产品认证标志、中国质量认证中心产品认证标志、原产地认证标志、中国实验室国家认可标志、定量包装商品计量保证能力合格标志、采标标志等 14 种。目前可以申请环境标志认证的产品有建材、纺织品、儿童玩具、家电、汽车等各方面产品。中国环境标志图形由中心的青山、绿水、太阳及周围的 10 个环组成，称为Ⅰ型环境标志，如图 9-1 所示。图形的中心结构表示人类赖以生存的环境，外围紧密的十个环，环环紧扣，表示公众参与，共同保护环境；同时十个环的"环"字与环境的"环"同字，其寓意为"全民联合起来，共同保护人类赖以生存的环境。"相比Ⅰ型标志，Ⅱ型和Ⅲ型标志的权威性相对较弱。

图 9-1　中国环境标志图形

3. 绿色营销策略

面对日益兴旺的绿色产品市场，企业必须树立绿色营销观念，制定行之有效的绿色营销策略，开展绿色营销活动。

（1）树立绿色营销观念。企业不仅要生产绿色产品，还要向社会公众宣传和提倡绿色消费观念。绿色营销的核心是提倡绿色消费意识。进行以绿色产品为主要标志的市场开拓，营造绿色消费的群体意识，创造绿色消费的宏观环境。使企业的营销行为和社会公众的绿色消费意识紧密相连，适应人们保护和改善生态环境、实现全球经济可持续发展的要求。

（2）实行绿色促销策略。适应绿色消费趋势的发展，企业要制定绿色促销策略，通过绿色促销组合引导消费者的绿色消费意识。在宣传、销售和服务过程中，保证企业的产品和营销行为是"绿色的"，消费者的消费过程也是"绿色的"。绿色营销包含着冷静的、理性的商业逻辑，企业必须开发有利于环境可持续发展的新技术和新产品。

（3）采用绿色标志。绿色营销是 21 世纪的主流，通过进行企业和产品的环境标志及绿色标志认证,取得顾客的信任和政府的支持,顺利进入目标市场。我国现行的绿色标志,是由国家指定的机构或民间组织依据环境标志产品标准及有关规定,对产品的环境性能及生产过程进行确认,并以标志图形的形式告知消费者哪些产品符合环境保护的要求,对生态环境更为有利。

(4) 培育绿色文化。绿色营销的发展推动绿色文化的建设,而绿色文化建设是绿色营销的支撑。企业必须坚持培育绿色文化,使绿色文化成为企业文化的核心内容,在绿色文化的建设中,企业营销目标与环境目标要相互融合,管理理念、营销理念要与绿色生态理念相融合,以促进企业绿色营销活动的顺利开展。

(5) 规避绿色壁垒。按照目标市场所在地政府的有关绿色标志规定,全面加强企业管理,以产品的高技术、高质量和高水平获取进入目标市场的绿色标志。在国际目标市场上,一般由进口商提出产品的验收标准,企业认真核对其具体要求和指标,正确评估自己的履约能力;如果进口商没有具体的验收标准,则可委托权威的或国际性的第三方专业检验机构进行检测,获取相应的检测报告或证书。也可在目标市场上投资设厂,规避当地政府针对境外企业制定的绿色壁垒限制。

9.1.3　品牌营销

随着科学技术的飞速发展,全球贸易的不断融合,不同企业产品之间的基本功能、品质和性能差异日趋模糊,企业唯有展开品牌营销活动,向顾客宣传自己产品的文化内涵、市场定位和服务项目,强化消费者对品牌的认知程度,才能在市场竞争中立于不败之地。

1. 品牌营销的含义

品牌营销是 20 世纪 90 年代以来逐渐完善起来的营销新理论,品牌的许多相关概念(如品牌形象、品牌延伸、品牌保护等)已经逐渐被企业管理人员接受,并在营销实践中广泛应用。

品牌是产品的名称,从其经济的或市场的意义来说,人们关注的是这个牌子所代表的产品价值,即其所代表产品的品质、性能、满足效用的程度,以及品牌本身所代表的产品的市场定位、文化内涵、消费者对品牌的认知程度等。因此,品牌是消费者与产品有关的全部体验,品牌营销的关键是发掘其所代表产品的精神、文化、服务和人文哲学理念。

品牌营销就是企业通过宣传推介品牌来销售所代表的产品和服务,使消费者感受到品牌代表的产品所具有的特色和优势,体现产品的差别利益,吸引和促使消费者采取购买行为的营销活动。在激烈的市场竞争中,品牌要满足顾客的共同需求,还要提供足以让顾客付费购买的价值感,即差别利益或差异化特色。在品牌营销中,企业要为顾客提供其认为值得购买的功能利益及其附加价值的产品。附加价值包括品牌个性、使用的主观感受、信赖、外观等内容。

2. 品牌营销策略

企业开展品牌营销活动的主要任务是如何经营品牌,即如何提高品牌的知名度和美誉度,进行准确的品牌定位,增强品牌对消费者的吸引力,促进产品的销售,实现企业的营销目标。

(1) 品牌个性化策略。品牌的个性化就是产品的特色化和差异化,使消费者接受和认同品牌及其所代表的产品。实现品牌个性化,首先是品牌名称、品牌标志、包装、装潢等品牌外观设计的个性化;其次是质量、功能上个性化,目的是在功能利益之外给顾客带来差别利益;最后是通过广告、公关等活动营造某些特色,使顾客得到精神和心理上的满足。品牌个性化的塑造,一般要经历两个阶段。

① 以具体产品带动品牌符号的阶段,即通过对某一具体产品的推广销售,达到在消费者心目中建立品牌识别符号的目的。

② 以品牌符号带动系列产品的阶段,即通过有识别性的符号来带动一个品牌下的多个产品的销售。

(2) 市场定位策略。即对品牌进行战略设计,把与目标市场相关的品牌形象传递给消费者,使其能在目标消费者心中占有一个独特的、有价值的位置。只有品牌定位明确、个性鲜明,才会有明确的目标顾客群,使消费者感到产品有特色,有别于竞争者的同类产品,形成稳定的消费群体。明确的品牌定位离不开品牌形象的塑造,使消费者能在丰富多样的产品中迅速分辨出企业的品牌形象。

(3) 名牌战略。即企业制定长远的战略规划,致力于实现品牌的国际化,成为世界性品牌,成为在世界市场上具有杰出表现、得到相关顾客认可和偏爱、产生巨大效应、具有强大竞争优势的品牌。世界性品牌具备如下特征。

① 具有较高的国际知名度。

② 具有很高的国际信誉度,在消费者中享有很高的信誉。

③ 具有巨大的经济价值。

④ 具有较高的国际市场占有率和较高程度的市场全球化,世界性名牌在一定程度上是"无国籍品牌",以世界市场为目标市场,利用众多国家的资源,在很多国家进行投资,在世界大多数国家开展市场营销活动。

⑤ 品牌文化和产品文化具有高度的国际融合性,即品牌能够在世界范围内引导消费观念、影响消费行为、培育消费文化。

(4) 品牌组合策略。企业开展品牌营销活动,必须制定灵活多样的组合策略,以满足消费者多样化的需求和适应激烈竞争的市场。为发挥整个品牌组合相辅相成的效应,需要在不同品牌的不同层次上进行研究和整合,企业不仅着眼于某一单个品牌,还要着眼于整体的品牌组合。整体品牌组合要从两个方面衡量品牌组合的整体性,即品牌是否能配合公司的核心竞争能力和是否有价值衍生的潜力。此外,企业必须透过品牌重新定位、品牌组合扩张和品牌改造,尤其着重加强对核心品牌的创新来制定品牌组合策略。

(5) 品牌延伸策略。品牌延伸是指一个品牌从原有的业务或产品延伸到新业务或产品上,多项业务或产品共享同一品牌。企业进行品牌延伸时要考虑品牌核心价值与个性、新老产品的关联度、行业与产品特点、产品的市场容量、企业所处的市场环境、企业发展新产品的目的、市场竞争格局、企业财力与品牌推广能力等因素。其中,品牌核心价值与个性是最重要的因素。如果一个品牌有其独特的核心价值与个性,并能包容所拓展的产品,品牌延伸策略就能取得成功。品牌延伸应注意拓展产品不能损害原品牌形象、稀释品牌个性、限制企业多元化经营,在进行品牌延伸前,要做好品牌的实力评估和产品定位,在品牌延伸的基础上适时推出新品牌,不断地为老品牌注入新的生命力。

(6) 品牌文化策略。品牌本身就是一种文化,品牌的基础是文化,凝聚着深厚的文化积累。在品牌中注入文化因素,能够使品牌形象更为丰满,更有品位,更加独具特色。一个著名的品牌标志着一种超越时空的品位和文化,是一个企业对品牌巨大价值的拥有,是一群顾客对一种文化品位的拥有。根植于深厚文化土壤的品牌,具有巨大的生命力、超强的辐射力,品牌文化已经成为品牌竞争优势的主要来源。例如,"红豆"品牌借用古诗《相思》中的意境,道尽绵绵相思之情,其丰富的文化寓意和缠绵的意境使得品牌具有了丰富的内涵,大大提高了品牌形象。

此外,还有品牌促销、品牌定价等品牌营销策略。企业开展品牌营销活动时,可以单独采用其中一种品牌营销策略,也可以多种品牌营销策略同时并用,以增强品牌的市场渗透力和促销感染力,造就更多的品牌忠诚者,使企业品牌成为国内知名品牌乃至世界性品牌。

3. 品牌营销管理

所谓品牌营销管理,是指企业对品牌营销的全过程进行有效管理,使品牌营销在整个企业营销活动中起到良好的驱动作用,不断提高企业的核心价值和品牌资产。品牌管理承担着对品牌创造活动进行决策、计划、组织、实施、协调和控制的职能,其目的是调动企业全部力量,以品牌业务为工作重点,实施对顾客购买认知与购买行为的全过程管理。

企业进行品牌营销管理,首先要建立品牌营销管理体系,品牌营销管理体系的建立意味着企业将超越纯粹的产品管理和市场管理,企业营销活动将产品营销和品牌营销融为一体,品牌营销管理的对象涉及品牌创造的全过程及各方面工作。品牌营销管理过程可分为以下 7 个步骤,每个步骤包含一项或若干项品牌营销管理工作。

① 创建品牌营销管理组织。企业内部的品牌营销管理组织,由营销总裁(经理)、品牌委员会、品牌经理、品牌项目经理组成,也可吸收聘请外部品牌管理专业机构担任品牌营销管理或部分执行工作的代理人。欧美国家在品牌营销管理方面还成立了专门的职能管理制及品牌经理制。

② 制订品牌营销计划。品牌营销计划应包括品牌战略方针、目标、步骤、进度、措施、对参与管理与执行者的激励与控制办法、预算等,计划应周密、细致,目标明确、方法可行、责任清晰,有应急方案和措施。

③ 品牌定位的市场调研。通过市场调研,了解市场需求和市场供给状况,寻找合适的细分顾客群,确定顾客心目中共有的关键购买诱因,调查目前市场上是否存在针对这一诱因的其他强势品牌,为企业即将推出的品牌确定合适的角色和位置。

④ 品牌设计。企业应根据市场需求和市场竞争状况及企业的长远营销目标,进行品牌开发和设计。一个完整、丰满、富有吸引力的品牌设计包括品牌识别体系、品牌个性、品牌核心概念、品牌延伸概念等 4 个方面的内容。

⑤ 品牌营销定位传播。通过品牌设计将定位观念体现出来,通过传播将品牌定位观念向消费者进行宣传,与消费者进行沟通。品牌营销定位传播的方式主要有沟通性传播和非沟通性传播。沟通性传播包括广告、公共关系、直接营销、事件营销、销售促进等方式。非沟通性传播主要指通过产品与服务、价格、销售渠道等信息载体向顾客传达品牌定位信息。品牌营销传播的主要任务是运用整合后的营销传播组合和互动式沟通方式,按照既定的品牌设计观念,调动沟通性传播与非沟通性传播方式,面向顾客形成统一的品牌形象与可信赖的品牌价值。品牌整合营销传播工作主要有品牌阶段性定位、树立统一的品牌定位与形象、设计并执行与顾客沟通的方案、对传播情况进行监测4个阶段。

⑥ 形成广泛认同的品牌印象。品牌营销管理的目的就是使既定的品牌定位观念,为足够规模的顾客群与潜在顾客群所接受,并转化为高度认同的品牌印象。为此,企业应根据品牌营销传播的效果及时调整品牌营销的内容和方式。

⑦ 品牌评估。在品牌营销管理工作中,很重要的一项工作是确认品牌价值,即通过权威机构对品牌的评估,把品牌确定为量化的资本财富,为企业将品牌资产运用到融资与合作、合资等方面奠定基础。

企业加强品牌营销管理有助于提高产品质量、品牌声誉和企业形象,增强品牌对顾客的吸引力,积极培植顾客对品牌的忠诚度,使其得到最大的需求满足,提高品牌市场占有率。

9.1.4 关系营销

关系营销把市场营销活动看成是一个企业与消费者、供应商、分销商、竞争者、政府机构及其他公众发生互动作用的过程,其核心是建立和发展与社会公众的良好关系。运用关系市场营销观念指导企业的营销活动,能够更好地推动与目标市场上社会公众各方面良好的和长期的合作关系。

1. 关系营销的含义

关系营销观念是识别、建立、维护和巩固企业与顾客及其他利益相关人的关系的经营哲学,它通过企业的努力,使活动涉及各方面的目标在关系营销活动中得以实现。

关系营销从20世纪80年代起在美国理论界开始逐渐受到重视,出现了诸如"关系合约""关系交易""工作伙伴关系""共同生产市场营销""战略联盟""共同市场联盟""内部市场营销"等解释。这些提法从不同角度出发,揭示了关系营销的部分特征,但都没有完全概括关系市场营销的全部内容。所谓关系市场营销是为了建立、发展、保持长期的、成功的交易关系而进行的所有市场营销活动。关系营销的市场结构包括外部顾客市场、供应商市场、内部市场、竞争者市场、分销商市场、影响者市场、招聘市场等,从而大大地拓展了传统市场营销的含义和范围。

一般讲,与一个企业发生营销关系的主要有供货方、购买方、辅助性组织、内部组织4个方面,这4个方面与企业形成多方面的市场营销关系。

(1) 企业与上游产品供应者之间的交易伙伴关系。例如,中国的飞机制造企业与欧洲的发动机制造公司的关系。

（2）企业与服务提供者之间的交易伙伴关系。例如，企业与广告代理人或营销策划人员之间的关系。

（3）企业与其市场竞争者之间的战略联盟关系。例如，同行业企业之间的技术联盟、共同营销联盟、全球战略联盟。

（4）企业与非营利性组织之间的联盟与合作关系。例如，企业与科研机构、学校、医院之间的合作关系。

（5）企业与联合研究、开发新产品和新技术的营销支持机构的伙伴关系。主要包括企业与目标市场所在地政府之间的关系。

（6）企业与最终顾客之间的交易伙伴关系，特别是在服务市场营销领域。例如，旅游景点、饭店、旅店与顾客的关系。

（7）企业与中间商顾客即工作伙伴之间的交易关系。例如，企业与各分销渠道（代理商、批发商、零售商）之间的关系。

（8）企业与内部各职能部门之间的关系。包括与产品开发部、销售部之间的关系，与总经理和财务部的关系等。

（9）企业与其内部职工、雇员之间的关系。包括与企业所有雇员如总经理、部门经理、基层管理人员、一般职员以及企业股东的关系。

（10）企业内部各单位之间的关系。如母公司与子公司，总公司与分公司之间的战略合作关系。

关系营销成功的关键是交易合作双方的"承诺"和"信任"，承诺是交易一方认为与对方的相处关系非常重要而保证全力以赴去保持这种关系，它是保持某种有价值关系的一种愿望和保证。信任是当一方对其交易伙伴的可靠性和一致性有信心时产生的，它是依靠其交易伙伴获得营销成功的一种愿望。承诺和信任能导致双方合作成功，产生出高效率和高效益，并建立良好的合作关系，是关系营销观念的基石。

2. 关系营销的层次

在传统的市场营销中，顾客只是企业交易关系中的一个对立面，双方的交往只为单纯的商业利益，企业更多注意的是在单次交易过程中企业的收益；而关系营销则视顾客为永久的伙伴，与之建立互利互惠的伙伴关系，目的是在企业与顾客结成的长期关系中收益。传统市场营销的核心是获得新顾客，关系营销的核心则是在获得新顾客的同时，保持住老顾客。如何才能将新顾客转化为长期的合作伙伴，企业可以借鉴美国市场营销学者贝瑞和帕拉苏拉曼归纳建立的三种客户关系营销手段，以加强与顾客的联系。

贝瑞和帕拉苏拉曼归纳了三种创造顾客价值的关系营销层次，即一级关系营销、二级关系营销和三级关系营销。

（1）一级关系营销。也称为财务层次市场营销，是企业让渡适当的财务收益给顾客，增加顾客价值，从而起到提高顾客满意度和增进与顾客关系的目的。这是最低层次的关系营销，它维持顾客关系的主要手段是利用价格刺激增加目标市场顾客的财务利益。随着企业市场营销观念从交易导向转变为以发展顾客关系为中心，促使顾客重复购买并保持顾客忠诚的营销计划便应运而生，频繁市场营销计划即是其中的一例。

所谓频繁市场营销计划,是指对那些频繁购买以及按稳定数量进行购买的顾客给予财务奖励的营销计划。如香港汇丰银行、花旗银行等通过它们的信用证设备与航空公司开发了"里程项目"计划,按积累的飞行里程达到一定标准之后,共同奖励那些经常乘坐飞机的顾客。

一级关系营销的另一种常用形式是企业设立高度的顾客满意目标来评价营销实施的绩效,如果顾客对企业的产品或服务不满意,企业承诺将给予顾客合理的价格赔偿。如新加坡奥迪公司承诺如果顾客购买汽车一年后不满意,可以按原价退款。

财务层次市场营销是一种低层次的市场营销,容易被竞争对手所模仿,很难将企业与竞争者区别开来。财务层次市场营销可以获得顾客忠诚感,却无法真正创造忠诚顾客。当竞争对手采用类似的措施后,企业必须在经营方式上发生根本性的变化,在一级关系营销的基础上,同顾客建立二级关系营销和三级关系营销的联系,才会增加顾客转移成本,使顾客忠诚于企业。

(2)二级关系营销。也可称为社交层次市场营销。与一级关系营销相比,它在向目标顾客提供财务利益的同时,也增加他们的社会利益。在二级关系营销中,与顾客建立良好的社交关系比向顾客提供价格刺激更重要,企业把对客户的营销方式引入到顾客的营销中。企业尽量了解每个顾客的需要和愿望,并使提供的服务个性化和人格化,来增加公司与顾客的社会联系。客户和顾客的区别在于:对于一个机构来讲,顾客也许是不知名的,而客户则不可能不知名;顾客是针对特定的某一类人或一个大的细分市场的一部分而言的,客户则是针对个体而言的;顾客是由任何可能的人来提供服务,而客户是被那些指派给他们的专职人员进行服务和处理的。通过为顾客提供像客户一样的服务,企业与顾客建立良好的社交关系,减少顾客转向竞争对手的可能性。

二级关系营销的主要表现形式是建立顾客组织。以某种方式将顾客纳入到企业的特定组织中,使企业与顾客保持更为紧密的联系,实现对顾客的有效控制。它包括无形的顾客组织和有形的顾客组织。

无形的顾客组织是企业利用数据库建立顾客档案来与顾客保持长久的联系。通过灵活运用顾客数据库的数据,使每一个服务人员在为顾客提供产品和服务时,了解顾客的偏好、习惯和购买行为,从而提供更具针对性的个性化服务。企业根据顾客的选择和购买记录,定期发送通知,推荐他们所感兴趣的产品和服务,同时利用基于数据库支持的顾客流失警示系统,通过对顾客历史交易行为的观察和分析,赋予顾客数据库警示顾客异常购买行为的功能。有形的顾客组织是企业通过建立顾客俱乐部来与顾客保持长久的联系,满足消费者的个性化需求,实现与消费者的零距离,有形的顾客组织不仅留住了顾客的人,也留住了顾客的心。

在面临激烈的价格竞争时,无论是财务层次的市场营销还是社交层次的市场营销都只能支撑价格变动的小额涨幅,当面对较大的价格差别时,交易双方难以维持低层次的销售关系,只有通过提供顾客需要而竞争对手不能提供的技术服务和资金援助等深层次营销手段时才能吸引顾客。与竞争对手相比,如果企业没有自身的竞争优势,顾客会转而投向竞争对手。因此,企业应在二级关系营销的基础上,与顾客建立三级关系营销,与顾客结成稳定的结构纽带联系。

（3）三级关系营销。也称为结构层次市场营销，是企业在向交易伙伴提供财务利益和社会利益的同时，与交易伙伴结成稳定的结构纽带联系。结构性联系要求企业必须为交易伙伴提供的服务是：服务对交易伙伴有价值，但交易伙伴不能通过其他来源得到这种服务。这种服务依赖于企业通过自身竞争优势建立起的企业核心竞争力，而不是仅靠企业销售或服务人员交际的态度和技巧。企业的核心竞争力是指企业在特定经营中获取和配置资源、形成并保持竞争优势、奠定市场地位的关键能力。核心竞争能力既不能复制，也不能模仿，是独一无二的，具体表现为开发别具一格的产品和发展独具特色的技术。良好的结构性关系将提高客户转向竞争者的机会成本，同时也将增加客户脱离竞争者而转向本企业的可能。企业的竞争优势来源于企业在设计、生产、营销、交货等流程及辅助性流程中所进行的各种活动，企业应通过比其竞争对手更廉价或更出色地开展这些重要的战略活动来赢得竞争优势，使顾客忠诚于企业。

结构层次的市场营销主要是企业建立起与交易伙伴之间的结构性纽带。它分为企业与顾客（或客户）的结构性纽带和企业与企业的结构性纽带。

企业与顾客（或客户）的结构性纽带是企业通过向顾客或客户提供独特的产品或服务建立起双方结构性的关系。如在生产者—代理商—经销商的分销体系中，生产厂家和代理商不仅向经销商提供产品，还帮助销售网络中的经销商提高管理水平，合理确定进货时间和存货水平，改善商品的陈列，并提供有关市场的研究报告、有关产品的各种信息和帮助培训销售人员等。企业与企业的结构性纽带是指两个企业结成紧密合作的伙伴关系，在开发、研究、供应、人员等方面互相协作，以促进双方的共同发展。如德国西门子集团选择了两万个第一选择供应商，通过互派工作人员，对双方企业的工作流程和信息系统进行相应的改进和适应调整，建立了密切的长期战略合作伙伴关系，双方取得了共同的发展和进步。

财务层次市场营销、社交层次市场营销、结构层次市场营销与客户建立关系市场营销的手段，在实际操作过程中应根据企业和目标市场的实际情况灵活加以运用。如果企业规模较小，可以只采用财务层次市场营销手段，也可以将财务层次市场营销和社交层次市场营销两种手段并用；如果企业规模较大，可以将三种关系市场营销手段综合运用。只要灵活运用关系市场营销观念和手段，使顾客成为企业长期合作的伙伴，就能在激烈的市场竞争中立于不败之地。

9.1.5 服务营销

服务市场营销观念是20世纪70年代以来随着服务逐渐从产品中分离出来，并在市场营销组合中成为独立的产品形式而产生的一种新的企业营销指导思想。在以买方市场为特征的市场形态中，服务营销越来越被更多的企业重视，认真分析和研究服务市场营销环境，应用服务市场营销策略，是吸引大量用户和消费者以争夺目标市场的有力武器。

1. 服务与服务营销的含义

服务具有不同于有形产品的特点，服务营销也不同于其他形式的市场营销。在科学技术不断发展，营销理论日益成熟的今天，不同企业生产的同类产品在品质、规格、功能、价格等方面的差异越来越小,顾客的购买决策在很大程度上将取决于企业能否提供更优质的服务。

服务有多种不同的解释,菲利普·科特勒把服务定义为,一方提供给另一方的不可感知且不导致任何所有权转移的活动或利益。美国市场营销学会(AMA)将其定义为"主要为不可感知却使欲望获得满足的活动,而这种活动并不需要与其他产品或服务的出售联系在一起。生产服务时可能会或不会利用实物,而且即使需要借助某些实物协助生产服务,这些实物的所有权将不涉及转移的问题"。在分析服务的市场本质和综合各种不同服务定义的基础上,我们可以将服务定义为:服务是指一种涉及某些无形因素的活动、过程和结果,包括与顾客或其拥有的财产间的互动过程和结果,并且不会造成所有权的转移。在定义中,理解服务含义的关键是:服务不仅是一种活动,而且是一个过程,还是某种结果。如对计算机的维修服务,既包括维修人员检查和修理计算机的活动和过程,也包括顾客获得完全或部分恢复正常计算机功能的结果。与有形产品相比,服务具有不可感知性、不可分离性、差异性、不可贮存性和缺乏所有权等特征。

服务通常可以分为产品性服务和功能性服务两大类。所谓产品性服务是指为顾客创造和提供的核心利益主要来自无形的服务。所谓功能性服务是指顾客所获得的核心利益主要来自产品的有形成分,无形的服务只是满足顾客的非主要需求。与服务的这种区分相一致,服务营销也可分为服务产品营销和顾客服务营销两大类。服务产品营销主要研究如何促进作为产品的服务的交换,而顾客服务营销则主要研究如何将服务作为一种营销工具来促进有形产品的交换。但是,无论是服务产品营销还是顾客服务营销,其核心理念都是顾客满意和顾客忠诚,通过取得顾客的满意和忠诚来促进相互利益的交换,最终实现营销绩效的提高和企业的长期发展。因此,服务营销实质上就是促进服务的交换,它既包括如何促进纯粹的服务产品交换,也包括利用服务来促进物质产品的交换,以顾客满意为核心理念,重视顾客的满意和忠诚度,通过吸引和保持顾客来实现利益。

2. 服务补救的含义与方式

由于服务产品具有不可感知性、不可分离性、差异性和不可贮存性等特征,顾客接受服务时,会出现许多意想不到的"意外"情况,造成"企业形象"和"服务产品形象"的混淆,影响服务产品的推广销售。服务补救作为服务营销理论的新概念,正在被越来越多的企业所重视。

(1) 服务补救的含义。在提供服务的过程中,一方面由于服务产品的质量通常没有统一的标准可以衡量,服务质量具有不可确定性;另一方面由于生产者生产服务的过程就是顾客消费服务的过程,企业服务的失败和错误很难对顾客隐藏和掩盖。当顾客对企业提供的服务具有较高期望时,服务的失误会使顾客产生不满和抱怨。企业对顾客的不满和抱怨应立即进行服务补救。服务补救必须当场或及时进行,即要尽可能快地进行服务补救,避免由服务失误造成的不良影响扩散和升级。

服务补救是指,企业在对顾客提供服务出现失败和错误的情况下,对顾客的不满和抱怨当即做出的补救性反应。目的是通过这种反应,重新建立顾客满意和忠诚,树立顾客的消费信心。服务补救有两种形式：一是企业在第一次服务失误后，为留住顾客而立即提供带有补救性质的第二次服务，但第二次服务是第一次服务的重复；二是当企业发生服务失误后，提供的带有补救性质的第二次服务是第一次服务的延伸或转变。例如，零售企业无条件地为对产品质量表示不满的顾客所做出的换货服务（同质服务）或退货服务（异质服务）。

（2）服务补救的方式。企业服务营销活动中一旦出现服务失误，顾客必然出现不满和抱怨的反应，为消除不良影响，留住和吸引更多的顾客，必须采取多种方式对服务失误进行必要的补救。

① 建立跟踪、识别服务失误系统，预期补救良机。企业要利用跟踪和识别服务失误系统，确定服务失误的原因，听取顾客意见，捕获挽救和保持顾客与企业关系的良机。企业不仅要听取顾客的抱怨，还要主动地查找潜在的服务失误。收集顾客批评、倾听顾客抱怨、开通投诉热线以听取顾客投诉、有效的服务担保和意见箱等方式都可以使企业发觉服务营销活动中可能存在的问题。

② 重视顾客问题，及时出现在现场。在服务营销中，最有效的补救方式就是企业的服务人员或营销管理人员能及时主动地出现在现场，承认问题的存在，向顾客道歉，将问题当面解决。解决问题的方法有退款、服务升级等。

③ 预见问题并尽快解决问题。在服务营销中一旦发现服务失误，服务人员必须在失误发生的同时迅速进行补救，避免没有得到妥善解决的服务失误的不良影响扩大和升级。同时，服务人员应在问题出现之前预见到问题即将发生，并采取必要的措施予以杜绝，避免顾客可能出现的不满和抱怨，提高顾客消费服务产品的信心。

④ 授予一线员工解决问题的权力。企业必须对一线员工进行服务补救训练，培训必要的服务补救技巧、权力使用和随机应变的能力。有效的服务补救技巧包括认真倾听顾客抱怨、确定解决办法、灵活变通等。同时，企业必须授予服务人员进行服务补救的相关权力，用于在一定范围内解决各种意外情况，企业应鼓励服务人员大胆使用服务补救的权力。

⑤ 从服务补救中汲取经验教训，不断完善服务市场营销活动。服务补救不仅能弥补服务失误、增强与顾客的联系，还能帮助企业提高服务质量。通过对服务补救过程的跟踪和调查，服务营销管理人员可以发现服务跟踪和识别系统中一系列亟待解决的问题，及时修正服务系统中的某些环节，使服务补救现象不再发生。

3. 服务营销的方式

企业必须在全面了解顾客所期望的服务质量基础上，采用适合的服务营销方式，缩小与顾客在服务质量认知上的差距，提高服务水平和顾客满意度。

（1）提供优质服务。企业要做好服务营销工作，就必须提高服务质量，为顾客提供优质服务。服务质量是一个主观概念，是顾客对实际得到服务的感知与对服务的期望之间的差距，即顾客对服务的预期质量和实际体验质量之间的对比。顾客体验质量达到或超过预期质量，顾客就会满意。

服务营销过程是顾客与服务营销人员对服务的期望与认知互动中，相互作用、相互影响、相互制约的行为过程。在服务营销过程中，从决策者对顾客期望的认知到服务质量的规范化,以及服务信息向顾客传递直至服务活动的实施,存在着4个明显的认知上的差距,并强烈地影响着顾客感知的服务质量。

① 顾客对服务的期望与服务提供者认知之间的差距。服务企业的管理人员如果不确切地知道顾客对服务质量的期望,就会造成营销管理人员所认知的顾客期望与顾客的实际期望之间产生差异。这种差异通过市场调研和减少管理层次就可以减小或消除。企业通过市场调研了解顾客的实际需求,确定经营方向、目标市场、服务范围、服务质量及价格水平,再通过有效的信息传递渠道,使企业管理者真正理解顾客的期望和要求,对顾客的服务期望做出准确的判断,就能缩小顾客与服务提供者在服务期望值认知之间的差距,提高顾客对服务营销的满意度。

② 服务提供者对顾客期望的认知与服务质量规范之间的差距。企业制定具体的服务质量规范时会因为质量管理、目标设定、服务标准化和可行性等原因,使营销管理者对顾客服务期望的认知无法充分体现在所制定的服务质量规范上。高水准的服务质量是企业成功开拓目标市场的前提。立足企业长远的发展,全面、系统地加强服务质量管理,企业应制定一套明确的服务目标,并完整地反映在企业的服务质量规范中,作为服务质量控制的依据。对顾客期望的认知向服务质量规范的转化程度还取决于服务的标准化过程,服务的标准化应在常规性的服务项目和环节特别是顾客不参与的服务过程进行,服务的标准化主要依靠各种技术来实现,如用机器设备取代人员服务、改进服务操作方法、对员工进行标准化培训等。同时,企业应调查论证满足顾客一定的服务期望在经济上和技术上的合理性和可行性,以确定企业向顾客提供的服务项目和质量水平,缩小顾客期望的认知与服务质量规范之间的差距。

③ 服务质量规范和服务提供者行为之间的差距。在服务营销中,服务提供者如果不能严格按照服务质量规范提供服务,就会产生这种差距。影响这种差距的因素主要包括服务意识、员工技术、团队协作、现场控制、跟踪控制、角色冲突、角色模糊,以及公司的技术和设备水平满足一定顾客服务质量要求的程度等,因此,企业必须对服务人员加强培训,提高服务意识和服务技能,增强服务团队的协作精神,全面进行服务质量管理和控制,避免服务质量规范和服务提供者行为之间的差距扩大。

④ 服务提供者的行为与服务沟通承诺之间的差距。在服务促销活动中做出的服务承诺与企业实际提供的顾客服务之间的差距,一般是由于企业与顾客间的沟通发生差错或承诺过分造成的。企业向顾客传递的信息会影响顾客的预期,预期得不到满足顾客就会失望,从而导致公司的形象受损。为了缩小这种差距,企业可以采取低姿态的营销沟通方式,适度降低顾客的服务预期,相对提高顾客的服务感知质量。

(2) 提高顾客满意度。顾客满意的核心思想是企业的营销活动要以顾客满意为指针,站在顾客的立场上,从顾客的角度来考虑和分析顾客的需求。企业要达到顾客满意必须做到以下几点。

① 站在顾客的立场上去研究设计产品。
② 不断完善服务生产与提供系统,最大限度地使顾客感到安全、舒适和便利。
③ 重视顾客的意见,鼓励顾客参与和加强顾客管理。
④ 千方百计留住顾客,尽可能实现相关产品销售和推荐销售。

⑤ 创造企业与顾客彼此友好和忠诚的氛围,使服务手段和服务过程处处体现真诚和温暖。

⑥ 按照以顾客为中心的原则,建立富有活力的企业组织。

⑦ 在管理上分级授权,使基层管理和服务人员能灵活处理服务过程中出现的矛盾和冲突。

(3) 重构服务营销组合。由于无形的服务产品具有不同于有形产品的特点,服务市场营销组合在传统的4Ps基础上又增加了3个P:即人员(People)、有形展示(Physical Evidence)和过程(Process),构成了服务市场营销的7Ps组合。

① 服务产品。在服务市场营销中,最成功的做法是那些根据其目标市场的需求调整其服务产品的企业。如顾客喜欢使用和持有现金,银行就应提供方便性的服务产品;旅游度假地针对不同游客的偏好提供不同的饮食服务和休闲活动等。

② 服务分销和促销。在服务营销中,针对目标市场对服务的特殊需求和偏好,企业需要采用不同的分销与促销策略,如德国人与日本人在对航空公司服务的评价上存在很大的差异,德国乘客对飞机能否准时到达预定地点最感兴趣,而日本乘客认为飞行中的舒适与否最重要。因此航空公司的服务和广告宣传需要反映这种差异。

③ 服务沟通。在服务市场营销中,服务的无形性给沟通带来了较大困难。服务营销中的沟通障碍是由于语言、非语言行为、价值观和思维过程的差异造成的。为克服语言障碍,企业招募的人员需要接受适当的语言和礼仪训练,对服务人员理解顾客非语言行为能力的训练是保证服务效率和顾客满意的关键。

④ 服务价格。与有形产品相比,服务特征对服务定价更具影响。由于服务的不可贮存性,企业会根据服务产品的需求波动情况采用不同的价格,当需求处于低谷时,企业往往需要通过使用优惠价或降价的方式,充分利用剩余的生产能力,同时还可能考虑在不同的地理细分市场采用不同的价格。

⑤ 服务人员管理。成功的服务营销是顾客满意和顾客忠诚。顾客满意和顾客忠诚取决于企业为顾客创造的价值,而企业为顾客创造的价值能否让顾客满意,又取决于员工的满意与忠诚。只有满意和忠诚的员工才可能提高向顾客服务的效率和质量。因此,企业的人员管理是服务营销的基本工具。企业人员管理的关键是不断改善内部服务,提高内部服务质量。内部服务就是对内部员工的服务,包括两种服务质量。

◆ 外在服务质量,即有形的服务质量。

◆ 内在服务质量,即无形的服务质量。企业内部员工的满意度主要来自于对内在服务质量的满意度,不仅包括员工对工作本身的态度,也包括对同事关系的感受。

⑥ 服务的有形展示。由于服务具有不可感知性,不能实现自我展示,必须借助有形证据才能向顾客传递相关信息,顾客才能据此对服务的效用和质量做出评价和判断。企业能利用的有形展示可以区分为以下3种。

◆ 环境要素。例如,空气的质量、噪声、气氛、整洁度等,这类要素通常不会引起顾客立即注意,也不会使顾客感到格外的兴奋和惊喜,但企业忽视这些因素使环境达不到顾客的期望和要求,则会引起顾客的失望,降低顾客对服务质量的感知和评价。

◆ 设计要素。这类要素是顾客最易察觉的刺激因素,例如,美学因素的建筑物风格、色彩等;功能因素的陈设、标识等;用以改善服务产品的包装等。设计要素使服务的功能和效用更加明显和突出,以建立有形的赏心悦目的服务产品形象。

◆ 社交要素。社交要素是指参与服务过程的所有人员,包括服务人员和顾客,他们的态度和行为及相互关系会影响顾客对服务质量的期望和评价。

企业通过环境、设计、社交三类有形展示要素的综合运用,能实现其服务产品的有形化和具体化,帮助顾客感知服务产品的利益和效用,增强顾客从服务中得到的满足感。

9.1.6 文化营销

文化营销强调企业的理念、宗旨、目标、价值观、行为规范、经营管理制度、组织力量、企业环境、品牌个性等文化元素,核心是理解人、尊重人、以人为本,调动人的积极性与创造性,关注人的社会性,寓文化于产品、服务及营销活动中,对市场进行逐渐渗透,以达到较长期拥有顾客的目的。

1. 文化营销的含义

文化营销是给营销披上文化的袈裟,赋予文化品位与灵魂,使顾客在消费产品和服务的同时,也感受文化的交融和魅力。所谓文化营销是指通过激发产品的文化属性,构筑市场亲和力,把企业营销缔造成为文化沟通,通过与消费者社会文化的价值产生共振,将各种利益关系群体紧密维系在一起的市场营销活动。在文化营销观念指导下,企业营销活动一般遵循的原则是:一、赋予产品、企业、品牌以丰富的个性化的文化内涵;二、强调企业中的社会文化与企业文化,而非产品与市场;三、努力从文化的角度、人的需要来考虑和检验企业的经营方针。

企业开展文化营销活动必须充分运用社会文化力量实现企业的营销目标,在市场调研、需求预测、选择目标市场、市场定位、产品分销、促销和提供服务等营销活动的每一个环节都要进行文化渗透,提高文化含量,以文化作媒介与顾客及社会公众构建全新的利益共同体。文化市场营销在实施过程中表现为3个层次。

(1) 产品或服务层面。即企业推出能提高人类生活质量、推动人类物质文明发展的产品或服务,引导一种新的、健康的消费观念和消费方式。

(2) 品牌文化层面。品牌在市场上的竞争力,主要取决于品牌是否具有丰富的文化内涵,而不是技术和物理方面的差异,包括品牌形象、品牌内涵、品牌忠诚、品牌与消费者文化的融合等。

(3) 企业文化层面。在企业市场营销过程中,将优秀的理念文化、行为文化、物质文化、制度文化通过整合有效地传达给社会公众,塑造良好的企业形象,有助于营销活动的顺利开展。其中,理念文化是核心,包括企业的价值观、企业精神和企业道德。

不同文化间的社会规范是不同的。例如,中国人趋向于接受环境,努力适应环境并与之和谐相处,西方人则试图影响和控制周围的环境,这种深深扎根于不同文化的行为对商业行为、消费习惯和营销体系有很大的影响。在营销活动中,以上3个层次的营销文化融合一体,才能取得最佳的营销效果。

2. 文化营销的方式

企业在市场营销活动中进行文化渗透,提高文化含量,采用灵活的文化营销策略,借助或适应于不同特色的环境文化开展营销活动,综合运用文化因素制定和实施营销战略,制定具有文化特色的市场营销组合,充分利用文化营销理念全面构筑企业文化,实现企业的营销战略目标。

(1) 进行有效的市场教育。企业开拓新的目标市场,产品或服务进入一个陌生的营销环境,消费者面对一种新的产品或服务,扩大市场的首要方式是文化营销。通过文化营销的市场宣传与教育,使消费者了解企业的产品和服务,在各种媒介上以不同的形式普及产品和服务的基本知识,推动和引导市场消费,使企业产品和服务的观念深深地印在消费者头脑中。

(2) 创设适宜的营销环境。进行文化营销必须创造一个良好的购物环境,以独有的文化环境向消费者展现其独特的营销魅力,以其独特的风格和文化氛围向消费者传播企业的文化内涵和营销观念,消费者身临其境产生一种物有所值的慨叹,感受企业提供的高品质产品或服务带来的愉悦心情。

(3) 开展有文化内涵的营销活动。企业开展市场营销活动,可以借助于文化对目标市场的影响力,采取适当的形式将文化精华包裹在营销活动中,吸引对此感兴趣甚至崇尚的消费者;也可以借助目标市场的文化推销企业的产品和服务,以其文化精粹或文化时尚包裹营销活动,在宣扬其文化的同时也宣传了企业及产品;当目标市场有很深的文化底蕴,或消费者钟情于文化习俗时,企业可以改变产品或服务,以适应消费者的文化喜好,以文化营销的渗透力扩大和占领目标市场。

(4) 制定有文化特色的营销组合。企业制定具有文化特色的市场营销组合主要体现在产品、价格、分销渠道和促销4个方面。首先,把文化内涵融入产品的设计中,借助历史事件、当代时尚、文学作品等赋予产品一种文化内涵,体现企业所提供产品的文化价值,增加营销产品的附加值。其次,在文化营销中,注重企业营销活动的文化价值,文化价值是顾客的一种心理体验,其价值大小应以顾客的感受为评价标准,以整体产品价值作为定价的依据,提高消费者购买的整体消费利益。再次,企业建立产品分销渠道应注重文化氛围的营造,加强文化理念建设,以文化理念统一渠道成员的思想和行为,以文化理念吸引和激励渠道成员,而不只是以严格的制度作为管理手段。最后,企业运用各种促销手段向目标市场传递信息时,要加强文化意识的渗透,触动消费者的心灵感知,使消费者对产品的需要不仅仅是生理上的,更是一种情感和文化上的需要,营造企业营销活动的文化氛围。

(5) 培植优秀的企业文化。文化营销是企业文化的营销,核心是建立一种全体成员所共同认同、遵守的价值观以推动企业营销的成功。企业文化是由物质文化、制度文化和精神文化三大要素构成,文化的本质是从价值上对人进行教育和塑造,企业文化不仅仅是沟通消费者的传播手段,更是履行内部管理职能的有效方式。以文化营销为导向建立的企业文化,能从精神和心灵上与消费者进行沟通而增强忠诚度,更能在价值和情感上与员工产生共鸣而形成内聚力。

文化营销对消费者的影响是深远的,消费者消费麦当劳产品的实质是消费美国快餐文化,麦当劳作为一个优秀品牌,推广产品的实质是推广一种生活方式,推广一种文化。成功运用文化营销的企业,是将文化与营销活动融为一体、将文化渗透进机体的企业。

9.1.7 价值营销

价值营销也称基于价值的营销,它是从市场营销的定义发展和延伸出来的,是从价值管理的视角来诠释营销含义。目前还没有一个通用的关于价值营销的定义。价值营销是企业对抗价格战的出路,也是企业真正成功的关键所在。

1. 什么是价值营销

价值营销不同于价格营销,它是相对于价格营销提出的,通过向顾客提供最有价值的产品与服务,创造出新的竞争优势。普遍认为,英国著名营销学教授多伊尔最早在 2000 年所著的 *Value-Based Marketing* 提出价值营销。多伊尔是从股东价值最大化的视角来定义营销,即营销是通过开发与富有价值的客户之间的关系以及创造竞争优势来寻求股东回报最大化的管理过程。2004 年,美国营销学会给出了一个被广泛接受的定义:营销是一项有组织的活动,它包括创造价值、将价值沟通输送给顾客,以及维系管理公司与顾客间关系,从而使得公司及其相关者受益的一系列过程。人们通常认为,营销与营销管理没有本质上的区别。营销学大师科特勒从企业(或组织)的角度来定义营销管理:营销管理就是作为一种艺术和科学的结合,它需要选择目标市场,通过创造、传递和传播优质的顾客价值,获得、保持和发展顾客。科特勒认为交换和价值是营销的核心概念。因此,我们认为,价值营销本质上就是营销,营销实质上也就是对价值的营销,价值交换是营销和营销管理的逻辑起点,也是终点。国内理论界和实业界所提出和构建的价值营销是以顾客(客户)价值最大化为起点和目标的。

价值营销就是赋予抽象的品牌以顾客可感知的价值,让品牌具有明确而实在的价值基础,并把价值表达出来,达成现实销售。价值营销的特色就是一方面让消费者真实地感知到品牌价值,另一方面也让企业实实在在地收获营销的效果。因此,价值营销要平衡企业股东、顾客和员工三方利益,使各方利益实现最大化。

2. 价值营销的主要步骤

企业开展价值营销活动,需要经过价值发现、价值重估、价值匹配和价值点睛等4个各有侧重又相辅相成的步骤。

(1) 价值发现。对品牌价值做全面梳理以明确品牌价值,是开展价值营销的基础。要对公司能力、品牌内涵、品牌背景等有透彻的了解,要深入发掘品牌价值,树立品牌的价值体系,明确品牌的核心价值。一个没有价值支撑的品牌,只能靠使用各种营销手段来开拓市场和维持营销活动。同时,企业要重视开发和分析顾客(客户)价值,即顾客(客户)在购买和使用产品或服务过程中所感知的全部利益。

(2) 价值重估。企业价值不是一成不变的,随着时代变迁、环境和市场需求的变化,其价值必然也会上下变动,需要适时地进行重估。结合现实环境,甄别企业当前的核心价值,如实衡量品牌的价值存量。价值重估的过程也是对企业自身观念和价值体系重估的过程。只有具有前瞻性的眼光才能真正地实现价值重估。

(3) 价值匹配。企业价值是相对于顾客而言的,产品或品牌的价值就在于它能满足目标消费者的需求。因此,企业要分析自身价值是什么,其产品或品牌能够向市场提供什么价值,再分析目标消费者需要有哪些,通过市场营销策略实施,有针对性地将品牌价值与目标消费者的真实需求相匹配。价值匹配首要的工作就是树立以顾客为中心的观念,寻找顾客最需要的"突出价值",顺利连通品牌价值链。

(4) 价值点睛。品牌价值与顾客的真实需求相匹配后的画龙点睛之作,就是用最简短的话点出品牌价值,即将价值表达出来,成为顾客可感知的价值。价值点睛的基础是企业基于对品牌自身价值的熟悉和对目标消费者需求的洞察。价值营销是系统性的工程,价值点睛就是要实现营销效果的最大化。价值是品牌永恒的魅力,也是品牌发展的终极动力。价值营销认为:顾客是聪明的,价值营销就是倡导尽可能抛开一切包装炒作,以实实在在的价值赢取消费者。

3. 价值营销组合

开展价值营销,企业应在有形竞争和无形竞争上下功夫。有形竞争即实物(产品)竞争;无形竞争即环境、品牌和服务等竞争。企业要在产品质量、产品功能、开发能力、品牌形象等方面进行创新和提高,优化价值竞争的策略组合,实现创造价值经营,突显与竞争对手的差异。价值营销组合的主要内容有产品价值、服务价值、品牌价值、终端价值和形象价值,其目的是实现顾客价值的最大化。

(1) 产品价值。价格战的起因之一是产品同质化太过严重,因此重组产品对顾客的价值,对产品进行差异化创新,是应对价格战的有效利器之一。其主要方法有采用新技术,改进产品的质量、性能、包装和外观式样等。

(2) 服务价值。通过服务提高产品的附加价值,可以有效地在同类产品竞争中取得优势。在今后的市场竞争中,服务创新将是企业取得市场竞争优势的重要利器。以服务提升产品或品牌价值,关键在于创新、坚持与正确传播服务理念。

(3) 品牌价值。以产品为中心的营销转变为以品牌为中心的营销,可以有效避免以产品为中心的价格战。品牌不仅是企业的品牌,同时也是消费者的品牌。消费者往往从品牌的体验中感受到产品的附加价值,从而从感性上淡化产品的价格。例如,百事可乐与可口可乐,产品差异性很小,却以品牌营销在市场竞争中获得了双赢的格局。

(4) 终端价值。终端价值强调差异化的终端建设,通过超值的购买体验强化客户终端价值,淡化价格对客户购买的影响,即通过终端设计与建设实现价值的最大化、最优化。例如,皇明太阳能热水器提出了终端形象5S工程,进行5S标准专卖店的终端建设,并提出了消费误区教育体验、家庭健康热水中心使用体验、明星产品性能技术体验、个性化配件增值体验、品牌文化震撼体验、服务力体验等消费者体验式服务,从而让顾客从终端价值中认识本企业品牌与其他品牌的差异。

(5) 形象价值。是指企业及其产品在社会公众中形成的总体形象所产生的价值,是产品价值、服务价值、人员价值三个方面综合作用的结果,包括企业的产品、技术、质量、包装、商标、工作场所、品牌等所构成的有形形象所产生的价值,公司及其员工的职业道德、经营行为、服务态度等行为形象所产生的价值,以及企业的价值观念、管理哲学等理念形象所产生的价值等。良好的形象是企业宝贵的无形资产,它能赋予产品较高的价值,带给顾客精神上和心理上的满足感、信任感,使顾客的需要获得更高层次和更大限度地满足,从而增加顾客购买的总价值。

9.1.8 整合营销

整合营销理论产生和流行于 20 世纪 90 年代,是由美国西北大学市场营销学教授唐·舒尔茨提出的。整合营销是以消费者为核心重组企业行为和市场行为,综合协调地使用各种形式的传播方式,以统一的目标和统一的传播形象,传递一致的产品信息,以产生协同效应,实现与消费者的双向沟通,迅速树立产品品牌在消费者心目中的地位,建立产品品牌与消费者长期密切的关系,更有效地达到广告传播和产品营销的目的。因此,企业必须把各个独立的营销综合成一个整体,这些独立的营销工作包括广告、直接营销、销售促进、人员推销、包装、事件、赞助和客户服务等,并战略性地审视整合营销体系、行业、产品及客户,制定出符合企业实际情况的整合营销策略。

1. 整合营销的特征

在整合营销活动中,厂商一切以消费者为中心,凡是与消费者相关的活动均纳入其营销体系,使传播的空间扩大。整合营销的特征如下。

(1) 在整合营销中,消费者处于核心地位。

(2) 对消费者深刻全面地了解,是以建立资料库为基础的。

(3) 整合营销传播的核心工作是培养真正的"消费者价值"观,与那些最有价值的消费者保持长期的紧密联系。

(4) 以本质上一致的信息为支撑点进行传播。企业不管利用什么媒体,其产品或服务的信息一定要清楚一致。

(5) 以各种传播媒介的整合运用为手段进行传播。凡是能够将品牌、产品类别和任何与市场相关的信息传递给消费者或潜在消费者的过程与经验,均被视为可以利用的传播媒介。

(6) 紧跟移动互联网发展的趋势,尤其是互联网向移动互联网延伸、手机终端智能化以后,新技术对原有计算机互联带来了前所未有的颠覆和冲击,在这个过程当中应当紧盯市场需求,整合现有的资源,包括横向和纵向的资源,成为一个移动营销价值的整合者和传播者。

2. 整合营销的思路

整合营销,就是一体化营销,其基本思路如下。

(1) 以整合为中心。着重以消费者为中心并把企业所有资源综合利用,实现企业的高度一体化营销。整合既包括企业营销过程、营销方式以及营销管理等方面的整合,也包括对企业内外的商流、物流及信息流的整合。

(2) 讲求系统化管理。整体配置企业所有资源,企业中各层次、各部门和各岗位,以及总公司与子公司,产品供应商与经销商及相关合作伙伴的协调行动,形成竞争优势。

(3) 强调协调与统一。企业营销活动的协调性,不仅仅是企业内部各环节、各部门的协调一致,也强调企业与外部环境协调一致,共同努力以实现整合营销。

（4）注重规模化与现代化。整合营销十分注重企业的规模化与现代化经营。规模化不仅能使企业获得规模经济效益，为企业有效地实施整合营销提供了客观基础。整合营销同样也依赖于现代科学技术、现代化的管理手段，现代化可为企业实施整合营销提供效益保障。

3. 整合营销技巧

（1）任何营销方式都要融入搜索理念。软文营销、论坛营销、微博、视频、社会化媒体营销、网络公关等营销方式都要融入搜索营销的思想，因为在任何一种营销方式中都需要搜索。

（2）社会化媒体营销要融入网络公关意识。社会化媒体可以与客户产生互动，可以迅速地传播信息，因此要时刻监控客户的反应，一旦发现客户有不良反应，就要及时处理，消除隐患。

（3）新闻营销和社会媒体相结合。一个事件出来，可以先采取新闻报道的形式加以推广，之后再以新闻为由头在社会化媒体进行传播，而社会化媒体的言论又可作为新闻营销的内容源头。

（4）视频营销可以和广告营销相结合。视频营销可以采用"润物细无声"的方式进行传播，而硬广告则相反。将两种方式结合，则可以给客户巨大的冲击力。

4. 整合营销层次

（1）认知整合。这是实现整合营销的第一个层次，要求营销人员必须认识或明了整合营销的需要。

（2）形象整合。确保信息与媒体一致性，即一是指广告的文字与其他视觉要素之间要达到的一致性；二是指在不同媒体上投放广告的一致性。

（3）功能整合。功能整合是把不同的营销方案编制出来以服务于某一营销目标，如销售额与市场份额等，即每个营销要素的优势劣势都经过详尽分析，并与特定的营销目标紧密结合起来。

（4）协调整合。人员推销功能与其他营销要素（如广告公关促销和直销等）被直接整合在一起，使各种手段都确保人际营销传播与非人际形式营销传播的高度一致，例如，同推销人员所说的内容必须与其他媒体上的广告内容协调一致。

（5）消费者整合。营销策略必须在了解市场需求和欲望的基础上锁定目标消费者，明确产品的定位以后才能开始营销策划，即营销策略的整合使得战略定位的信息直接到达目标消费者的心中。

（6）风险共担者整合。营销人员要认识到目标消费者不是企业应该传播的唯一群体，其他共担风险的经营者也应该包含在整体的整合营销活动范围之内，例如，本机构的员工、供应商、配销商以及股东等。

（7）关系管理整合。这是整合营销的最高阶段。关系管理整合就是向不同的关系单位做出有效传播，并制定营销战略、制造战略、工程战略、财务战略、人力资源战略以及会计战略等有效战略，必须在每个功能环节内（如制造、工程、研发、营销等环节）发展出营销战略以达成不同功能部门的协调，同时对社会资源也要做出战略整合。

5. 整合营销的基本程序

整合营销与传统营销的最大不同，在于以顾客需求为出发点来系统地思考营销问题。整合营销的实施是一项庞大的系统工程,牵涉到企业的多个部门和多项活动。

(1) 建立数据库。整合营销规划的起点是建立数据库。数据库是记录顾客信息的名单,含有每个顾客或潜在顾客的有关营销数据,包括历史数据和预测数据。其中,历史数据记录了姓名、地址、最新购买、购买次数、对优惠措施的回应、购买价值等历史信息;预测数据则通过对顾客属性进行打分,用以鉴别哪个群体更可能对某项特定优惠做出回应,有助于说明顾客未来的行为。数据库管理的主要内容包括数据库的建立、数据储存、数据挖掘、数据处理、数据维护等。企业建立数据库的目的在于通过对数据库的管理,确定有价值的终身客户,并与之发展良好的客户关系。建立数据库的初衷是获得顾客,终极目标则是确定和保留有价值的顾客。

(2) 选择目标市场。根据数据库资料,企业可以首先进行市场细分,进而选择企业拟进入的目标市场,并进行相应的市场定位。在特定的目标市场,还要根据消费者及潜在消费者的行为信息将其分为三类:本品牌的忠诚消费者、他品牌的忠诚消费者、游移消费者,并依据他们在品牌认知、信息接收方式及渠道偏好等方面的差异,有针对性地开展各项营销活动。

(3) 进行接触管理。整合营销的起点和终点都是消费者,无论是企业的价值供应活动如产品开发、价格制定、分销等,还是营销传播活动如广告、人员推销、公共关系等均需以4Cs为基础。但是,买卖双方必须通过某种接触通道联系在一起,才能实现价值共享。凡是能够将品牌、产品类别及其他与市场相关的信息传输给消费者或潜在消费者的所有方式、渠道、行为,都是通道,包括媒体、营销传播工具及其他可能与消费者接触的形式,例如,媒体广告、店内推广、产品包装、亲朋邻里的口头交谈等。接触管理就是要强化可控的正面传播,减缓不可控的或不利于产品与服务的负面传播,从而使接触信息有助于建立或强化消费者对品牌的感觉、态度与行为。即接触管理要解决的问题是合理选择与消费者进行沟通的时间、地点、方式。

(4) 制定营销战略。依据数据库提供的营销数据,制定明确的营销战略目标,并将其与企业战略及企业的其他业务相结合,实现企业层次的营销整合。

(5) 选择营销工具。在营销战略目标的指导下,根据消费者的需求和欲望、消费者愿意付出的成本、消费者对购买便利的需求、消费者的沟通方式等确定具体的营销工具,并找出最关键的工具,与其他营销工具加以整合。

(6) 进行沟通整合。沟通整合是整合营销的最后也是非常重要的一个步骤。依据顾客信息,对不同行为类型的消费者分别确定不同的传播目标,使用不同的传播工具,例如,广告、营业推广、公共关系、人员推销等,并根据实际需要将多种工具结合使用,以整合成协同力量。

6. 整合营销对策

(1) 革新企业的营销观念。要树立大市场营销的观念;要树立科学化、现代化营销观念;要树立系统化、整合化营销的观念。

(2) 加强企业自身的现代化建设。企业要建立现代经营体制,包括企业的利益机制、决策机制、动力机制、约束机制等;要建立经营管理设施现代化;要具有现代化的经营管理人员;加强组织建设,改善管理体系,注重企业的规模化,以及企业其他方面的合理化建设。

（3）整合企业营销。对企业内外部实行一体化的系统整合；整合企业的营销管理；整合企业的营销过程、营销方式及营销行为，实现一体化；整合企业的商流、物流与信息流，实现三流一体化。

（4）借鉴国外的先进经验。积极学习国外企业的先进经营管理经验，特别是跨国公司的经营管理和整合营销理论与经验，如 CIMS 系统、MRP-II 系统等，以及先进的跨国管理经验、先进技术手段的管理经验等。

9.1.9 新媒体营销

新媒体营销是指利用除广播、电视、报纸和杂志等传统媒体之外的新媒体平台发布商品和服务信息，吸引广大受众参与和响应卖家所推动的娱乐、推广、体验等活动，收到被关注、被传播的效果，达到销售商品和服务、实现利润的目的活动过程。随着网络技术的迅速发展，互联网进入新媒体传播 2.0 时代，出现了网络杂志、博客、微博、微信、SNS、WIKI 等新兴媒体，营销思维和营销模式也发生了巨大转变。

1. 新媒体营销的主体

新媒体是一个与报纸、杂志、广播、电视等传统媒体相对的概念，是随着新技术发展而兴起的媒体形态，如数字杂志、数字报纸、数字广播、手机短信、移动电视、网络、桌面视窗、数字电视、数字电影、触摸媒体、手机网络等，利用数字技术和网络技术，通过互联网、宽带局域网、无线通信网、卫星等渠道，以及电脑、手机、数字电视机等终端，向用户提供商品信息和娱乐服务信息，新媒体被形象地称为"第五媒体"。随着新媒体营销活动的不断兴起与开展，利用新媒体开展营销活动的主体也日益多元化。总体上分为两类，一是非营利机构和个人，如政府、学校、福利院等非营利机构和以提高个人知名度、刷存在感或交友为目的的个人；二是营利机构和个人，如以提高机构知名度和营利为目的的公司机构，以及以提高个人和店铺知名度、博取公众眼球、促进销售和获取利润为目的的个人。

2. 新媒体营销的特征

新媒体营销就是利用新媒体平台进行营销的模式。新媒体营销具有体验性、沟通性、差异性、创造性、关联性和快捷性等 8 个特征。

（1）体验性。新媒体营销的体验性特征主要体现在可以通过看、听、参与和试用等手段，刺激和调动顾客的感官、情感、思考、行动和关联等感性和理性的心理因素，赢得顾客的信任和好感，坚定顾客的购买和使用信念。因此，营销者应在设计、生产、促销和销售等方面注重增加商品和服务的体验含量。

（2）沟通性。沟通性是新媒体营销的重要特征之一。营销者应站在顾客体验的角度，去审视自己的商品和服务，通过新媒体平台、运用新技术手段，如发放优惠券、评价产品和服务、投票、抽奖、免费领取试用品、参与产品的个性设计等方式，加强与顾客的沟通与互动。

（3）差异性。媒体新技术为营销活动提供了丰富的、多样化的营销方式和营销手段，使营销者可以针对不同地区、不同时间有购买需求的顾客，以及针对不同偏好、年龄、职业、文化等顾客采用不同的沟通平台、沟通方式和沟通语言,使顾客获得每个人真正需要的商品和服务,提高营销的效率和效益。

(4) 创造性。创造性是营销者通过新媒体平台和采用新媒体技术,可以根据顾客需求和爱好创造性地运用新媒体营销平台、开发新媒体营销软件、创建朋友圈,开发和应用新媒体营销方式、与顾客沟通互动方式、信息发布方式、娱乐服务方式等,满足不断变化的顾客需求和喜好,提高营销者或公司的美誉度、信任度和忠诚度。

(5) 关联性。关联性就是营销者在一个新媒体营销平台上将相关类别、品牌的商品信息,以及可相互搭配的商品信息、相近价格和档次的商品信息、相关营销者信息、相关顾客消费信息等进行关联,帮助顾客、其他营销人员了解更多的信息,引导他们开展商品和服务信息搜寻、顾客信息收集活动,以达到提高宣传推广和销售效果的目的。营销人员的重要任务就是要研究相关商品和服务、顾客、公司等各方面信息的关联性,将关联性很强的各类营销信息进行绑缚,为顾客提供更多的商品和服务信息,提高成交率。

(6) 快捷性。新媒体营销的快捷性特征主要是指其传播的速度快,通过新媒体平台发布信息,具有即时性、直接性、参与性和广泛性的特点,能够使顾客在第一时间看到信息并进行体验。传播的快捷性还可以给顾客带来意想不到的喜悦和惊喜,提高顾客参与营销的兴趣。

(7) 经济性。相对于传统媒体较高的宣传费用、一般营销需要支付较高的人工和店铺租金等成本,新媒体营销具有在宣传、销售、沟通等多方面的低成本优势。由于很多顾客都有一部手机、平板电脑或其他移动终端,所以传播效果更明显、更直接。如网店、微商等营销方式,可以不用店面、免交租金、节约水电与人工成本等。

(8) 精准性。微信、电邮、微博等新媒体传播具有定向性和私密性特点,可以快捷精准地向特定顾客定向传递信息,体现了新媒体的巨大优势。如定向传播商品和服务信息、定向开展市场调研活动。同时,新媒体还有大量的信息可供顾客进行查询,开展精准咨询服务,可以根据顾客查询信息情况分析顾客的兴趣和需求。

3. 新媒体营销方式

基于新媒体平台开展营销活动的方式有很多,并随着社会发展和市场需求的变化不断推陈出新,目前常见的新媒体营销方式主要有微博营销、微信营销、APP客户端营销、博客营销等。

(1) 微博营销。是以微博作为营销平台,以每一个网友(粉丝)为潜在营销对象,营销者利用更新自己的微型博客向网友传播企业、商品和服务信息,达到树立良好形象、销售商品和服务目的的营销方式。微博营销需要营销者每天或经常更新140字左右的文字内容、发布大家感兴趣的话题,与潜在顾客进行交流互动,逐渐形成一个固定互动交流圈子,从而达到营销的目的。微博营销注重价值的传递、内容的互动、系统的布局和准确的定位,涉及的范围包括认证、有效粉丝、朋友、话题、名博、开放平台、整体运营等。微博营销具有传播效果好、速度快、覆盖面广、针对性强、互动性强和操作简单等特点。

微博营销可分为个人微博营销和企业微博营销两种类型。个人微博营销一般是以明星、成功商人或社会上较为成功的人士,由其个人知名度引起别人的关注和了解,运用微博发布个人社会活动、生活琐事、抒发情感等信息,让自己的粉丝更进一步了解和喜欢自己,其宣传一般是由粉丝们跟踪转帖来达到营销效果的。其目的一般是提高个人知名度和美誉度,也有部分人通过该渠道提高的知名度来达到书籍签售、提高票房收入等目的。企业微博营销一般是企业通过微博提高知名度、加强与潜在顾客沟通互动、进行商品和服务知识普及,逐渐建立起自己固定的消费群体,达到企业宣传和销售的目的。

(2)微信营销。是腾讯公司推出的即时通信应用聊天工具,它支持发送语音短信、视频、图片和文字,可以群聊,性能明显优于微博。目前,微信用户已突破一亿大关,成为当下最火热的互联网聊天工具。面对如此丰富的客户资源,微信营销应运而生。所谓微信营销就是企业和个人运用微信平台创建"朋友圈",推送企业和个人、商品和服务信息,达到提高形象、促进销售目的的营销形式。

开展微信营销活动,需要安装安卓系统、苹果系统的手机或者平板电脑等移动客户端,进行微信用户注册,构建"朋友圈",商家通过微信公众平台传递商品和服务信息,开展线上销售或线上线下互动营销活动。微信互动营销拥有二维码名片、附近的人、摇一摇、朋友圈、微信群、群发助手等工具。

点对点精准营销是微信营销的最显著特点。微信营销还具有漂流瓶、位置签名、二维码、开放平台、公众平台等形式灵活多样的特点。但通过微信强行向潜在顾客推送商品和服务信息,极易引起反感,造成双方关系的不融洽和不信任。

(3)App客户端营销。是将企业的产品、品牌或相关元素借助应用程序表现出来,并在特制手机、社区、SNS等平台上运行,吸引用户下载使用来开展营销活动。App即Application的简称,是指智能手机的应用程序的简称(也称手机客户端),App客户端营销多指第三方智能移动平台的应用程序营销。现在,App已经广泛应用于娱乐、生活、购物、社交、教育、工作等生产、生活的各个方面。

商家可以借以智能手机与平板电脑PAD为载体的App,在任何时间和地点,与顾客进行沟通,促成其立即采取购买行动。目前,主流的App版本主要有苹果系统版本iOS、安卓Android、微软Windowsphone、塞班系统版本Symbian。市场上的大多数App是以宣传企业为目的,展示企业形象和产品信息的不具备销售能力的展示型App,如同企业的一本可实时更新的宣传电子屏。销售和支付型App,集广告宣传、分享互动、产品和服务展示、客户管理、网上支付等多种营销功能于一身,利于商家也方便买家。常见的App平台有QQ、微信、今日头条及各种新闻客户端、手机视频客户端等。

App客户端营销活动类型有品牌推广型,主要从事产品及品牌形象展示,一般应用于房产、家具类;业务销售型,应用于移动互联网店,主要从事产品展示、销售预约、在线支付等业务;口碑宣传型,主要应用于传统零售业及生活服务领域,如微博、微信等App分享模块和App的留言及评价模块等;活动推广型,主打促销活动,也可实现在线预订、支付等功能,如餐饮、票务等服务。因此,App客户端营销模式可以分为广告模式、用户模式和购物网站模式等三种模式,营销策略可以分为全功能包含品牌策略、单一功能展现品牌策略两种,也可分为产品型、品牌型、服务型和综合型等4种策略。App客户端营销的关键工作是如何让受众接受这款App,从好奇上升到熟悉,再到愿意和频繁使用。

(4)博客营销。博客,即网络日志,是一种通常由个人或企业管理、不定期张贴新的文章的网站。博客文章通常根据张贴时间,以倒序方式由新到旧排列。一个典型的博客结合了文字、图像、视频、音乐、其他博客或网站的链接及其他与主题相关的媒体,能够让读者以互动的方式留下意见。博客有个人博客和企业博客等多种分类形式。目前,搜狐、新浪、雅虎、和讯、博客网、BlogBus、DoNews等众多门户和专业网站都提供各具特色的博客服务系统。博客营销是通过博客网站或博客论坛接触博客作者和浏览者,利用博客作者个人的知识、兴趣和生活体验等传播商品信息的营销活动。博客营销也是网络营销的一种形式。

博客营销的市场定位主要有3种形式:一是个人目的。博主通过博客写作,给自己带来人气、名气,最终为自己带来名利。二是宣传企业文化、品牌的目的。企业高层管理人员为推广宣传企业文化和品牌,建立沟通平台,通过策划引导浏览者阅读与企业文化、品牌有关的博客文章和评论,以促进产品或服务的销售工作。三是营销产品和服务的目的。即通过博客文章和评价,达到获取订单、销售产品和服务的目的。企业博客营销一般有企业网站博客频道模式、第三方BSP公开平台模式、建立在第三方企业博客平台的博客营销模式、个人独立博客网站模式、博客营销外包模式和博客广告模式等6种常见形式。博客营销所依托的是浏览量和人气指数。因此,如何通过博客文章、图片、视频等内容和形式,吸引更多的浏览者、关注者和参与者,是各类博主研究和关注的重点。

(5)微电影营销。微电影是指在新媒体平台上播放的、适合在移动状态和短时状态下观看的影视作品。微电影既是加长版的广告片也是精华版的电影,是广告同时也传递了电影的剧情。微电影时间长度通常低于300秒,可以单独成篇,也有成系列的微电影,适合在移动状态或是短时间休憩状态下观看。微电影营销是指将企业文化、品牌文化、产品和服务信息等元素融入微电影中,投放到互联网上,使顾客能够通过各种电子终端进行观看,达到一定促销宣传和产品销售目的的营销活动。

微电影的营销效果可从三个纬度进行测评,一是微电影的播放量和主动传播的数量,可从播放量和转发数、论坛跟帖数等做统计。二是品牌知名度提升,可从百度指数、淘宝指数等工具来统计。三是销售转化,可从销售额增长率、主核心店铺销售转化率、客服关键词中买家主动提及的次数等方面进行统计。

(6)搜索引擎营销。是基于搜索引擎平台的网络营销活动。搜索引擎营销策略中两个最基本的目标是被搜索引擎收录和在搜索结果中排名靠前。搜索引擎营销包含信息源(网页)、搜索引擎信息索引数据库、用户的检索行为和检索结果、用户对检索结果的分析判断、对选中检索结果的点击等五个基本要素,其实现方法主要有竞价排名、分类目录登录、搜索引擎登录、付费搜索引擎广告、关键词广告、TMTW来电付费广告、搜索引擎优化(搜索引擎自然排名)、地址栏搜索、网站链接策略等。

搜索引擎营销需要以企业网站为基础,其设计的专业性直接影响营销效果。搜索引擎自动抓取的信息只起到一个"引子"的作用,富有魅力的索引内容需要将那些潜在顾客指引到企业、产品或品牌的网站/网页上去,在那里顾客能够获得他所期望的更多信息,其最直接的营销效果是网站访问量的增加而不是直接销售量。因此,企业必须增加更多灵活的营销手段。

此外,基于新媒体的营销方式还有移动电视营销、IPTV(交互网络电视)营销、数字广告牌营销、电子游戏营销、网站营销、网络杂志营销、网络新闻营销、论坛营销、话题营销、SNS社区营销等,并且还会随着技术的进步和社会的发展,不断演变出新的营销方式。

思考题

1. 什么是网络营销?网络营销的基本策略是什么?
2. 什么是绿色营销?企业应怎样开展绿色营销活动?
3. 什么是品牌营销?企业如何进行品牌营销管理?
4. 什么是服务和服务营销?服务营销有哪些方式?
5. 什么是服务补救?服务补救的方式有哪些?
6. 如何理解关系市场营销的含义?其主要内容是什么?
7. 什么是文化营销?企业开展文化营销的方式有哪些?
8. 什么是整合营销?如何才能做好整合营销活动?
9. 如何理解价值营销?价值营销的基本内容是什么?

学习指导

1. 市场营销理论与实践日日在创新、时时在创新。凡事立志从事营销工作的人或已经在营销岗位工作的人,必须时刻关注营销新状态、新变化和新趋势。观察营销新发展,可以从营销实践中观察、体会、总结,也可以收听、收看新闻报道、利用网络搜索引擎搜集相关知识和实践案例介绍与经验交流加以学习。

2. 营销新发展内容很多,不会仅限于"学习引导"中的9项内容,例如,博客营销、微博营销、QQ营销、E-mail营销、微信营销等,都是与网络营销有关的营销新发展。学习引导中的9个营销新发展,关键是了解其基本内容,掌握其操作程序和方法,能够利用其基本理论分析现实营销实践活动并开展营销实践活动。

典型案例

中国企业遭遇"绿色壁垒"

1998年,中国企业遭遇了一次非常典型的"绿色壁垒",所造成的重大损失让人记忆犹新。9月11日,美国农业部部长以从中国商品的进口木质包装材料中发现了光肩星天牛为由,以防止其对美国森林资源和环境资源构成危害为借口,签署了一项针对中国的临时性植物检疫法令,要求所有来自中国的商品木质包装材料及木质铺垫物都必须附有中国官方检疫机构出具的检疫证明,证实其在进入美国前,经过了热处理、熏蒸处理或防腐剂处理,或者出口商必须出具无木质包装的官方证明,否则自1998年12月7日起,违规木质包装货物将被拒之于美国之外,或按美方认可条件拆除并销毁其木质包装方能进口。11月4日,加拿大对所有来自中国(包括香港特别行政区)的木质包装,实施类似美国的检疫措施。当时中国输往美国、加拿大的采用木质包装的商品主要有陶瓷制品、卫生洁具、机电设备、石板石材、零件配件等,约占中国对其出口商品总额的三分之一。由于美国、加拿大新检疫措施的宽限时间仅为90天和60天,而此时中国的许多货物由于路途遥远根本无法运返处理,只能待命卸货港口,每小时需付高达90美元的停放费;同时,合同交货时间已到,货物又进不了关,导致需方提出违约的巨额索赔,这一突如其来的变故使中国的出口商苦不堪言。因为美国、加拿大等国进口商品包装新检疫措施的出台,中国采用热、熏处理或防腐剂处理的木质包装费用比以往增加10%～30%,以每年出口500万只集装箱计,熏蒸处理费用就高达15亿元人民币,处理时间计800万小时。

(资料来源:http://www.emkt.com.cn/news/marketing/2002-01-09/4093.html)

➡ 分析讨论题

1. 绿色壁垒的主要表现形式有哪些?
2. 如何评价美国、加拿大两国采取的针对中国的木质包装的检疫规定?
3. 中国企业应如何应对这一突如其来的贸易障碍?

西门子文化营销抢市场

在中国市场上,西门子家电频频开展文化营销活动,向中国消费者传递诉求信息的同时,也将文化作为重要的营销要素加以运用,取得了骄人的成绩。

农历新年,西门子公司制作"红包贺卡"向消费者拜年,在红包里装有一枚一元硬币,寓意"一元复始,万象更新",尽得中国传统文化之真昧。西门子拜年发红包,图的就是新年新意,既有对中国春节的企盼,对消费者美好温馨的祝愿,又有对中国传统文化的认同。

当中国家电市场竞争升温至白热化,降价、打折、买赠如风卷残云般横扫国内外家电品牌时,西门子家电另辟蹊径,向消费者赠送一个装有冰箱产品知识及选购要点手册的"智慧锦囊"。锦囊使人想起诸葛亮的锦囊妙计,西门子家电在锦囊上写着"如何选冰箱,绝招囊中藏",外观造型古香古色,给人以物轻义重的感觉。在营销宣传中,西门子家电凸显"赠品受益一时,知识受用一生"的主题,不玩弄概念、不兜圈子,尽心传播产品知识,使生产者和消费者之间的信息实现对称。

西门子公司通过挖掘品牌的历史文化内涵,推出西门子书签,介绍西门子的辉煌历史,阐释西门子公司的经营哲学和经营理念,向世人展示其悠久的历史,拥有150余年历史而又长盛不衰是西门子成功和实力的象征。《西门子传》和西门子书签,交相辉映,大大提升了西门子品牌的品质感,成功实现了和消费者的沟通。

(资料来源:http://www.emkt.com.cn/article/95/9582.html)

➡ **分析讨论题**

1. 西门子公司的文化营销有哪些特点？
2. 你认为成功开展文化营销的关键是什么？
3. 你认为企业应如何实现文化营销的本土化或文化营销的国际化？

9.2 工 作 页

9.2.1 营销新发展不同理论分析

（1）描述学习引导中 8 个子学习项目的基本内涵。

（2）根据学习引导中 8 个子学习项目理论收集相关案例，并进行分析。

（3）讨论分析，除学习引导中 8 个子学习项目理论以外，还有没有其他的营销理论新发展？如果有，请描述其基本内容和关键操作点，并举例说明。

9.2.2 "不要给我衣服"小诗分析

请分析下面一首小诗"不要给我衣服"：
不要给我衣服，我要的是温暖与舒适；
不要给我衣服，我要的是迷人的外表；
不要给我衣服，我要的是高贵的身份；
不要给我衣服，我要的是个性的释放；
不要给我衣服，我要的是关心、感觉、爱。
请，不要给我衣服！

（1）请分析，一件衣服能给消费者带来哪些利益？

（2）企业应从哪些方面，如何展示给顾客这些利益？

（3）请分析，购买一件衣服消费者所付出的代价有哪些？

（4）企业应从哪些方面，如何帮助顾客减少付出的代价？

（5）请分析，价值营销的关键点是什么？为什么？

（6）分析客户满意度与客户价值的关系。

9.2.3 网络营销及创新分析

（1）以某一熟悉的、网络营销工作出色的公司为例，描述其公司业务、目标市场及需求、产品价格、分销渠道和最近 6 个月的促销活动，分析其在网络营销工作中有哪些创新？

（2）请举例说明博客营销、微博营销、QQ 营销、E-mail 营销、微信营销等营销特点、基本内涵，以及如何开展营销活动。除此以外，是否还有其他网络营销方面的创新发展？请予详细说明。

(3) 举例说明,网络营销工作中最关键的营销环节是什么？如何解决这一关键问题？

(4) 组织进行网络营销调研活动,了解企业开展的现状和存在的问题,消费者(特别是大学生群体)对网络营销方式的认识和认可程度,并提出改进意见和建议。

9.2.4 绿色营销分析

(1) 以某一熟悉的、绿色营销工做出色的公司为例,描述其业务范围和目标市场及其需求,分析其绿色营销策略。

(2) 根据以上分析,你认为该公司还存在哪些不足之处？应如何更有效地开展其绿色营销工作？

(3) 以身边的某一种绿色产品为例,分析产品特点、目标市场和需求及其营销策略。

(4) 组织参加一次绿色营销调研活动,了解消费者对绿色产品的消费需求状况与趋势、企业开展绿色产品营销的现状及存在的问题,探讨解决问题的方法。

9.2.5 品牌营销分析

(1) 以熟知的某一品牌为例,分析该品牌的产品特点、目标市场和需求及营销策略。

(2) 分析该品牌营销管理的内容,并提出对该品牌营销管理的建议。

9.2.6 服务营销和关系营销分析

(1) 针对服务营销、关系营销收集典型案例,分组进行案例分析讨论,重点分析企业营销特点、营销方式、运用状况及效果。

(2) 分析讨论服务营销和关系营销的基本内涵和操作关键点是什么。

9.2.7 文化营销和整合营销分析

(1) 简要说明文化营销和整合营销的基本内涵和操作关键点,以及可能产生的作用是什么。

(2) 针对文化营销和整合营销收集典型案例,分组进行案例分析讨论,重点分析企业营销特点、营销方式、运用状况及效果。

9.2.8 要求与考核

(1) 对每一部分工作项目完成方式,教师可根据时间安排妥善布置。各小组应上交相关图表及文字分析报告,要求思路清晰、内容完整、格式规范。

(2) 每个小组要以临阵实战的状态完成各项任务,上交报告 Word 文件和 PPT 文稿。

(3) 各小组派代表进行演示、汇报,教师进行评价。也可以由各小组间进行相互评价,以适当权重加入小组活动成绩中,便于学生相互学习、取长补短。

9.2.9 本项目学习总结

总结项目	总结内容
本项目内容主要知识点	
本项目内容主要技能点	
你已熟知的知识点	
你已掌握的专业技能	
你认为还有哪些知识需要强化,如何做到	
你认为还有哪些技能需要强化,如何做到	
本项目学习心得	

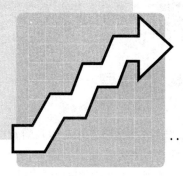

项目 10

营 销 道 德

知识目标

理解企业公民、企业社会责任、企业伦理、企业营销道德的基本内涵,了解企业社会责任、企业伦理和营销道德的基本内容;掌握提升企业道德水准和社会责任感的途径与方法。

技能目标

学会分析企业应负的公民责任和应具有的伦理道德,检视企业在社会责任与伦理道德方面的失误,能为提升企业的社会影响和市场声誉做好营销道德策划方案,并推动方案的实施。

学习任务

1. 知晓企业应承担哪些营销道德,履行哪些企业伦理和社会责任。
2. 分析当前企业道德缺失的原因,并提出修复企业营销道德,履行社会责任的措施和建议。
3. 为特定企业或产品制定提升企业道德水准、履行社会责任的方案。

10.1 学习引导

营销道德是用来判定市场营销活动正确与否的道德标准,即判断企业营销活动是否符合消费者及社会的利益,能否为消费者及社会创造最大价值。一个企业只有具备正确的企业伦理观,遵循社会公认的营销道德观,履行相应的社会责任,才能得到公众的信任,受到社会的广泛好评。

10.1.1 认识企业的社会责任

不同组织、在不同时期赋予了企业社会责任许多内涵,企业社会责任也因此具有许多不同的定义,具有不同的内涵解释。这也说明企业社会责任内涵丰富,正处于不断发展和不断完善的过程中。深刻理解企业社会责任,对于企业社会责任建设具有重要意义。参与企业社会责任建设有利于企业可持续发展和增强企业的核心竞争力,提升企业知名度与品牌形象,提高客户及员工满意度。

1. 什么是企业社会责任

企业社会责任(Corporate Social Responsibility,CSR)理念发端于20世纪初的美国。当时的美国社会,在自由经济理论指导之下,企业以利润最大化为唯一目标,置社会公共利益于不顾,给社会造成了严重的伤害,由此也在社会公众中引发了不断高涨的不满情绪。1924年,美国学者谢尔顿提出企业经营者应该具有满足产业内外各种人类需要的责任,并且认为这些责任含有道德因素在内。这一思想主张企业经营战略对社区提供的服务有利于增进社区利益,社区的利益作为一项衡量尺度,远远高于企业自身的利益。

企业作为经济社会的一分子,具有与自然人一样的国家公民资格,在任何国家和社会环境中都应以公民的身份合法经营。企业社会责任在国内外没有一个统一的定义,但国际上普遍认同了CSR理念。

国际标准化组织正在积极推进社会责任标准ISO26000的制定工作,目前提出了社会责任的最新定义;组织社会责任,是组织对运营的社会和环境影响采取负责任的行为,即行为要符合社会利益和可持续发展要求;以道德行为为基础;遵守法律和政府间契约;并全面融入企业的各项活动。

世界经济论坛认为企业社会责任包括4个方面:一是良好的公司治理和道德标准,主要包括遵守法律、道德准则、商业伦理等;二是对人的责任,主要包括员工安全、平等就业、反对歧视等;三是对环境的责任,主要包括保护环境质量,应对气候变化和保护生物多样性等;四是对社会进步的广义贡献,如参与社会公益事业、服务消除社会贫困等。定义强调企业社会责任的内容,认为企业在性质上要承担法律、道德和伦理责任;要对员工、环境和社会承担责任。

欧盟先后提出过4个企业社会责任定义,应用最为广泛的是2001年提出的,即企业社会责任是指企业在自愿的基础上,把社会和环境的影响整合到企业运营以及与利益相关方的互动过程中。

联合国全球契约认为企业履行社会责任,应遵循"全球契约"十项原则,包括人权、劳工、环境和反腐败4个方面。定义强调企业社会责任的内容,体现联合国推崇的价值观、关注重点和新千年目标。

2. 不同学科视角下的企业社会责任

CSR涉及管理学、法学、社会学等多门学科,不同学科对CSR一词亦有不同的界定与侧重。

(1) 从管理学视角来看,权力与责任具有对等性,CSR就是企业为了获得对社会的权力所相应承担的责任,企业在管理活动中把对社会所应该承担的责任作为企业的生产宗旨和经营理念,并相应地建立其一套约束企业内外部行为的企业文化。

(2) 从法学视角来看,CSR是企业应当承担的法律义务,企业作为法人组织,所拥有的权利与义务是统一的,因此,CSR既包括从市场获取利益的权利,也包括承担社会责任的义务,两者具有同等法律效力。

(3) 从政治学视角来看,CSR是企业为了换取自己在有序竞争的市场中生存,以政府信任为基础,在经营过程中向政府或社会让渡一部分权力。企业让渡出去的权力越多,意味着企业所承担的社会责任越多。

(4) 从伦理学视角来看,CSR是在企业活动的过程中应遵循的市场基本秩序、公序良俗,把社会共同遵守的法则、规律、秩序变成自己的内在要求,这就是企业基本的道德伦理。

(5) 从社会学视角来看,社会是一个有机整体,企业作为社会系统中的一个次级群体,与社会相互作用,企业从社会中索取,也必然要为社会大系统的协调发展和良性运行承担其相应的责任,这就是企业的社会责任。

3. 企业社会责任的基本内容

企业公民的社会责任主要有公共责任和道德责任两大类,具体可分为经济、法律、伦理与慈善责任4项。其中,经济与法律责任是明文规定企业必须遵行的社会公共责任;除此之外的伦理责任与慈善责任均属于企业自愿性的行为,称为企业的道德责任,是法律没有明文规定企业必须履行的责任,主要是指支持社会的公益活动、福利事业、慈善事业、社区建设等,其特点是自觉自愿。因此,企业如果从事募款、捐献、公益活动等法律没有规定要做的事,均是"跨越法律"的高层次伦理表现。

"企业公民"建设的目的是寻求企业发展与社会和谐的契合点,达到互惠与双赢。目前"企业公民"建设在全球越来越受到重视,并开始着手制定国际标准。2003年世界经济论坛认为,企业公民主要包含4个方面内容:好的公司治理和道德价值,对人的责任,对环境的责任,对社会发展的广义贡献。根据企业公民理论,CSR是企业作为社会公民在创造利润的同时,也应该向社会各方面显示其应该承担的责任。

10.1.2 企业伦理

企业伦理就是以企业为主体所构成的伦理关系和法则,是规范企业内部员工及社会大众或消费者的关系。企业在任何环境下开展营销活动,其营销行为都必须符合当时、当地文化传统和文化习俗的企业伦理。

1. 企业伦理内容

伦理是要符合道德标准或是一专业行为的行为标准。它牵涉到个人对事物的是与非、对与错、善与恶、好与坏、应该与不应该等价值判断与伦理认知。西方学界对企业伦理下的定义很多,例如,企业伦理是将判断人类行为举止是与非的伦理正义标准加以扩充,使其包含社会期望、公平竞争、广告审美、人际关系应用等;企业伦理是个人在面临冲突的目标、价值观与组织角色时所做的决策;企业伦理是含有道德价值的管理决策;企业伦理是一种规则、标准、规范或原则,提供在一特定情境之下,合乎道德上对的行为与真理的指引等。

(1) 企业伦理范围。涵盖了个人的伦理标准、组织的政策与规定、团体的规章、社会的规范与文化等层面。主要包括个人、组织、专业团体、社会群体等。其中,个人,即个人的责任,及解释个人拥有的伦理动机与伦理标准;组织,即组织必须检查流程与公司政策、明文规定的道德律令后再做决策;专业团体,即该专业团体的章程或道德律令作为准则方针;社会群体,如法律、典范、习惯、传统文化等所赋予的合法性,及道德可接受的行为;国际的,即各国的法律、风俗文化、宗教信仰等。

(2) 企业伦理内容。主要包括环保观念、产品安全、公司机密、遵守法律、工作效率、工作安全、利益冲突、个人行为和职权使用9项。具体来说,即贿赂、公平、诚实、定价、产品、人员、商业机密、广告、资料操弄、采购、竞争手段、股东责任、社区关系、工作环境、外国政府、内部道德稽核、确保产品安全、财务控制、绩效控制等。因此,企业必须订立道德准则、确立诚信原则、实施道德训练、打击不道德行为、检视自我决策并监督员工行为、回馈社会、改变或重建组织文化(授权及扩大参与)、改善行政伦理、慎选新进人员等。

2. 企业伦理原则

伦理原则可用来判断行为是否合乎道德性,并可作为分析个人自己或他人行为的参考工具。以下介绍西方国家发展出的4项最主要的伦理原则。

(1) 目的论。即功利论,强调行为的后果,也就是重视一项行为后果的对与错。这种注重结果的伦理观点,因其只偏重行为的结果,不重视行为过程,不重视个人整体的权益,而偏重组织权益,而饱受批评。利己主义与功利主义是目的论伦理观的生动写照。功利主义最大的缺点有:不考虑个人、而只重视整体,忽视正义与权利原则,疏忽平等与分配的精神,不重个人权益;尤其是功利主义不注重行为的过程,而是以行为的结果来论断对与错。而行为本身就有对错,岂能只看行为的结果?利己主义是注重自我利益的一种价值观,这里的自我利益并非指个人的利益,而是指以一个企业或团体为单位的自我利益。如果一家工厂聘用工厂所在地的当地人为雇员,同时也与当地供货商合作生产,那么这家工厂正是符合当地社区的自我利益,这里的当地社区就不是指个人。如果利己主义者只考虑某些特定的团体或组织的自我利益,就会忽视员工个人权益。

(2) 道义论。道义论与目的论相反,道义论不重视行为的结果,而重视行为过程,重视这种过程中个人的权益与个人原则。也就是说,判断某一行为是否具有道德性,只需要根据行为本身的特征即可确定,不一定要根据行为的善恶后果。道义论还强调行为的动机和行为的善恶的道德价值。例如,有 3 个企业都进行同一工程的投资,甲企业为了树立企业的良好形象以便今后打开其经营之路;乙企业为了捞取政治资本;丙企业为了履行企业的社会责任。很显然,丙企业投资行为是来自尽义务的动机,因而更具有道德性。不过,道义论最被非议的是:一味偏重个人的权益与公正,而疏忽了组织整体的利益,往往无法发挥组织绩效。权利原则与公正原则是道义论的主要精神。

目的论与道义论的伦理原则,尽管都不是绝对完美,但却为决策时如何考虑道德性提供了思考的方向,成为论断伦理程度的准则之一。

(3) 相对论。伦理相对论是指没有绝对放诸四海皆准的准则或规范,也就是说没有一项准则或规范,适用于每一个国家、每一个人,这项准则或规范即使从前是对的,现在却不一定是正确的。例如,美国某些州反对堕胎,某些州却容许堕胎,堕胎合法与否的准则与规范,在美国就有不同的认定,说明了堕胎的规范没有绝对正确或绝对错误,而是视各地区不同人群的观点而定;又如,在商业经营活动中,某些国家对贿赂行为深恶痛绝,法律上是禁止的,而有些国家则容许贿赂,认为这是开拓商务不可缺少的方法。因此,一项决策到底是伦理或不伦理,往往视所处的环境及其自身与公众利益是否一致而定。但是,有一些伦理标准是绝对的,是不分国籍、不分地域、人人必须信守遵循的"最高规范",例如,人类生存权、个人自由、人身安全与健康、政治参与的权利、知情的权利、财产所有权、生存权、平等的尊严等。

(4) 社会契约理论。社会契约论除坚持前述相对论中的"最高规范"伦理标准外,也容许许多特定社区规范的存在,这些所谓社区规范是特定人群的共同认知,是这些人群所认同且遵循的,但并不一定被其他的社区人群认同与遵行,这个社区规范并不是绝对性,而是相对性的。因此,社会契约论事实上就是绝对性(最高规范)与相对性(各社区有各种不同规范)的共同结合体。

社会契约论强调传统人权思想如自由、平等的"最高规范",但却不敢抹杀现今多元社会中不同社区群体的不同利益,于是社会契约论也尊重现今多元社区的各自利益。例如,美国社会尊重有些州堕胎合法,却也同时尊重有些州严禁堕胎;又如,有些国家安乐死是合法的,但在有些国家却是非法的。不同国家形同大小不一的社区,各社区的规范应予以尊重。

社会契约论是一种具有调和绝对性与相对性伦理标准的功能。这项伦理观点兼顾不可变的传统伦理规范如人身自由平等,以及可调整的具有时代特性的伦理标准,如有人赞同也有人反对的堕胎与安乐死。社会契约论是时代推移下的产物,是具有相当高程度可调整性质的伦理标准。

10.1.3　市场营销道德

企业开展市场营销活动时,都面临着因各种文化的差异或缺乏完善的法律体系而产生的一系列道德问题的挑战,例如,在商业活动中贿赂、逃税、金融欺诈、侵犯职工权利、企业造成环境污染以及在营销过程中违背道德行为等。

1. 市场营销道德的含义

道德是人们关于善与恶、正义与非正义、光荣与耻辱、公正与偏私的观念、原则和规范的总和。任何社会都有其独特的社会伦理和道德观念，以指导人们的言行、规范人们日常行为。而营销道德则是为调整企业与所有利益相关者之间的关系所遵循的准则、行为规范的总和，是客观经济规律和法律以外的制约企业行为的另一重要因素。

利益相关者就是能影响组织行为、决策、政策、活动或目标的人或团体，或是受组织行为、决策、活动或目标影响的人或团体。企业利益相关者包括两个层次：一是与企业利益紧密相关者，主要是企业的股东、员工、客户和供应商等；二是与企业有一定的利益或利害关系者，例如，消费者、媒体、竞争者、团体、社会公众和工商、税务、法院、消费者维权机构及政府其他有关部门等。利益相关者管理的伦理基础是企业利润最大化目标受制于社会公正和社会责任。

2. 市场营销中道德问题的表现

（1）市场营销中的贿赂。主要有行贿和索贿、收买和打点、代理费、支付佣金和政治性捐赠等。

① 区分行贿和索贿，主要看行贿方是主动提供酬金还是应要求提供酬金。行贿是指某人主动提供酬金，以便非法取得优势。例如，某公司经理主动向政府官员提供酬金，希望他能重新划分该公司的进口货物类别，以降低货物的税率。索贿则是指某人从事的是合法经营，但当权者却以此要挟，要他支付一笔酬金。

② 收买和打点。打点是指向低层官员赠送小额现金、小费、小量礼品或提供一些服务，通常这些馈赠是合法的，目的是要使这个官员能简化或加快正常的合法的程序和行动，如加快文件的传递等。比如，花一点钱就可以让码头工人在几小时内从车上把货物卸下来，否则要花一整天时间；又如，在印度如果不支付小费及送礼品，产品交易速度就会很慢；再如，在意大利如果不送小红包，进出口产品就很难运作；而在南美国家不向海关官员支付小额费用，产品则不可能顺利通过海关从而会延误交易时间。

收买一般涉及数额巨大的款项，而且通常无法正常入账，其目的是要以此诱使一些官员做违法的事。打点时往往希望对方加快工作的速度和提高效率，收买则是要求有关官员睁一只眼闭一只眼，要求他们加快工作的进度，要求他们失职，或要他们违反法纪。

③ 代理费可以是贿赂，也可以不是。当经营者不熟悉他国法律规范时，可雇用代理人作为企业驻那一国家的代表。例如，可聘请一名律师，以代理申诉某项建筑法规中的矛盾之处，与不熟悉这些法律程序的人相比，这个律师能高效地完成此项任务。这种代理通常是合法的，行之有效的。但是，如果代理中有一部分用于行贿，那么这笔中介费的使用则是非法的。按照美国法律规定，如果一位官员明知对方的企图，而收下他的礼金，这位官员可能要面临 5 年以上的监禁。同时，美国的《反海外贿赂行为法》(FCPA) 严禁美国企业在他国公开行贿，或在美国官方知晓的情况下，让中间人用其中介费行贿。有很多中间人，如律师、代理人、经销商等，他们都可以在贿赂中起桥梁作用。由于各国的法律不同，使得这种中介过程复杂多样。在一个国家被认为违法的行为，在另一个国家，人们可能对此视而不见、佯装不知，而在第三个国家则可能被

视为合法行为。

④ 对中间商支付佣金。为了使中间商以非正规方式便利销售，而支付中间商佣金和津贴，并将这些佣金存入第三国银行。

⑤ 政治性捐赠。即采取强求性捐赠，这是由于企业违背了当地的法律和习俗，但为了获得直接或间接的利益而被迫做出的支付。

(2) 市场营销中的歧视行为。市场营销中另一个重要的道德问题是种族、性别、宗教及残疾等歧视行为，即营销歧视。它是指针对不同国家、不同种族的企业或个人开展营销活动时，采用带有歧视性的营销策略或战略。例如，在定价方面，仍然存在价格分级问题，表现在国内、国际两个价，发达国家、中等发达国家和不发达国家不同价。通常情况下，营销歧视是政治歧视在经济领域的延伸。

歧视问题往往是由有关国家的文化规范与价值观所决定的，企业经营活动中不同的文化必然会产生道德矛盾。跨国营销者必须认真分析和区别对待。例如，在中东国家，妇女多半是家庭主妇，她们很少有人参加企业管理工作。中东国家拒绝同国外的女性销售人员谈判。在这些道德矛盾中，企业应当遵循中东国家的文化特点及价值，不派女性工作人员参加贸易谈判，或者不在当地雇用妇女，否则将影响企业营销效果。

(3) 市场营销中的产品道德问题。

① 企业将国内禁止销售的产品销售到国外。主要是指一些发达国家考虑到某些产品会伤害国内消费者而禁止在国内销售，却将这些产品销售到国外。尽管国外立法并未禁止销售这些产品，但这也是不道德的行为。例如，在美国有好几种农药含有害物质，在美国已禁止使用，但企业为了追逐利润，仍将这些有毒农药销售到经济落后国家；在发达国家，由于香烟受到有关法律的限制及吸烟致癌状况的加剧，以及社会舆论反对等，烟草公司极力将香烟销售到其他国家，尤其是销售到经济落后的国家。即使这些国家没有相应的法律限制或消费者尚未觉醒，这些销售活动仍然属于不道德行为。

② 产品营销策略中的不道德行为。从企业设计生产产品的动机看，某些企业存在存心欺骗顾客，将假冒伪劣产品充当真货好货出售给消费者，如有些企业操纵莫须有的产品概念来欺骗消费者；某些企业运用营销手段，过度刺激消费者的欲望，引起社会经济成本的增加。从后果看，一些企业提供的产品没有给顾客带来最大的或应有的幸福。企业在生产产品过程中，造成了当地环境污染、危及附近居民的正常生活及职工人身安全和身心健康。一些企业的产品包装和标签未提供真实、充分的商品信息从而影响顾客的正常消费，产品过度包装造成顾客成本上升、社会资源浪费和环境污染，恶意抢注商标等行为，这些都是产品营销策略使用中的不道德行为。

③ 有些产品本身并无害处，但销售到不具备使用该产品如文盲多及卫生条件差的国家或地区也会出现使用中的道德问题。例如，雀巢公司生产的婴儿奶粉，如果应用得当则很安全，且营养价值高，但当该产品出口到非洲国家时，由于当地文盲率高，父母们不理解包装上的说明而不能正确使用产品。而且用不卫生的水搅拌奶粉，结果不仅没有发挥奶粉的营养价值，还造成不卫生和不安全，从而严重影响婴儿的身体健康，而出现了产品的道德问题。

④ 企业出于自身利益的考虑,不披露与企业产品有关的危险。例如,在食品中加入违禁添加物和在植物、园艺生产中使用违禁农药会使人中毒,儿童玩具中含有有害化学元素可能导致儿童生病,家用电器可能由于使用不当而发生爆炸等危险未加披露。某些行业企业故意使其产品很快地过时或故意保留已经开发成功且具有吸引力的产品特性,鼓励消费者在尚可使用时经常更新产品,造成社会资源的浪费。这些都属于营销不道德行为。

(4) 市场营销中的价格道德问题。市场营销中违背道德的产品价格,主要表现为价格欺骗、价格歧视、价格倾销和价格垄断。

① 价格欺骗。当企业在国外销售产品时,由于运输成本、税收、关税及其他销售费用增加会适当提高价格。但当产品价格的提高远超过费用的增幅时,便出现道德问题。企业或者以假充真、以次充好,或冒充名商标、名产品,或虚假降价等,这些行为者往往被称为价格"骗子"。如2011年,家乐福在中国的多家门店出现价签与实际收款不符、原价与促销价存在欺诈嫌疑而被罚,引起市场广泛关注。

② 价格歧视。是指公司在国外销售产品时,对不同的消费者集团制定不同的价格。辨认价格差异是否违背道德的界限是十分重要的,例如,如果公司能证明其出口产品价格的基本成本、税收成本、出口费用是合理的,或者出售产品价格差异不是很大,而且未影响竞争格局,那么此时的价格差异是合法的,因而不能算违背道德。但当价格差异符合下列条件时,则属于道德及非法问题:

◆ 违背了其他国家的法律;
◆ 市场不能细分;
◆ 市场细分的成本超过从价格差异中获得的收入;
◆ 顾客对价格差异深表不满。

总之,当歧视价格伤害消费者的利益及出现不公平竞争时,便出现道德问题。

③ 价格倾销。当企业在国外销售产品的价格低于国内价格时,便出现价格倾销。倾销价格不道德是由于它威胁着竞争的公平性,威胁着其他公司及其职工的利益。实行价格倾销主要是:第一,为了使公司能迅速进入市场并提高市场占有率;第二,当国内市场对于公司产品而言过于狭小,难以支撑公司有效的生产水平,而该产品技术在国内又遭淘汰时,便将产品转移到国外倾销。价格倾销易引发进口配额限制,从而伤害未实行价格倾销的企业。

④ 价格垄断。一些企业为取得超额市场利润,利用其自身或协作伙伴的市场优势,制定价格联盟操纵市场价格,达到提高市场价格、制定协议价格、阻止市场价格下降等不道德目的。如2011年4月,由于涉嫌组成价格卡特尔、在8个欧盟成员国操纵价格,欧盟委员会决定对多家洗衣粉生产商处以总计3.152亿欧元的罚款。其中,对宝洁公司处以2.112亿欧元的罚款,对联合利华公司处以1.04亿欧元的罚款。但同为卡特尔成员的汉高免予经济处罚,因为汉高在2008年向欧盟委员会揭示了该价格联盟的存在。

(5) 市场营销促销中的道德问题。市场促销中,在信息发布、信息沟通中经常会产生道德问题,如虚假宣传、误导性广告、欺骗性促销等。

① 欺骗性广告。过度夸大产品的功能效用,诱使消费者购买,如药品、保健品、机构培训等产品或服务的广告宣传尤为明显。

② 误导性广告。在广告宣传中含糊其辞,故意使用易引起误解的广告语,使消费者做出错误的购买决策。

③ 低俗性广告。在产品宣传中使用低俗图片、低俗媚语等,以达到引起关注的目的;将宣传材料张贴在公共场所;印刷刊物中大部分都是广告等,严重污染环境、污染社会文化。

④ 攻击竞争者。一些企业在产品宣传、产品推销中,直接或含沙射影地诋毁同业来提高自己公司或产品的市场地位,诱使消费者购买其产品。

⑤ 伪公关行为。为博得社会大众、政府部门的认同和支持,一些企业对社会公共事业大开空头支票,以伪善的技巧粉饰门面。

(6) 市场营销分销中的道德问题。分销渠道主要涉及生产者、中间商、消费者之间的购销关系,渠道成员要根据各自的利益和条件相互选择,并以合约形式规定双方的权利和义务,如果违背了合约规定,损害了一方的利益,便会产生营销道德问题。例如,生产者是否提供了消费者真正需要的、安全的产品,是否真正满足了中间商的需要并达到双赢的目的;又如,在中国市场上,至今缺少一部有关缺陷产品召回管理的法律规定,以规范国内外营销商投向市场的汽车、玩具、食品、药品、家电及公共服务设施等可能存在缺陷的产品对消费者、中间商造成的可能的损害行为。

(7) 市场营销调研中的道德问题。营销调研往往涉及3个方面的关系,即调研人员同委托者、调研人员同受访者和委托者同调研人员。企业营销调研人员可能会向委托者或公众提供不完全的报告、有误导的报告、有偏差的报告;也可能对被调查者存在某种程度上的欺骗性行为,涉及侵犯受访者的隐私,或对被调查者缺乏关心等;在营销调研过程中,可能会存在向顾客提出不正当的请求,骗取信息或资料的构想,泄露归他人所有的技术及歪曲研究结果等;也可能存在营销调研人员对研究设计、方法或结果的滥用,以及对客户关系和客户资料的滥用等状况。各方均有一定的权力与承担的义务,只有履行彼此间的道德责任,方能保证营销调研任务的顺利完成及保证调研资料的真实性和可靠性。

(8) 市场营销胁迫。是指用暴力或威胁手段达到其营销目的。使用胁迫手段的目的是让某人(或企业)做违背意愿的行为。市场营销胁迫经常表现为企业强迫其协作伙伴或客户,要得到想要的产品必须经营某种特定的产品,或零售商经营其他公司产品时提出诸如赞助费、超高进场费等的额外条件。

(9) 跨国公司经营中的道德问题。跨国公司是在全球范围进行经营活动的组织。它们以全球投资战略、生产及分销为特点。例如,美国的通用电气公司、国际商业机器公司、艾克森石油公司等均属跨国公司。一方面,跨国公司以自己雄厚的实力在全球开展经营活动,促进东道国经济的发展。一般说来,跨国公司的经营管理很规范,规模大、装备先进,使用较少的劳力可大大提高生产率。另一方面,跨国公司的经营活动又受到谴责,如它们减少了对劳动力的需求从而增加了东道国的失业率;它们扩大了贫国与富国之间的差距;它们滥用及错误分配稀缺资源;它们由于其规模及财务实力的强大而控制货币供应、就业,甚至控制发展中国家的整个经济及文化;跨国公司以低价开采和运送矿产、木材、石油及其他资源而高价出售到其他国家;它们在东道国经营劳动力市场,即从当地购买劳动力并支付比本地劳动者更高的工资,引起了当地技术工人大量流向多国公司而影响民族经济的发展;跨国公司还凭借其实力借贷巨款,使用新技术,形成了压倒当地公司的竞争格局。上述种种行为均涉及道德问题。因此,跨国公司在制定战略决策时不仅应考虑其经营目标,还要考虑东道国的利益。

3. 跨国营销面临各国营销道德差异的挑战

(1) 企业面临的跨国营销道德问题。企业进入国际市场必将面临在不熟悉的环境中进行营销活动,会遇到因各国不同的文化引起的不同国家的营销道德问题。国际营销者常常面临如下道德问题。

① 是否应当向国外政府官员或者企业领导者支付小额现金,以便利跨国营销的运作。

② 是否应当向国外政府官员及公司高层领导支付巨额现金,以促使他们直接或间接影响政府政策,从而有利于企业的跨国营销。

③ 是否应当向国外官员及企业雇员赠送礼品、纪念品,或免费邀请他们参加娱乐活动及昂贵的旅游,以利于企业在东道国扩展市场。

④ 企业如何面对国际倾销价格、合法或非法定价及价格控制的问题。

⑤ 是否应当将国内禁止的技术和产品销往国外,而不管东道国的利益。

⑥ 是否应当进行税收逃避(如某些跨国公司为了逃税而实行公司内部母公司与子公司的价格和利息的转移)。

⑦ 应当如何对待雇员权利(如为雇员提供何种工作条件,对不同种族、宗教及性别的雇员应采取何种政策)。

⑧ 是否为了公司利益、逃避本国法律限制,而将本国市场不受欢迎或法律明令限制的产品,如香烟等,销往发展中国家或没有此类法律限制的国家市场。

⑨ 如何对待专利以及商标的保护权,以避免产品和技术的仿制到处泛滥。

(2) 不同国家对营销道德态度的差异。不同国家对营销道德的重视程度各有所不同,这是企业制定跨国营销决策必须考虑的重要因素。一般而言,发达国家较重视营销道德建设,不少大公司已建立起道德研究机构,制定了本企业员工遵循的道德标准。1986 年美国《财富》杂志介绍,500 家大公司中有 75% 已建立了道德标准。对法国、德国、英国各 200 家公司进行的调查发现,法国 30%、德国 51%、英国 41% 的公司建立了道德标准。

不同国家的企业营销道德的侧重点各有差异。美国企业将道德作为公司的社会责任、经营行为、外部环境及公司责任来看待;德国及瑞士企业重视研究经济与社会关系的道德;法国企业将道德理解为责任义务;而拉丁美洲企业则从消极方面来理解道德,将道德问题与"腐败"等而视之。

各国企业营销道德标准的内容存在差异。欧洲国家的企业道德标准主要涉及公司内部雇员的行为;美国公司道德标准只有 55% 涉及雇员行为,80% 以上的道德标准涉及顾客利益;英国及德国企业的道德标准涉及顾客利益的为 67%;法国企业道德标准考虑顾客利益的达到93%;英国企业道德标准较少涉及企业同顾客或股东的关系;大部分美国企业营销道德标准涉及同政府的关系。德国企业的道德标准较多涉及革新及改进技术的道德责任,而法国只有20%的企业、英国只有6%的企业、美国只有15%的企业考虑这些道德标准问题。

各国企业营销道德标准的差异是主要的方面,但各国道德规范的相似性也不容忽视,这些企业的营销道德规范大都涉及雇员行为、团体行为、环境、顾客、股东、供应商、政治利益者、革新与技术等关系。

从发展趋势看,各国企业日益重视企业营销道德建设,营销道德标准所涉及的内容相似性在扩大。促使企业重视建立营销研究机构及制定营销道德标准的主要原因如下。

① 公司规模变大,要求更正规的信息沟通网络。在国外经营的大公司期望从不同的途径获得工人、供应商、顾客及不同的价值系统以便阐明公司的价值。

② 许多公司从原来的家族公司(如美国的福特公司、日本的松下公司)变成公共公司,要求重新估计其身份及价值。

③ 环境团体、消费者团体、反种族隔离团体等社会团体对企业压力的增长,驱动许多公司制定有关道德政策。

发达国家企业营销道德标准内容相似性的扩大,主要是源于交叉文化的出现和文化的趋同性,以及社会与政治环境的日益相似。因而,近年来欧洲国家公司日益跟随美国公司重视营销道德的建设。

10.1.4 企业营销道德决策

随着企业进入不同国家的市场,他们也将面临不同的营销道德。各国企业营销道德的差异来自各国文化的差异,而文化差异则会引起价值观念的差异。人们不同的期望和不同的国籍亦会影响人们的道德意识与行为。此外,交叉文化的不同价值观和宗教信仰也可能导致不同的道德信念。因此,企业在进行经营决策时,既应考虑本国价值观念及道德标准,又要考虑到国外消费者的价值观念及东道国的道德标准。在制定跨国营销决策时必须避免将本国道德观念及道德标准强加于东道国的做法;同时,要注意跨国经营决策不能只以一种道德标准作为营销决策依据,而要善于解决国际营销中的道德矛盾,兼顾企业、社会、经济和个人4个方面的共同利益,有针对性地制定出不同的营销决策,如图10-1所示。

1. 提升企业道德水准和社会责任感

(1) 影响企业道德水准和社会责任感的因素。企业在市场营销实践中,能否注重市场营销道德,增强社会责任感,做出符合道德规范的营销决策,主要受制于如下因素:个人道德观、企业价值观、组织关系、报酬制度。

① 个人道德观。是指用来指导个人行为的原则或规则。个人道德观,尤其是高层管理者的个人道德观必然会渗入企业营销策略中。

② 企业价值观。是指企业职工拥有的共同性的价值观念。它是在企业经营哲学指导下构成的企业文化的基础与核心,它决定着企业的经营目标、企业的管理风格及企业的行为规范。因而,它是决定营销策略是否符合道德规范的关键。

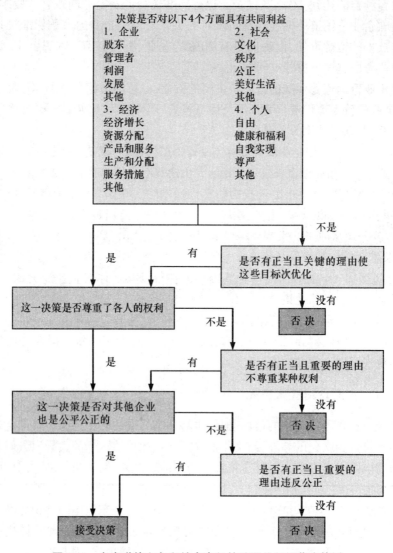

图 10-1 考虑道德义务和社会责任的跨国公司经营决策树

③ 组织关系。是指在企业中,领导与员工、上级与下级、同事之间的关系。在这些关系中要保持相互信任、履行相互的责任及义务等。一般来说,高层管理者设计整个营销管理的道德性基调,中下层领导则根据高层管理者的决策指示,结合自己的个人道德哲学观,去影响道德性营销策略的实施。职工在道德性策略中发生相互影响。

④ 报酬制度。报酬制度是影响企业营销道德性策略的另一个因素。它是指对经营者提供一些有利条件,减少障碍或提供报酬,从而影响营销策略的道德性。

（2）提升企业道德水准和社会责任感的对策。

① 加强组织制度建设。设计合理的企业组织结构和组织体制,加强企业内各部门之间的密切合作。建设企业内部的专业道德"执法队"。一种可行的做法是借鉴国外大公司设立伦理委员会和伦理主管。伦理委员会的职能包括:当企业准备进入新领

域或进行重大经营决策时,对决策作伦理上的审议;对报告的道德问题进行研究并提出改善方案;向全体员工传播企业的道德准则;依企业道德准则施行赏罚;审议和更新准则;向董事会提交企业伦理报告。由于市场营销活动的特殊性,有必要在伦理委员会下设次一级的营销伦理委员会,指导完成营销方面的道德管理职能。伦理主管是企业进行日常道德管理、预防和处理危机事件的责任人。

② 建立道德型营销战略。建立企业营销道德,首先要求企业在观念上革新。企业要以社会营销为导向,平衡公司利润、消费者需要满足和公共利益三者的关系,不仅要满足消费者的需要,更应该考虑社会的利益。企业要承担相应的社会责任,关心社会福利的增长。所有企业的战略几乎都要涉及道德问题,因此必须把伦理纳入企业的营销战略中。因为企业营销战略涉及的利益相关者越来越多,他们的力量不容忽视,而且从战略制定的高度把握道德问题可以避免整体实施不协调和行动混乱的问题,从而达到系统化实施企业营销道德建设的目的。

③ 塑造优秀企业文化。一个企业如果建立了优秀的企业文化就能生成良好的营销道德。同时,更能将良好的营销道德体现于企业文化中,形成良性互动。加强以营销道德为主导的企业文化建设,就是强调企业对顾客和合作者的真诚,强调交易中的高尚道德原则,强调对社会责任的承担,使正确的营销道德观成为企业全体员工的共享价值观。企业高层领导以身作则、担当道德模范是这种企业文化建设成功的保证。另外,用简短的口号表达出来,通过多种形式灌输、强化企业营销道德观等都是建设优秀企业文化十分有效的方式。

④ 制定营销道德制度化规范。

第一,要制定企业的营销伦理道德准则。这是企业在日常营销活动中涉及与道德相关的情形时应当奉行的行为规范,可对营销人员做出更好决策进行指导。制定伦理道德准则的优点为:帮助员工认识什么是企业认可的商业做法;可以有效地对行为进行内部控制,内部控制比对于像政府调节这样的外部控制更有用;书面规范有助于员工清楚地判断其决定是否合乎伦理;制定伦理规范的过程促进了员工间关于正误的讨论,从而最终做出更好的决策。但是,企业在制定伦理规范时要把握尺度,不能过于模糊或过于详细。过于模糊的规范在员工日常行为中的指导作用很小。过于详细的规范会让员工用规则代替判断。

第二,要坚持开展营销道德教育。营销道德教育的形式可以多种多样,例如,培训、竞赛、座谈会、专家报告会、专题讨论会、研讨会等。通过教育以提高营销人员道德上的判断和处理实际问题的能力。

第三,要建立揭发机制。内幕揭发是指员工对组织中不合法、不道德、不合理做法的揭发。企业应尽力营建一种可以自由言论的氛围。同时采取必要的保护措施,保护内幕揭发者不会因为他们的伦理关注行为而被贬值或解雇。可采取的保护措施有:匿名举报;对所有员工就常见报复的具体模式进行培训;跟踪追查并制裁实施报复行动的人;诉诸法律。

第四,要严格执行赏罚制度。道德法则一经制定就必须严格执行,人人平等,赏罚分明。只有这样才能形成良好的道德气氛,并表明企业建设营销伦理道德的决心。要加强企业营销道德的审计工作,即对照行业道德准则和企业自定的道德行为准则检查各部门有无违反之处,产生了哪些问题,哪些地方应当改善,评估是否遵守道德规定和实施伦理管理的有效性,做出书面伦理审计报告。这项工作可以由企业的伦理办公室或伦理委员会来做,也可以委托中介机构如会计师事务所、审计师事务所来做。

⑤ 约束营销人员行为。企业应能够使营销人员在没有具体规章约束或专人监管、检查的情况下,仍能为企业、为消费者尽心尽力,保护企业与消费者双方的利益。营销人员作为企业的代表,在面对消费者的时候,他们的不当行为造成的影响和损失,只能由企业来承担。有时企业的各种努力,可能会因为少数营销人员的不伦理行为而功亏一篑。

⑥ 加强企业核心竞争力。营销是与顾客直接打交道,透过营销人员的各种行为可以反映企业整体素质水平。营销人员处处为顾客着想,承担社会责任,体现出的伦理水平越高,其产品越能为顾客所认可和接受。企业就可以在此基础上加强核心竞争能力,在满足消费者需要的同时获得更为广大的市场。

⑦ 强化诚信建设。要树立诚信意识和诚信理念,加强诚信的制度管理和信用管理,从企业自身做起,做诚信企业公民,不损害社会公众利益、不损害消费者利益、不违背市场承诺,做有公益心、道德心的良知企业公民。

2. 非道德营销行为的政府控制

(1) 政府对非道德营销行为的行政监督和控制。

① 加强市场准入的监督管理,规范厂商的进场行为。即政府应对进入市场的企业主体资格制定严格、明确的资质条件,对进入市场的产品和服务制定科学、严密和规范的质量标准,对进入市场开展营销活动的企业行为进行适时、常态化的跟踪和控制。

② 查处利用合同从事违法经营的活动,规范企业订立合同和履行合同的行为。

③ 对市场上的交易行为加强监督管理,规范企业交易行为。

④ 对商品和服务实行明码标价制度,反对价格欺诈。

⑤ 通过标准化规范企业的行为。

(2) 政府通过法律对非道德营销行为进行调控和制约。

① 通过健全和完善立法及严格执法制度,为经营者创造和提供一个良好的法律环境。

② 加强监督和引导,规范市场秩序。

③ 加大执法力度,严厉打击和制裁非法营销行为。

(3) 社会新闻监督和消费者运动对非道德营销行为的制约。

① 社会新闻监督对非道德营销行为的约束。政府应支持社会新闻机构对企业非道德营销行为进行监督,新闻机构对不正当的竞争手段、侵害消费者权益的行为进行监督和制约。

② 引导消费者运动,限制非道德营销行为。任何政府都会通过立法、社会舆论引导和支持消费者运动,鼓励消费者依法维权,限制企业的非道德营销行为,以维护其国内市场的公平竞争、公正交易。

③ 解决营销过程中的信息不对称问题。

3. 非道德营销行为行业控制

（1）制定行业政策。企业应主动融入社会经济生活中，积极加入相关的行业协会，支持或引导行业协会制定行业政策，规范本行业市场秩序。

（2）制定行业标准。行业协会应制定行业标准，如产品生产技术标准、包装材料及规格标准、服务标准等，规范生产经营者的行为。

（3）制定行业规范。行业协会在制定行业政策、行业标准的同时，还应制定详细可行的行业规范，以保证行业市场上生产经营者的行为规范、规章制度等有所依归。

（4）协助执法部门查处违法营销行为。行业协会还应积极、主动地协助执法部门查处本行业内的违法营销行为，清除市场不安定因素，保证行业市场所有业者规范、有序、合法经营。

诚信建设体现了一个企业的基本素质，能够体现企业社会责任和营销道德的方式有很多，例如，创造就业、遵守国家政策与法律规范、保护消费者利益、保护环境、参与社会公共服务等。

思考题

1. 如何理解企业公民的含义？企业如何做才是履行了企业公民应承担社会责任？
2. 你认为，在不同社会营销环境下的企业社会责任有区别吗？
3. 举例说明你所了解的不同国家规定的企业公民责任。
4. 你认为，企业承担相应的社会责任是否会造成企业的负担？
5. 请你谈谈企业提升其营销道德水准和社会责任感的途径有哪些。

学习指导

1. 企业伦理与企业营销道德问题是关系到企业是否承担起应负的社会责任，是否能在为企业创造利润的同时，也为社会创造更多的就业机会，为市场提供优质的产品和服务。企业作为法人，也是社会的重要组成部分，必须履行自己应承担的责任与义务。有效的内部营销必须和强烈的伦理观、价值观及社会责任感相匹配，社会多方力量正驱使公司实践更高水平的企业社会责任。任何企业既要履行社会责任，又要支持营销道德，并在其中扮演一个更积极的战略性角色。

2. 判断某一经营行为是否道德及担负了社会责任，主要视企业根据这两种因素及有关条件做出的营销决策是否获得广大消费者的拥护、是否合法、是否符合行业习惯。如果回答是肯定的，那么该决策就是可接受的具有道德性及负社会责任的。

3. 当前社会环境下，环境污染、包装过度、食品安全等许多问题凸显，显示一些企业商业道德失守，但也有一些良心企业勇敢地承担起了应负的社会责任，支持和弘扬社会公德，学习这一部分内容更需要学生有正确的认识，做社会正能量的传播者。

典型案例

三鹿毒奶粉事件

三鹿集团位于中国河北省石家庄市，是一家中外合资企业，控股方是石家庄三鹿有限公司，合资方式新西兰恒天然集团。毒奶粉事件曝光前，三鹿集团是我国最大的奶粉制造商，其产品包括9大系列278个品种，产销量连续十五年居全国第一，市场份额达18%。

2007年，三鹿集团实现销售收入100.16亿元。同年9月2日中央电视台《每周质量报告》播出了特别节目"中国制造"首集《1100道检测关的背后》，报道了三鹿奶粉出厂前要经过1100道检测检验。

在2008年1月8日举行的国家科学技术奖励大会上，三鹿集团"新一代婴幼儿配方奶粉研究及其配套技术的创新与集成项目"一举夺得2007年度国家科学技术进步奖二等奖，打破了中国乳业界20年来空缺国家科技大奖的局面。

2008年5月13日，在汶川地震发生的第二天，三鹿集团即向四川灾区捐赠价值100万元的乳制品。后来的几天内三鹿集团和各地的代理商加工厂共向灾区捐款500多万元。5月18日，三鹿集团再次向灾区捐赠价值880万元的婴幼儿配方奶粉。

2008年6月25日，在风景秀丽的北京航天城，三鹿集团与中国航天员科研训练中心举行新闻发布会，宣布：三鹿集团成为中国航天员中心"航天乳饮料及乳粉"的唯一合作伙伴，全国唯一"航天乳饮料"专业生产企业。8月10日，三鹿以"抓住机遇，超越梦想"为主题举行新产品推介暨招商会，正式向全国市场推出由中国航天员中心多年精心研制的独特配方、三鹿饮品唯一生产的高价值乳品——7th航天配方乳。

2008年6月28日，位于兰州市的解放军第一医院收治了首例患"肾结石"病症的婴幼儿，据家长们反映，孩子从出生起就一直食用河北省石家庄三鹿集团所生产的三鹿婴幼儿奶粉。7月中旬，甘肃省卫生厅接到医院婴儿泌尿结石病例报告后，随即展开了调查，并报告卫生部。随后短短两个多月，该医院收治的婴儿患病人数就迅速扩大到14名。

9月11日，除甘肃省外，陕西、宁夏回族自治区、湖南、湖北、山东、安徽、江西、江苏等地都有类似案例发生。9月11日晚卫生部指出，近期甘肃等地报告多例婴幼儿泌尿系统结石病例，调查发现患儿多有食用三鹿牌婴幼儿配方奶粉的历史。经相关部门调查，高度怀疑石家庄三鹿集团生产的三鹿牌婴幼儿配方奶粉受到三聚氰胺污染。卫生部专家指出，三聚氰胺是一种化工原料，可导致人体泌尿系统产生结石。当晚，石家庄三鹿集团也发布产品召回声明称，经公司自检发现2008年8月6日前出厂的部分批次三鹿牌婴幼儿奶粉受到三聚氰胺的污染，市场上大约有700吨。为对消费者负责，该公司决定立即对该批次奶粉全部召回。

9月13日，党中央、国务院对严肃处理三鹿牌婴幼儿奶粉事件做出部署，立即启动国家重大食品安全事故Ⅰ级响应，并成立应急处置领导小组。卫生部党组书记高强在"三鹿牌婴幼儿配方奶粉"重大安全事故情况发布会上指出，"三鹿牌婴幼儿配方奶粉"事故是一起重大的食品安全事故。国务院责成河北省对三鹿做出停产的命令。国家全面调查三鹿奶粉污染事件。

9月14日,卫生部部长陈竺带领有关司局领导及专家飞抵兰州,针对有关三鹿奶粉事件应急处置工作展开专题调研。

9月15日,甘肃省政府新闻办召开了新闻发布会称,甘谷、临洮两名婴幼儿死亡,确认与三鹿奶粉有关。

9月17日国家质检总局发布公告,决定撤销石家庄三鹿集团免检资格和名牌产品称号。公告称,鉴于石家庄三鹿集团股份有限公司发生重大食品质量安全事故,决定撤销石家庄三鹿集团股份有限公司生产的"三鹿"牌婴幼儿配方奶粉、灭菌奶免检产品资格和名牌产品称号。

10月27日,三元股份首次正式承认正与三鹿进行并购谈判。

12月23日,石家庄市中级人民法院宣布三鹿集团破产。

12月25日,三元回应三鹿破产:重组方案调整须董事会决定。

12月26日,石家庄市中级人民法院开庭公开审理张玉军、张彦章非法制售三聚氰胺案。无极县人民法院、赵县人民法院、行唐县人民法院分别开庭审理了张合社、张太珍以及杨京敏、谷国平生产、销售有毒食品三案。

12月31日,石家庄市中级人民法院开庭审理了三鹿集团股份有限公司及田文华等4名原三鹿集团高级管理人员被控生产、销售伪劣产品案,庭审持续14小时。

2009年1月22日,三鹿奶粉刑事案件,分别在河北省石家庄市中级人民法院和无极县人民法院等4个基层法院一审宣判。田文华被判生产、销售伪劣产品罪,判处无期徒刑,剥夺政治权利终身,并处罚金人民币2468.7411万元。

2009年2月12日,石家庄市中级人民法院发出民事裁定书,正式宣布三鹿集团破产。

生产三鹿奶粉的厂家,为了提高奶粉中蛋白质的成分,把一些非优质奶源,变成优质奶源。厂家在奶里放入三聚氰胺,导致吃三鹿奶粉的婴幼儿出现肾积水、脑积水等严重后果。此事经过媒体曝光,三鹿这个生产奶粉多年、产品免检的企业,一夜之间垮了。国家开展了对超市出售的三鹿奶粉全部召回并在全国范围内多家医院对食用三鹿奶粉的婴幼儿进行普检,筛查可疑病例,进行免费治疗;以及对受害婴儿进行赔偿等一系列工作。

(资料来源:http://news.zhulong.com/read91430.htm)

➡ **分析讨论题**

1. 搜集相关新闻报道和分析资料,请简要描述三鹿毒奶粉事件经过。
2. 你如何评价三鹿毒奶粉事件中三鹿集团所作所为?
3. 三鹿毒奶粉事件中三鹿集团的责任有哪些?政府部门有哪些责任?
4. 你认为三鹿毒奶粉事件给中国奶制品市场造成了哪些不良影响?
5. 你认为,中国企业和政府部门应从该事件中吸取哪些教训?

10.2 工 作 页

10.2.1 企业社会责任分析

2008年11月22日,胡锦涛在欧佩克第16次领导人讲话中强调:企业应该树立全球责任观念,自觉将社会责任纳入经济经营的战略,遵守所在国的法律和国际通行的商业习惯,完善经营模式,追求经济效益和社会效益的统一。2009年2月23日,温家宝在剑桥大学演讲时指出,一些人见利忘义,损害公众利益,企业要承担社会责任,并多次强调企业家身上要流淌着道德的血液。党的十八届三中全会强调要建立和完善现代企业制度,承担社会责任,将企业的社会责任问题提升到国家战略层面,要求将履行社会责任与提升企业的综合竞争力,和实现国民经济、科学发展有机结合,形成国家、社会和企业的共赢局面。

请你思考:

(1) 应如何理解企业社会责任的内涵?企业应履行哪些社会责任?

(2) "企业家的身上应该流淌着道德的血液,而不能只流淌着利润的血液",如何理解这句话的内涵?营销人员或企业家们应该怎样做?

(3) 企业社会责任与国家和经济社会发展有关系吗?请举例说明。

10.2.2 企业社会责任案例分析

(1) 请收集有关富士康员工跳楼的新闻报道和分析材料,并描述事件的经过。分析在事件中,富士康公司应该承担哪些责任?员工自己又该承担哪些责任?你认为,富士康公司应如何承担起应负的社会责任?应有哪些职业道德?

(2) 请收集其他负面或正面的有关企业营销道德和社会责任的案例材料,整理并描述事件的经过。分析事件中公司或个人起了哪些作用?对社会产生了哪些好或不良影响?你认为,他们还应该做哪些工作?

10.2.3 企业走访调查分析

(1) 走访调查学校附近、所在城市、住家周围熟悉的、感兴趣的公司、店铺甚至摊位,了解其产品或业务、目标市场、经营模式、竞争状况、利润水平等,拟定调查提纲或调查问卷。

(2) 调查公司、店铺甚至摊位经营者是否了解什么是营销道德?他们的经营行为是否符合营销道德?表现在哪些方面?

(3) 调查公司、店铺甚至摊位经营者是否了解他们应承担的社会责任?他们在经营过程中履行了哪些社会责任?具体表现在哪些方面?

(4) 你认为,走访调查的公司、店铺甚至摊位经营者在树立社会认可的营销道德和履行社会责任方面存在哪些问题?应如何解决这些问题?

10.2.4 要求与考核

(1) 对每一部分工作项目完成方式,教师可根据时间安排妥善布置。各小组应上交相关图表及文字分析报告,要求思路清晰、内容完整、格式规范。

(2) 每个小组要以临阵实战的状态完成多项任务,上交报告 Word 文件和 PPT 文稿;个人作业以手写作业本形式提交。

(3) 各小组派代表进行演示、汇报,教师进行评价。也可以由各小组间进行相互评价,以适当权重加入小组活动成绩中,便于学生相互学习、取长补短。

10.2.5 本项目学习总结

项目总结	总结内容
本项目内容主要知识点	
本项目内容主要技能点	
你已熟知的知识点	
你已掌握的专业技能	
你认为还有哪些知识需要强化,如何做到	
你认为还有哪些技能需要强化,如何做到	
本项目学习心得	

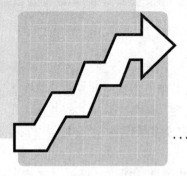

项目 11

国际营销

知识目标

了解国际市场营销环境对企业营销活动的影响、跨国市场区域与集团化的形式、全球市场的发展状况,理解国际市场、国际市场营销、各种跨国市场区域与集团化的内涵,掌握国际市场战略和国际营销策略的内容。

技能目标

学会分析国际市场营销环境,运用国际市场营销策略开展营销活动和运用国际市场战略进行国际市场竞争。

学习任务

1. 分析特定国外跨国公司在中国市场上的业务、目标市场、竞争战略、营销策略等状况。

2. 分析走出国门的特定中国公司在目标市场国的业务范围、目标市场、竞争战略、营销环境、营销策略、营销目标等状况。

3. 分析国外政府或企业对中国政府或企业提起的反倾销、反补贴指控的依据、请求、调查过程、裁定结果及国内政府与企业的应对措施,提出建议或措施。

11.1 学习引导

随着世界经济一体化步伐的加快和相互融合程度的不断深入,企业的市场营销活动也越来越依赖于国际市场。因此,企业必须了解国际市场营销环境的发展变动趋势,采取有效的国际市场战略和国际营销策略开展国际市场营销活动。

11.1.1 国际市场与国际市场营销概述

国际市场营销,译自英文 International Marketing。作为一门学科,通常译作国际市场营销学或国际营销学。企业进入国际市场,开展国际市场营销活动,必须理解和掌握国际市场和国际市场营销的基本理论与方法。

1. 国际市场营销的含义

国际市场营销是指企业为满足国外或境外消费者和用户对产品和劳务的需求而进行的计划、定价、分销和促销的管理过程,以便获取利润的活动。这一含义包括三个要点:一是国际市场营销是跨国营销活动,只有将产品和劳务销往国外或境外市场才是国际市场营销;二是国际市场营销是企业的跨国营销管理活动,跨国公司、出口企业等是国际市场营销的主体;三是国际市场营销活动是为了满足国外消费者和用户的需求,必须注意产品和劳务的市场适销性。国际市场营销与国内市场营销含义的唯一区别在于企业的国际市场营销活动在境外的一个或一个以上的国家进行,比国内市场营销活动更具复杂性和多样性,二者在营销观念、营销过程和营销原则等方面具有相通性,即无论是美国的可口可乐公司,还是中国的长虹电子集团公司,营销人员的任务是一样的,企业的营销目标都是通过促销、定价和分销适销对路的产品获取利润。

国际市场营销与国内市场营销在市场调研、确定市场营销目标、选择目标市场、制定市场营销策略和调整营销组合等方面有许多共同之处,但二者也存在着明显的区别。

(1) 国际市场营销比国内市场营销面临着更多的不确定性和不可控因素。主要包括经济环境,如工业结构、国民收入分配情况、人口状况、储蓄等;政治法律环境,如顾客向国际市场购买的政策和态度、政治因素、金融政策、货币政策、各种经济法规等;社会文化环境,如价值观念、审美观念、生活习惯、宗教信仰等;国际贸易体系,如关税、进出口限制、禁运物品、各种区域经济联盟、双边或多边贸易协定等。这些因素在不同的国家和地区会表现出不同的特点,对企业的国际市场营销活动也会有不同的影响。

(2) 国际市场营销比国内市场营销面临着更复杂的需求。由于国际市场上消费者需求的多样性,国际市场营销的产品、价格、分销渠道和促销等在国际市场上必然存在着不同的特点,企业只有因地制宜,注重不同国家和地区市场的特殊性,才能在国际市场营销活动中取得成功。

(3) 国际市场营销比国内市场营销更需要统一的协调和控制。一个企业在许多国家开展营销活动时,为实现企业的整体利益,必须进行统一的协调和控制,以更好地贯彻执行企业的国际营销政策和策略。

（4）国际市场营销的目标市场在国外，其产品或服务是满足国外顾客的需要，在建立良好的信誉方面往往需要比在国内市场上做出更大的努力，国际市场的运输距离和销售渠道比国内市场更远、更复杂，交换价值、支付手段和结算方式也采用国际标准而非国内标准，竞争对手是国际性的跨国公司，因而更难以做到知彼等。因此，国际市场营销比国内市场营销具有更多的变数和更大的风险。

2. 国际市场的含义

国际市场是国际商品经济发展的产物，是随着国际分工和国际商品交换的发展而不断发展的，是各国进行产品、劳务、技术和资本交换的场所。从某一国家的角度看，国际市场就是跨国企业产品和服务在境外的消费者或用户。由于不同国家或地区之间在政治、经济、文化、社会、民族、宗教和价值观念等方面的差异，以及消费者在收入水平、消费态度和消费习惯等方面的不同，国际市场比国内市场更加复杂，国外消费者的需求和欲望比国内消费者更加多样化，对产品的要求也更优质化、高档化、多功能化、电子自动化。随着世界经济的发展和科学技术的进步，国际市场的贸易方式和交易内容也发生了很大变化，从单一的以物易物、以物易汇的贸易方式，向多元化(如投资、合作、补偿贸易等)、复合型(如租赁贸易、工贸结合等)贸易方式发展。现代国际市场是国际商品市场、国际金融市场、国际技术市场、国际信息市场、国际人才市场相互渗透、相互影响的综合市场体系。

11.1.2　国际市场营销环境

企业的市场营销活动是在特定营销环境下进行的，不断变化的营销环境对企业国际营销活动的影响是多方面的，既有短期利益的影响，也有长远营销前景的影响，因此跨国营销企业必须认真分析和研究国际市场营销环境，采取切实有效的营销计划和措施，指导和监控企业的国际市场营销活动。

1. 国际市场微观营销环境

企业进行国际市场营销环境分析，应首先分析国际市场营销的微观环境，对国际目标市场的微观竞争环境进行准确的判断和科学的预测。

（1）竞争者环境。竞争者环境分析包括竞争者的范围、目标、动机、行为、反应模式、战略决策、竞争优势、竞争地位、动向分析等。

企业的竞争者一般是指与自己争夺市场的其他企业，其范围很广，从行业和产业角度看，指提供相同、相近、可相互替代的产品或服务的企业；从市场和顾客角度看，是指为相同或相似顾客服务的企业。

竞争者的目标、动机是竞争行为的动因、动力。每个竞争者都有侧重点不同的目标组合，竞争者的动机可分为低层次的利润动机、中层次的市场(占有率)动机和高层次的声望(形象)动机，其中具有高层次动机的竞争者最具威胁性。

竞争者的竞争行为有创新、抢先、差别化、仿效、蜂拥、观望等。当企业采取某些措施和行动后，竞争者会有不同的反应。反应迅速而强烈的称为强烈型；反应迟缓或从容不迫的称为迟缓型或从容型；对某些方面反应强烈而对其他方面则不强烈或无动于衷的称为选择型;反应很不确定、难以捉摸的称为随机型。在某些行业中,竞争是在较平和的气氛中进行的,但在另一些行业,竞争则十分激烈。企业需掌握主要竞争者反应类型、模式的信息,据以决定自己的营销对策。

竞争者采用的战略和策略的性质、形式越相似,彼此竞争就越激烈。在多数行业中,根据所采用的主要营销战略、策略的不同,可将竞争者划分为不同的战略、策略群体。采用相同或相似战略与策略的企业属于同一群体,群体内存在激烈竞争,而不同群体之间也存在竞争。不同行业中战略、策略群体的数目可能不同,群体数目增加意味着行业竞争加剧。分析战略、策略群体,有助于分析各企业的市场地位。

(2) 供应者、购买者和社会公众环境。供应者包括供应商和辅助商。供应商是向企业提供所需各种资源要素的生产经营者,辅助商亦称服务商或便利、促进流通者,是指为企业提供运输、仓储、报关、融资、保险、咨询、调研、广告代理、商标代理等服务,创造营销便利条件的机构和个人。供应者的素质和行为对企业营销有极为重要的影响。

购买者包括顾客和中间商,是指所有向企业购买产品、服务的其他企业、机构和个人。其中,中间商既是企业营销活动的对象,又是企业营销活动的参与者。

公众是指对企业实现营销目标的能力具有现实或潜在利害关系、兴趣或影响力的一切社会团体与个人,包括媒介公众即专门向大众广泛、大规模、大量传播信息的新闻机构、政府公众、群众团体公众、地方和社区公众及一般公众等。以上这些公众可分为现实公众和潜在公众;顺意公众、逆意公众和独立公众;首要公众、次要公众和边缘公众。其中,影响力强的政府官员、社会名流、专家学者、大众传媒、社会团体是社会公众的意见领导者。

(3) 行业、市场竞争结构分析。行业的竞争结构可从不同角度划分为若干类型,例如,不存在任何垄断的完全竞争、包含一定程度垄断的不完全竞争(垄断竞争和寡头竞争),以及在一定时空范围内无竞争的完全垄断;大量企业间的"多数竞争"和少量企业间的"少数竞争";低集中度(分散)行业中规模、实力相当的众多企业的均衡型竞争和高集中度行业中极少数实力雄厚的大企业居统治地位、与众多中小企业并存的悬殊型竞争等。

行业内现有竞争者的数量越多,竞争力差距越小,产品差异程度越低,行业增长越慢,产品越是过剩,行业退出障碍即退出行业所必须付出的代价越高,则竞争就越激烈。

供应者和购买者的议价(讨价还价)能力,反映了买卖双方和谈判交易对手之间的竞争力量对比关系。能力较强者在竞争中处于相对优势地位,对对方有较大的制约能力,能促使对手接受对自己更有利的交易条件,从而给对手造成威胁和压力。造成一方具有较强议价能力的条件是一方数量较少、较集中,形成了有效控制甚至垄断,内部竞争不激烈,或已掌握了较充分的市场信息,而对方数量较多、较分散,内部竞争激烈,或掌握的市场信息少。另外,造成供应者议价能力相对较强的因素有供方行业进入障碍高;供应者向买方延伸、发展业务,前向一体化的可能性大;产品有特色或专用性强,替代品的种类数量少,替代程度低,购买者改变供应者的转换成本高;产品对购买者十分重要;购买量小对供应者销售影响不大等。相反,造成购买者议价能力相对较强的因素有产业用品购买者向卖方延伸、发展业务,后向一体化的可能性大;产品标准化程度高,替代品的种类、数量多,替代程度高,购买选择性强,转换成本低;产品购买量大,对供应者影响大等。

2. 国际市场宏观营销环境

在经济全球化的大背景下,企业开拓国际市场,参与国际市场竞争,必须熟悉和了解国际市场宏观营销环境,企业的国际市场营销决策也必须建立在对营销环境进行认真分析和科学预测的基础之上。

(1) 人口环境。包括不同城市、地区和国家的人口规模、人口增长率、人口结构、种族组合、教育水平、家庭状况和地区特征等。

人口规模即人口数量,它是市场规模的基础,与市场潜力有密切关系。人口增长意味着人类需求的增长。如果人们有足够的购买力,人口增长就意味着市场的扩大。一些日用消费品的需求量从人口数量就可以直接做出估算。人口增长率决定着人口未来的发展状况,从而决定着未来的市场容量。一般而言,发展中国家人口自然增长率高,而发达国家自然增长率低,有些发达国家甚至是零增长率或负增长率。

人口结构常常决定市场的产品需求结构,它包括年龄结构、性别结构、职业结构等。例如,不同年龄的消费者,其消费投向明显不同。人口地理分布和人口密度的状况对策划销售渠道至关重要。首先要了解城乡人口比例,目前世界上城市人口约占总人口的一半,但各国城乡人口比例不尽相同,一般发达国家城市人口占全部人口的60%以上。随着经济的发展,城市人口比例还在提高。许多地区、城市人口密度极高,企业开展营销活动时只需在几个重点城市或地段设置销售网点即可。另外,人口流动性的高低和流向对人口分布和人口密度也有直接影响,如民工潮、动迁潮、移民潮等都能迅速改变人口的分布状况。

(2) 经济环境。包括本国、目标市场国和国际的经济形势、经济发展规模、速度、水平,经济制度、体制,参加国际经济组织、国际经济活动的状况,国际经济地位、经济发展阶段、经济结构类型、国家或地区的产业布局和城市(城镇)化程度,以及水利、能源、交通、通信等基础设施状况,消费者收入水平、消费水平、消费方式和消费结构,消费倾向和储蓄倾向,消费者储蓄和信贷状况,货币供应量、币值、外汇储备量、汇率、物价水平、通货膨胀率,外贸和国际收支状况等。一个国家或地区的经济发展规模和水平通常以 GDP(或 GNP)和人均 GDP(或 GNP)的统计指标来反映,经济发展速度则通常由这些指标的年增长率来反映。

经济发展阶段是综合的经济环境,而经济结构类型是特定的经济环境。消费者收入水平是影响消费者购买力的关键性因素,消费者收入的变化会引起消费支出模式即消费结构的变化。消费方式包括个人消费和公共(集体)消费,家庭消费和社会消费等。消费者信贷状况也是影响消费者购买力和消费支出的重要因素。适度的负债消费、超前消费,其规模既取决于一国金融业的发展程度和个人信用制度的完善程度,也取决于社会的消费观念。

(3) 自然和地理环境。包括本国、目标市场国和国际的自然资源(原料、能源)分布、质量状况及可利用程度,自然条件和气候状况,地形地势、海拔高度、地理位置和交通条件,生态环境保护状况,自然和文化遗产、景观等。

地理和交通条件、能源和环保状况,一方面制约着企业营销活动。例如,多山地区可耕地面积相对有限、交通运输条件较差等,使食物的供应成为大问题。又如,环境保护主义者沉重打击了某些行业,如钢铁厂和公用事业不得不花费几十亿美元,投资于控制污染设备和采用价格较高的燃料;汽车制造厂不得不在汽车上采用昂贵的控制排气装置;制皂行业不得不去研制低磷洗涤剂等。另一方面也为企业提供了开发未来旅游市场、交通运输市场、能源市场等新兴市场的巨大商机。

(4) 技术环境。包括本国、目标市场国和国际的科技发展水平,科技新成就及其应用状况,科技结构及变化趋向,目标市场国消费者对新技术的接受能力等。科技是社会生产力中最活跃的因素,其呈指数式的飞速发展是一种"创造性的毁灭力量",对企业营销有着极为深远的影响。

新技术革命带来了竞争更加激烈的市场环境。传统的市场壁垒随着互联网的出现和经济全球化进程的加快而被逐渐打破,互联网已超越了时空概念将全球联为一体,信息的公开化则在某种程度上突破了传统行业以往的界限,把现代企业统统置于国际竞争环境中,国内和国际市场营销的界限日益模糊。竞争的国际化改变了人们传统的竞争观念,也使竞争条件、竞争规则发生了许多变化,有力地推动了全社会的专业化分工协作、资源共享、优势互补和共同发展。

(5) 政治法律环境。企业在进行国际市场营销时会受到政治环境的巨大影响。每个国家的政治环境都有其独特性,企业必须花大力气对政治环境进行细致深入的考察研究。政治环境包括本国、目标市场国和国际的政治形势,重大、突发性政治事件,政治稳定性和政治风险,政治制度和体制,政党和政府的作用,政府办事作风、效率,国家政府之间的关系,地方政府之间的关系及参加国际组织的情况等。

政治稳定包括政治政策的稳定和政治局势的稳定,政治不稳定便构成企业的政治风险。任何国家的政治政策都是经常变化的,但其变化的频率、速度、幅度各不相同,如果企业能正确预测有关政策的变化趋向,则有利于及时调整营销策略。但有时有些国家会发生一些难以预料的突发事件,如政变、动乱、战争、大规模示威等,使政局动荡不安,必然会给企业的国际营销活动带来不利的影响;有些国家出于某种需要,政府会突然采取措施干预经贸活动,例如,对外国企业的资产予以没收或逐步实行国有化,规定企业的产品配件必须由本国生产,规定外汇不得私人持有等,这些都有可能给国际营销企业带来严重损失。因此,企业进行国际市场营销时一定要着重考察目标市场国政治的稳定性,认真考察政权更迭的频率,政策的连续性,种族、民族、宗教和文化的冲突,以及暴力恐怖活动、示威事件的多寡等多方面因素,尽可能求稳、避险、应变。

法律环境包括各国法律体系的基础,即法系,本国和目标市场国的宪法、法律和行政法规,实体法和程序法,国内法和涉外法,立法、司法、执法机构与程序,国际法、国际条约、国际惯例、国际争端处理办法等。世界法系中影响最大的是大陆法系和英美法系。这两大法系除了基本特征明显有别,对一些具体问题的解释也不相同。例如,对工业产权问题,英美法系的原则是"使用在先",而大陆法系则是"注册在先"。因而,企业在开展国际市场营销活动时,必须研究不同法系的差别。

（6）社会文化环境。文化差异决定消费模式、需求偏好和满足需求的方式，跨国企业进行国际市场营销需要与具有不同文化背景的人和组织打交道，必须了解目标市场国和地区的文化传统、文化差异、相互联系及发展变化。

广义的社会环境包括文化环境，狭义的社会环境则指一个国家或地区内的社会阶级、阶层，社会关系，家庭制度、男女地位，种族和民族特征、构成及各自地位，不同地域人群的特征与地位，不同职业人群的地位，各类社会团体的活动与作用等。

广义的文化指人类创造的一切物质、制度和精神，即包括物质文化、制度文化和精神文化，而狭义的文化则主要指精神文化，又称社会文化，是一个特定社会中，所有成员共同拥有、代代相传的种种行为和生活方式的总和。文化环境是一种最复杂的环境因素，主要包括价值观和道德观，历史传统和风俗习惯，艺术和审美观，宗教信仰，教育制度、水平和特色，语言文字和人际沟通方式，经系统化、理论化的社会意识形态和未经系统化、理论化的社会心理及群体行为等。

企业必须积极主动地克服来自文化差异的阻碍，努力适应目标市场的文化环境，实施本土化战略，尽量聘用当地工作人员，积极开展公关活动，广交善缘，熟悉当地文化、商务习俗，尽快融入当地社会，尽可能多地占据目标市场国或地区的天时、地利、人和优势。

3. 跨国市场区域与集团

跨国市场区域的形成与发展是当今世界经济发展中最重要的趋势，跨国市场区域是指那些通过某种形式的联盟旨在减少或取消区域内贸易壁垒和关税壁垒来寻求经济互利的国家集团。这种结盟的主导动机是经济利益，组织形式也各不相同，共同的目标是给成员国带来经济利益，有时也会带来很大的政治利益和社会利益。

（1）跨国市场区域与集团化的形式。在国际市场竞争日益激烈的今天，各国政府与企业认识到了国际的经济技术合作的重要性，为应付日趋白热化的国际竞争，争取最大的国家利益，逐渐形成了区域性经济一体化的跨国市场区域和集团。

① 区域性合作集团。区域性合作集团是最基本的区域经济一体化形式，各国政府共同参与开发对各国经济都有利的基础工业，每个国家都事先承诺为合作开发项目提供资金，承诺购买合作开发项目生产的一定数量的产品。例如，哥伦比亚与委内瑞拉在奥里诺可河上合作建造一座发电厂，两国共同承担建厂费用，共同分享发电厂生产的电力。

② 自由贸易区。自由贸易区是指两个以上的国家之间就有关减免关税及联盟成员国之间的非关税壁垒达成协议，同时，各成员国仍然对区域外的国家实行各自的关税税则，其主要目的是为成员国提供没有壁垒的大市场，消除产品在贸易区域内自由流动的障碍。例如，美国、加拿大和墨西哥三国签订协议成立的"北美自由贸易协议"；美国与以色列签订的自由贸易协定等。

③ 关税同盟。关税同盟是指成员国之间互相减免关税，同时对同盟外进口的产品采取统一的对外关税。关税同盟是从自由贸易区向共同市场转化过程中的一个过渡的合作阶段，欧洲共同体在发展成为共同市场前也经历了关税同盟阶段。国际市场上的关税同盟主要有南部非洲关税同盟、中非关税及经济同盟等，法国与摩洛哥，意大

利与圣马力诺,瑞士与列支敦士登之间也建立了关税同盟。

④ 共同市场。共同市场是指取消贸易区内部所有的关税及其他限制,实行共同的对外关税,并取消对在成员国之间资金和劳务自由流动的一切限制,使共同市场成为货物贸易、劳务贸易和资金贸易的自由市场,确保成员国之间贸易关系的巩固和发展。共同市场是经济统一体,《罗马公约》建立了欧洲经济共同体(EEC),倡导实行共同的对外关税,逐步取消共同市场内部的关税、配额和其他贸易壁垒,协调货币政策和财政政策、建立共同的农业政策、限制卡特尔等。拉美地区建立有3个共同市场,即中美洲共同市场、安第斯共同市场和南美自由贸易区。

⑤ 政治联盟。政治联盟是一体化程度最高的区域性合作形式。政治联盟包含完全的经济一体化和政治一体化。联邦组织是一种自愿的经济和政治合作方式,关系松散。英联邦由前英属殖民地国家与英国组成,各成员国都是主权独立的国家,英国君主是其共同的国家象征,成员国与英国开展贸易时还享受优惠关税待遇,但英国加入欧共体后,所有的优惠都被取消。

(2) 全球市场。随着全球市场竞争的加剧,评价市场潜力更应从区域合作的角度而不是从某个国家的角度来进行,例如,欧洲共同体等经济合作协议是最典型的跨国市场集团,通过不断发展其内部合作关系使其市场联系更加紧密。

① 欧洲市场。欧洲存在着各种类型的跨国市场集团,其中主要的合作集团有欧洲共同体、欧盟、欧洲经济区、欧洲自由贸易联盟等。

◆ 欧洲共同体(EC)。在所有跨国市场集团中,欧共体运行最安全、最具经济意义。欧共体从成立之日起,就朝着实现全面经济一体化并最终建立统一的政治联盟的目标发展,从欧共体的结构、欧共体在其成员国中的权威、单一欧洲法案、欧洲经济区、《阿姆斯特丹公约》和《马斯特里赫特公约》就会发现,欧洲经济政治一体化是必然的发展趋势。

◆ 欧洲自由贸易区(CEFTA)。欧洲最新自由贸易区是中欧自由贸易区,由波兰、匈牙利、斯洛伐克、捷克、斯洛文尼亚和罗马等6个国家组成。中欧自由贸易区成功消除了贸易壁垒,1996年以来,中欧自由贸易区各成员国之间近80%的工业品都免税出口,并计划取消所有关税壁垒。这6个成员国已于2004年5月1日成为欧盟正式成员国,中欧自由贸易区推动了区域经济的发展,达到了加入欧盟所要求的经济发展水平。

◆ 独立国家联合体(CIS),简称独联体。苏联解体后,其12个共和国统称为新兴独立国家(NIS),重组为独联体。2005年和2009年土库曼斯坦、格鲁吉亚相继退出独联体。2014年3月,因克里米亚问题,乌克兰启动退出程序。独联体是个松散的经济与政治联盟,有开放的边界而无中央政府。独联体协议主要包括实行激进的经济改革,放开产品价格;保留卢布,允许新货币流通;建立欧共体式的自由贸易组织;对核武器实行联合控制等。

② 美洲市场。美洲是三大经济区域中的第二个,美国占主导地位。像欧洲一样,美洲国家也达成了各种经济合作协议,其中以北美自由贸易区最为重要。

◆ 北美自由贸易区(NAFTA)。美国与加拿大互为对方的最大贸易伙伴,为消除贸易壁垒,两国成立了美加自由贸易区,为所有商品和绝大多数服务贸易创造了一个单一的区域市场。为促进区域经济一体化进程,经协商由美国、加拿大和墨西哥三国建立北美自由贸易区,追随美加自由贸易区模式。

◆ 南美共同市场(MERCOSUR)。南美共同市场是拉美最新的共同市场。1991年签订的《亚松森条约》,确定了南美共同市场的合法地位,并于1993年正式生效。条约要求建立共同市场,实行统一对外关税,允许商品、劳务、资金和服务在成员国之间自由流通。南美共同市场积极与其他国家和贸易集团寻求合作,例如,与加拿大协商自由贸易协定,与安第斯公约组织达成降低关税的协议,与欧盟协商建立自由贸易区,并计划建立美洲自由贸易区,以消除贸易障碍,促进和扩大成员国贸易发展。

◆ 拉丁美洲经济合作组织。拉丁美洲各国的基础工业薄弱,外债繁重,经济长期处于混乱状态,但经过政治经济改革,拉美地区经济得到复苏,几乎每个国家都签署了某种形式的贸易协定。目前,拉美地区的主要地区性经济组织有安第斯共同体、加勒比共同体和共同市场、拉美太平洋联盟和拉丁美洲一体化协会等。

③ 亚太市场。亚太市场是世界第三大经济区域,日本是这一区域的中心,同时包括韩国、新加坡等新兴工业化国家。

◆ 东南亚国家联盟(ASEAN),简称东盟,成立于1967年8月。该集团的目标是通过互补工业项目、优惠贸易、成员国准入区域市场、良好的投资环境,来实现经济一体化与合作。为实现东盟内部的经济一体化,东盟自由贸易区于2002年1月1日正式启动,自由贸易区的目标是实现区域内贸易的零关税。最近几年,东盟国家逐步认识到启动新的合作层次、构筑全方位合作关系的重要性,并决定开展"外向型"的经济合作。10+1和10+3合作机制应运而生。

◆ 亚太经济合作组织(APEC)成立于1989年。在欧洲经济一体化进程加快、北美自由贸易区已显雏形、亚洲地区在世界经济中的比重明显上升等背景下,由澳大利亚建议建立亚太经济合作组织。1991年11月通过的《汉城宣言》正式确立了亚太经济合作组织的宗旨与目标是:相互依存,共同利益,坚持开放的多边贸易体制和减少区域贸易壁垒。1991年11月,中国以主权国家身份、中国台湾和中国香港以地区经济名义正式加入亚太经济合作组织。截至2014年9月,亚太经济合作组织共有21个正式成员。

④ 非洲市场。由于非洲政局动荡,经济基础不稳固,政经改革起步较晚,总体经济能力较其他各洲弱小许多,徘徊在世界国民生产总值国际平均值以下。虽然非洲国家之间签署达成了200多个双边和多边协议,但几乎都未形成真正的经济一体化。

◆ 西非国家经济共同体(ECOWAS)和南非发展共同体(SADC)是最活跃的两个区域性合作组织。1975年5月,西非15国在尼日利亚的拉各斯签署《西非国家经济共同体条约》,正式成立西非国家经济共同体(简称西共体)。为协调成员国经济发展,加快经济一体化步伐,西共体要求各成员国将通胀率控制在5%以下,保持至少能够支付6个月进口的外汇储备,实行区域内人员自由往来和货物自由流通,并最终实现单一的西非流通货币。

◆ 南部非洲发展共同体(SADC)于1992年8月签署关于建立南部非洲发展共同

体的条约、宣言和议定书,目的是推动南部非洲地区朝着经济一体化的方向发展。南部非洲发展共同体现有15个成员国,总人口约2.8亿,是非洲最具发展潜力和地区合作水平相对较高的区域性组织。

◆ 东南非共同市场(COMESA)成立于1994年12月。东南非共同市场是非洲最大和世界第四大区域性经济组织,其宗旨是通过加强成员国之间的经贸合作和合理利用自然与人力资源,在各成员国之间废除关税和非关税壁垒,逐步开展自由贸易,并计划到2020年建立货币联盟,最终实现共同市场的经济一体化。

⑤ 中东市场。中东地区由于经济基础薄弱、长期的边界争端和持久的意识形态分歧,使各种形式的区域经济合作进展缓慢。阿拉伯共同市场以实现内部的自由贸易为目标,实现阿拉伯国家的经济一体化。2004年,摩洛哥与埃及之间签署了双边自由贸易协定,巴基斯坦、伊朗和土耳其组成了经济合作组织(ECO)。中东地区的另一个区域合作组织是伊斯兰合作组织(OIC),它是一个由伊斯兰教国家组成的共同市场,其目标是在成员国间实行优惠关税制度,在保险、交通和过境运输等方面扩大商业服务贸易往来。

⑥ 新兴市场。

◆ 新兴工业化国家市场。正在进行工业化且经济上正在迅速发展的国家被称为新兴工业化国家(NICs),它们拥有迅速工业化的主导工业,人均收入超过发展中国家,实施自由贸易措施,创建自由市场,吸引外国投资,已发展成为国际出口市场上包括钢铁、汽车、服装、电子和机器设备等产品的强有力竞争者。新兴工业化国家的迅速发展,已经形成了具有较大吸引力的市场,并发展成为强有力的竞争对手。

◆ 发展中国家市场。20世纪90年代以来,世界范围内的发展中国家纷纷开放市场,进行政治和经济改革,取得了令人瞩目的成就。发展中国家经济的迅速增长,国内购买力的不断提高,正逐渐形成具有巨大吸引力的新兴市场。东欧和波罗的海国家、亚洲太平洋沿岸国家、中国、印度等发展中国家都在有步骤地开放国内市场,不断吸引着众多国际投资商前往开展营销活动。

11.1.3 国际市场营销策略

企业在竞争激烈的国际市场上,必须深入分析营销环境,根据企业的营销目标和市场竞争态势制定营销组合策略,运用适当的谈判技巧,采取合理的应变措施规避经营风险,提高企业在国际市场上的竞争力,创造较高的国际市场经营效益。

1. 产品策略

企业在制定国际市场营销产品策略时,必须考虑将以什么样的产品形式进入国际市场。在国际市场上是销售与国内市场完全相同的产品,还是对现有产品进行改造以适应特定国际市场的需要,或者制造一种全新的产品推向国际市场。

(1) 产品和信息直接延伸策略。当产品的基本效用和使用方式在国际市场与国内市场完全相同或基本相同时,可以直接将产品出口,在国际市场上采用相同的产品信息传递策略,树立相同的产品形象。例如,米老鼠卡通形象及其系列产品就采用这一产品策略而获得成功。其优点是可以为企业降低产品开发成本,树立产品的国际市场统一形象,国际市场信誉较高。

(2) 产品和信息改造策略。根据国际市场的区域性需求偏好或条件改造产品和要传递的信息,以适应区域消费需求。例如,宝洁公司生产适合不同发质特点的洗发香波以适应中国市场不同消费者的需求偏好。改造产品和信息组合策略的方式主要有产品直接延伸,信息传递改变策略;产品修改,信息传递直接延伸策略;产品和信息传递双调整策略。

(3) 包装和品牌形象设计。产品包装和品牌形象是企业宣传产品、吸引顾客和推销产品的重要因素,个性化的包装和品牌形象是最有效的促销手段。

① 包装形象设计。根据不同国际市场的区域性偏好设计产品包装,以适应不同市场区域的消费者需求,是企业必须重视的产品营销策略的一个方面。包装设计包括包装设计的方式、包装材料设计、包装形式的设计和包装技术的改进等。当前,国际市场产品包装已经向透明化、密封化、一次性和软包装等方面发展,采用现代化包装技术和包装材料。企业必须加强包装技术的信息收集和研究工作,密切注意国外包装技术的新动向,改进包装质量,赶上世界包装的新潮流。

一般说来,发达国家对产品包装讲究美观和方便,而发展中国家偏重于包装的实用和实惠。包装形式、包装文字、颜色、符号、图案和数据等,都要与所在国家或地区的文化背景相适应。此外,企业还应考虑目标市场国家或地区的气候、使用习惯等方面的因素,产品的包装应及时采用新的材料和设计,针对不同市场环境分别设计不同的包装。

在环保方面,营销人员要认真研究市场发展的新趋势,顺应形势的发展,以新的观念来指导产品的包装设计和营销工作。包装材料的使用应该对人畜无毒、无害、安全,对环境无污染且易于回收和重复利用,使企业的优质产品有一个"绿色"包装。

在装运设计方面,企业必须考虑产品的销售地情况、运输距离、运输方式和工具、储存方式和时间、搬运方式等因素,选择合适的包装设计。

对于中间商要求,企业要认真倾听和采纳运输、储存、代理、经销、广告等中间商的意见和建议,或依照合同规定进行包装的设计,以便于运输、储藏、搬运、宣传和标价等营销活动。

对于包装的标签要求,企业要按照目标市场国家或地区政府的要求及消费者的习惯,标注标签上的图案、色彩和文字说明等项目,使消费者对产品的性能、用途、使用方法等一目了然,并激发购买欲望。

② 品牌形象设计。企业拥有知名品牌和商标能占领较多的市场份额,获得更多的利益。国际市场竞争突出表现为企业为抢夺市场份额的品牌之争。名牌以其产品的独特性、高质量、高知名度、高市场占有率和企业的良好信誉、形象而赢得生产者、经营者、消费者的青睐。品牌的功能在于减少消费者选择产品时所需花费的分析商品好坏的时间和精力。

品牌要与产品特色相适应。给产品设计一个能反映其特色的好名字,暗示产品效用、质量和性能,有利于企业进行促销宣传和市场定位,引发顾客的联想,激发购买欲望。

品牌要符合目标市场国或地区的文化习俗。产品品牌应力求本土化,不触犯其语言文字、文化和信仰等方面的禁忌,使当地的消费者易于接受和乐于接受,提高品牌营销活动的成功率。

品牌名称与品牌标志在含义、色彩、隐含、图案、性能等方面紧密结合,互相映衬和协调,容易加深消费者和社会公众对品牌的认知与记忆,具有较强的感召力。品牌设计要强烈、简洁、有个性,同时还要注意合法性、独创性、显著性,根据产品的特性,用文字、图形或其他组合构成富有美感的品牌标记。

2. 定价策略

在国际市场营销活动中,价格竞争与非价格竞争的复杂性和多变性使制定国际市场营销的产品价格增加了许多不确定性。

(1) 国际市场产品价格构成。产品进入国际市场,其分销渠道的延长、运费、关税、汇率波动与差价等因素增加了定价的难度,一般来说,国际产品价格较国内价格增加了以下6项构成。

① 关税。进出口关税及其附加费用是国际产品价格的重要构成。关税税率的高低、减免的多少等因素,各个国家或地区对产品的关税及直接和间接的补贴,都会在很大程度上影响产品价格的制定。

② 国际中间商成本。国际市场的复杂性和多变性,以及分销渠道的延长,必然增加中间环节的成本。不同时间、地点、产品项目和协议条件下,企业可采用多种方式,激励中间商积极经销本企业的产品。

③ 运输费用。出口需要将产品运至海外,由于物流距离长、环节多,势必导致运输成本的增加。企业应根据合同条款的规定,本着及时、准确、快捷、方便交货的原则,合理地选择运输工具和运输路线,以节省运输、储藏、装卸等项费用。

④ 保险费用。产品在转运、储藏、装卸等环节容易产生各种自然因素和人为因素的损失,企业必须做好风险防范和转移工作,根据国际通行的惯例办理产品的投保工作。

⑤ 银行费用。在国际市场营销活动中,各种费用的转移一般是由银行来进行的,银行收取一定的服务费用。当涉及双方信用时,银行要进行担保、承兑信用证等服务,因此而产生的费用和银行借款利息必然反映在产品价格中。

⑥ 汇率变动。国际产品贸易合同中的计价货币是双方自由选择的,但一种货币的未来实际价值会因汇率变动、社会动荡、战争、经济危机等多种因素而发生变化。企业必须在长期贸易合同中考虑币种的选择和汇率的变化,以免遭受意外的经济损失。

(2) 正确选择计价货币。在国际产品贸易中,由于交易周期长,外币汇率波动大,正确选择计价货币是营销人员必须认真对待的重要问题,即企业报价是使用本国货币还是外国货币,或使用第三国货币,目的是尽量避免因汇率波动所造成的风险。在选择计价货币时,一般应考虑以下4个方面的问题。

① 出口国与进口国是否签订了贸易支付协定,是否规定了交易双方必须使用哪一种计价货币。

② 选用可兑换货币。可兑换货币是指在国际市场上可以进行自由交易的货币。

当前,在国际市场上的主要支付手段有美元、欧元、日元、英镑等。

③ 采取出收"硬",进取"软"的计价战略。即出口产品时选择坚挺的"硬货币"计价,进口产品时争取选择疲软的"软货币"计价。硬货币是指发行国家经济状况良好、国际收支顺差、外汇存底较大、对外信用好、币值稳定或呈上升趋势的货币;软货币是指发行国家经济状况差、国际收支逆差较大、国家外汇储备较少、外债规模较大、在国际外汇市场上是抛售对象、币值不稳定或可能贬值的货币。

④ 选择保值手段。在国际贸易活动中,当只能以软货币计价时,可以根据该国货币币值疲软趋势适当加价,或在交易合同中订立保值条款,或由营销人员在国际远期外汇市场上做相应的套期保值操作。

3. 分销策略

分销渠道是产品从一个国家或地区的生产企业转移至其他国家或地区顾客手中的流通过程,是产品所有权必须经过的环节组成的通道,是国际营销企业一项重要的外部资源。分销渠道策略影响着企业的产品价格、市场覆盖率、分销效率等项营销指标。分销渠道是在所处的特定环境中形成的,企业在不同的国家或地区,应采用不同的分销渠道策略。

(1) 渠道选择。在国际市场上,分销渠道的设计与选择是一项复杂的系统工程,必须综合考虑各种因素,进行科学的决策。一般来说,企业必须考虑目标市场的顾客需求特点、文化氛围和立法状况、市场竞争状况、企业营销目标、向目标市场提供的产品特性、建立渠道的资金投入、渠道的各项管理费用及企业计划的目标市场覆盖范围等因素。

① 渠道类型。企业进入国际市场的渠道类型有很多,根据生产地可将其分为本国生产和国外生产两种情况。本国生产销往国外市场,分为直接出口和间接出口两类;国外生产产品方式分为合同生产、许可证贸易、合资生产、独资生产等类型。

② 渠道选择。在国际市场营销活动中,企业不仅要决定渠道的长度与宽度,还要决定选择直销还是间接销售,以及直销与间接销售的程度,主要考虑顾客对提供产品信息的要求程度、顾客对质量的要求程度、售后服务要求、物流服务要求、顾客订货的要求等因素。

(2) 渠道管理。企业选择并建立了适宜的分销渠道,还要对渠道进行有效管理,使之成为企业国际营销系统中不可或缺的组成部分。目前,国际市场渠道管理强调以加强服务来发展同中间商的长期伙伴关系,增强企业核心能力和强化企业的国际竞争优势。

① 激励渠道成员。渠道内各成员之间应发展和保持密切和固定的合作关系,通过组织良好的渠道运作和团队合作,生产者与中间商就能给消费者提供高质量、低成本和差异化的产品及服务,降低由于环境的不确定性带来的交易成本,提高渠道效率。企业对渠道成员的支持与激励方式主要有提供信息、培训服务、售后服务及较高的价格折让、特殊优惠、各种奖金、广告补助、陈列经费和推销比赛等。

② 渠道控制。渠道内成员与企业之间稳定和密切的联系程度是由多方面因素来决定的,如环境的不确定性、渠道的增值能力、生产者的可替代性等,企业必须向中间

商提供高质量和良好性能的名牌产品和服务,以增强渠道成员间的凝聚力和向心力。

企业在渠道管理中的主要任务就是如何解决矛盾冲突,强化对渠道的控制。渠道冲突主要来自生产者与其渠道成员之间以及渠道各环节之间的纵向冲突和不同渠道之间的横向冲突。解决渠道冲突的方法主要有:在某一条产品线中占主导地位,以增强企业在渠道谈判中的实力;针对不同市场推出不同生产性能、品质和不同档次的品牌系列;加强广告宣传进行品牌识别,加强对中间商和最终市场的服务;削减效率低下的渠道,保留精干而高效的渠道;加强对渠道成员的奖惩力度,奖励和惩罚措施要明确。

(3) 渠道调整。国际分销渠道管理应考虑营销环境、渠道运行状况、消费者需求变化、渠道成员之间的利益冲突,及渠道长期运作中积淀的各种惰性等因素,对渠道进行定期或不定期的评估、调整。

分销渠道调整主要有如下方法。

① 个别渠道成员的调整,即增加或减少某些分销效率低或与渠道内其他成员发生严重冲突的中间商。

② 特定渠道的调整,即根据企业的国际营销战略变化情况,增加或减少某一个或几个分销渠道,这将意味着企业可能增加或失去某些目标市场。

③ 整个渠道的改进或调整,即企业以一种全新的分销模式对其整个跨国分销渠道进行调整或改进,以适应营销环境的变化,达到企业的营销战略目标。

④ 现有渠道的加强,即在现有分销渠道模式及成员保持不变的情况下,建立专业化渠道和确定核心渠道,通过运用全新的管理理念和管理手段,达到实现企业国际营销战略目标的目的。

4. 促销策略

企业要做好国际市场营销活动,不仅要研究产品、价格和渠道策略,还要研究如何加强国际市场促销力度,使产品高效率地进入国际目标市场。

(1) 广告是国际营销中最为重要的促销宣传手段,企业应根据产品的品质和特点,及目标市场国或地区的政治法律制度、自然地理、经济发展状况和社会文化等方面的差异性,制作可以广泛宣传的标准化广告和针对某一目标市场的个性化广告,并结合媒体特点和政府政策选择不同的广告媒介。

(2) 人员推销受到目标市场国或地区的社会、文化和语言等因素的制约,企业要力求推销人员的本土化,加强推销人员的业务培训,制定具有激励作用的薪酬政策,最大限度地调动推销人员的积极性,完成企业的国际营销目标。

(3) 企业要有计划地开展示范表演、巡回展销等促销活动,送货上门、服务顾客,尤其在一些僻远的落后地区。此外,企业要积极举办或参加拍卖会、国际性和地区性博览会、展销会,向公众和经销商宣传推介自己的产品,吸引更多的购买者。

(4) 企业为进入国际目标市场,必须开展各种公关活动,加强与当地政府官员、名人、工会、社团、协会等各界人士的交往,迎合当地政府和公众的需要,提供适销对路的产品和服务,主动向当地政府纳税,雇佣当地人员扩大就业,充分利用当地的资金、技术、人力等资源,提高环保意识,开展多种形式的公关活动,全方位树立企业在当地社会的公众形象。

11.1.4 国际市场进入战略

开展国际市场营销活动,应寻求适合的市场进入方式,以高效的战略联盟关系拓展国际市场,以灵活的反倾销应诉战略经营国际目标市场。

1. 出口进入方式

由于国际市场比国内市场更为复杂、多样且多变,不确定性更大,掌握信息更难,交易障碍更多,开发难度更高,营销风险更大,企业采用市场进入方式更应慎重考察分析和选择。可供选择的方式,包括集中进入一国或少数几国市场的集中进入方式,分散进入众多国家市场的分散进入方式,利用相对成本优势进入发达国家市场的方式,及利用相对技术优势进入发展中国家市场的方式等。

企业进入本国以外的市场,具体有3种可供选择的方式:一是出口进入;二是合同进入;三是投资进入,如图11-1所示。

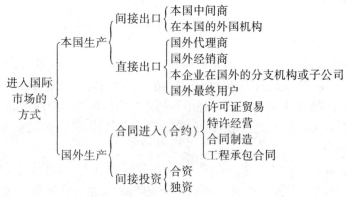

图11-1 企业进入本国以外市场的方式

(1) 出口进入方式。出口是企业进入国际市场的最基本方式。产品都是在目标市场国或地区境外制造,然后再运输到目标市场上销售,且多是有形产品。出口方式包括间接出口和直接出口两种形式。

① 间接出口。是指企业产品通过本国中间商或外国公司设立在本国的中介机构输往国外市场。间接出口是企业出口产品初期常用的方法。出口中间商主要有国内出口商、国内出口代理商、合作机构和出口经营公司。

国内出口商以自己的名义在本国市场上购买制造厂商的产品后,再卖给国外买主。它可分为出口行、国际贸易公司、出口直运批发商、国外买主常驻出口国采购商等。国内出口代理商接受生产者的委托,代理委托人向国外市场销售产品。出口代理商的具体类型有出口经营商、厂商出口代理人、国际经纪人等。合作机构是由一个代表数家厂商并部分地受其管理和控制的机构,经营出口业务如水果、坚果等初级产品的生产者,常使用这种出口组织形式。出口经营公司负责经营一个公司的出口业务,收取费用。采取间接出口方式,企业与国际市场并没有实质性的接触,在本国市场上就已完成产品交易活动,与国内市场营销的唯一区别是企业的产品最终到达了国外市场,满足国外消费者和用户的需求。

② 直接出口。是通过国外中间商或企业在国外设立的分支机构或子公司进行产品销售活动。公司直接出口通常可采取以下4种方式。

◆ 国内的出口事业部。由一名销售经理和几名工作人员一起经营产品的对外销售业务,随着出口业务的发展,这个机构逐步发展成企业所属的自营出口部门或销售附属机构。

◆ 海外销售分支机构或附属机构。企业设在海外的销售分支机构能使企业更好地展示其产品和对国外市场业务进行有计划的管理,例如,负责企业的产品销售,从事仓储和各种促销活动等。这种销售分支机构通常还是展览中心和客户服务中心。

◆ 巡回旅行的出口销售代表。企业派国内的销售代表,在选定的时候到国外推销产品。

◆ 国外的经销商或代理商。国外的经销商购买产品,并拥有这些产品。国外的代理商则代表公司销售产品,他们可以被授予在哪个国家代表制造厂商的独家经销权。

(2) 合同进入方式。合同进入方式是指企业通过与目标市场国的法人实体签订长期的非权益性合同,使企业的技术或人力从本国转移到外国。与出口产品相比,合同进入方式主要是输出技术、商标等无形产品,与直接投资相比,合同方式进入主要输出非资本性生产要素。

企业合同进入国外市场的方式主要有许可证贸易、特许经营、合同制造、工程承包合同等4种。

① 许可证贸易。是合同进入中最主要的方式,是生产厂商介入国际市场营销的一种简单形式。许可证贸易又称许可合同,它是指许可人(授权方,有时简称授方)通过许可合同,将专利、专有技术、商标及其他工业产权的使用权转让给被许可人(受方)的贸易。

许可证贸易是避开进口国限制的最佳途径,可以避免和降低国际营销风险,节省高昂的运输费用,提高价格竞争力,有利于特殊技术的转让,便于服务性企业进入国际市场,使小型制造企业也能进入国际市场。

② 特许经营。是指通过签订特许合同,特许方将其工业产权(专利、专有技术、商号、商标等)的使用权连同经营管理的经验和方法一起转让给被特许方,被特许方按特许方的经营政策、经营风格从事经营活动。特许经营是许可证贸易的一种特殊方式,其区别在于前者更强调对许可方整个经营活动过程的控制。为了保证特许方的商誉,特许方一般要向被特许方提供一系列的支持,包括后勤支持,如提供设备、原材料、标签等;管理支持,如培训、技术、采购等;销售支持,包括促销活动的实施等。

③ 合同制造。又称合同生产,是企业通过合同委托国外市场的当地制造商按本企业的要求代为生产某种产品,然后由本企业负责产品销售。合同制造方式投资少、风险小,可以迅速开业,即使营销出现问题,企业也可设法中止合同,损失不会太大。当营销策略和服务水平比生产技术更为重要时,合同制造将是一种非常合适的方式。市场和技术的控制权掌握在企业手中,当地生产加工企业对国际营销企业有一定的依

赖性。

④ 工程承包合同。承包国外的工程项目,也是企业进入国外市场的一种合同进入方式。工程承包合同实际上就是工程建设所需要的非资本要素的转让合同,主要是劳动力、技术和管理等。工程承包合同包括以下4种类型。

◆ 分项工程承包合同,即只承包国外总工程的部分项目。

◆ "交钥匙"工程承包合同,即承包国外工程的全部项目,包括勘察、可行性研究、设计、施工、设备安装、试运行和试生产等,整个工程试运转和试生产合格后,再移交给国外工程业主。

◆ "半交钥匙"工程承包合同,即不负责试生产的"交钥匙"合同。

◆ "产品到手"工程承包合同,即不仅负责"交钥匙"合同包括的所有项目,而且负责工程投入使用后一定时期内的技术服务,如技术指导、设备维修、技术培训等,再移交给工程业主。

合同进入方式的最大优点是容易进入国外市场;投资少、风险小。不足之处是收益有限;易培植竞争对手;易泄露商业秘密;对国外市场的控制力有限。

(3) 投资进入方式。在国际投资迅猛发展的过程中,发达国家仍占主导地位,发展中国家的对外投资日趋增加,跨国公司的直接投资及企业并购仍是国际投资的主要方式。

① 间接投资和直接投资。投资进入方式一般分为间接投资和直接投资。间接投资一般属于证券投资,投资者通过投资得到股息、红利等;直接投资主要是指生产性投资,投资者能得到生产经营的控制权。直接投资与间接投资的主要区别并不在于获得的利益多少,而在于投资目的是否是直接控制企业的生产经营活动。

直接投资进入是企业通过在目标市场国或地区直接投资,建立子公司或分支机构,从事生产和销售活动,从而进入该目标市场。投资进入是企业进入国际市场的高级形式。与出口和合同进入方式相比,直接投资进入国际市场的方式的优点是容易取得东道国的支持和鼓励;东道国能获得经济发展所需要的资金、技术和先进的管理经验,带动同行业的发展、扩大出口、解决劳动力就业等问题;有利于企业控制市场、产品和技术优势;有利于企业对产品质量进行严格控制,有效保护工业产权,发挥竞争优势;有效降低生产成本,节省运输费用、关税等,形成市场优势,提高产品的国际竞争力;有利于实现资源优化配置的目标等。

② 合资与独资决策。投资进入方式有两种具体的形式,即合资与独资。合资进入是指企业以建立合资企业的方式进入东道国市场,即企业在东道国与当地投资者或来自第三国的投资者建立共同投资、共同经营、共担风险和共负盈亏的企业,在当地开展生产经营活动。合资进入方式容易进入国外市场,风险小,可以形成更大的整体优势。合资进入的产业选择性比独资进入强,产业领域发展的范围比独资进入宽,因为大多数东道国对合资进入的产业限制要比独资进入相对宽松。

国外独资进入是企业进入国际市场的最高级阶段,它是企业在国外独自进行投资并经营管理该企业。独资进入可以保证企业对独资企业经营管理的自主权,有效控制在东道国市场的生产和销售,内部冲突小;可以保护本企业的技术和商业秘密,保持企业在东道国市场的竞争力;可以独立地获得和支配利润,避免合资进入的利益分配发生矛盾。

2. 国际战略联盟

战略联盟能增强企业抵御风险的能力,加强技术的研发推广能力,提高生产和营销能力,达到以"合作求增值"的竞争战略目标。所谓国际战略联盟,是指两个或两个以上的跨国企业出于对国际市场竞争态势的判断,根据其战略目标和自身的综合竞争能力,采取联合结盟的形式在资金、科研、生产和开拓市场等方面建立的合作性利益共同体。

(1) 国际战略联盟的形式。随着世界经济区域集团化与国际化倾向的加强,跨国公司为了保持和发展自己的生存空间,纷纷组织跨国联盟,以突破目标市场国或地区的贸易壁垒,分散投资风险,引进新技术及开拓新业务。

① 合并式联盟。是指两个或两个以上的跨国企业出于对整个国际市场的预期目标和企业自身总体经营目标的意愿,采取一种长期性合作与联盟的经营行为方式。

② 互补式联盟。是指相关企业将各自优势联合起来,既发挥各自的优势,又与联盟伙伴密切配合,共同以最佳服务来满足顾客的需求。

③ 项目式联盟。是指跨国企业为获取高附加值及在高科技领域发展而采取单个项目或多个项目合作的形式。

此外,国际战略联盟根据跨国企业的战略目标来区分有技术开发联盟、合作生产联盟、单边与多边联盟和营销与服务联盟等形式;根据合作参与者的竞争实力来区分有强强联盟、强弱联盟和弱弱联盟等三种形式;根据跨国公司参与合作的项目来区分有研究开发战略联盟、制造生产战略联盟、联合销售战略联盟和合资企业战略联盟等形式。

(2) 建立国际战略联盟的原则。国际战略联盟不同于企业购并,购并可使企业获得所有权与控制权,但其经营包袱沉重,复杂程度高。而国际战略联盟若运用得当,则可使企业获得整体效益,并能专心致力于自己的优势且不迷失方向。由于国际战略联盟具有组织上的不稳定性和管理上的复杂性,如何建立有效的适合企业特色的国际战略联盟,成为企业在实施国际战略联盟时的思考重点。

① 区别对待不同的合作伙伴或不同的合作业务。对于企业熟悉的核心事业,宜采用购并策略;对于不熟悉的业务则采取战略联盟;企业进入新市场宜采用战略联盟,寻求彼此在技术开发、产品研制、生产、加工、营销渠道等方面的互补性,而企业购并则适用于扩展现有业务的规模。

② 制定明确的目标和一致性的国际战略联盟规划、管理与终止点。企业应选择与业务范围相辅相成的合作者,双方的企业文化必须是彼此相容,或企业文化彼此相契合。

③ 慎重选择国际战略联盟的方式。企业可选择供应或购买协定、市场或销售协定、提供技术服务协定、管理合同、专有技术、特许经营等方式,并根据企业的战略目标规划符合企业内在发展规律的联盟机构,明确联盟领导人的权责范围,双方母公司的意见则通过董事会来传达。

（3）国际战略联盟的建立。建立有效的国际战略联盟,必须在分析企业外部环境和内部条件的基础上,根据企业的战略目标,确定合作对象、制订合作方案及应变措施。主要包括制定战略、评选方案、寻找盟友、设计类型、谈判签约以及实施和控制6个阶段。

① 制定战略。企业首先应分析营销环境,以确定企业所拥有的市场机会、面临的竞争对手及其威胁,评估企业的资源和产品研发、生产、分销等能力,确认企业在现有营销环境下的竞争优势与劣势,并着重分析企业的现有优势与潜在优势、现有劣势与将有的劣势,衡量所具优势与劣势在竞争中的重要程度,以及竞争优势的取得方式,明确企业所要达到的营销目标和前景规划,在考虑企业长期与短期营销目标的基础上制定企业战略。

② 评选方案。在制定企业战略的同时,必须对各种方案进行评选,例如,企业是否需要进行战略联盟甚至跨国战略联盟、实行兼并策略还是收购策略等。当企业拟采取战略联盟时需明确的问题有：联盟是否必要;结盟后对企业的声誉与发展将有什么影响;企业对联盟是否有共识;联盟对现有的客户是否有不利影响等。

③ 寻找盟友。企业要在明确的战略目标基础上,寻找或接受能帮助其实现战略意图、弥补战略缺口的合作伙伴。一个合适的联盟伙伴的基本条件是：能够带来本企业所渴望的技术开发、产品研制、顾客服务、营销风险分担和进入新市场的机会等优势,具有共同的经营理念,财务状况和组织机构稳定,文化上相容和相似的企业比有较大文化差异的企业更适合成为本企业的合作伙伴。

④ 设计类型。建立有效的战略联盟,应根据企业的相对竞争优势来确定联盟类型与构成方式。成功的联盟不仅是以交叉许可安排、联合开发、合资经营、股权共享等联盟方式为基础的初始合作协议,还包括厂址选择、成本分摊、市场开发、市场份额获得等细节以及对知识创新、技术协同等方法进行设计。企业的高级管理层还应就联盟的共同目标与主要的中层经理和技术专家进行沟通,以取得全体员工对联盟的支持和对联盟活动的协助,并选择具有丰富经营管理经验与协调能力的人担当联盟的管理人员。

⑤ 谈判签约。战略联盟类型一旦确定,加盟各方就可进行谈判,就目标、期望、义务等进行讨论、酝酿,在取得一致意见的基础上制定联盟的管理运行细则并签约实施。由于联盟伙伴之间往往存在着既合作又竞争的双重关系,各方应对联合与合作的具体过程和结果进行谨慎细致的谈判,摒弃偏见,求大同,存小异,增强互信。

⑥ 实施和控制。国际战略联盟一旦建立,就要选择最佳的战略组织形式和管理制度,以保证国际战略联盟合理运行,提高企业自身的竞争能力,充分、最优地实现合作各方的经济利益。联盟内的企业应把通过联盟向对方学习作为一项战略任务,最大限度地尽快将联盟的成果转化为企业的竞争优势。参加联盟的企业都应贡献出必要的信息供对方分享,同时企业要合理控制信息流动,保护自身的竞争优势,防止联盟伙伴得到企业应予以保护的关键信息,成为企业的强有力的竞争对手。

国际战略联盟是一种跨国界合作经营,战略联盟如果合作顺利,能给联盟各方带来巨大的经济利益和竞争优势,因此必须对战略联盟进行全方位、全过程地控制管理。

如联盟建立应基于各方需要,建立合适的组织机构,保护联盟各方的技术资产,对战略联盟进行有效的协调管理,沟通各方的文化差异并创造新的企业文化等。

11.1.5 反倾销与反补贴应诉战略

1. 反倾销应诉战略

在国际营销形势日趋严峻的情况下,企业必须深入分析出口产品遭遇反倾销的原因和特点,熟悉反倾销应诉的基本程序,运用适当的反倾销应诉战略维护自己在国际市场上的权益,为企业开拓更大的市场空间奠定基础。

(1) 反倾销应诉的过程。当企业产品在国际市场被控倾销时,企业应与国内具有相似产品的生产和出口企业联合、协作、积极应诉,一般应遵循以下8个步骤。

① 及时做出反应。在企业接到国外反倾销调查机构发出立案调查的通知后,企业应在规定的时间内及时快速地做出反应,积极组织各方面的力量研讨对策,是主动提高出口产品价格、减少出口产品数量还是积极应诉,尽快做出决断。

② 聘请律师。一旦决定应诉,就应聘请通晓反倾销所在国的有关法律、反倾销实践经验丰富、对中国国情比较熟悉、与当地反倾销调查机构联系密切的律师(包括当地和国内律师),并在律师的指导下,积极准备相关材料和证据。

③ 填写问卷。根据案件实际情况,通过律师及时向国外反倾销调查机构提出企业的应诉意见并提供必要的材料和证据。在国外反倾销调查机构发出调查问卷后,必须在规定的时间内配合律师认真填写,按时递交到国外的反倾销调查机构,并随时准备回答和填写进一步的补充问卷调查。

④ 准备核查。实地核查是反倾销案件中的一个重要环节,国外的反倾销调查机构在核查工作中要求严格,核查认真、细致。因此,应诉企业必须在律师的指导下,全面、充分、认真地进行准备,以便顺利通过核查。

⑤ 参加听证会。根据反倾销调查的进展情况,应诉企业应利用法律赋予的权利促使反倾销案件向有利于自己的方向发展。例如,适时要求召开听证会,利用听证会阐述有利于应诉方的论点,提供必要的资料和证据,补充调查问卷及实地核查中的不足。

⑥ 提出中止协议。初裁后,根据反倾销案件的进展情况,应诉企业或其代理人(如政府、行业协会、商会等)可以适时地提出签订中止协议的请求,以争取对应诉企业有利的结果。

⑦ 行政复审。应诉企业的产品被征收反倾销税后,应诉企业可以根据当地反倾销法律的规定申请复审,以便重新进入该市场。其他出口产品的企业在反倾销调查期间没有被反倾销调查的产品,也可以提出复审。

⑧ 司法审查。应诉企业对最终裁决和复审决定如有异议,如对进口国相关产业的损害及损害程度、是否征收反倾销税以及是否追溯征收等裁定,可以向当地相关司法机关提出诉讼,要求改变或撤销原裁决或决定。

(2) 反倾销应诉战略。反倾销是当今国际贸易中应用广泛的一种法律手段,具有形式合法、易于实施、能够有效排斥外国产品进口且不易招致出口国报复的特点。因此，企业必须了解目标市场国或地区的法律法规及当地该行业的市场竞争状况和发展趋势，采取适当的应对战略，防患于未然，维护企业在国际目标市场上的利益。

① 提高认识，加强管理。提高企业对预防和参与反倾销应诉重要性的认识，并作为专项工作落实到企业的日常生产经营管理工作中。预防投诉、积极应诉、争取胜诉，对反倾销进行专项研究，收集有关信息资料，预防和抗诉国外的反倾销案，应该成为企业日常经营管理活动的重要工作内容。

② 建立反倾销预警机制。一般情况下，国外企业或某一行业对进口产品提出反倾销调查之前，大约需要半年至一年左右时间准备有关的申诉材料。企业可以通过对方有意或无意发出的试探性信号获得相关信息，提前做好准备工作或采取措施阻止反倾销立案调查。因此，企业需要在行业协会或主管部门的指导下，建立重要产品的数量、价格监测系统，搜集相关资料，逐步建立产品生产、销售、消费及价格变化的预测分析系统，对可能发生的反倾销指控提前预警并及时制定相应对策，争取产业保护的主动权。通过各种反倾销数据库或网站，了解世界各国的反倾销法律、法规和政策，以及可能的替代国价格、计算数据、成本资料等，以事前分析的方法避免遭到反倾销指控。

③ 构建反倾销应诉机制。当反倾销调查进入到诉讼阶段，就需要一个完善的反倾销应诉机制，积极做好反倾销应诉工作。企业应在主管部门和行业协会的统一协调下，构建自己的或行业的反倾销机制，设立反倾销应诉基金，培养从事国际反倾销应诉的专门人才，为构筑有效的反倾销应诉机制提供强大的人力资源库。

④ 律师的选聘。反倾销应诉工作专业性很强，必须聘请熟悉反倾销业务，工作经验丰富，既了解中国国情又熟悉反倾销国情况的律师作为诉讼代理人。聘请的律师要精通国际反倾销惯例、国外反倾销立法，有反倾销实践经验和较强的公关能力。在处理国外部分工作时，一定要聘请有经验、有一定知名度的起诉国律师，尤其是对一些出口数量大、金额大、市场潜力大的产品反倾销案，利用其专业知识、经验、信息及与当地的关系开展辩护工作。反倾销案中绝大部分工作是准备问卷和抗辩，这项工作宜聘请国内律师来做。企业应争取合理的律师费，明确律师的服务范围和工作内容。

⑤ 积极配合实地核查工作。在反倾销案件的调查中，实地核查是一项非常重要的工作，应诉企业应了解实地核查的相关内容，积极主动地配合调查方的实地核查工作，以改变企业的被动地位，推进胜诉。在实地核查中，企业与律师之间的协作要默契，对核查人员的询问和情况介绍，律师一般不能代企业回答，以免核查官员对回答的真实性表示怀疑。在实地核查前，要安排好回答核查官员问题、查找文件、复印和传递材料的人员，协助律师准备核查中可能问到的问题和所需要提交的文件，例如，问卷与原始凭证、明细账、月度报表、计算草稿、提交的问卷，以及各种型号的涉案产品及原材料构成成分等。做好实地核查工作中的参观厂房和生产车间、介绍产品型号和结构、查看公司的结构、解释会计体系、原料的购进、核实库存、核实内外销数量与金额、生产成本和管理费用的分摊、检查销售过程和销售渠道以及提交对错误的修改和遗漏的问题等。在实地核查过程中，企业要做到认真对待、统一解释口径，使核查人员相信企业的解释与展示。

⑥ 实施出口市场的多元化战略。目前，我国企业的出口贸易大部分集中在欧盟、

美国、日本等少数发达国家市场,而这些国家又是反倾销措施最严厉、对我国实施反倾销最多的国家。企业应细致细分全球市场,加快开拓东欧、拉美、非洲和中东地区等市场,实施市场多元化战略,降低市场过于集中所带来的风险。企业要防止主导产品、投放总量和品种在一个输入国市场上的集中投放,控制敏感性产品在短期内对某一市场出口量的猛增。企业还要深入了解目标市场国或地区的产业政策,研究国际目标市场的发展动向和容量,并特别注意目标市场国特殊保护的比较敏感的产业、产品和涉及国家利益的产品,根据进口国的实际情况,策略性地调整出口产品结构。

⑦ 制定并实施国际性营销战略。企业应制定并实施跨国公司战略,树立长远的全球经营意识,设计企业成为国际著名跨国公司的战略远景,逐步形成与跨国公司相适应的经营机制和管理模式。实施国际名牌战略,通过提高核心能力来获得竞争优势,综合运用国际市场营销策略,提高产品技术含量,增加产品自身特色,突出产品的差异性,提高产品的附加值。企业应及时调整投资战略,有选择地到国外投资设厂,以投资带动出口。企业还应加大科技投入,提高产品安全性,加强出口产品的国际质量标准认证工作,提高企业在国际市场上的竞争能力和信誉。

⑧ 合理利用反倾销规避战略。反倾销规避是指一国的产品被另一国征收反倾销税,出口企业通过各种符合法律规定的形式和手段来减少或规避被课征反倾销税的方法或行为。被征收反倾销税的出口企业为夺回失去的市场,可以通过采取进口国组装、第三国组装和改进后期产品等方法来规避进口国的反倾销税。企业应认真研究各国的反倾销立法,根据目标市场国或地区政府的规定确认产品实质性改变的程度,以及各国的反规避措施。

可供企业选择的规避措施主要有以下4种。一是进口国组装规避,又称"零件倾销",即指出口企业为避免其制成品在进口国被征收反倾销税,而将该产品的零配件和组装件出口到进口国,并在进口国组装后进行销售的行为。二是第三国生产或组装规避,即指出口企业为避免其制成品在进口国被征收反倾销税,而将组装件运送到第三国加工或组装,再以第三国的名义出口产品。三是以产品的细小变化规避,即指出口企业为规避反倾销税,而将出口产品进行轻微的加工或外观上的细小变化,但不改变产品的基本性能。由于这种细小的改变没有导致产品在最终用途、物理性能、消费者期待、贸易渠道、广告宣传和陈列方式等方面发生相应的改变,一般情况下,世界各国都将其纳入原被征收反倾销税的产品范围内。四是后期改进产品规避,即指一项进口产品在受到反倾销调查后,在功能结构上有所改进的产品,类似于更新换代产品。改进后的新功能应构成该产品的主要用途,其成本在该产品总成本中占较大比重。

2. 反补贴应诉战略

反补贴与反倾销都是当今国际贸易活动中重要的法律手段,近几年被许多国家尤其欧美各国广泛使用,对我国出口产品和服务在国际市场上造成了很大冲击。因此,国内出口企业和走上国际市场的企业应审时度势、积极应对,维护自己在国际市场上的商业利益。

(1) 提高认识,强化维权意识。与反倾销只调查个别企业不同,反补贴调查将调查政府相关政策,甚至涉及整个行业、产业;与反倾销案件之间互不适用不同,反补贴只要一个案件成立,证据就会被用到其他产品中;反补贴调查不仅针对政府的出口补贴,还针对政府的生产补贴。因此,国外政府和企业发起的、针对我国出口产品和服务的反补贴调查,具有更大的威胁性、危害性和广泛性。

(2) 发挥行业协会的沟通与协调作用。行业协会应做好相应的国际市场调研工作,了解国际市场相关产品和服务销售状况,加强与政府和企业的合作,做好沟通和桥梁、纽带作用。密切注意贸易伙伴的反补贴动向,包括对重点敏感出口产品要做好出口价格、出口国家和地区的监测工作和价格协调工作,提前做好各项准备工作,掌握反补贴主动权。

(3) 规范管理、积极配合。虽然反补贴被调查的主体是政府行为,但是出口企业并不是毫无作为。一方面,遭遇反补贴指控调查时,企业要高度重视;另一方面,企业要积极配合调查工作,提供相关资料和数据信息。同时,企业要严格按照 ISO9000 质量标准和 ISO14000 环境标准开展生产和管理工作,健全财务制度,保证资料、数据的完整性和准确性。

(4) 建立一支专业化的专家团队。从企业、行业协会和政府层面上,要培养一批精通应对反补贴业务的律师、会计师和产业专家团队,认真研究世界贸易组织《补贴与反补贴措施协议》中,关于给予发展中国家的优惠待遇及例外条款;同时研究好反补贴指控国家或地区相应的法律政策规定,积极应对,争取本国企业和产业的利益。

(5) 调控受补贴产品,实施市场多元化战略。出口企业应采取更为灵活的投资和运作方式,在受补贴产品出口到某一国外市场前,要了解该市场与出口产品相竞争产业的现状及其发展动态,研究国际市场动向和容量,控制出口产品的市场投向,以免在短期内集中向某一特定市场输入过量的某种受补贴的产品,招致反补贴控诉。同时,要注意了解目标市场国的产业政策和工业界的动向,特别是针对一些国家要特别保护的比较敏感的产品和涉及国家利益的产品,应根据进口国的实际情况,策略性地调整出口产品结构,实施市场多元化战略。

思考题

1. 什么是国际市场和国际市场营销?如何理解国际市场营销的内涵?
2. 分析国际市场营销环境现状及发展趋势。
3. 跨国市场区域与集团化形成的原因是什么?它对企业的国际市场营销有哪些影响?
4. 企业应如何进入国际市场?
5. 企业应如何分析全球市场的发展趋势与分布状况?
6. 企业如何制定和实施国际战略联盟?
7. 企业为什么会被目标市场国或地区指控为产品倾销?应如何应对这种挑战?
8. 什么是补贴与反补贴?如何应对目标市场国或地区的反补贴指控?

项目11 国际营销

学习指导

1. 国际营销和国内营销定义的唯一区别在于国际营销活动是在一个以上国家进行的。说明了国际营销活动的多样性和复杂性。国际营销与国内营销的区别不在于概念的不同,而是实施营销计划的环境不同,尽管它们的营销基本概念、方式与程序相同。

2. 为了使营销计划适应国外市场,营销者必须正确理解各种不可控因素对营销计划的影响和冲击。营销者在适应文化的过程中所面临的难题在于如何对这些冲突加以识别。适应文化是营销者所面临的最富有挑战性的、最重要的任务。国际营销成功的一个主要障碍是个人在决策过程中的自我参照标准,即无意识地参照本国文化的价值观、经验和知识,作为决策的依据。

3. 反倾销的主体是企业,经过多年的反倾销诉讼磨炼,中国企业已经积累了很多宝贵的经验。但是,反补贴是最近几年才被西方各国频频使用的贸易保护的合法手段,与反倾销相比,反补贴的应诉主体为政府,其调查范围更广泛、影响时间较长,从事国际营销活动的企业,也必须建立起有效的信息系统做好预警工作,毕竟无论反倾销还是反补贴最终受损的都是企业。

典型案例

日本佳能开拓国际市场

佳能公司原是一家以生产照相机为主的公司,第二次世界大战后日本政府进行产业调整,将全国的照相机厂商整合成七家大企业,实行专业化生产,从此,佳能公司逐渐脱颖而出。当时国际市场上最流行的是瑞典生产的6×6英寸单反相机和德国莱卡公司的产品。佳能公司在二者产品的基础上取长补短,生产出性能更好的照相机,在国内市场日益兴旺的情况下,佳能公司开始把目光投向更广阔的国际市场。他们认为,美国是世界市场的领头羊,如果企业产品能立足美国市场,即可畅销全球市场。因此,他们首先选择美国市场作为公司进入世界市场的目标市场。当佳能公司雄心勃勃进入美国市场时,却遭遇消费者的冷眼,原因是第二次世界大战后日本企业抄袭和模仿他人产品引起公愤,日本产品成为低级、廉价和劣质的代名词。

之后,佳能改变营销战略,先与美国一家富有销售经验的贝尔-霍埃尔公司建立合作关系,以"贝氏佳能"商标向美国市场推出公司照相机,尽管销售业绩并不理想,但他们仍坚持在美国市场销售产品,以熟悉美国市场营销环境,取得美国市场行销经验。他们集中公司优秀的技术人员进行技术开发,将光学技术与电子技术相结合,实现了照相机的电子化。为争夺市场,与技术实力雄厚的莱卡公司展开竞争,佳能公司果断投入主要技术力量研制电子自动照相机,并取得成功。佳能公司推出首创的自动电子曝光照相机,正好迎合了追求新奇、方便的美国消费者的口味,产品一投放市场,立刻引起极大轰动,在美国市场供不应求。随着佳能产品在美国市场的影响不断扩大,佳能公司结束了与贝尔公司的合作,并趁机增加销售网点,正式以"佳能"商标在美国市场开展营销活动。

佳能公司不断拓展业务范围,先是开发出用微机处理器控制的小型复印机 NP-200。佳能公司将产品价格定得很低,并通过广告进行宣传,使产品销售量在半年内增长了近5倍。不久又向市场推出超级 X 系列复印机产品,其复印速度比市场上正在销售的任何大型机器都快,且耗能少。1976 年又向美国市场推出采用光电一体化控制技术、自动化程度更高的 35 毫米 AE-1 型照相机,产品一上市即供不应求。

在美国市场站稳脚跟后,佳能公司开始拓展国际市场,首先在瑞士市场取得成功,然后向欧洲各国市场进行扩展,一步步将市场渗透到德国莱卡公司的周围。佳能公司还乘机进入中东和非洲市场,占领了美国施乐公司和德国莱卡公司的市场。面对佳能公司咄咄逼人的进攻,施乐公司重新制定了以佳能为主要竞争对手的市场营销战略,并推出新型复印机,多种型号的复印机平均降价 27%,派出技术和管理人员专程前往日本研究质量管理、工程技术、销售渠道、降低成本等问题。德国莱卡公司重新调整研究开发组织,扩大阵容,推出新产品,并在美国、德国、英国、法国和瑞士等重要市场与大流通商签订产品销售合同。

面对施乐和莱卡公司的合纵反击,及日元升值、劳动力成本提高等因素的影响,佳能公司产品出口难度加大。为进一步开拓国际市场,公司决定调整经营战略,在海外设厂生产,与对手正面展开竞争。他们首先在中国台湾建立照相机生产基地,将在日本无利可图的低附加值中低档产品转移到中国台湾,利用当地的廉价劳动力进行生产,以降低成本,提高产品的市场竞争力。在美国、德国直接投资,并与高新技术企业建立战略联盟,借用其技术力量开发高科技产品,以求在技术上处于领先地位,摆脱竞争对手的纠缠。他们先后与美国柯达公司、得克萨斯仪器公司签订合作开展尖端技术产品的协议。目前,佳能公司的产品(如照相机、复印机、办公自动化(OA)设备等)都已成为世界著名品牌产品。

(资料来源:王纪忠,方真. 国际市场营销[M]. 北京:清华大学出版社,北京交通大学出版社,2004)

➡ **分析讨论题**

1. 日本佳能公司是如何进入国际市场的?
2. 日本佳能公司是如何分析国际市场的?
3. 日本佳能公司开拓国际市场的策略有哪些?
4. 如何评价佳能公司、施乐公司和莱卡公司各自采取的营销战略措施?

11.2 工 作 页

11.2.1 跨国营销企业分析

(1) 请搜集和查阅有关资料,描述中国市场上的大型跨国公司有哪些?择其一描述其主要业务或产品是什么？有什么特点？来自哪个国家？描述其目标市场状况,如年龄、性别、职业、收入、爱好、消费结构、消费偏好等。描述该公司在中国市场的经营状况,如公司规模、盈利情况、市场占有率、价格、渠道、促销等。

（2）请搜集和查阅有关资料,描述走出国门的"中国籍"大型跨国公司有哪些？择其一描述其主要业务或产品是什么？有什么特点？描述其目标市场国或地区的人口、经济发展、政治制度、法律规范、风俗习惯、社会文化等基本情况。描述其目标市场状况,如年龄、性别、职业、收入、爱好、消费结构、消费偏好等。描述该公司在中国市场的经营状况,如盈利情况、市场占有率、价格、渠道、促销等。

（3）组织学生参观一家外商企业或我国进出口公司、外向型企业,了解该企业的国际市场需求特点、产品特点、进入市场的方式及其市场营销策略。

11.2.2 国际营销环境分析

（1）选择一个走出国门的中国企业或选择其一种产品或项目,分析其面临的国际市场营销环境,包括宏观营销环境和微观营销环境现状及变化趋势。

（2）运用SWOT分析法分析该公司或其产品在境外市场上的优势与劣势、面临的机会与威胁,并提出有针对性的意见和建议。

外部环境分析 \ 内部环境分析	优势(S)： 1. 2.	劣势(W)： 1. 2.
机会(O)： 1. 2.	SO 分析： 1. 2.	WO 分析： 1. 2.
威胁(T)： 1. 2.	ST 分析： 1. 2.	WT 分析： 1. 2.

11.2.3 反倾销应诉分析

（1）搜集查阅最近2～3年来,国外企业或政府对中国企业提起的反倾销诉讼案例,整理分析后择其一详细描述其发生、发展的过程,包括国外企业或政府的诉讼理由、诉讼请求、调查过程、裁定结果及中国企业的应诉情况等。

（2）讨论分析发生该案例事件的原因,是否有可能不发生该类反倾销指控事件,中国企业应诉的得与失是什么？

11.2.4 反补贴应诉分析

（1）搜集查阅最近2～3年来,国外企业或政府对中国政府或行业提起的反补贴诉讼案例,整理分析后择其一详细描述其发生、发展的过程,包括国外企业或政府的诉讼理由、诉讼请求、调查过程、裁定结果,分析中国政府做了哪些工作,中国行业企业做了哪些工作等？

（2）讨论分析为什么会发生国外企业或政府机构频频向中国政府或行业企业提起反补贴指控？在这样的事件中，政府应如何应对？企业应如何应对？怎样才能减少或避免这类事件发生？

11.2.5 要求与考核

（1）对每一部分工作项目完成方式，教师可根据时间安排妥善布置。各小组应上交相关图表及文字分析报告，要求思路清晰、内容完整、格式规范。

（2）每个小组要以临阵突战的状态完成各项任务，并上交报告 Word 文件和 PPT 文稿。

（3）各小组派代表进行演示、汇报，教师进行评价。也可以由各小组间进行相互评价，以适当权重加入小组活动成绩中，便于学生相互学习、取长补短。

11.2.6 本项目学习总结

总结项目	总结内容
本项目内容主要知识点	
本项目内容主要技能点	
你已熟知的知识点	
你已掌握的专业技能	
你认为还有哪些知识需要强化，如何做到	
你认为还有哪些技能需要强化，如何做到	
本项目学习心得	

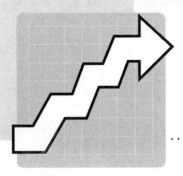

项目 12

营 销 控 制

知识目标

了解市场营销组织的模式和设计程序、市场营销战略的构成要素及市场营销计划的内容,理解市场营销组织和市场营销战略的含义,掌握市场营销组织的设计方法、市场营销战略的决策过程及市场营销控制方法。

技能目标

学会根据企业需要设计适合的市场营销组织结构,制订市场营销计划,并能采用适当的方法进行市场营销控制。

学习任务

1. 运用营销组织理论,为特定企业或业务设计营销组织结构,分析制定部门业务职能、工作职责和权限及其相互关系。

2. 分析特定企业或业务的营销战略规划是否适当,依据环境、市场及企业既定目标制订切实可行的营销计划。

3. 选择适合的营销控制工具对特定企业或业务营销活动进行分析、追踪和调控,确保其营销活动按照既定方向并围绕着营销目标开展。

12.1 学习引导

对市场营销的全过程进行有效管理,是企业营销目标顺利实现的前提和保证。通过合理设计营销组织、精心制订营销计划、有效地控制营销实施过程,使各个部门和各种资源相互协调配合,保证企业在市场竞争中处于有利地位,充满生机和活力。

12.1.1 市场营销组织

市场营销组织结构会影响营销人员的自主权限、沟通效果和合作程度,加强市场营销组织建设、灵活机动地调整市场营销组织结构,是企业成功开展营销活动的重要保障。

1. 市场营销组织的含义

所谓组织,就企业而言,是指一个企业在其各个职能部门中构造彼此之间关系的方式。市场营销组织是指为实现企业营销目标,在企业内部设立的涉及市场营销活动的各个职位及其结构。市场营销组织是营销管理的基础和重要保证,关系到企业是否能顺利开展营销活动,获得预期利润。

正确理解市场营销组织的含义需要注意:并不是所有的营销活动都发生在同一组织岗位上,如一个大公司每个销售经理下面都有一支销售队伍,但运输则由一位经理统一管理;不同企业对其经营活动的划分亦不同,如信贷对一个企业是营销活动,对另一个企业却可能是会计活动。特别值得一提的是,企业的各项营销活动都要由人来承担,人的因素在组织运行过程中起着重要作用。因此,对人的管理有时比组织结构的设计更为重要。当然,健全的组织结构是企业高效率地开展营销活动的前提条件。

2. 市场营销组织的模式

现代企业的市场营销部门有多种组织模式,企业要根据情况选择适合于自己的一种或几种组织模式。通常,市场营销组织模式有以下 6 种。

(1)职能型组织。最常见的营销组织模式。它是在一位市场营销副总经理的领导下,下设各职能部门,负责各类业务,并接受市场营销副总经理的领导,其组织结构如图 12-1 所示。

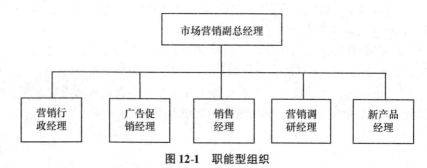

图 12-1 职能型组织

这种组织模式的优点是结构简单,组织协调方便。它适合于产品品种少,或市场集中及产品的营销方式大体相同的企业。但当企业产品品种增多和市场扩大时,这种模式就会暴露出发展不平衡和难以协调的问题,如各职能部门强调自身的重要性,以争取更多的预算和决策权力,没有人或部门对某种产品的整个市场营销活动负全部责任,致使市场营销副总经理无法进行协调。

(2) 产品型组织。在企业的产品品种多、品牌多、各产品差异很大,职能型组织无法处理的情况下,适宜建立产品型组织。即在市场营销副总经理下设一名总产品营销经理,其下再按产品类别分设一名产品大类经理,产品大类经理下再按每种具体产品品种设一名产品经理,进行分层管理,其组织结构如图12-2所示。

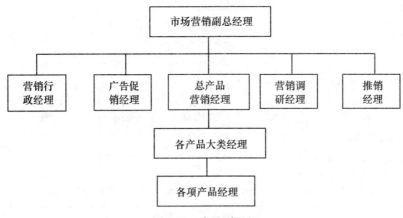

图 12-2　产品型组织

这种组织结构是在职能型组织结构的基础上设置的,其优点是产品经理对市场变化能够做出迅速的反应,由于是专人负责每一种产品,所以即使较小的品牌或品种也不致遭忽视。该组织模式的缺点是产品经理职权有限,易与其他部门发生冲突;职权划分不明确,易出现多头领导;产品经理相互独立,因而缺乏整体观念。

(3) 地区型组织。一些大型企业其业务一旦扩展到全国甚至国外,就可以按照地理区域来设置营销组织。这种方法一般是设有一个总销售经理,再根据需要分设大区销售经理、区域销售经理、地区销售经理,再下设一些推销人员。从总销售经理到地区销售经理,所管理的人员即"管理幅度"逐级增加,其组织结构如图12-3所示。

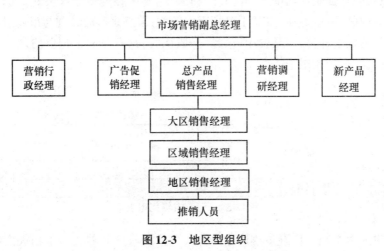

图 12-3　地区型组织

这种组织模式的优点是便于各地区销售经理在本地区开展有针对性的营销活动，也有利于高层领导有效地监督下级。其缺点是由于销售队伍庞大，增加了营销费用。

(4) 市场型组织。当企业生产的产品大类单一、市场需求的差异性很大且使用不同的分销渠道时，可以按照顾客的购买习惯与偏好对市场进行细分，建立市场型组织。例如，钢铁公司的销售对象包括铁路、建筑、公共事业部门等，这些部门就形成公司的各个分市场。这种模式的组织设立一个总市场经理，其下设分市场经理若干人，其基本组织结构如图12-4所示。

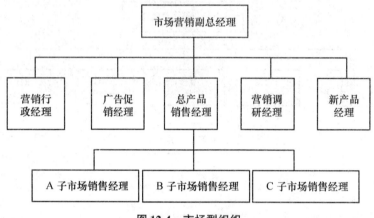

图12-4　市场型组织

这种组织模式的优点在于市场营销活动可以按照满足各类不同顾客的需求来组织和安排，有利于企业加强销售和市场开拓。其缺点是权责不清和多头领导，与产品型组织大致相同。

(5) 产品/市场型组织。当企业生产多种产品且面向不同的市场时，可以采用产品/市场型组织，这种组织既设立产品经理又设立市场经理，是一种矩阵组织，其组织结构如图12-5所示。在这种组织模式中，产品经理负责销售和寻找更广泛的产品用途，市场经理负责开拓现有市场和挖掘潜在市场。它较适合于从事多角化经营的大企业，其优点是能加强企业内部各部门之间的协作，集中各种专业人员的知识、技能，又不增加人员编制，适应性强，有利于提高工作效率；缺点是产品经理与市场经理在开展营销活动时易发生冲突，而且费用较大。一般认为，只有对非常重要的产品和市场才需要采用产品/市场型组织。

		市场经理			
		男装	女装	家庭装饰	工业用品
产品经理	人造纤维				
	尼龙				
	奥纶				
	涤纶				

图12-5　产品/市场型组织

(6) 事业部组织。从事多角化经营的大企业随着产品种类与市场规模的不断扩大,企业常把重要的产品群设为独立的事业部,事业部下再设自己的职能部门。其组织结构如图 12-6 所示。

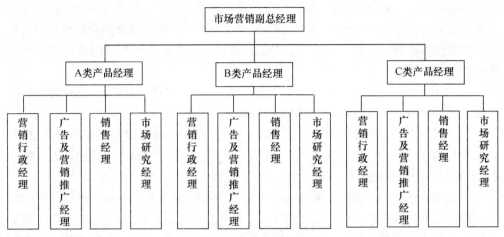

图 12-6　事业部组织

采用这种组织模式时,企业总部只对大政方针和战略规划做出决策。事业部是在企业总部下设立的按产品或地区独立经营和独立核算的组织机构,并对总部负利润责任,是下属的一级分权单位,各事业部下面常设有较齐全的职能机构。这种组织模式有利于发挥产品或地区事业部的主动性、积极性和创造性,使主管人员迅速成长;有利于经营组织的稳定性,使之更能适应激烈的市场竞争和开拓国际市场的需要;特别有利于跨国公司的发展和国际市场竞争的需要。这种模式在运行过程中有 4 种基本方法:一是企业总部不设营销部门;二是企业总部保持必要规模的营销部门;三是企业总部保留能为各事业部服务的适当规模的营销部门;四是企业总部拥有规模较大的营销部门。

3. 市场营销组织设计

企业选择和使用哪一种市场营销组织模式,应综合考虑企业规模和类型、产品特点、市场状况等多种影响因素,依据统一协调、分工协作、精简高效和责权对等原则,遵循一定的设计程序,根据企业营销目标的需要设计、选择和使用市场营销组织结构。

(1) 明确营销目标。设计企业市场营销组织的目的是借助它实现其营销目标,如果营销目标不明确,就无法有针对性地设计营销组织结构,以强力推进营销工作,实现预期目标。因此,营销目标要系统化、具体化、重点突出、切实可行,具有挑战性、前瞻性和激励性,有利于调动员工工作热情,提高营销效率。

(2) 分析组织环境。营销组织在不断变化着的社会经济环境中运行,要受到多种环境因素的制约,因此设计营销组织机构,必须考虑组织的内部和外部环境因素。内部因素主要包括企业规模、企业类型和产品类型等,外部因素主要包括市场状况、竞争者状况、科技进步等。

(3) 设计组织结构。是市场营销组织设计的最重要的一个环节。主要应做好以下两个方面的工作。

① 确定管理层次和管理幅度。管理层次是由企业最高管理者到基层工作人员之间隶属级数的数量。管理幅度是指一个领导者能够有效地直接指挥和监督的下属人员的数量界限。一般来说,管理幅度与管理层次成反比关系。即管理幅度越大,管理层次越少;反之,管理幅度越小,管理层次越多。企业规模和领导者的管理控制能力直接影响管理层次和管理幅度。企业要根据经营发展的需要选择合适的管理层次和管理幅度。

② 设置岗位。设置岗位要处理好三个问题:一是设置哪些岗位;二是规定各种岗位的责任和权限;三是明确各种岗位之间的关系。

(4) 配备人员。企业配备组织人员时必须为每个职位制定详细的工作说明书,并从工作经验、文化程度、身体状况、个性特征等方面进行全面考察。力争做到人员的知识、能力与岗位要求相适应。做到因事设人,量才用人,用人所长,人尽其才。

(5) 建立信息沟通网络。通过信息沟通把组织成员联系在一起以实现共同的营销目标。企业可以通过编制组织系统图或工作说明书等多种形式,使组织的每个成员明确自己应当掌握哪些信息、传递哪些信息、向谁传递、何时传递以及传递信息的有效方法。从而使组织能够及时掌握整个营销活动运行过程和环境系统的发展变化情况,增强组织结构的弹性,提高实现营销目标的能力。

市场营销环境的不断变化会导致营销组织结构也随之进行变革。企业营销主管人员要经常检查、监督市场营销组织的运行状况,并及时加以调整。例如,适时地改组、淘汰、合并一些不合时宜的机构,产生新的部门,不断革新,使组织保持活力,避免呆板僵化和循规蹈矩,使营销组织得到不断发展。

12.1.2 市场营销战略与计划

根据企业发展和市场竞争的需要制定市场营销战略,明确企业的发展方向和战略目标,并以切实可行的市场营销计划确保营销战略目标的实现。

1. 市场营销战略

战略是指对事物全局性、深远性的谋划。"战略"一词源于希腊语 Strategos,原本为军事术语,是指挥和领导军队、运用力量的计谋和艺术。在现代社会和经济生活中,这一术语主要用来描述一个组织打算如何实现其目标和使命。

市场营销战略是指企业在分析市场营销环境及动态变化趋势、自身营销条件等因素的基础上,确定企业市场营销发展的目标,做出营销活动总体的、长远的谋划及其所应采取的重大行动措施。企业市场营销战略包括两个方面的内容:一是企业根据自身的资源状况及所处的环境确定一定时期的发展目标;二是制定为达到该目标所采取的方法和步骤。

制定和实施企业营销战略,是站在战略的高度,从总体上对企业市场营销活动进行规划,它是企业生存和发展的根本保证。任何一个企业的成功发展,都依赖于科学系统的营销战略决策及营销原理和方法的灵活运用。

(1) 市场营销战略的构成要素。主要由战略思想、目标、方向、重点、对策和阶段等 6 个要素构成。

① 战略思想。是指导企业市场营销战略制定与实施的基本思想和观念,是企业整个市场营销战略的灵魂,对营销战略起到统帅的作用。企业市场营销战略思想主要包括市场营销观念、顾客至上观念、经济效益观念、资本运营观念、以人为本观念等。

② 战略目标。是指在市场营销战略思想指导下,根据企业的营销战略分析,确定企业营销战略期内所要达到的目的。营销战略目标要突出重点,具有一致性、可测量性和可行性,一般通过市场占有率、投资报酬率、目标贡献率等具体表现。

③ 战略方向。是指企业制定营销战略方案和战略决策的指导方向,包括企业营销发展方向、经营结构的调整,例如,企业计划在原有产品基础上谋求发展,还是扩大经营范围、开拓新市场。其中,企业营销发展方向是营销战略方向的核心内容。

④ 战略重点。是指对实现企业市场营销战略目标具有关键作用,而又有发展优势或自身发展相对薄弱需要着重加强的环节。只有抓住战略重点,才能保证营销战略的实现。

⑤ 战略对策。是指为实现营销战略指导思想和战略目标而采取的重要方法、措施和策略。战略对策应具有针对性、预见性、可操作性和灵活性。

⑥ 战略阶段。是指实施营销战略或实现市场营销战略目标所必须经历的步骤。对于较长期的营销战略必须分步实施,逐步推进,因此被划分为若干阶段。

(2) 市场营销战略的决策过程。大致经历分析环境、明确企业任务、确定企业目标、拟订战略方案、制订计划、实施与控制、检查与评估等 7 个阶段。

① 分析环境。对环境的分析包括对外部环境和内部环境的分析。通过对外部环境的分析找出外部环境中的机会和威胁,可以分为宏观、中观和微观三个层次。宏观环境分析涉及国家有关经济产业政策;中观环境主要指行业环境,这是制定企业营销活动的关键因素;微观环境是指具体的行业竞争者、顾客等因素。内部营销环境主要是指企业自身的优势和劣势。通过认真细致地分析,将企业外部机会与威胁同内部优势与劣势综合衡量,利用优势、把握机会、降低劣势、避免威胁。

② 明确企业任务。在对环境现状进行分析的基础上,企业应明确任务,即究竟要做什么、应向哪些目标顾客提供服务、如何进行资源配置、企业能发挥优势的领域是什么、应建立怎样的企业文化等。规定企业任务时应考虑企业的突出特征、市场定位、资源拥有状况、营销环境的发展变化等因素,审时度势,因时、因地、因势灵活地确定企业任务。

③ 确定企业目标。在确定企业任务后,必须清晰地制定出企业的总目标,以便选择适当的企业战略和市场营销战略来实现这一目标。企业的战略目标一般包括成长性目标、稳定性目标和竞争性目标。成长性目标,能够表明企业的进步和发展水平,包括销售量、销售额、利润额、增长率、资产总额等;稳定性目标,表明企业的经营状况是否安全,包括经营安全率、利润率和支付能力等;竞争性目标,表明企业竞争能力的大小或强弱,包括产品的市场占有率、企业在同行业中的地位、企业及其产品的知名度等。企业确定的各种目标必须按轻重缓急有层次地安排,尽可能用数量指标表示,目标水平切实可行,各项目标之间协调一致,避免目标之间相抵触,便于在管理过程中进行精确计划和有效控制。

④ 拟订战略方案。确定了企业战略目标，就应制订多套可供选择的实现营销目标的方案，并从中选择出一个最佳可行的方案。在具体操作时，有必要把每个备选方案的优劣一一列出，分别予以评价、选择。能为企业提供成功机会，使企业成为同行业中佼佼者的战略方案通常有三种：一是总成本领先战略；二是差别化战略；三是集中战略。

⑤ 制订计划。对拟订的战略方案进行详细的可行性论证，从中选择最佳方案，作为企业市场营销战略的决策方案。在此基础上形成企业的战略思想和经营方针，制订执行战略方案的支持计划。

⑥ 实施与控制。实施战略计划应首先建立组织机构，以确保实现战略目标的必要活动有效地进行，保证战略方案付诸实施。在方案实施过程中，应充分考虑责任、人员、机构、技术、收益等因素，根据环境的变化情况进行动态的调整和反馈，使企业的市场营销战略更加完善。

⑦ 检查与评估。营销战略的实施必须受到控制，以便确定战略目标完成的程度。通过战略检查、监督和控制战略实施的过程，确保战略计划的准确执行。实现了营销战略目标的企业才是成功的企业。评价企业战略成功与否的指标主要有产权收益率、资产收益率、纯利、资产增值率、生产成本、股票价格、每股收益、市场占有率、销售增长率、顾客满意程度、人均销售量、人均利润、销售利润率和职员满意程度等。

2. **市场营销计划**

市场营销计划是在分析营销环境的基础上，根据企业的经营方针和政策，确定一定时期的企业营销目标和各营销职能部门的营销目标以及实现这一目标所采取的策略、措施和步骤的明确规定和详细说明，是将市场营销战略目标具体化并在市场上加以实施的计划。市场营销计划是企业总体计划的一个组成部分，是企业指导、协调市场营销活动的主要依据。

(1) 市场营销计划的类型。市场营销计划有多种类型，可从计划的时期长短、计划涉及的层次和计划涉及的范围等不同的角度进行分类。

① 按计划的时期长短，可将市场营销计划分为长期计划、中期计划和短期计划。长期计划是确定未来发展方向及奋斗目标的纲领性计划，一般在5年或5年以上；中期计划是1~5年的计划；短期计划是年度内的营销目标、营销策略、行动方案和预算的计划。

② 按计划涉及的层次，可将市场营销计划分为战略计划、策略计划和作业计划。战略计划是在分析企业的外部环境和内部条件的基础上，对企业营销活动全局和长远的规划，是协调企业内部各种活动的总体指导思想和基本手段；策略计划是针对企业某方面的营销活动所做的计划，具有局部性和战术性的特点；作业计划是企业各项营销活动的执行性计划，具有细致性和具体性的特点。

③ 按计划涉及的范围，可将市场营销计划分为总体营销计划和专项营销计划。总体营销计划是企业营销活动的全面和综合性的计划，是企业总体营销目标、营销策略和营销行动方案；专项营销计划是为解决某一专门问题制订的计划，如品牌计划、区域市场计划、产品类别营销计划、新产品计划、广告计划、细分市场计划、客户计划等。

（2）市场营销计划的内容。不同行业、不同类型的企业其营销计划在格式、内容上有一定的差别，但多数企业营销计划包含的主要内容基本相同。市场营销计划应简明扼要，言简意赅。市场营销计划一般包括以下8个方面的内容。

① 计划摘要。计划摘要是在市场营销计划开头部分对本计划的要点、目标、策略等给予扼要的综述，是整个市场营销计划的精髓所在。其目的是便于管理机构和高层主管快速浏览，能够很快了解营销计划的核心内容。营销计划内容如图12-7所示。

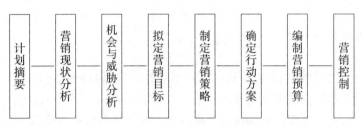

图12-7　营销计划内容

② 营销现状分析。这部分内容主要提供与市场、产品、竞争、分销情况和宏观环境、微观环境等因素有关的背景材料，有如下主要内容。

◆ 市场情况分析。描述市场的基本情况，包括市场规模、市场占有率、年增长率、顾客需求和购买行为方面的动态和趋势。

◆ 产品情况分析。说明近几年来的各主要产品的销量、价格和获利水平等。

◆ 竞争情况分析。指出本企业的主要竞争者，分析竞争者的产品质量、定价、营销组合和营销战略等，并对竞争者的意图及将要采取的行动做出预见性的分析。

◆ 分销情况分析。指出各条分销渠道的销售情况，分析其发展趋势等。

③ 机会与威胁分析。机会是指营销环境中对企业有利的因素，威胁是指营销环境中对企业不利的因素。评估环境机会，一看其潜在的获利能力，二看成功的可能性。评估环境威胁，一是考虑可能带来损失的大小，二是预测发生的概率。通过营销现状分析，找出企业外部主要的机会与威胁、内部的优势与劣势及面临的主要问题，趋利避害，赢得市场竞争优势。

④ 拟定营销目标。营销目标是营销计划的核心部分，包括两类：一是财务目标，二是市场营销目标。财务目标主要由即期利润指标和长期投资收益率目标组成，并将其转换成营销目标，如销售量、销售额、市场占有率、市场增长率、销售利润率、投资收益率等。市场营销目标应尽量数量化，便于衡量，并指导随后的营销策略和行动方案的拟定。

⑤ 制定营销策略。营销策略是指达到上述营销目标的途径和手段，每一个营销目标都可以通过多种途径去实现。营销经理必须对各种可供选择的策略进行反复比较和分析，从而做出合理的抉择，并在计划书中加以陈述。营销策略包括目标市场的选择、产品定位、营销组合、新产品开发、营销费用和营销调研等方面的内容。

⑥ 确定行动方案。营销策略需要转化成具体的行动方案才能付诸实施，行动方案包括做什么、何时开始做、如何做、何时完成、由谁负责、由谁具体实施、行动计划需要的预算等。按上述内容为每项活动编制出详细的程序，以方便执行、监督和

检查。

⑦ 编制营销预算。根据行动方案编制预算方案。此项预算类似盈亏报表,在收入栏列出预计的产品销售量及平均单价,在支出栏列出生产成本、实体分配成本和营销费用,收支的差额为预计的利润或亏损。经企业营销管理部门审查批准后,便成为材料采购、生产进度、人员安排和市场营销运作的依据。

⑧ 营销控制。即规定如何对营销计划执行过程进行控制。其基本做法是将计划规定的目标和预算按季度、月份或更小的时间单位进行分解,以便企业高层管理者随时监督、检查和调整,督促未完成计划任务的部门改进工作,纠正偏差,确保营销计划顺利实施。

(3) 市场营销计划的实施。是指企业为实现其战略目标而致力于将营销计划变为具体行动方案的过程,即把企业的经济资源有效地投入到企业营销活动中,完成计划规定的任务、实现既定目标的过程。执行和控制市场营销计划是市场营销管理过程中十分关键和极其重要的步骤。

营销计划一经审批确定,就应积极组织实施。实施营销计划主要应做好 4 个方面的工作。

① 依据行动方案实施计划。营销人员要按照计划中规定的行动方案将任务和责任分配到具体部门和人员,并编制执行时间进度表配合各项计划的实施。

② 调整组织结构。企业必须根据营销计划的需要,适时改变、完善组织结构,配备合格的营销管理人员,充分调动其工作积极性和创造性,增强其责任感和奉献精神,保证在规定的时间内完成计划任务。

③ 制定严格的规章制度。为了保证计划能够落到实处,必须设计相应的规章制度。明确与计划有关的各个岗位、环节,人员的责、权、利,及各种要求和奖惩条件。

④ 协调各种关系。为了有效实施市场营销战略和计划,行动方案、组织结构、规章制度等因素必须协调一致,相互配合。

对于在计划实施过程中出现的问题,如计划脱离实际、长期目标和短期目标相矛盾、缺乏具体和明确的行动方案等,企业高层营销管理人员要根据具体情况及时修正计划,或改变经营策略,以适应新的情况,力争圆满地完成营销计划。

12.1.3 市场营销控制

在营销计划执行过程中,难免会因环境的变化、执行人员素质的差异和对计划理解的差别等意外事件,降低计划的效力,不能实现或不能如期实现企业的预期营销目标。即使没有意外情况发生,为防患于未然,或为改进现有的营销计划,企业也应在营销计划执行过程中加强控制。

市场营销控制是指营销管理人员经常对市场营销计划执行情况进行监督和检查,及早发现和提出计划实施过程中的不足和错误,并提出改进措施和对策建议,以保证营销战略目标的实现。营销控制的程序包括以下 6 个步骤,如图 12-8 所示。

(1) 确定控制对象。最常见的控制对象是销售收入、销售成本和销售利润等。此外,对市场调研、推销人员工作、消费者服务等营销活动也应通过控制加以评价。营

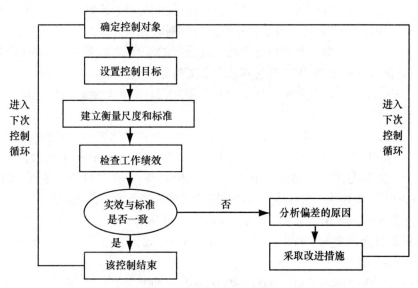

图 12-8 营销控制步骤流程图

销控制的范围越广,控制工作的难度就越大,成本也越高。因此,企业应合理地确定控制对象。

(2)设置控制目标。企业制定的战略目标和策略目标往往是抽象的或综合的,为便于计划的执行和操作,应把目标分解并细化,落实到各部门、各岗位和具体人员的工作中去。

(3)建立衡量尺度和标准。通常情况下,营销目标就决定了控制衡量尺度,例如,目标销售收入、销售增长率、利润率、市场占有率等。控制标准是衡量尺度的定量化,如本期销售增长率确定为 10%~20%。企业确定的衡量标准要做到数量化和动态化,既有约束作用又有激励作用。

(4)检查工作绩效。在市场营销控制过程中,需要确定将实际工作结果与控制标准进行比较的频率,即多长时间进行一次比较,如一个月、一个季度或一年。如果比较的结果是实际与标准一致,则控制过程结束,如果不一致则进入查明原因阶段。

(5)分析偏差的原因。在营销计划执行过程中,由于营销环境的变化、企业经营策略的调整、营销管理不善或营销计划的缺陷等因素的影响,往往导致实际工作与营销计划产生偏差,这时企业应根据实际情况进行认真分析比较,找出真正的原因。

(6)采取改进措施。如果在制订营销计划时就制定了应急预案,遇有产生偏差时,改进工作就进行得顺利、迅捷一些。如果没有应急预案,就需要根据已经变化了的情况,尽快制订修正计划,迅速实施和执行。

市场营销控制主要包括年度计划控制、盈利能力控制、效率控制和战略控制 4 种不同的控制类型。

1. 年度计划控制

年度计划控制是指企业根据本年度的计划要求,检查实际绩效与计划之间是否有偏差,并采取改进措施,以确保市场营销计划的顺利完成。年度计划控制的目的是保证企业实现其年度计划中所制定的销售、利润及其他目标。计划实施的结果不仅取决于计划制订的是否正确,还有赖于计划执行与控制的效率高低。

一般可用 5 种绩效工具来核对年度计划目标的实现程度,即销售分析、市场占有率分析、营销费用率分析、财务分析和顾客态度追踪。

(1) 销售分析。就是衡量并评估实际销售额与计划销售额之间的差距。有销售差距分析和地区销售量分析两种分析方法。

① 销售差距分析。这种方法用来测量不同的因素对出现销售差额的影响程度。例如,某企业年度计划要求第一季度销售甲产品 5000 件,单价 4 元,即销售额为 20 000 元。实际上,第一季度实际销售甲产品 4000 件,且单价降为 3.5 元,实际销售收入 14 000 元,差距为 -6000 元。问题是:造成绩效降低的原因有多少归因于价格的降低?有多少归因于销量减少?可通过如下计算来回答:

因降价引起的差额:$4000 \times (4 - 3.5) = 2000$(元),占总差额的($2000 \div 6000 \times 100\%$) = 33.33%。

因销量减少引起的差额:$(5000 - 4000) \times 4 = 4000$(元),占总差额的($4000 \div 6000 \times 100\%$) = 66.67%。

从以上分析可以看出,在减少的销售收入中有 2/3 应归因于销量的减少。接下的工作就是企业如何调查销量减少的原因,并将采取怎样的措施。

② 地区销售量分析。这种方法是用来分析未能完成预期销售额的产品和地区及其他有关方面的原因。

例如,某企业分别在甲、乙、丙三个地区销售 A 产品,计划销售目标分别是 5000 件、500 件、2000 件,而实际销售量分别为 4000 件、550 件和 1025 件。则甲地区完成 80%,乙地区超额 10%,丙地区完成 51.25%。通过分析可以发现,造成销售差距的主要原因是丙地区销售量大幅度减少所致。营销管理人员应以丙地区为检查重点,找出具体原因,加强对该地区的营销管理。

(2) 市场占有率分析。销售分析一般不反映企业在市场竞争中的地位,而市场占有率则揭示企业同竞争者之间的相对关系。因为企业销售额的增长,可能是由于企业所处的整个经济环境的改善,也可能是因为其营销工作与竞争者相比有相对的提高。市场占有率正是剔除了一般的环境影响来考察企业本身的营销工作状况。若企业的市场占有率提高,则表明它较其竞争者的状况更好;若下降,则说明其相对于竞争者的绩效较差。衡量市场占有率的第一个步骤是明确地定义使用何种度量方法。一般来说,有以下 3 种不同的衡量方法。

① 绝对市场占有率。是指企业销售额占整个同行业销售额的百分比,它反映企业在本行业中的实力和地位。使用这种衡量标准,必须做两项决策:一是确定用什么指标表示,即用销售数量表示还是用销售金额表示;二是正确认定有关行业范围,即确定本行业所应包括的产品、市场等。

② 可达市场占有率。是指企业销售额占其所服务市场的百分比。可达市场:是指企业产品最适合的市场,或企业营销努力所及的市场。企业可能有近 100% 的可达市场占有率,却只有相对较小比率的绝对市场占有率。

③ 相对市场占有率。是指本企业产品的市场占有率与本行业中最大竞争对手的市场占有率之比。相对市场占有率有以下两种表现形式。一是企业销售额与三个最大竞争者的销售额总和的百分比,如某企业销售鲜奶的市场占有率为26%,其最大的三个竞争者的市场占有率分别为22%、20%和18%,则该企业的相对市场占有率为$26\% \div (22\% + 20\% + 18\%) = 43.33\%$。一般认为,这个比值高于33%即被认为是强势产品或品牌。二是企业的销售额与行业内最大竞争者销售额的百分比,若比值超过100%,则表明本企业为市场领导者;若等于100%,则表明本企业与最大的竞争者同为该行业的市场领导者;若小于100%且有不断增加之势,则表明企业正接近市场领导者。

(3) 营销费用率分析。年度计划控制要求在实现销售目标时,各项营销费用不能超过预算标准,这其中的关键是对营销费用率进行控制,即对各项营销费用与销售额的比率进行分析。营销费用率可进一步细分为广告费用率、人员推销费用率、销售促进费用率、市场营销调研费用率、销售管理费用率等。市场营销管理人员要密切注意这些比率,及时发现任何失去控制的比率。如果一项营销费用率变化幅度不大,并在安全范围内,则可以不采取任何措施;如果一项费用率变化幅度过大,且上升速度过快并超过安全范围时,则必须认真查找原因。

(4) 财务分析。它是年度计划控制的一项重要内容。财务分析主要是通过分析企业一年来的销售利润率、资产收益率、资产周转率和资本报酬率等指标了解企业的财务状况。营销管理者在营销控制过程中,应就不同的费用对销售额的比率及其他指标进行全面的财务分析,以便确定企业在何处及如何开展活动,获取盈利。同时,利用财务分析,来判断影响企业资本净值收益率的各种因素,提高资本净值报酬率。

(5) 顾客态度追踪。年度控制计划采用的衡量指标大多是定量的,为充分反映营销活动的发展变化状态,企业还需要进行定性的分析和描述。为此,企业需要建立专门机构,用以追踪消费者、中间商以及其他营销系统参与者的态度变化。在顾客态度对企业销售产生影响作用之前,对其变化情况进行监控,以便营销管理者能及早采取行动。一般通过建立顾客投诉和建议制度、进行服务质量典型调查、定期走访用户或对顾客随机调查等方式,了解顾客对本企业及其产品的态度变化情况。

2. 盈利能力控制

盈利能力控制一般由企业财务部门负责,目的是测定企业不同产品、不同销售地区、不同顾客群、不同销售渠道以及不同订货规模的盈利能力,有助于营销管理人员决定哪些产品或市场营销活动可以扩展,哪些应减少甚至取消。

影响企业盈利能力的因素首先是市场营销成本,它由直接推销费用、促销费用、仓储费用、运输费用及其他市场营销费用(如市场营销管理人员工资和办公费用等)构成。企业盈利能力的考察指标主要有以下4种。

(1) 销售利润率。企业通常将销售利润率作为评估企业获利能力的主要指标之一。销售利润率是指利润与销售额之间的比率,表示每销售一百元产品企业可获得的利润。其公式是:

$$销售利润率 = \frac{本期利润}{销售额} \times 100\% \tag{12-1}$$

由于同行业中各个企业的负债率大不相同，在评估企业获利能力时如果将利息支出加上税后利润，就能大体消除企业举债经营而支付的利息对利润水平产生的影响。这样，使同行业间的销售利润率具有可比性，才能比较正确地评价市场营销效率。其公式是：

$$销售利润率 = \frac{税后息前利润}{产品销售收入净额} \times 100\% \quad (12-2)$$

（2）资产收益率。是指企业所创造的总利润与企业全部资产的比率。其公式是：

$$资产收益率 = \frac{本期利润}{资产平均总额} \times 100\% \quad (12-3)$$

与销售利润率的理由一样，为使资产收益率在同行业间具有可比性，必须将企业由于负债而支付的利息考虑在内。其公式应该为：

$$资产收益率 = \frac{税后息前利润}{资产平均总额} \times 100\% \quad (12-4)$$

式中，资产平均总额是指年初与年末余额的平均额。

（3）净资产收益率。净资产收益率是指税后利润与净资产所得的比率。净资产是指总资产减去负债总额后的净值，这是衡量企业偿债后剩余资产的收益率。其公式是：

$$净资产收益率 = \frac{税后利润}{净资产平均余额} \times 100\% \quad (12-5)$$

（4）资产管理效率。资产管理效率可通过资产周转率和存货周转率来分析。

① 资产周转率。是指企业产品销售收入净额与资产平均总额的比率，它是企业的全部资产周转率。其计算公式是：

$$资产周转率 = \frac{产品销售收入净额}{资产平均占用额} \times 100\% \quad (12-6)$$

该指标可以衡量企业全部投资的利用效率，资产周转率高说明投资的利用效率高。

② 存货周转率。是指产品销售成本与存货（指产品）平均余额之比。其公式是：

$$存货周转率 = \frac{产品销售成本}{存货平均余额} \times 100\% \quad (12-7)$$

它说明某一时期内存货周转的次数，以考核存货的流动性。存货平均余额一般取年初与年末余额的平均数。一般来说，存货周转率越高越好，说明存货水平较低，周转快，资金使用效率较高。

从资产收益率与资产周转率及销售利润率的关系中可以看出，资产管理效率高，企业的获利能力相应也较高。

$$\begin{aligned}资产收益率 &= \frac{产品销售收入净额}{资产平均占用额} \times \frac{税后息前利润}{产品销售收入净额} \\ &= 资产周转率 \times 销售利润率\end{aligned} \quad (12-8)$$

盈利能力分析的目的在于找出妨碍获利的因素，以便采取相应的措施，排除或削弱这些不利因素的影响。

3. 效率控制

如果盈利能力分析显示出企业关于某一产品、地区或市场所得的利润较差，则下

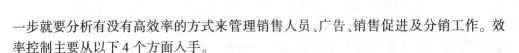

一步就要分析有没有高效率的方式来管理销售人员、广告、销售促进及分销工作。效率控制主要从以下4个方面入手。

(1) 销售人员效率控制。企业各地区的销售经理要记录本辖区内销售人员效率的几项主要指标：每个销售人员每天平均的销售访问次数，每次拜访顾客的平均访问时间，每次销售访问的平均收益、平均成本、平均招待费用，每百次销售访问最终订购的百分比，每期间的新顾客数和丧失的顾客数，销售成本对总销售额的百分比。企业销售经理可以从以上的分析中，发现许多重要的问题，如销售人员每天的销售访问次数是否太少，每次拜访顾客的时间是否太长，是否在招待上花费太多，每百次访问是否签订了足够的订单，是否增加了足够的新顾客，同时保留住了原有的顾客。当企业着手调查销售人员的效率时，往往会发现许多需要改进的地方。当企业开始正视销售人员效率的改善后，通常会取得很多实质性的改进。

(2) 广告效率控制。企业营销人员应做好如下统计工作：每一媒体类型、每一媒体接触每千名目标顾客所需要的广告成本，消费者对企业广告的注意、联想和阅读的比例，目标顾客对广告内容和效果的评价，广告前后消费者对产品态度的差异，由广告所激发的咨询次数，每次咨询的成本。企业的营销管理部门应更有效地确定产品和市场定位，明确广告目标，选择恰当的广告媒体，进行广告试验和广告效果的测定等，不断提高广告效率。

(3) 促销效率控制。为了改善销售促进的效率，企业营销人员应对每项促销的成本和对销售的影响做好如下统计工作：由于优惠使销售增加的百分比，每一单位销售额的陈列成本，赠券的回收率，因示范表演而引起的咨询次数。企业营销人员在以上资料的基础上，分析研究不同销售促进手段的效果，并使用最有效的销售促进组合措施。

(4) 分销效率控制。企业营销经理应调查研究分销渠道的经济性，加强分销效率控制，主要内容包括：对销售渠道中各级各类成员（经销商、代理商、制造商代表、经纪人等）作用和潜力的发挥，分销系统的结构和布局及改进方案，对企业的存货进行控制，对仓库位置及运输方式进行分析和改进，以达到最佳配置并寻找最佳运输方式和途径。

4. 战略控制

战略控制的目的是确保企业营销战略和计划与动态变化的市场营销环境相适应，促进企业协调稳定地发展。由于市场营销环境复杂多变，企业原来的目标、战略和方案往往失去作用，因此，企业必须对营销战略进行控制。所谓营销战略控制，是指市场营销高层管理者采取一系列行动，使市场营销实际工作与原规划尽可能一致，在控制中通过不断评审和信息反馈，对战略进行不断的修正。与年度计划控制和盈利能力控制相比，市场营销战略控制显得更为重要，因为企业战略是总体性和全局性的。战略控制更关注未来，要不断地根据最新的情况重新估价计划和进展，因而，战略控制更难以把握。企业进行战略控制时，可以采用市场营销审计这一重要工具。目前，在国外，越来越多的企业运用营销审计来进行战略控制。

所谓市场营销审计，是指对企业的市场营销环境、目标、战略、策略、组织、方法、程序和计划实施情况进行全面的、系统的、独立的和定期的审查评价，以便确定营销活动的难点,寻找各项营销机会,并提出行动计划的建议,改进市场营销管理效果,提高企业的营销业绩。市场营销审计主要包括以下6个方面的内容。

(1) 市场营销环境审计。主要是对人口、经济、技术、政治、社会文化等宏观环境进行分析,以及对直接影响企业营销活动的因素,如市场规模、市场增长率、顾客与潜在顾客对企业的评价、竞争者状况、经销商的分销渠道、供应商的分销方式、辅助机构等微观环境进行分析评价。以此为基础,制定企业的市场营销战略。

(2) 市场营销战略审计。企业是否能按照市场导向确定自己的任务、目标并设计企业形象,是否能选择与企业任务、目标相一致的竞争地位,是否能制定与产品生命周期、竞争者战略相适应的市场营销战略,是否能进行科学的市场细分并选择最佳的目标市场,是否能合理地配置市场营销资源并确定合适的市场营销组合,企业在市场定位、企业形象、公共关系等方面的战略是否卓有成效,所有这些都需要经过市场营销战略审计的检验。

(3) 市场营销组织审计。主要是评价企业的市场营销组织在执行市场营销战略方面的组织保证程度和对市场营销环境的应变能力,包括:企业是否有强有力的市场营销主管人员及其明确的职责与权利,是否能按产品、用户、地区等有效地组织各项市场营销活动,是否有一支训练有素的销售队伍,对销售人员是否有健全的激励、监督机制和评价体系,市场营销部门与采购部门、生产部门、研究开发部门、财务部门和其他部门的沟通情况以及是否有密切的合作关系等。

(4) 市场营销系统审计。市场营销系统包括营销信息系统、营销计划系统、新产品开发系统和营销控制系统。对市场营销信息系统的审计,主要是审计企业是否有足够的有关市场发展变化的信息来源,是否有畅通的信息渠道,是否进行了充分的市场营销研究,是否能恰当地运用市场营销信息进行科学的市场预测等。对市场营销计划系统的审计,主要是审计企业是否有周密的市场营销计划,计划的可行性、有效性及执行情况,是否进行了销售潜量和市场潜量的科学预测,是否有长期的市场占有率增长计划,是否有适当的销售定额及其完成情况等。对市场营销控制系统的审计,主要是审计企业对年度计划目标、赢利能力、市场营销成本等是否有准确的考核和有效的控制。对新产品开发系统的审计,主要是审计企业开发新产品的系统是否健全,是否组织了新产品创意的收集与筛选,新产品开发的成功率是多少,新产品开发的程序是否健全,包括开发前充分的市场调研、开发过程中的测试以及投放市场的准备及效果等。

(5) 市场营销盈利能力审计。市场营销盈利能力审计,是在企业盈利能力和成本效益分析的基础上,审核企业的不同产品、不同市场、不同地区及不同分销渠道的盈利能力;审核进入或退出、扩大或缩小某一具体业务对盈利能力的影响;审核市场营销费用支出情况及其效益,进行市场营销费用与销售分析,包括销售队伍与销售额之比、广告费用与销售额之比、促销费用与销售额之比、市场营销研究费用与销售额之比、销售管理费用与销售额之比,以及进行资本净值报酬率分析和资产报酬率分析等。

(6) 市场营销职能审计。市场营销职能审计,是对企业市场营销组合各因素(即产品、价格、分销、促销)的效率的审计,主要包括审计企业产品线目标的合理性和科学性;企业产品质量、式样、特色、品牌的顾客欢迎程度;企业定价目标和战略的有效性;市场的覆盖率;企业分销商、经销商、代理商、供应商等渠道成员的效率;企业广告目标、费用、预算及顾客对广告的反映;企业销售队伍的规模、素质和能动性等。

市场营销审计的范围覆盖整个营销外部环境、内部营销系统及营销活动的各个方面。营销审计通常由企业外部相对独立的、富有经验的营销审计机构定期进行。营销审计不仅能为陷入困境的企业提供解决问题的办法,也能为富有成效的企业增加效益。

思考题

1. 营销组织形式主要有哪几种基本类型?各自的优点有哪些?
2. 制订营销计划时会遇到哪些问题?
3. 企业应如何进行年度计划控制?
4. 盈利能力控制包括哪些内容?企业是如何进行控制的?
5. 市场营销战略的构成要素有哪些?对企业的经营和发展有哪些作用?
6. 企业应如何设计其市场营销组织?

学习指导

1. 企业营销部门经过多年发展,已经从简单的销售部门演变成一种以跨领域团队的工作形式整合的组织架构。一些公司是职能型组织,其他的则是聚焦于地区型组织、产品或品牌管理型组织或市场管理型组织。也有一些公司建立了由产品和市场经理共同组成的矩阵型管理组织。但是,一个企业必须建立一个具有创造性的营销组织,以适应不断变化的营销环境。

2. 一个高效的现代营销组织能够关注消费者,并使营销、研发、设计、采购、生产、运营、财务、会计和信贷等各部门之间进行强有力的合作。计划是开展营销活动所必需的,如果执行不力,一个出色的战略营销计划就毫无价值。执行营销计划需要识别和诊断问题,评估问题所在层面及评估结果。

3. 营销部门必须不断监控并控制营销活动。年度计划控制确保公司达成其年度计划中确定的销售、利润和其他目标。最主要的工具是营销计划的销售分析、市场占有率分析、销售费用比例分析和财务分析。盈利能力控制测量并控制不同产品、地区、消费者群体、贸易渠道和订单规模的利润。效率控制则聚焦于寻找提高销售队伍、广告、促销和分销效率的方法。战略控制通过营销效率、营销绩效回顾和营销审计等方法定期对用于市场的企业战略方法进行重新评估。

典型案例

三株公司的营销组织改革

三株公司总裁吴炳新在1998年第一次全公司工作会议上作了自称是"刮骨疗毒"的报告。而意味深长的是,报告中所历数的营销组织几大病症,竟是典型的"国企病"。

三株集团创建伊始，子公司的定位就是集团的外派职能部门，而非利润中心。管理采用高度集权，形同国家的行政和管理。子公司不必自己找市场，不用考虑价格，集团总部统一计划、划拨广告费和产品。这种营销组织的好处是保证了集团公司利益最大化，资金快速周转。但随着集团的急剧发展，子公司内不讲效率不问效益盲目投入的现象越来越严重。1997年7月，三株公司不得不实行转轨，进行组织体制改革，把子公司由执行者变成经营者，进行独立核算。但习惯听命于集团指令性计划的子公司却像笼中鸟，被关的时间长了，失去了飞翔的能力，无法适应市场要求。

在组织结构上，已经成为大企业的三株公司，同时染上了国有大企业那种可怕的"恐龙症"——机构臃肿、部门林立、等级森严、程序复杂、官僚主义，对市场信号反应严重迟钝。集团内各个部门之间画地为牢，原来不足200人的集团公司机关一下子增至2000人，子公司如法炮制。对此，吴炳新说：1997年年底，各个办事处也成了小机关，办事处主任养得白白胖胖，没人干工作，整个三株公司的销售工作是由临时工来干，执行经理以上的人员基本上不做直接销售。由于管理不善，损失了很多，最后出现了全面亏损。如果不进行机构改革，就会拖死我们，企业不赚钱，还能支持多久？

激励机制本来是民营企业的强项，但三株出现了国企"大锅饭"才有的现象——"干的不如坐的，坐的不如躺的，躺的不如睡大觉的"；干部终身制，能上不能下；一个地方干得不好，过几天又到另一个地方任职去了。

认识到营销组织的弊端后，三株公司自上而下地进行了一系列整顿，砍掉机关中的富余人员，减人增效，把2000人缩至几百人，或"下岗"或充实第一线，加强子公司自负盈亏的能力。

（资料来源：http://www.gzit.edu.cn/gzjpkc/scyxx/Templates/600/610.htm）

➡ **分析讨论题**

1. 从三株公司市场营销组织存在的问题来看整个公司的未来发展，你有哪些想法和预见？
2. 企业应如何调整市场营销组织？

12.2 工 作 页

12.2.1 营销组织分析

（1）请搜集和查阅有关资料，选择某一企业详细描述其营销组织机构，并说明其各部门的职责和相互关系，以及各自工作可能对其营销活动和市场竞争的影响。

（2）走访调查学校附近、住家周围、所在城市熟悉的企业，或以小组模拟成立公司，确定业务范围、目标市场，设计营销组织结构、各部门及其业务职能、工作职责、权限，各部门之间的相互关系，及设计该营销组织结构的营销目标。

12.2.2 营销计划制订

（1）走访学校附近、住所周围和所在城市熟悉的和感兴趣的公司、店铺等，调查了解其营销计划，比较营销战略思想、目标、方向、重点和对策等，对比不同行业或业务、不同经营者、不同规模等条件下其营销计划的相同或不同，并分析原因。

（2）为走访过的某一公司或店铺等经营单位制订一个完整的营销计划书，要求真实、原创、可行、经营者能够接受。

12.2.3 营销控制分析

（1）调查学校附近、住所周围和所在城市熟悉的和感兴趣的公司、店铺等经营单位，了解其最近一段时间以来的营销状况，在年度计划控制、盈利能力控制、效率控制或战略控制中各选择至少1种分析方法进行分析，并提出有建设性的建议或意见。

（2）营销效益评价表。

评价项目	评价内容	评价标准	得分情况
一、客户选择	1. 管理人员是否认识到其目标市场需求与企业业务一致性的重要性	(1) 0分，管理人员主要考虑把产品出售给愿意购买的人 (2) 1分，管理人员考虑为范围广泛的市场提供同等效率的服务 (3) 2分，管理人员考虑为其慎重选择的目标市场需要提供服务	
	2. 管理人员是否为不同的细分市场开发不同的产品和制订不同的营销计划	(1) 0分，没有 (2) 1分，做了一些工作 (3) 2分，做得相当好	
	3. 管理人员在规划其业务活动时是否着眼于整体营销系统理念	(1) 0分，不是 (2) 1分，有一点 (3) 2分，是	
二、市场营销组织	4. 对于重要的营销功能是否有高层次的营销统一和控制	(1) 0分，没有 (2) 1分，有一点。重要的营销职能部门有形式上的统一和控制，但缺乏令人满意的合作效果 (3) 2分，是。营销职能部门被高度有效地统一在一起	
	5. 营销管理人员是否有效地与市场研究、制造、采购、实体分配及财务等部门的管理人员进行合作	(1) 0分，不是 (2) 1分，还可以 (3) 2分，是	
	6. 新产品设计、生产组织	(1) 0分，这一制度未明确规定，管理不善 (2) 1分，这一制度形式上是存在的，但缺乏有经验的人员 (3) 2分，这一制度结构完善，配备有专业人员	

(续表)

评价项目	评价内容	评价标准	得分情况
三、营销信息	7. 最近一次研究客户、渠道和竞争者的营销调研是何时进行的	(1) 0分,若干年以前 (2) 1分,1~2年前 (3) 2分,最近	
	8. 管理人员对不同细分市场、客户、地区、产品、渠道、促销和订单的潜在销售量、利润的了解程度	(1) 0分,一无所知 (2) 1分,略有所知 (3) 2分,了如指掌	
	9. 在衡量不同营销支出的成本、效益方面采取的措施	(1) 0分,很少或没有 (2) 1分,有一些 (3) 2分,大量的	
四、战略导向	10. 正规营销计划工作的程度	(1) 0分,很少或没有 (2) 1分,制订一个年度营销计划 (3) 2分,制订一个详细的年度营销计划和一个精心制订的每年更新的长期计划	
	11. 现代营销战略的质量	(1) 0分,现有战略不明确 (2) 1分,现有战略明确,但只是传统战略的延续 (3) 2分,现有战略明确,富有创新性,依据充分,目标明确,切实可行	
	12. 有关意外事件的考虑和预案规划	(1) 0分,很少或没考虑 (2) 1分,虽没有正式的意外事件应付计划,但是有一些考虑 (3) 2分,估计了最重要的意外事件,并且制订了应付意外事件的计划	
五、工作效率	13. 最高管理层营销思想与理念的传播与贯彻	(1) 0分,很差 (2) 1分,一般 (3) 2分,很成功	
	14. 管理人员是否有效地利用了各种营销资源	(1) 0分,否。相对于所要完成的工作来讲,营销资源是不足的 (2) 1分,做了一些。营销资源足够,且没有得到最充分的利用 (3) 2分,是。营销资源充足,且进行了有效的部署	
	15. 管理人员应对眼前变化的迅速有效的反应能力	(1) 0分,否。销售和市场信息获得不及时,管理人员反应比较迟钝 (2) 1分,有一点。管理人员一般可以获得即时销售和市场信息,但管理人员反应快慢不一 (3) 2分,是。管理人员制定了若干专门制度、建立了规范的整合系统,以收集最新市场信息,并及时做出反应	
总得分			
评分说明	针对选定的公司及了解到的情况进行分析,对每一个问题选定一个适当的答案。具体评价标准如下: 1. 无,0~5分　　　　2. 差,6~10分　　　　3. 一般,11~15分 4. 良,16~20分　　　5. 很好,21~25分　　　6. 优秀,26~30分		

(3) 营销审计记录表。

记录项目内容		竞争者 A	竞争者 B	竞争者 C
产品或服务	1. 客户接受程度			
	2. 客户使用时的满意程度			
	3. 产品质量级别			
	4. 品种齐全程度			
	5. 提供的服务			
	（1）范围			
	（2）质量			
场所	1. 客户便利程度			
	2. 场所是否适合			
	（1）提供服务			
	（2）吸引客户			
	3. 客户交通潜在条件			
	4. 设备状况			
	（1）外部状况			
	（2）内部状况			
	5. 销售地点			
	（1）场地宽敞（面积）			
	（2）吸引力			
	（3）陈设布置			
	6. 停车设施			
	（1）充足			
	（2）方便			
	7. 从附近企业获取资源			
	8. 客户对设施的印象			
价格	1. 相对价格层次			
	2. 客户对产品价格的印象			
	3. 底价			
	4. 定价政策的一贯性			
	5. 信贷政策和实际情况			
	（1）对客户需求的适应程度			
	（2）客户成本			
促销	1. 促销能力			
	（1）可动用的资金			
	（2）花费的资金			
	（3）可利用的媒介			
	（4）已知的促销方式			

(续表)

记录项目内容		竞争者 A	竞争者 B	竞争者 C
促销	2. 促销投入的数量与质量			
	(1) 个人推销			
	(2) 报纸广告			
	(3) 广播广告			
	(4) 电视广告			
	(5) 直接邮寄			
	(6) 户外广告			
	(7) 室外展品			
	(8) 室内展品			
	(9) 特别推销活动			
	3. 道德标准			
	4. 各种活动的协调性			

(4)营销审计报告书。

审计对象		审计内容	审计结果	备注
营销环境审计	宏观环境	人口统计		
		经济状况		
		政治状况		
		文化状况		
		技术状况		
		生态状况		
		社会状况		
		法律状况		
		政治状况		
营销环境审计	微观环境	市场状况		
		竞争状况		
		顾客状况		
		供应商状况		
		金融机构状况		
		经销/代理商状况		
		零售商状况		
		公众状况		
营销战略审计		企业战略/使命		
		营销目标		
		营销策略		
营销组织审计		营销正式组织结构		
		组织功能		
		组织效率		

(续表)

审计对象		审计内容	审计结果	备 注
营销系统审计	营销规划系统			
	产品开发系统			
	营销信息系统			
	营销控制系统			
营销效率系统	成本效益分析			
	获利能力分析			
营销职能审计	产品分析			
	价格情况			
	渠道情况			
	广告情况			
	促销情况			
	公关情况			
	销售队伍建设情况			

12.2.4 要求与考核

（1）对每一部分工作项目完成方式，教师可根据时间安排妥善布置。各小组应上交相关图表及文字分析报告，要求思路清晰、内容完整、格式规范。

（2）每个小组要以临阵实战的状态完成各项任务，上交 Word 文件和 PPT 文稿。

（3）各小组派代表进行演示、汇报，教师进行评价。也可以由各小组间进行相互评价，以适当权重加入小组活动成绩中，便于学生相互学习、取长补短。

12.2.5 本项目学习总结

总结项目	总结内容
本项目内容主要知识点	
本项目内容主要技能点	
你已熟知的知识点	
你已掌握的专业技能	
你认为还有哪些知识需要强化，如何做到	
你认为还有哪些技能需要强化，如何做到	
本项目学习心得	

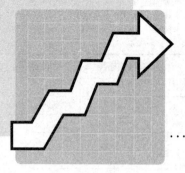

项目 13

营销综合实训

实训目标

　　固化和理解已学营销理论知识,通过综合实训活动,训练学生有效运用营销理论分析营销实践活动,运用营销技能与方法解决营销实践问题,强化职业素质培养,提高营销职业技能。

实训要求

　　按照各任务要求详细部署,明确工作任务和工作职责,明确小组和个人要上交的材料和成果,做好工作计划,按计划、有步骤地组织实施,提前准备评价标准,注意学生的人身和财物安全。

13.1 综合素质训练

13.1.1 任务1:心理素质训练

1. 实训目标
(1) 突破自我心理障碍,增强自我心理调控能力。
(2) 树立自信心,永不言败。
2. 实训内容
以理想、职业、就业、学业、生活和友谊,或竞聘班长、经理等岗位等为话题,要求学生自选并准备3~5分钟的演讲。
3. 实训要求
(1) 演讲时,最好是邀请其他专业、班级学生参加,也可以邀请其他几个老师到场作评委,以模拟增加一个较为陌生的氛围。
(2) 为真正起到应有作用,教师也可以安排在学校广场、人流较多的场所、学校俱乐部等场所进行,或参加一些公开的公益活动等,以帮助学生克服畏惧、胆怯心理,真正实现自我心理突破。
(3) 根据演讲内容与要求,设计评分标准和评分表。
(4) 学生演讲时,要求不能少于3分钟,也不能多于5分钟,否则要适当减分。
4. 实训考核
(1) 每个人要提交一份电子稿的演讲稿。在演讲时,也可以使用PPT演讲稿(在条件或场所允许的情况下)。
(2) 在评定学生表现与成绩时,可以选择部分学生代表参与,但所在比重应在20%~40%之间,教师评价则占总成绩的60%~80%。
(3) 考核学生表现时,要注意考核其当场表现,也要考虑演讲内容、方法使用和表现手法等。

13.1.2 任务2:潜能开发训练

1. 实训目标
(1) 战胜自我,开发潜能。
(2) 提高自信,增强勇气。
(3) 培养正确的成功态度,激发上进心。
2. 实训内容
(1) 选择合适的场地,如广场、体育场、教室等,安静或喧哗之地都可以。
(2) 基本内容可以由教师遴选确定,也可以由学生讨论遴选确定。
① 报数。
训练员:××组,报数!

组长:××组,起立(或立正)!

组长:立正,稍息,立正!

组长:××组,报数!

……

组员:1,2,3,4,5…

(各组按照其位置报数,报名结束时)

组长:××组,应到××人,实到××人,报数完毕。

② 自我暗示正能量。

以小组为单位进行准备或进行演练,组长组织管理,最后每个人要在全班级同学面前大声呼叫。

我是大学生,是一个有理想的人!

我的一切作为,都是为了实现理想,达到目标!

我不是一个慵懒的人,我一定能实现人生价值!

为了成功,我将不懈努力!

我一定能做得更好!

我永远不会失败!

我一定能成功!

潜力无限,全力以赴!

……

③ 待客用语。

您好!欢迎光临!

您好!有需要请叫我。

请稍等!

对不起!

真抱歉!

让您久等了!

谢谢,请慢走!

……

3. 实训要求

(1)训练时,明确实训内容与要求,以小组为基本单位,各组组长负责具体组织。

(2)教师要向学生讲解,归纳成功与失败主要归因为三大要素。

① 成功的三大要素:对自己忠实(不找借口)、积极、有目标。

② 失败的三大要素:对自己不忠实、消极、无目标。

(3)训练时,要注意学生的语势、活动氛围、学生热情、语气恰当、态度端正。

(4)店内服务的语势标准:谈话,相隔5米、5个人皆可听得到的洪亮有力的声音;回答,相隔10米、10人皆可听得到的洪亮有力的声音。

4. 实训考核

(1)每个学生都要进行公开训练至少一次,以最好效果的一次记录成绩。

(2) 成绩考核,可由教师评价和小组成员评价、小组长评价以不同权重综合评定。

13.1.3 任务3:信任背摔

1. 实训目标

(1) 建立小组成员间的相互信任。

(2) 使队员挑战自我。

(3) 发扬团队协作精神,互相帮助。

2. 实训内容

(1) 游戏开始之前,让所有队员摘下手表、戒指以及带扣的腰带等尖锐、带有棱角的物件,并且衣兜内不放任何东西。

(2) 选两个志愿者,一个由高处跌落,另一个作为监护员,负责管理整个游戏进程。让他俩都站到平台上。

(3) 让其余队员在平台前面排成两列,队列和平台形成一个合适角度,例如,垂直于平台前沿。这些人将负责承接跌落者。他们必须肩并肩从低到高排成两列,相对而立。要求这些队员向前伸直胳膊,交替排列,掌心向上,形成一个安全的承接区。他们不能和对面的队友拉手或者彼此攀住对方的胳膊或手腕,因为这样承接跌落者时,很有可能相互碰头。

(4) 监护员的职责是保证跌落者正确倒下,并做好充分准备,能直接倒在两列队员之间的承接区上。因为跌落者要向后倒,所以他必须背对承接队伍。监护员负责保证跌落者两腿夹紧,两手放在衣兜里紧贴身体;或者两臂夹紧身体,两手紧贴大腿两侧,两手不能随意摆动,也可以将跌落者的手脚捆住。跌落者下落时要始终挺直身体,不能弯曲。如果他们弯腰,后背将会戳伤某些承接员。监护员还要保证,跌落者头部向后倾斜,身体挺直,直到他们倒下后被传送至队尾为止。

(5) 监护员还要负责察看承接队伍是否按个头高低或者力气大小均匀排列,必要时让他们重新排队。并且要时刻做好准备来承接跌落者。

(6) 跌落者应该让监护员知道他什么时候倒下。听到监护员喊:"倒"之后,他才能向后倒。监护员要确保跌落者倒下的方向正确无误。

(7) 队首的承接员接住跌落者以后,将其传送至队尾。

(8) 队尾的两名承接员要始终抬着跌落者的身体,直到他双脚落地。

(9) 刚才的跌落者此时变成了队尾的承接员,靠近平台的承接员变成了台上的跌落者。循环下去,让每个队员都轮流登场。监护员和队友也要交换角色,以便都能充当承接员和跌落者。

3. 实训要求

(1) 一个1.5~1.8米高的平台(也可以用梯子或者树桩代替)。

(2) 参与活动的人12~20人。一般情况下,一个班级可以分为两个小组开展活动。

(3) 尽量要求所有队员都参与跌落,但是,如果有人不愿意参加跌落,也不能逼迫,让他们做承接员和监护员进行观察和体会。切记:尽量要求每个队员参加,但不要强迫他们。

(4) 对于那些既成的团队,可以考虑给跌落者蒙上眼罩,增加游戏难度。

4. 实训考核

(1) 观察每个参加者参与的积极性、表现和助人态度与行动。

(2) 让每个参加者都写一下自己的心得体会或开个座谈会进行交流学习,做好记录,便于考核。

13.1.4 任务4:撕纸

1. 实训目标

(1) 使参与者了解沟通的重要性。

(2) 比较单向与双向沟通的效果。

(3) 学会确定使用单向或双向沟通方式的场合。

2. 实训内容

(1) 给每个学生发一张 A4 纸。

(2) 教师发出单项指令:大家闭上眼睛,全过程不许问问题,把纸对折,再对折,再对折,把右上角撕下来,转 180 度,把左上角也撕下来。

(3) 教师检查大家的折纸;参与者也睁开眼睛,把纸打开,检视大家折纸有什么异同。

(4) 接下来,再给大家一人发一张 A4 纸,请一位学生上来,重复上述的指令,唯一不同的是这次参与者们可以问问题。即闭上眼睛折纸,有任何疑惑都可以随时提问。最后再检查大家的折纸,与第一轮折纸比较,看看是什么不同。

3. 实训要求

(1) 时间:15 分钟。

(2) 材料:准备总人数两倍的 A4 纸(废纸亦可)。

(3) 分组讨论此次活动的感想和启示。

(4) 结论:任何沟通的形式及方法都不是绝对的,它依赖于沟通者双方彼此的了解、沟通环境的限制等,沟通是意义转换的过程。

4. 实训考核

(1) 各组汇报讨论的感想与启示。

(2) 考核每个学生参与活动的主动性、积极性和配合指令完成折纸任务的时间与速度、质量等。

13.2 市场营销综合训练

13.2.1 任务1:营销素质分析

1. 实训目标

(1) 培养团队协作意识。

（2）真正以职场人的角度观察和思考问题。
（3）督促每个人为进入职场做好准备。

2．实训内容

（1）小组讨论企业决胜市场主要靠哪些能力。
（2）小组讨论企业确定营销目标的决定因素是什么。
（3）小组讨论营销人员应具备哪些基本素质。

3．实训要求

（1）学生分组，给每个小组发一张 A4 纸或 B4、A3 纸，一支记号笔。
（2）小组充分讨论以上 3 个问题，并按照重要性大小把 3 个问题的答案顺位写在白纸上，并标注小组组别。
（3）各小组将讨论后写在白纸上的答案分类分别贴在墙壁上，然后各小组成员参观浏览交流学习。
（4）各小组继续讨论比较分析结果，各派代表进行陈述，说明自己的选择理由和对其他小组的成果进行分析评价。
（5）最后教师进行总结、点评。引导学生讨论如何提高职业素养、培养职业技能，为进入职场从事营销工作做好准备。
（6）将学生讨论结果照相或录像留存。

4．实训考核

（1）本实训项目没有对错和优劣之分，只需要加以引导，供学生讨论与参考。
（2）主要考核各小组及其成员讨论的积极性和参与度，以及汇报中的表现、解释是否符合企业营销实际。

13.2.2　任务 2：项目开发或业务扩展营销策划

1．实训目标

（1）巩固和消化理解已学营销理论知识。
（2）运用营销理论知识与方法分析市场需求，开展营销活动。

2．实训内容

（1）以本校或大学城区域、所在城市某一消费群体为研究对象，走访调查市场上没有被满足的需求或没有完全被满足的需求是什么，从中选择一个新项目或一项需要扩展、推广的业务，作为本次实训任务对象。
（2）以小组为基本单位，走访调查、遴选本小组的实训项目及内容。
（3）实训主要内容。

① 确定将要开发的新项目或现有业务扩展、深化的内容，描述项目或产品、业务特点、功能、性能、用途等基本属性。
② 描述市场细分、目标市场选择过程，描述目标市场（顾客群）基本状况。
③ 设计市场调查问卷或调查表，拟订市场调查方案，实施市场调查计划，进行调查资料的整理分析，撰写市场调研报告。
④ 进行项目或产品、业务的市场定位。

⑤ 分析市场竞争状况、确定竞争对手、描述竞争者规模、产品或业务、目标市场、营销战略、营销目标等状况，以及价格、渠道和促销措施等营销策略。

⑥ 撰写某项目或业务扩展、深化研究报告。

3．实训要求

（1）为保障实训任务有较充足的时间，教师可以提前布置工作，督促各小组提前准备。

（2）为激励各小组完成综合实训项目任务，可适当提高该在总成绩中的比重。

（3）为保证实训任务顺利完成，各小组可以阶段性提交工作成果，以检查其实训项目是否是按照计划进度开展工作。

（4）各小组要最终提交一个实训项目研究报告，同时，包括相对独立的研究报告（如市场调研报告、市场竞争报告等）。

（5）实训项目完成后，各小组要制作 PPT 文稿，派代表上台进行工作成果汇报。

4．实训考核

（1）各小组该实训项目成绩主要包括工作过程、监控过程中学生表现、提交项目总结或报告情况、小组汇报情况等。

（2）本实训项目任务量大，教师可以组织小组成员内部互评，以平衡组内各成员成绩。

13.2.3　任务3：汽车营销训练

1．实训目标

（1）了解汽车营销的规律与特点。

（2）强化分析竞争对手和市场需求的能力。

（3）熟悉和掌握汽车营销中展示、谈判、异议处理和签约等策略。

（4）培养开展汽车营销的能力。

2．实训内容

（1）汽车营销流程：汽车市场调研，客户开发，竞争者和竞争产品分析，客户接待、咨询、产品介绍、试乘试驾，与客户协商、成交、签约、交车，跟踪服务。

（2）选择某一特定品牌的汽车，设计调查问卷或调查表，调查了解其公司历史、文化、规模及该品牌汽车产品品种、特点、目标客户、价格、渠道、服务、促销措施、市场（顾客）回馈等。

（3）调查了解、小组研讨，顾客购车时通常或可能问到的问题及其回复答案，并由小组成员进行情景模拟演练，注意接待过程中的细节，如顾客需求分析、产品推介、接待礼仪、异议处理等。

（4）调查了解该品牌汽车基本构造、性能、市场定位等产品基本知识。

（5）调查了解汽车营销相关的保险、理赔、汽车美容、汽车文化、消费心理、消费者信贷、（二手）汽车鉴定与评估、汽车新技术、沟通技巧等知识。

（6）调查了解汽修、汽配、服务、承保、理赔、鉴定评估等主要业务流程。

（7）调查了解客户试乘试驾过程中，通常会遇到的问题及处理方式。

(8) 客户试乘试驾技能知识(供参考),如表 13-1 所示。

表 13-1　客户试乘试驾技能知识

项　　目	项目内容
汽车营销礼仪	着装整洁,仪表端庄,表情和蔼可亲,眼神自然真诚,指引手势规范,姿态正确、自然大方
语言表达及沟通技巧	口齿清晰、流畅,内容有条理、富逻辑性,用词准确、恰当,语音语调语气得当,适当赞美
试乘试驾流程	主动邀请客户试驾,审核相关证件并签署试乘试驾文件,准确描述试驾流程、路线及要求;安全驾驶提示,寻求客户认同,邀约客户回店,邀约客户签单
熟练掌握商品知识	熟练讲解大赛指定用车的功能,运用 FAB 法则对车辆性能进行阐述
客户异议处理	运用正确的方式和专业的知识处理客户异议

(9) 汽车营销综合技能知识(供参考),如表 13-2 所示。

表 13-2　汽车营销综合技能知识

项　　目	项目内容
个人风采	内容健康向上,表现流畅,现场发挥好,感染力强
汽车营销礼仪	着装整洁,仪表端庄,表情和蔼可亲,眼神自然真诚,指引手势规范,姿态正确、自然大方;声音清晰,语音语速适中,语句流畅
销售接待	主动接待客户,递名片,邀请客户入座,提供饮品,提供销售资料
需求分析	适当寒暄,收集客户需求信息,确认客户需求,寻求客户认同,适当赞美客户
销售方案	针对客户需求制订销售方案,提出意向车型(含排量、配置)
产品介绍	根据客户需求,从不同位置进行车辆介绍,熟练讲解大赛指定用车的功能,运用 FAB 法则对车辆性能进行阐述
异议处理	运用正确的方式和专业的知识处理客户异议
回答准确	正确回答专家提问,姿态正确、自然大方,声音清晰,语音语速适中,语句流畅
应变能力	反应敏捷,能快速找到适当的应对措施

3. 实训要求

(1) 提前布置任务,以小组为单位有组织地开展市场调研活动。

(2) 利用业余时间或利用部分课内时间,联系当地各小组选择的特定品牌汽车 4S 店或其他销售(代理)商,进行观摩、短期实习活动,细致掌握实训项目要求的内容与技能技巧。

(3) 各小组要提交市场调研报告、实习项目总结报告,以及走访调查和实习过程中的照片、视频等材料。

(4) 学生个人要提交实习项目总结。

4. 实训考核

(1) 各小组该实训项目成绩主要包括实训过程中学生个人表现、实习业绩、提交项目总结或报告情况、小组汇报情况等。

(2) 本实训项目任务量大,教师可以组织小组成员内部互评,以平衡组内各成员成绩。

(3) 在成绩评定过程中，也可以请实习单位提供小组或个人的实习情况，以供评定成绩时参考。

13.2.4 任务4：特产营销训练

1. 实训目标

(1) 了解地方特定土特产品营销的规律与特点。
(2) 训练特产市场需求和市场竞争状况分析的能力。
(3) 培养创新性开展特产营销策划和营销活动的能力。

2. 实训内容

(1) 各小组选择学校所在地区或家乡的某一种、一类或系列特产作为实训项目。
(2) 调查了解所选择的特产品种、特点、种植和生产企业情况，代理商、销售商情况，分销渠道及市场需求、价格情况，市场竞争状况等。
(3) 调查所选特定产品的网络销售情况，包括网店、实体店网络销售情况。了解该产品网上消费群体的基本特征、所在区域、收入水平、消费倾向、消费结构、购买习惯、支付方式等。
(4) 比较不同地区、不同店铺、不同厂家及不同时间段的产品价格，用 Excel 制图分析价格走势。
(5) 如果将产品销往其他地区市场，可能的分销途径都有哪些？试分析销售商或代理商情况、分销渠道情况、物流情况、价格水平和价格策略、促销策略、营销政策等。
(6) 小组模拟开设一家网店，集体研究网店店名、店面装饰、产品宣传、产品价格、促销策略，接受订单、发货流程、物流管理、支付方式等，以点击、登录量和订单、销售量确定胜负。
(7) 实体店产品营销。为实体店设计店名、LOGO、店铺位置、店铺大小(面积)、装饰风格、商品货架结构布局、收银台和服务台等结构布局等，分析市场需求和市场竞争状况、确定目标市场、选择销售方式(直销、批发、零售)、促销策略、产品策略(产品组合、产品差异、品牌组合等)。进行财务分析如工商注册、店面租赁费、装修费、宣传费、人工费、水电费和货架、空调、冰柜投入费用，以及进货、缴税等费用，计算预期的销售量、销售额和销售利润，以及如何解决资金问题。

3. 实训要求

(1) 本实训项目需要投入的时间和精力多，可以作为营销实务综合训练项目完成，也可以提前布置，分阶段工作，最后进行验收。
(2) 由于工作量大，需要各小组做好工作记录，把实训项目工作过程中的文字材料、图片、照片和视频等资料保存好。
(3) 各小组要提交市场调研报告、网店地址、实习项目总结报告，及过程中的分析资料、调查问卷(表)、照片、视频等材料。
(4) 学生个人要提交实习项目总结。

4. 实训考核

(1) 各小组该实训项目成绩主要包括实训过程中学生个人表现、店铺装修方案、装修效果或店铺业绩、提交项目总结或特产营销报告质量、小组汇报情况等。

（2）本实训项目任务量大，教师要组织小组成员内部互评，以平衡组内各成员成绩。

（3）在成绩评定过程中，个别小组的实战营销业绩和店铺装饰效果是重要的参考依据。

13.3　总结与建议

13.3.1　本项目学习总结

总结项目	总结内容
本项目内容主要知识	
本项目内容主要技能	
你已熟知的知识点	
你已掌握的专业技能	
你认为还有哪些知识需要强化，如何做到	
你认为还有哪些技能需要强化，如何做到	
本项目学习心得	

13.3.2　课程学习总结

（1）通过本课程学习，你认为自己有哪些收获？

（2）你认为学习营销课程对今后工作、生活和学习会有哪些帮助？

（3）你认为从事营销工作，还需要哪些营销知识和技能？

（4）在本课程学习过程中，你认为在哪些方面你做得比较好？

（5）在本课程学习过程中，你认为在哪些方面你做得不好？

（6）你认为教师在组织授课过程中，在哪些方面做得比较好？今后要如何坚持和发扬？

（7）你认为教师在组织授课过程中，在哪些方面做得不好？今后要如何克服和改进？

（8）你认为怎样才能提高同学的学习兴趣和学习效果？

（9）对本课程的教学组织活动，你还有哪些建议？

参考文献

1. 〔美〕菲利普·科特勒,凯文·莱恩·凯勒.王永贵,译.营销管理[M].北京:中国人民大学出版社,2012.
2. 王纪忠,方真.国际市场营销[M].北京:清华大学出版社,北京交通大学出版社,2004.
3. 李宇红,周湘平.市场营销实践教程[M].北京:人民邮电出版社,2009.
4. 单凤儒.市场营销综合实训[M].北京:科学出版社,2009.
5. 李岩,黄业峰.市场营销学[M].北京:科学出版社,2006.
6. 侯贵生.营销综合实训[M].大连:东北财经大学出版社,2009.
7. 胡德化.市场营销实务[M].北京:人民邮电出版社,2012.
8. 张晋光,黄国辉.市场营销[M].北京:机械工业出版社,2010.
9. 梅鹏.市场营销实务[M].北京:高等教育出版社,2009.
10. 屈冠银.市场营销理论与实训教程[M].北京:机械工业出版社,2009.
11. 付丽,欧亚.市场营销[M].北京:机械工业出版社,2009.
12. 赵越.市场营销实训[M].北京:首都经济贸易大学出版社,2007.
13. 兰炜.市场营销理论与实务[M].北京:首都经济贸易大学出版社,2010.
14. 李宇红.市场营销实务[M].北京:机械工业出版社,2011.
15. 〔美〕罗杰·A.凯林,史蒂文·W.哈特利,威廉·鲁迪里尔斯.董伊人,等译.市场营销[M].北京:世界图书出版公司,2012.
16. 万晓.市场营销[M].北京:北京交通大学出版社,2012.
17. 李文国,杜琳.市场营销[M].北京:清华大学出版社,2012.
18. 曾艳.市场营销[M].北京:水利水电出版社,2012.
19. 陆克斌.市场营销[M].上海:上海财经大学出版社有限公司,2012.
20. 夏暎,池云霞.市场营销[M].北京:机械工业出版社,2013.
21. 李海琼.市场营销实务[M].北京:机械工业出版社,2011.
22. 李晓颖.市场营销实务[M].北京:水利水电出版社,2014.
23. 中国营销传播网 http://www.emkt.com.cn/